社会保险基金监督理论与实践

蔡吉恒 著

SPM 南方传媒 | 广东经济出版社

·广州·

图书在版编目（CIP）数据

社会保险基金监督理论与实践 / 蔡吉恒著．—广州：广东经济出版社，2025.1．—ISBN 978-7-5454-9391-7

Ⅰ．F842．61

中国国家版本馆 CIP 数据核字第 202467WZ28 号

责任编辑：周伊凌　许　璐
责任校对：汪宗跃
责任技编：陆俊帆

社会保险基金监督理论与实践
SHEHUI BAOXIAN JIJIN JIANDU LILUN YU SHIJIAN
出 版 人：刘卫平
出版发行：广东经济出版社（广州市水荫路 11 号 11 ～ 12 楼）
印　　刷：广东虎彩云印刷有限公司
（广东省东莞市虎门镇黄村社区厚虎路 20 号 C 幢 1 楼）

开　　本：797 毫米 ×1092 毫米　1/16　　**印　　张**：20
版　　次：2025 年 1 月第 1 版　　**印　　次**：2025 年 1 月第 1 次
书　　号：ISBN 978-7-5454-9391-7　　**字　　数**：465 千字
定　　价：88.00 元

发行电话：（020）87393830
广东经济出版社常年法律顾问：胡志海律师

前　言

社会保障体系是国家长治久安的基石。社会保险制度是社会保障体系的主要内容。社会保险基金是社会保险事业发展的物质基础，是参保人社会保险待遇的主要来源，是“保命钱”“救命钱”。因此，加强社会保险基金监督意义重大。有效的监督，能让社会保险基金该花的钱不少花，使参保人的社会保险权益得到坚实保障；让不该花的钱不多花，确保社会保险基金安全完整。

我国现行社会保险制度建立于20世纪80年代，随后建立了社会保险基金监督制度。我国社会保险基金监督虽然取得了很好成效，但还存在很大的发展空间，监督体系还不够健全，独立性和权威性不足，专业化程度不高，社会保险基金监督工作地区发展不平衡等问题较为突出。笔者在社会保险行政部门长期从事社会保险立法和基金监督工作，在落实国家社会保险基金监督法规制度的同时，力所能及地探索创新，不断改进监督方式、提升监督实效。在工作中，笔者也切身体会到加强社会保险基金监督的重要意义，深感社会保险基金监督事业的总结传承十分重要。

笔者将近几年在社会保险基金监督工作中的研究思考与实践进行了梳理，形成本书。著述本书，初衷有三：一是传承。在日常工作中发现，一些社会保险基金监督机构、人员不了解社会保险基金监督制度，不知道如何开展监督工作，把握不准社会保险基金监督事业发展方向的现象比较普遍。近些年来，笔者积极实践探索、不断创新，推进社会保险基金监督向常态化、规范化、专业化方向发展，积累了一些经验，有的做法得到了国家的认可和兄弟省市的认同。笔者希望将对社会保险基金监督制度的理论思考和实践探索体会，传承给社会保险基金监督的“后浪”，让他们尽可能少走弯路、岔路，让社会保险基金监督事业不断在前人探索与后人承继推动下，发展得越来越好。二是填补。虽然时下我国关注社会保险基金安全者众多，但是理论界和实务界对社会保险基金监督领域的系统研究很少，社会保险基金监督实践缺乏系统的理论支撑和健全的体系指导，这严重制约了各地社会保险基金监督事业的均衡发展。三是分享。通过分享自己的心得体会，希望能为实务界与理论界对社会保险制度或社会保险基金监督工作感兴趣的人士，以及从事社会保险基金立法和制度研究的专家学者、审计人员等，特别是从事社会保险基金管理风险防控、社会保险基金监管工作的同行，提供有益参考和借鉴。

基于上述初衷，本书既有现行社会保险制度与社会保险基金监督制度的介绍，也有理论上的思考和实践上的探索与展望；既有人社部门主管的养老、工伤、失业保险基金监督相关内容，也涉及医疗保障部门主管的医疗生育保险基金监督，侧重点在于养老、工伤、失业保险；以基本社会保险基金的监督为主，但也涉及基金投资运营的监督。

为避免读者认识混乱并提高本书的实用性，本书聚焦于基本社会保险基金监督，将委托专业机构实施市场化投资运营的社会保险基金监管单独成章介绍。完整的社会保险基金监督体系，包括人大监督、行政监督、司法监督、社会监督等。考虑到最为迫切需要熟练掌握社会保险基金监督知识的主要是各级社会保险行政部门的社会保险基金监督人员，本书聚焦于社会保险基金行政监督，期望它能成为社会保险基金行政监督入门“一本通”、培训参考教材和专业提升案头工具书。

任何一项制度，总是循着初建、实践、发展、完善的路径日渐成熟。就如种树，从种子到小苗，再到慢慢长成参天大树。这个过程，可能会延缓、经历波折，甚至夭折，其中的原因，可能是制度本身没有独立存在的意义或者成长土壤不适；也有可能是参与制度建设者思考不周，没照护好而导致夭折或生长迟缓。从执行层面看，社会保险基金监督制度的发展路径与速度，在很大程度上取决于制度参与者的作为。埋下一颗思想的种子，培育出小树苗，开始总是不起眼的，但是如果能引起更多同行的关注，大家一起参与浇灌、培育、修剪，社会保险基金监督这棵小树苗一定能茁壮成长。我相信，在全国同行的共同努力和社会各界的关心支持下，社会保险基金监督这棵小树苗，终有一天会长成守护社会保险基金安全、支撑民生福祉的参天大树。期待这一天早点到来，幸甚至哉！

守护社会保险基金安全，就是守护未来的美好生活！

目　录

理论篇

制度篇

理论篇

“一条永恒的经验是，任何掌权者都倾向于滥用权力，他会一直如此行事，直到受到限制。”（出自孟德斯鸠《论法的精神》）

社会保险基金管理权力在哪里，监督就要覆盖到哪里；权力越集中的领域，越需要加强监督。约束社会保险基金管理经办人员的裁量权，是加强社会保险基金安全内部控制的方向与重点。

第一章 从“监督”说起

社会保险基金监督制度具有与其他监督制度共性的特征和规律。本章从“监督”一词的来源和一般原理出发展开思考，以期找到与社会保险基金监督相适应的普遍性规则。

第一节 “监督”说文解字

要深入理解社会保险基金监督制度，得先从“监督”一词谈起。什么是监督？通过考究我国“监”“督”二字的来源与发展，可以窥见“监督”一词原本的含义。

首先，“监”是挺有趣的象形文字。

甲骨文的“监”字，就像一个人俯身低头面对盛水的器皿，本义就是以水为镜照视自己。这种照视是由上往下看，即自上视下，引申出审视性观察的含义。“监”字有察看、掌管、囚禁、率领等含义。

再看“督”字，也很形象生动。

甲骨文的“督”字上面是一个“叔”字，下面是一个“目”字，目就是眼睛。上面那个“叔”字，本意是一种豆子，豆子很小。用眼睛来看一些细小的东西，这就是“察”，观察的“察”。“督”字有察看、纠正、责罚、监视、督促等含义。

以上参见相关书籍[1]和网页[2]。

① 李学勤主编《字源》，辽宁人民出版社、天津古籍出版社，2013，第728、281页。

② 李学勤：《从文字起源看“监督”》，http://m.ccdi.gov.cn/content/91/53/6932.html，访问日期：2024年4月25日。

“监督”一词最早见于东汉。《周礼·地官·乡师》中云，“乡师之职”“大丧用役，则帅其民而至，遂治之”。郑玄注曰：“治谓监督其事。”可见监督有监察督促之意。南朝范晔所著《后汉书·郑孔荀列传》中记载：“臣闻古之遣将，上设监督之重，下建副二之任，所以尊严国命，谋而鲜过者也。”意指在派兵遣将时任命监军一职督察军事，可以避免或减少过失，防止出现问题。这就谈到了监督的作用[①]。

现代意义上的“监督”基本上保留了上述含义，主要是指为了实现某种目标，根据法定或约定的权力，对某种对象或事项进行检查、控制与督促纠正；针对公共权力的资源、主体权责、运作效能等相对独立地开展检查、审核、评议、督促等活动。

现代社会的监督范围明显扩大，只要有权力存在的地方，就会有相应的监督机制。特别是在一些政治文件中，“监督”成了高频词。监督的渠道也由单一的上对下变为多种方式并存。

由于研究角度不同，监督可以分成诸多类别。按照监督性质，可分为政治监督、法律监督、社会监督；按照监督时间，可分为事前监督、事中监督和事后监督；按照监督主体，可分为党内监督（包含纪律监督、巡视巡察监督等）、人大监督、行政监督、司法监督、舆论监督；按照监督内容，可分为环保监督、国土监督、食品药品监督、市场监督、质量监督、安全生产监督、社会保险基金监督；按照监督者与被监督者的关系，可分为内部监督、外部监督；按照监督层级关系，可分为上对下监督、平级监督和下对上监督；按照监督对象领域，可以分为私权领域监督和公权领域监督；等等。

第二节　监督的必要性

稳定的人类社会体系是行为讲规范、权利有保障的社会体系。不管是人治社会还是法治社会，都离不开两样东西，即行为规则与监督机制，二者缺一不可。监督制度作为国家政治制度的组成部分之一，已经成为现当代治国理政过程中的关键手段和环节，是防治权力腐败的重要制度和机制[②]。以公权力行使为例，监督的必要性主要体现在以下三个方面。

一、人性与监督

人的欲望是推动社会进步的初始动力，但也是萌发邪恶的源头。这涉及人性的本质问题。对人性的假设，特别是因人性缺陷而设立的监督制度，古今中外都不乏理论和实践。我国古代著名的思想家韩非从“人性恶”出发，认为人“皆挟自为之心”，人都是不可靠

① 本段资料出自历史学家李学勤在视频《从文字起源看“监督”》中的解说，网址为http://v.ccdi.gov.cn/2015/11/23/VIDE1448273041084964.shtml。

② 尤光付：《中外监督制度比较》，商务印书馆，2003，第61页。

的，为了私利会不断地相互攻击和争夺，君臣之间也是一种“上下一日百战”的关系。因此，要巩固统治，就必须实行法制，注重监督，要掌握驾驭臣下的“法”和“术”。“术”的基本内容就是一种监督手段。近代资产阶级以分权制衡原则为核心的国家制度，在很大程度上也是以人的缺陷和对人的不信任为基础的。资产阶级的启蒙思想家霍布斯就是从人性恶的角度出发，指出人都是自私自利的，支配每个人行为的原则是“自我保存”的原则，人与人之间为了竞争、猜忌而发生争执或战争，人们的各种欲望使人与人之间的关系就像狼一样。为了结束人类社会中“一切人反对一切人的战争状态”，人们需要制定契约，需要建立相互监督和约束的政治制度。以后的洛克、孟德斯鸠、汉密尔顿等都是基于人有利己、专断和滥用权力的本性而设计政治体制。中外思想家的理论为我们正确分析和理解人性提供了科学的理论基础，同时也为我们分析监督的必要性提供了理论上的依据。不管是“性本善”还是“性本恶”，都不否认人性有弱点。因而，缺乏规则和监督，就无法形成稳定的社会秩序。

二、权力与监督

权力是人类普遍存在的一种文化现象，在社会关系、社会治理中具有十分重要的意义。何谓“权力”，学者们对它有不同的定义，大致归为四类：力量说、能力说、控制说和关系说。如，伯特兰·罗素（Bertrand Russell）认为“权力可以定义为有意努力的产物”。马克斯·韦伯（Max Weber）认为权力“是把一个人的意志强加在其他人的行为之上的能力”。美国政治学家罗伯特·A. 达尔（Robert Alan Dahl）将权力看作人类普遍存在的一种影响力。在西方国家监督制度理论中，关于政治原罪和“权力恶”的理念，亚里士多德的《政治学》和马基雅维利的《君主论》对此有深入的论述；启蒙者进而想方设法去规范、限制政治权力的行使，以便在权力监督的情景中抑恶扬善。权力与腐败如影随形。阿克顿在《自由与权力》中指出，“权力导致腐败，绝对权力绝对导致腐败”。此外，权力会带来“寻租”行为。安妮·克鲁格在1974年写的《寻租社会的政治经济学》提出“寻租活动”理论；在“抽租”过程中，政府官员故意提出某项会使企业利益受到损害的政策作为威胁，迫使私人企业割舍一部分利润与政府官员分享。权力的核心特征是能对他人的利益和行为造成影响，如果权力正当使用就能促进社会的公平正义，实现民众利益最大化；如果权力滥用就会造成社会秩序失范、公民权利受损。掌握权力的是人，人容易因利益的诱惑、驱动而破坏规则危害社会。权力像一头猛兽，必须将其关进制度的笼子。因此，必须加强对权力，特别是公权力的监督。

三、政治腐化与监督

政治腐化与监督的关系，类似于权力与监督的关系，前者侧重于从社会治理的宏观环境分析，后者侧重于从个体权力使用角度分析。好的制度可能会让坏人变好，坏的制度则可能会让好人变坏。近朱者赤，近墨者黑，塞缪尔·亨廷顿（Samuel Huntington）把腐化界定为国家官员为实现其私利而违反公认准则的行为，其基本形式是政治权力与财富的交换，即权钱交易。谈到政治腐化问题，亨廷顿认为，腐化乃是缺乏有效的政治制度化的一种表征。公职官员没有自律感，缺乏操守，妄取分外之利，不尽职内之责。在现代化进程中，滋生腐化的原因有三个方面：一是现代化涉及社会价值观的转变，有些行为在传统社会被认可，但在现代社会就成了不能被接受的腐化行为；二是现代化开辟了新的财富和权力来源，从而进一步助长了腐化行为；三是现代化通过它在政治体制输出方面所造成的变革来加剧腐化。特别是处于后期现代化之中的国家的现代化，涉及政府权威的扩大和各种各样日渐增多的受制于政府的活动。在腐化成风的社会里，采用严厉的反腐化的法令只会增加腐化的机会。亨廷顿的论述让我们认识到，政治腐败产生权钱交易现象，并不仅仅是人性弱点或权力行使一方的问题，还与社会规则、治理水平未能及时完善等有密切关系。从某种程度来说，腐败难以杜绝。反腐败是现代国家普遍重视的一项任务。不少国家惩治腐败的力度不断加大，但是仍然会有人铤而走险，说明惩治腐败永远在路上，监督体系需要适应社会发展持续优化。

第三节　监督的功能

监督之所以重要，除了前述必要性之外，还因为具有以下功能作用。

一、矫正功能

监督最直接的功能是矫正，即发现法规政策执行偏差后，通过监督纠正过来，使权力的运行回到本应有的规范，让错误后果得到纠正或弥补。要发挥好这一功能，监督需要具有权威性和约束性。有关监督的法律制度，通常都赋予监督机关责令改正权，被监督者有按照监督意见纠正错误行为的义务。比如：

《中华人民共和国行政处罚法》（以下简称《行政处罚法》）第二十八条规定："行政机关实施行政处罚时，应当责令当事人改正或者限期改正违法行为。"

《中华人民共和国审计法》第五十二条规定："被审计单位应当按照规定时间整改审计查出的问题，将整改情况报告审计机关，同时向本级人民政府或者有关主管机关、单位报告，并按照规定向社会公布。各级人民政府和有关主管机关、单位应当督促被审计单位整改审计查出的问题。审计机关应当对被审计单位整改情况进行跟踪检查。审计结果以及整改情况应当作为考核、任免、奖惩领导干部和制定政策、完善制度的重要参考；拒不整改或者整改时弄虚作假的，依法追究法律责任。"

《中华人民共和国社会保险法》（以下简称《社会保险法》）第七十九条规定："社会保险行政部门对社会保险基金的收支、管理和投资运营情况进行监督检查，发现存在问题的，应当提出整改建议，依法作出处理决定或者向有关行政部门提出处理建议。”

类似上述规定的法律法规很多。

二、惩戒功能

监督的惩戒功能体现为对某种行为的否定，对违反规则者予以相应的惩戒制裁。不能实施惩戒的监督属于“软监督”，严格来说仅是劝说或提醒，并不是真正意义上的监督。因此，大多数法律，通常都规定了法律义务和违反法律规定的法律责任；法律实施的监督者通常都有对违反者给予处罚、处分的权力，对构成犯罪的，应当依法追究刑事责任。有关监督的惩戒功能散见于我国的大量法律法规中。对公民、法人和其他社会组织违法行为的惩戒，主要是行政处罚和刑事处罚，见于《行政处罚法》《中华人民共和国刑法》（以下简称《刑法》）和有关专项法律法规。对国家机关及其公职人员的惩戒，《中华人民共和国监察法》《中华人民共和国公职人员政务处分法》（以下简称《公职人员政务处分法》）有统一的规定，主要是政务处分，如警告、记过、记大过、降级、撤职、开除。专项法律法规也有大量关于惩戒的规定。另外，对党政领导干部的问责，还有引咎辞职、停职检查、免职等惩戒方式。

三、预防功能

监督的最终目的是避免或减少发生违规的情形。通过实施监督，对被监督者的行为合规与否进行界定，并作出评价结论。有关行为人为避免重复犯错，自觉依法规范行为。要发挥好这一功能，须向被监督者公开监督依据和整改要求，为监督者指引权力规范运行的方向，有时会向社会公开监督结果。比如，《中华人民共和国审计法》规定，审计机关可以向社会公布审计结果；《行政处罚法》规定，“具有一定社会影响的行政处罚决定应当依法公开”；法院将裁判文书向社会公开；有关部门开展打击违法违规行为的社会宣传和典型案件公布；等等。这些都能发挥很好的预防作用。

此外，监督还有保障、反馈、教育、评价、督促等功能。

第四节　监督的规律与原则

为实现有效监督，需要遵循一定的规律和价值原则。监督的规律与原则通常包括以下几个方面。

一、规范性（法治原则）

在现代社会，实施监督需要有统一明确的法规依据，监督程序、监督方式、监督结果要遵循法治原则。监督权是一种公权力，来源于法律授权，监督权的行使也须受到法律的约束。简而言之，就是监督要遵循法治原则，依法规范实施监督权。

二、独立性与权威性

监督主体的独立性是有效监督的根本保障。监督是监督主体对监督对象的一种行为限制和调控，要求监督主体只对授权组织负责，不应受其他组织的干扰，监督人员能够独立行使职权。熟人社会、人情关系、利益关系会让监督受到掣肘，甚至滋生腐败。监督者需要有中立地位，其中立性与被监督者的距离存在正相关关系。监督者与被监督者应当存在距离，一般而言，距离越远，监督的中立性越强，监督的权威性、公正性也会增强；距离越近，监督的作用越难以发挥。所以，“熟人社会”和“陌生人社会”相比，监督者保持中立的难度更大。在行政执法、仲裁诉讼、选人用人等领域实行回避制度，背后其实就是独立原则（距离原则）。如果监督者与被监督者处于同一组织体系，甚至隶属于同一人领导，监督独立性就难以保障。

监督的权威性是指监督主体拥有对监督对象实行有效监控的相应权力，作出的监督结论应当有强制性和权威性。权威性来源于两方面：一方面来源于外部的授权，如法律授予监督者必要的权力，如检查权、纠正权、惩罚权以及对拒不接受监督的强制权等；另外一方面来源于自身，监督主体地位独立、程序规范、结论准确和监督人员的专业性等。

三、公开性

阳光是最好的防腐剂。在监督活动中，公开为原则，不公开为例外。公开至少包括两个方面：一方面是被监督者的活动、信息向社会公众和监督者公开，即使是涉密的信息，也应在一定范围内按照规定程序向监督者公开，这是实施监督的基本条件之一；另一方面是监督活动的公开，包括事先公开监督职权依据、事中公开监督决定过程、事后公开监督结论。向社会公众公开监督结论，有利于发挥监督的预防功能，增强震慑力。

四、效益性

效益性体现在两个方面。第一，监督力度与违法成本效益挂钩。如果违法者从违法行为获取的效益远高于违法成本，则需要大力加强监督力度、广度才能较好遏制违法行为的发生。立法规定的违法成本过低，不加大监督的力度，违法行为容易蔓延为普遍现象。如建立社会保险制度的初期，不依法参保缴费问题较为普遍。比如自《中华人民共和国劳动法》（以下简称《劳动法》）实施以来，拖欠工资的行为一时还是难以遏制，后来国家将拒不支付劳动报酬行为列入追究刑事责任的范围，出台专门的工资支付保障条例，并连续多年组织对地方政府责任的考核，局面才得到较大改观，这就是加大违法成本和加大监督投入双向发力的典型事例。又如，自从2011年国家修改《中华人民共和国道路交通安全法》后，原本比较多见的酒后驾驶机动车现象基本消除了，其主要原因除了加大了监督的投入外，还大幅度加大酒后驾驶机动车的法律责任追究力度与执法力度，如罚款、拘留、吊销驾驶证、追究刑事责任等，违法成本大幅增加了。第二，监督投入成本与监督取得的效果挂钩。监督效果与监督投入成本存在正相关关系。一般来说，对监督的人力、物力、时间等投入越大，效果越好，但也存在边际效应递减现象。监督是社会治理的成本投入，投入过大，会消耗过多公共资源，有时会出现负面社会效果。监督的投入应当是必要和恰当的，要避免用“炮弹”打“蚊子”。对某一监督对象需要采取什么监督方式，需要多大的监督权，需要对监督的效益进行评估。

五、适应性

监督投入要与社会环境相契合、相适应，能使监督制度与社会环境形成良性互动，取得良好社会效果。在法治和诚信体系健全的社会，自律发挥了重大作用，外在的监督需求就不太紧迫，外部监督投入可以适当减少；相反，在法治和诚信体系不健全的社会，公民自律未形成普遍的氛围，外部监督需要加大投入。相关违法行为界定以及惩罚措施也应与社会环境相契合，得到公认规范的支持和社会公众的认可。

六、及时性

及时开展监督，能使问题还在苗头或局部出现时，就被及时发现和纠正；对有关案件能及时调查并作出决定，从而尽快消除该行为对社会产生的不利影响。监督不及时，会导致问题积少成多，造成灾难性事件，所谓的“小事拖大”“大事拖炸”，还会形成法不责众的社会心理，导致问题蔓延，从而出现“破窗效应”，结果劣币驱逐良币，甚至积重难返，在纠正违法过程中容易引发矛盾冲突。很多社会保险基金案件暴露出的管理风险，开始只是在局部地区出现，由于不及时堵塞管理漏洞，最后蔓延成为普遍的问题。如对于骗取养老金的行为，如果在违法多年后才发现并依法清退养老保险关系，涉案人员年事已高、体弱多病，其基本生活难以得到保障，损失的基金就难以追回，老人因缺乏社会保障也会衍生“老无所养”的社会问题。

第五节　监督共性规律对社会保险基金监督的启发

社会保险基金监督属于监督体系的组成部分，前述有关监督的必要性、功能以及监督规律与原则，同样适用于社会保险基金监督。通过前述分析，对提升社会保险基金监督实效有以下启发。

一、要充分发挥社会保险基金监督功能作用

“各国的社会保障制度发展进程也表明，建立健全的监督机制会促进社会保障的良性发展，而缺乏有效监督的社会保障制度必然会偏离其预定的轨道。因此，社会保障宏观关系的正确处理，社会保障制度的良性运行，均需要建立起相应的监督机制。”①社会保险基金监督至少应当发挥好矫正、惩戒和预防三大功能。矫正功能主要体现为对错误执行社会保险法规政策的情况，对社会保险基金违法违规问题，应当通过责令改正、行政处理等方式坚决予以纠正。惩戒功能主要体现为对欺诈骗保、贪占挪用社会保险基金者依法追究法律责任。预防功能主要体现为推动加强社会保险基金管理风险防控，以杜绝或最大程度减少侵害社会保险基金行为的发生。社会保险基金监督如能充分发挥各项功能，将对推动社会保险事业的持续健康发展发挥保驾护航的关键性作用。社会保险基金监督初级阶段，多是发挥矫正和惩戒功能，如每年组织专项检查整治；发展到一定阶段后，社会保险基金监督机构充分掌握了社会保险基金管理风险和防控措施，需要更多地向预防功能拓展，从专项整治模式走向综合治理模式。

二、要充分认识社会保险基金监督的长期性

人都有弱点，权力容易被滥用，这是人类社会无法消除的现象。社会保险基金管理离不开人的操作，再完善的风险防控措施也不能完全代替人的操作。人工干预越多，人性弱点对社会保险基金安全的威胁便越大。因此，欺诈骗保、社会保险基金管理者滥用权力或者玩忽职守、贪污腐败等不良行为的出现具有一定的必然性，短期内无法杜绝。

相对于市场化管理体制，“公办”的社会保险基金优势在于兜底保障能力强、稳定性好，但是由于公共部门掌握更多的管理与分配权，相应的监管体系如果不同步健全，腐败现象将更加严峻。社会保险基金由于监管不足，容易沦为某些不法分子的“唐僧肉”。

社会保险基金在运行管理流程中，尽可能减少或杜绝人的操作，交由信息系统自动生成、自动匹配和智能化监控。对社会保险基金管理风险实行动态监督，是社会保险基金监

① 郑功成：《社会保障学》，商务印书馆，2020，第391页。

管的发展方向。社会保险基金管理风险中，最大的不确定因素是腐败问题。腐败风险无法通过风险防控技术手段消除，依赖于国家治理能力的整体提升。此外，监督的技术手段也需要与时俱进，以适应社会保险制度发展新形势的需要。社会保险制度建立初期，实行管办合一的体制，容易出现挪用基金违规投资运营问题，导致基金亏损，主要原因之一是管办不分、监督体系未同步推进。之后取消了社会保险经办机构的投资运营权，经办机构挪用基金的现象基本消除。社会保险扩面发展过程中，曾经有一段时期，由于经办管理不统一、信息化程度低、部门数据不及时共享、内控机制不够完善，出现较多死亡冒领、错发多发、内部贪占等问题。后来随着信息化技术的广泛应用，社会保险经办内控力度和基金监督力度加大，这些问题得到很好的遏制。社会保障制度是个持续建立完善的过程，新的社会保险制度或者新的管理措施，会产生新的管理风险，因此监督是个长期而艰巨的任务。

三、要充分保障社会保险基金监督机构的独立性

独立性与监督权威性成正比。从某种程度上讲，不具备独立性，就没有有效监督。可以将社会保险行政部门的基金监督机构与审计机关作个比较。审计机关独立开展审计，由政府首长直接领导，其社会保险基金监督的独立性明显更强，特别是随着审计委员会的成立，审计独立性和权威性持续加强。相对而言，社会保险行政部门内部的社会保险基金监督机构的独立性则弱很多，其监督机构与主要的监督对象社会保险经办机构处于同一个组织体系内，不少地方都由同一个社会保险行政部门领导。提升社会保险行政部门基金监督的独立性是个现实而迫切需要解决的问题。当然，社会保险行政部门基金监督机构也有一定优势，体现为靠近社会保险业务，熟悉社会保险政策和经办流程，社会保险专业性更强，有较好的条件更加全面深入地掌握社会保险基金管理风险漏洞。对于如何保持社会保险基金监督机构专业优势同时增强独立性，需要寻找一个好的机制，能实现基金监督主管部门与审计机关优势互补，如参考审计署设立派出机构，国家和省级社会保险行政部门设立派出监督机构，实施社会保险基金上级直查制度等。这些都有利于打破行政区划，提升监督的独立性，当然其可行性有待论证。

四、要充分保障社会保险基金监督机构的权威性

监督还应当有权威性。从监督强制性的保障来看，如监督机构发出的监督意见，被监督者应当严格执行，不执行的应当承担对应的法律责任。为此需要完善社会保险基金监督相关法律法规，赋予社会保险行政部门必要检查职权、惩戒职权，如行政处罚处理、查询银行账户、申请法院强制执行、对涉嫌犯罪的移送，以及对违法违规国家工作人员的处分、任免建议权，对违法违规行为的公布权；还需规定拒绝监督、阻挠监督行为的法律后果等。此外，加大对危害社会保险基金安全完整行为的惩戒力度，提高违法违规成本，既

能提升监督权威，也能提升监督效益。实践中需要不断摸索提升监督权威的路径方法。

五、社会保险基金监督的投入要与监督任务和社会环境相适应

在基金管理风险较普遍的情况下，社会保险基金监督的投入应当加大。如国家自2021年以来持续对社会保险基金管理问题展开整治，发现不少历史违规违法问题出现。这些问题的出现与之前对基金监督的投入不足关系很大。审计机关的监督频率也不太高。如果社会保险行政部门没有独立的监督机构，且力量薄弱、手段落后，就难以对社会保险基金开展有效、全面的监督。社会保险基金安全监管任务大部分是可以量化的。因此衡量监督投入与监督任务是否匹配，可以进行量化评估。监督任务的量化指标因素包括需要监督的险种、参保和领取待遇人数量等，具体的指标还有社会保险基金运行各个环节和具体业务情况、被监督的对象、需要监督的地区范围、监督的频率、监督的方式和措施等等。明确监督任务后，科学设定监督的投入。对监督的投入主要涉及经费保障、手段措施保障和人才保障三个方面。其中人才保障是最为重要的因素，应当根据监督任务量合理配备足够的基金监督人员。监督方法、手段也要和当前的基金管理风险相适应。违法违规行为发生变化，监督方法也要随之迭代更新。此外，根据“监督投入与社会环境相契合”的原则，大力加强社会保险基金管理领域的诚信体系建设，对欺诈骗保人员纳入失信名单实施惩戒，减轻监督的压力。

社会保险基金监督制度既有与其他监督制度的共性特征，也有其独有的特征，因此，需要构建专业化的社会保险基金监督体系。后文将从多个角度对这个问题进行阐述。

第六节　社会保险监督与社会保险基金监督

在相关法律法规中，存在“社会保险监督”和“社会保险基金监督”两种表述，实践中似乎没有严格的区别，常用的是“社会保险基金监督”。鉴于我国当前的实际情况，本书采用广义的“社会保险基金监督”作为主要研究对象。

一、什么是社会保险监督

社会治理体系通常包含决策、执行和监督三部分。社会保险制度的实施也不例外。从运行体系来看，社会保险制度体系包括社会保险法规政策体系、社会保险管理体系、社会保险经办体系和社会保险监督体系。监督体系是确保社会保险制度规范运行的重要保障。

郑功成在《社会保障学》一书中指出，“任何社会保障项目，均须经过具体的运行程序才能实现其特定的目标……无论在当时的历史条件下社会保障制度是多么合理，在运行中是多么规范，采取的手段是多么有效，随着社会经济及社会保障相关因素的不断发展变

化，社会保障制度依然可能出现不良后果……根据构建社会保障运行机制的总体目标，社会保障运行机制由四个相互协调的系统组成。其中：法制系统是实施社会保障的客观依据，管理系统是实施社会保障的责任主体，实施系统是实施社会保障的执行主体，监督系统是实施社会保障的基本保证”[①]。

由此可见，“社会保险监督”至少包括五个方面的监督：对社会保险法规政策执行的监督、对社会保险费征收的监督、对社会保险基金支出管理的监督、对社会保险管理经办人员的监督、对维护参保人社会保险权益的监督，甚至包含对社会保险基金行政监督的再监督、对社会保险决策的监督等。总之，凡是涉及社会保险制度运行的事项，都有实施监督的必要，都属于社会保险监督的范畴。

从现行立法的规定看，1994年颁布的《劳动法》，使用“社会保险基金监督机构”这一表述；2010年颁布的《社会保险法》第十章的章名用的是“社会保险监督”而不是“社会保险基金监督”，第八十条规定中是“社会保险监督委员会”而不是“社会保险基金监督委员会”。政府主管部门常用的概念是“社会保险基金监督”，比如人力资源社会保障部颁布的相关配套规章《社会保险基金行政监督办法》《社会保险基金监督举报奖励暂行办法》《社会保险基金监督举报工作管理办法》等；人力资源社会保障部门相关监督机构的名称通常为“社会保险基金”监督（监管）局（处、科）。此外，地方制定的相关法规制度也常用“社会保险基金监督”这一表述。

二、什么是社会保险基金监督

从字面上看，“社会保险基金监督”范围窄于“社会保险监督”，但也有广义和狭义的理解。从广义上来看，对收支、管理和投资运行直接或间接相关事项的监督，都属于社会保险基金监督，接近“社会保险监督”的概念。这个概念来源依据是《社会保险法》第七十八条、第七十九条有关对“社会保险基金的收支、管理和投资运行情况”实施监督的规定。但是，从狭义上来说，社会保险基金监督仅指对社会保险基金的安全完整性的监督，不包括社会保险基金收支平衡的监督；对用人单位未依法缴纳社会保险费的监督，因为尚未形成社会保险基金，不涉及基金的安全完整性，不属于狭义的社会保险基金监督。《社会保险法》在第七十七条单独规定对用人单位和个人遵守社会保险法律法规情况的监督检查。关于对社会保险决策，维护参保人社会保险权益等的监督，因为不影响社会保险基金完整性，也不属于狭义的社会保险基金监督等。

实践中，将与社会保险基金收支、管理和投资运营关系存在关联的所有事项纳入社会保险基金监督范围，可以说用的是广义的概念。但在国家和地方立法中，对社会保险基金监督的外延范围规定并不完全一致。人力资源和社会保障部在2022年修改的《社会保险基金行政监督办法》，把对提前退休审批情况、工伤认定（职业伤害确认）情况、劳动能力

① 郑功成：《社会保障学》，商务印书馆，2020，第368—374页。

鉴定情况的监督纳入社会保险基金监督的范畴。《广东省社会保险基金监督条例》（2016年）把“贯彻落实社会保险基金相关法律法规以及国家和省的规定的情况”“社会保险费核定、征收”也纳入社会保险基金监督范畴，尽管这些与社会保险基金的安全完整没有直接关系。《湖南省社会保险基金监管条例》（2023年）也适用广义的社会保险基金监督（监管）范畴。

三、本书关于社会保险基金监督的定义

为与社会保险基金监督实务界的通行理解相衔接，本书采用“社会保险基金监督”这一表述，使用广义的概念，即“社会保险基金监督”是指法律法规授权的国家机关，对社会保险基金收支、管理和投资运行情况以及与其密切关联的事项实施的监督。之所以采用广义的社会保险基金监督概念，主要是有以下两个方面的考虑：一是与国家现行有关规定衔接；二是从长远来看，将监督的范围覆盖到社会保险制度运行的所有的环节、领域、对象，有利于防止出现监督的盲区，更好地维护参保人社会保险权益，保障社会保险制度的健康运行。此外，如无特别说明，本书的监督仅指对基本社会保险基金的监督，不包括对补充性年金基金的监督。

第二章　社会保险基金的归属

不同特点的财产权，对应不同的维护机制。国家围绕维护私人和公共财产不受侵犯，建立了仲裁、民事诉讼、刑事诉讼等制度；围绕保护劳动者工资报酬权，设立了劳动监察制度。社会保险基金属于财产的一种但又区别于其他财产，其保护机制也应当具有其独有的特征，国家为此专门建立了社会保险基金监督制度。

社会保险制度运行的基础是社会保险基金。没有基金支撑，参保人的社会保险权利、社会保险制度将成为无源之水、无本之木。维护社会保险基金安全是社会保险基金监督的核心目标追求。因此，首先应该弄清楚：什么是社会保险基金？社会保险基金归属于谁？具有哪些特点？

第一节　从“公地的悲剧”说起

1833年，英国经济学家威廉·福斯特·劳埃德（William Forster Lloyd）出版了一本小册子，在这本小册中，他假设了一个过度使用公共资源的例子：在英国的一个村庄，牧民们共享一块土地，他们每个人都有权让自己的牛吃草。如果一个牧民把超过他分配数量的牛放进公共土地，这个牧民可以获得额外的好处。如果所有的牧民都额外增加自己的牛的数量，就会导致过度放牧，结果公地资源枯竭，所有人的利益受损。

1968年，生态学家加勒特·哈丁（Garrett Hardin）写了一篇题为《公地的悲剧》（“The Tragedy of the Commons”）的文章，文章引用上面提到的那本小册子的例子。他对其进行进一步分析：牧民每增加一头牲畜，如得到的效益是“+1”，过度放牧产生的效用是“-1”，但是负面效用由所有牧民共同承担，因此他只承担“-1”中的很小一部分。分析的结果就是，唯一明智的做法是他在牧群中加入另一头牲畜，不断地增加。这是一个悲剧，每个人都在一个有限的世界里无限制地增加他的牲畜。在一个信仰自由的社会中，每个人都追求自己的最大利益，公地的自由给所有人带来毁灭。他指出，如果一个群体中的所有成员都使用共同的资源来获取自己的利益，而不考虑他人，那么所有的资源最终都将被耗尽。他反对将良知作为一种监督公地的手段，因为这有利于自私的人（通常被称为“搭便车者”），而不是那些更无私的人。哈丁的文章是现代使用“公地”的开始，作为一个术语，指的是共享资源。哈丁没有提到的是，“公地的悲剧”不仅会导致资源枯竭，还滋生不公平。在监管不到位的情况下，权贵阶层通常会占有更多的公共资源。

“公地的悲剧”并不是一个悲观论断，而是客观描述理性选择导致的负面结果。“公地的悲剧”可以理解成，由于资源共享性所导致的财产资源损失危险。悲剧发生的假设是，如果一个行为能给自己带来直接收益，而需分摊的损失远远小于收益，甚至只是遥远而未知的损失，多数人会义无反顾作出当前利己的选择。当然“公地的悲剧”并不是指所有公地当然会发生悲剧。哈丁的文章中也出现“Tragedy of Freedom in a Commons”的表述。由于对“公地”的使用经常被误解，哈丁后来说他应该把他的文章命名为“不受监管的公地悲剧”。换一个角度，也可以说是“多获利、少担责”的普遍利己选择酿成了“公地的悲剧”。

“公地的悲剧”体现为对公共利益的漠不关心和自利，这在现实社会中并不少见。如国有企业产权不清将导致低效使用与浪费；优势教育、医疗资源容易被权贵阶层优先占有；共享单车围城与遭到人为损毁；公园中被破坏的公共设施；等等。“公地的悲剧”在生态环境污染问题上体现得尤为突出。地球资源就是巨大的“公地”，人人共享。如果某个人破坏环境资源而不需要或者只需要付出很小的代价，就可获得丰厚回报，那么人们都希望从中获取更多的利益。在恶果由所有人承担，而利益由个人独占的背景下，每个“理性”行为将导致清新的空气、清洁的水源、宝贵的能源越来越稀缺。不少国家虽然多年持续整治生态环境，但常常是杯水车薪。如果人类继续自私贪婪索取，地球资源这块“公地”会加速走向枯竭。国家之间没有强制性法律约束，利益争夺体现得更为“赤裸裸”。地球属于全人类，虽然大家都明白保护地球的重要性，但是各国普遍以国家利益为名，都有理由主张自己可多排放、少担责。每届世界气候大会，发达国家和发展中国家就各国如何共担节能减排责任问题都会争吵不休。社会保险基金领域是否存在类似的“公地的悲剧”现象呢？这取决于社会保险基金是不是“公地”，即归属权问题。

第二节　关于社会保险基金归属权的法律规定及问题

社会保险基金属性决定了社会保险基金监督的基本思路、任务和方式，是社会保险基金监督的基础理论问题。财产权是十分重要的权利，法律对如何保护财产权有明确规定，但是缺乏对社会保险基金所有权的规定。我国社会保险基金属于什么性质？共有财产？公共财产？公款？还是国有资产？要弄清楚这些问题，可以先看看法律有哪些规定。

一、财产权保护相关法律规定

（一）宪法有关保护财产权的规定

《中华人民共和国宪法》（以下简称《宪法》）第十二条规定：“社会主义的公共财产神圣不可侵犯。国家保护社会主义的公共财产。禁止任何组织或者个人用任何手段侵占或者破坏国家的和集体的财产。”第十三条规定：“公民的合法的私有财产不受侵犯。”这是维护社会保险基金安全的宪法依据，但是法律并未明确社会保险基金究竟是单一的公共财产，还是兼备公共财产和私有财产属性。

（二）《中华人民共和国民法典》（以下简称《民法典》）有关所有权保护的规定

1.所有权包含的权利内容

《民法典》第二百四十条规定：“所有权人对自己的不动产或者动产，依法享有占有、使用、收益和处分的权利。”

2.国有财产保护的主要内容

《民法典》第二百四十二条规定：“法律规定专属于国家所有的不动产和动产，任何组织或者个人不能取得所有权。”第二百四十六条规定：“法律规定属于国家所有的财产，属于国家所有即全民所有。国有财产由国务院代表国家行使所有权。法律另有规定的，依照其规定。”第二百五十八条规定：“国家所有的财产受法律保护，禁止任何组织或者个人侵占、哄抢、私分、截留、破坏。”第二百五十九条规定：“履行国有财产管理、监督职责的机构及其工作人员，应当依法加强对国有财产的管理、监督，促进国有财产保值增值，防止国有财产损失；滥用职权，玩忽职守，造成国有财产损失的，应当依法承担法律责任。”

3.私人财产保护的规定

《民法典》第二百六十六条规定：“私人对其合法的收入、房屋、生活用品、生产工具、原材料等不动产和动产享有所有权。”第二百六十七条规定：“私人的合法财产受法律保护，禁止任何组织或者个人侵占、哄抢、破坏。”

4.共有财产保护的相关规定

《民法典》第二百九十九条规定：“共同共有人对共有的不动产或者动产共同享有所有权。”

对社会保险基金的保护，适用《民法典》哪些条款呢?

（三）《刑法》有关财产权保护的规定

《刑法》中有不少关于侵犯财产罪的规定。故意非法地将公共财产和公民私有财产据为己有，或者故意毁坏公私财物的行为，达到规定条件的就构成犯罪，包括抢劫罪、盗窃罪、抢夺罪、诈骗罪、聚众哄抢公私财物罪、侵占罪、职务侵占罪、挪用资金罪、挪用公款罪、挪用特定款物罪、敲诈勒索罪、故意毁坏财物罪、破坏生产经营罪等。此外，国家工作人员利用职务上的便利，侵吞、窃取、骗取或者以其他手段非法占有公共财物的，则会构成贪污罪；国家机关工作人员对工作严重不负责任，致使公共财产、国家和人民的利益遭受重大损失的，则会构成玩忽职守罪。

（四）《社会保险法》有关社会保险基金保护的规定

《社会保险法》规定：“社会保险基金专款专用，任何组织和个人不得侵占或者挪用。”这里规定的是社会保险基金的用途，不是所有权。

综上，对社会保险基金的所有权者和属性在法律层面并无直接明确的规定。地方立法曾试图明确社会保险基金权属。2004年7月1日起施行的《广东省社会保险基金监督条例》曾规定“社会保险基金属于参加社会保险的全体人员共有”。现在看来，该规定显然不够严谨，如医疗保险基金个人账户部分，属于参保人个人所有（但不能自由行使完整的所有权），不是全体参保人共有。2016年，广东省修订该条例时删去了这一表述。

从我国社会保险制度模式来看，我国现行社会保险制度区别于基金归属参保人所有的个人账户全积累型制度，也区别于公共财政的福利型社会保障制度。我国社会保险基金由单位（个人）和国家（集体）共同出资形成，养老保险和医疗保险由单位和个人共同缴费，实行“统账结合”；工伤保险、生育保险费由用人单位缴纳，职工个人无须缴费；居民养老保险、医疗保险除个人缴费外，由财政进行补贴。因此，社会保险基金既不能简单说是所有参保人的共有财产，也不能简单归入国家所有的公共财产。民法虽有“共有”的概念，但是民法调整的是平等主体的公民、法人的权利义务关系，无法适用于社会保险基金。也许正是因为这种客观复杂性和特殊性，《社会保险法》对社会保险基金所有权问题未作出明确规定。

有关法规政策虽然规定企业职工养老保险的个人账户属于参保人所有，但是参保人并未能自由享有完整的处分权，不能自己占有，只能在符合条件时由社会保险经办机构将个人账户资金按月转入其账户后才真正取得使用权。社会保险基金的个人账户实际上并不能自由支取。

二、社会保险基金权属不清引发的法律问题

社会保险基金权属问题长期以来的含糊不清，导致实践出现困惑，削弱了对社会保险基金的保护，国家通过陆续出台法律解释解决法律适用的困境。

（一）骗取社会保险基金能否构成“诈骗罪”

《刑法》第二百六十六条规定“诈骗公私财物，数额较大的……”中的“公私财物”包括社会保险基金吗？这决定着诈骗社会保险基金能否适用刑法打击。虽然司法审判中早有追究刑事责任的案例，由于刑法禁止类推适用，这一问题需要立法机关统一明确。直至2014年4月24日，全国人民代表大会常务委员会公布《关于〈中华人民共和国刑法〉第二百六十六条的解释》才正式明确，即“以欺诈、伪造证明材料或者其他手段骗取养老、医疗、工伤、失业、生育等社会保险金或者其他社会保障待遇的，属于刑法第二百六十六条规定的诈骗公私财物的行为”。这一立法解释等于间接明确了社会保险基金为“公私财物”。

（二）贪污社会保险基金应当如何适用《刑法》

社会保险基金究竟是公共财物还是私人财产，是普通公共财物还是特定款物？这又决定着《刑法》第三百八十二条（“国家工作人员利用职务上的便利，侵吞、窃取、骗取或者以其他手段非法占有公共财物的，是贪污罪。”）和第三百八十三条及其相关司法解释关于贪污罪的定罪和量刑①。这个问题一直到2017年9月，最高人民检察院下发《最高人民检察院关于贪污养老、医疗等社会保险基金能否适用〈最高人民法院、最高人民检察院关于办理贪污贿赂刑事案件适用法律若干问题的解释〉第一条第二款第一项规定的批复》才正式明确，即养老、医疗、工伤、失业、生育等社会保险基金可以认定为《最高人民法院、最高人民检察院关于办理贪污贿赂刑事案件适用法律若干问题的解释》第一条第二款第一项规定的“特定款物”（贪污救灾、抢险、防汛、优抚、扶贫、移民、救济、防疫、社会捐助等特定款物）。这一解释间接明确了社会保险基金属于特定的“公共财物”。贪污其他公共财产，贪污罪的计算起点是三万元；贪污社会保险基金的，贪污罪的计算起点是一万元。

（三）挪用社会保险基金应当如何适用《刑法》

《刑法》第三百八十四条规定：“国家工作人员利用职务上的便利，挪用公款归个人使用，进行非法活动的，或者挪用公款数额较大、进行营利活动的，或者挪用公款数额较大、超过三个月未还的，是挪用公款罪，处五年以下有期徒刑或者拘役；情节严重的，处五年以上有期徒刑。挪用公款数额巨大不退还的，处十年以上有期徒刑或者无期徒刑。”“挪用用于救灾、抢险、防汛、优抚、扶贫、移民、救济款物归个人使用的，从重处罚。”挪用公款罪中的“公款”是否包含社会保险基金，以及是一般的“公款”，还是“救灾、抢险、防汛、优抚、扶贫、移民、救济特定款物”，至今尚未见正式解释，这决定着对挪用社会保险基金是否从重处罚。

（四）医保个人账户资金使用争议

医保个人账户资金归参保人所有，为什么不能自由支取使用？这个问题涉及如何理解使用医保个人账户基金购买保健品、生活用品等非医保用途产品是不是违法、违反了什么规定以及是否构成骗保等。

对此，有两种观点。一个观点是个人自由支配。认为个人账户资金属于个人资产，不

① 根据《最高人民法院、最高人民检察院关于办理贪污贿赂刑事案件适用法律若干问题的解释》（法释〔2016〕9号），贪污或者受贿数额在三万元以上不满二十万元的，应当认定为刑法第三百八十三条第一款规定的“数额较大”，依法判处三年以下有期徒刑或者拘役，并处罚金。贪污救灾、抢险、防汛、优抚、扶贫、移民、救济、防疫、社会捐助等特定款物，数额在一万元以上不满三万元，应当认定为刑法第三百八十三条第一款规定的“其他较重情节”，依法判处三年以下有期徒刑或者拘役，并处罚金。对于贪污“特定款物”“数额巨大”“数额特别巨大”的认定均区别于贪污其他公共财物。

属于社会保险基金，个人有权决定如何使用。理由是，《国务院关于建立城镇职工基本医疗保险制度的决定》（国发〔1998〕44号）明确规定："个人账户的本金和利息归个人所有，可以结转使用和继承。"参照《民法典》有关"所有权人对自己的不动产或者动产，依法享有占有、使用、收益和处分的权利"规定，一般情况下所有权人对其财产有完整的权利，包括占有、使用、收益和处分。既然国家规定个人账户的本金和利息归个人所有，据此认为参保人有权随意支取个人账户资金。另外一个观点，也是目前的主流观点：个人账户里的钱在法律性质上是医保基金，由政府统一管理，只能按规定的范围使用。大部分地区，医保个人账户仅仅是记账，不是存折里的真金白银，个人无法自由提取。支持这一观点的主要依据是，《社会保险法》规定社会保险基金"专款专用"。《医疗保障基金使用监督管理条例》规定："医疗保障基金使用应当符合国家规定的支付范围。"《国务院办公厅关于建立健全职工基本医疗保险门诊共济保障机制的指导意见》（国办发〔2021〕14号）进一步明确："个人账户主要用于支付参保人员在定点医疗机构或定点零售药店发生的政策范围内自付费用。可以用于支付参保人员本人及其配偶、父母、子女在定点医疗机构就医发生的由个人负担的医疗费用，以及在定点零售药店购买药品、医疗器械、医用耗材发生的由个人负担的费用。探索个人账户用于配偶、父母、子女参加城乡居民基本医疗保险等的个人缴费。个人账户不得用于公共卫生费用、体育健身或养生保健消费等不属于基本医疗保险保障范围的支出。"

国家一直打击个人账户用于非基本医疗保险保障范围的支出。媒体常见医保部门通报使用医保卡在药店刷卡购买生活用品、保健品被查处的信息。这涉及参保人本人的医保个人账户基金的归属权的理解问题。2023年4月6日，国家医疗保障局曝光台公布了2023年第三期十例违法违规使用医保基金典型案件，其中一例为新疆维吾尔自治区塔城市新疆颐仁堂塔城市第二百二十八连锁药店违法违规使用医保基金案。2022年1月，新疆维吾尔自治区塔城市医疗保障局在对定点医药机构开展专项检查中发现，新疆颐仁堂塔城市第二百二十八连锁药店涉嫌违规使用医保基金。检查人员通过调取该定点零售药店单笔超过1000.00元的结算数据，随机抽取了部分费用明细开展现场核查。通过核对结算单、零售小票以及查看监控视频等，发现该药店存在套刷生活用品、保健品等行为。经核实，该药店存在使用医保卡37人次套刷生活用品、19人次套刷保健品等违法违规行为。药店实际控股人冯某某和药店店长王某等人均承认存在上述违法违规行为，涉及医保基金49129.30元。依据《医疗保障基金使用监督管理条例》，当地医保部门处理结果如下：第一，追回该药店违法违规使用的医保基金，并处2倍罚款。第二，解除该药店医保服务协议。损失的医保基金49129.30元已全部追回，行政罚款98258.60元已全部上缴。[①]

国家未制定医疗保险专项法律法规，各统筹区有较大的政策制定权。《国务院关于建立城镇职工基本医疗保险制度的决定》（国发〔1998〕44号）规定，"基本医疗保险基金

① 国家医疗保障局：《国家医疗保障局曝光台2023年第三期曝光典型案件（十例）》，https://www.nhsa.gov.cn/art/2023/4/6/art_74_10345.html，访问日期：2024年4月25日。

实行社会统筹和个人账户相结合”。结合国家有关医保政策和各统筹区的医保政策，可以理解为，医保个人账户资金是医保基金的组成部分。医疗保险制度的目的是保障医疗所需开支。超出政策允许范围使用个人账户资金购买非医疗用途商品，显然属于违规行为；其中存在弄虚作假的，则构成诈骗行为。之所以出现争议，主要是因为国家对个人账户的特殊属性和使用规范缺乏明确的法律规定，且有的地区曾出台过政策允许参保人可以自由支取医保个人账户资金。2022年8月19日，北京医保局发布《关于调整本市城镇职工基本医疗保险有关政策的通知》（京医保发〔2022〕28号），规定“自2022年9月1日起，个人账户资金专款专用，参保人员不可支取。参保人员按照《北京市医疗保障局关于城镇职工基本医疗保险个人账户使用范围的补充通知》（京医保发〔2021〕22号）规定定向使用个人账户。2022年9月1日前已分配的个人账户资金仍可支取”。[①]

理解的分歧需要从法理上进一步分析。这涉及所有权、使用权、占有权分离的现象。“个人账户的本金和利息归个人所有”，明确了参保人对其个人账户享有所有权。但是相关资金在划入个人银行账户之前，仅仅是一个账目符号，参保人仅享有限定范围的使用权，而并不能实际控制和占有，所有个人账户的资金和统筹基金一样，都统一存放在政府部门开设的社会保险基金财政专户中，都属于医疗保险基金。如果通过弄虚作假等违规手段，让医保部门误以为其符合条件而支出基金，都属于违规行为，损害的客体都是医疗保险基金。国家之所以限制参保人对其个人账户资金的支配使用权，主要原因是筹集医疗保险基金是为了实现医疗保障的目的。所有权、使用权、占有权分离并不是医保个人账户独有的法律现象。如城市国有土地所有权属于国家，可以依法确定给单位或者个人使用，就是所有权和使用权分离的典型例子。《中华人民共和国土地法》明确规定，“依法登记的土地的所有权和使用权受法律保护，任何单位和个人不得侵犯”。

三、社会保险资金性质转换与社会保险基金定义

大量的社会保险基金相关法规政策规定了社会保险基金管理、监督规则，如要求专款专用，任何组织和个人不得侵占或者挪用等。但是有关法律法规一直并没有给“社会保险基金”作出定义。同一笔款项，因处于不同流程环节，被命名为社会保险费、社会保险基金、社会保险待遇等，名称不同，归属权不同，法律适用也不同，这需要认真甄别。

（一）在缴纳环节

用人单位在缴纳和代扣代缴社会保险费的过程中，如单位或业务代办个人收集了用人单位、个人的社会保险费后，用于其他用途，未向征收部门缴纳，该笔资金还在单位或个

① 北京市医疗保障局：《北京市医疗保障局关于调整本市城镇职工基本医疗保险有关政策的通知》，https://www.beijing.gov.cn/zhengce/zhengcefagui/202208/t20220820_2796348.html，访问日期：2024年4月25日。

人控制阶段，尚未形成社会保险基金。如果用人单位代扣其员工社会保险费后挪作他用，则属于用人单位克扣工资、未依法代缴社会保险费行为；如用人单位工作人员利用职务之便侵占挪用，则构成职务侵占、挪用资金行为，不属于挪用社会保险基金行为。

（二）在征收环节

如果缴费主体将社会保险费直接存入指定的社会保险收入户或财政专户，则该笔资金构成社会保险基金。如果缴费主体将社会保险费直接交给征收工作人员个人（现金或个人存折），该笔资金被征收部门、征收工作人员控制那一刻就转化为社会保险基金，如征收人员截留贪占了该笔缴费，属于贪污和挪用社会保险基金。如果非征收人员为骗取他人财物，谎称可以代缴社会保险，参保人信以为真，向其支付了社会保险费用，该笔费用被骗走并未缴入社会保险基金，则属于普通诈骗，而不是骗保或挪用社会保险基金。有一个特殊情况，在被征地农民社会保障制度中，相关资金大致流程是：征地主体按规定计提“征地社会保险费”，暂存进人力资源社会保障部门开设的“收缴被征地农民养老保障资金过渡户”，有关部门确定具体参保人员名单和补贴金额后，人力资源社会保障部门在接到名单后将预存在 “收缴被征地农民养老保障资金过渡户”的征地社会保险费（含利息）划入财政部门管理的社会保障基金专户。按照现行社会保险基金财务制度，预存在过渡户的征地社会保险费，在进入社会保障基金专户之前，只是社会保险费，仍不是社会保险基金。

（三）记账与流转环节

社会保险费进入社会保险账户后，属于社会保险基金。社会保险经办机构进行记账，有个人账户的险种，如职工养老保险、职工医疗保险，部分基金记入统筹基金，部分基金记入个人账户。个人账户的基金名义上属于个人，但是在兑现待遇之前未转化为个人财产，实际还属于社会保险基金。社会保险基金进入专户后，基于基金统筹需要，存在内部划拨上解情况。这些内部流转，不改变该笔社会保险基金的性质。

（四）基金支出环节

有如下几种情况。一是参保人从个人账户中支出基金，如医疗保险参保人用个人账户基金在药店购药，在医院就诊支付个人负担的部分费用。二是社会保险经办机构向单位或个人依法支付社会保险金，社会保险经办机构将社会保险基金合规转入参保人指定账户后，该笔资金是社会保险待遇，从转由单位或个人控制之时转化为私有财产。如果社会保险金在从社会保险基金专户转到参保人个人指定的账户之前，被社会保险工作人员截留占有（如转入本人控制的银行账户），该工作人员仍属于贪污社会保险基金；如果转入的银行账户名义上属于参保人，实际上由社保工作人员控制，则还是属于贪污社会保险基金。如果是参保人通过虚假材料骗取社保待遇后，与社保工作人员分赃，协助骗保的工作人员不属于贪污基金，而是骗保的共犯。三是社会保险经办机构与服务机构结算支出，如社会保险经办机构将基金拨付给协议医药机构、康复机构、工伤辅助器具机构等，拨付完成后，基金就转化为单位财产。四是将社会保险基金依法划入另外开设的政府管理账户，转为公共资金，属于国有资产。如从失业保险基金账户划入失业保险技能提升专账的资金。由于专账资金已经不属于社会保险基金，骗取挪用专账资金的，不属于骗取挪用社会保险基金。在特殊时期，允许将一定比例的失业保险基金提取出来作为担保贷款资金，也是一种特殊支出，提取出来后究竟属于什么性质的资产，还缺乏明确的界定。如何记账和管理，是否应当保值增值，如何实施监管等等，均需要进一步明确规范。

根据《社会保险基金财务制度》，社会保险基金是指为了保障参保对象的权益和社会保险待遇，根据国家法律法规规定，由单位和个人缴纳、政府补助以及通过其他合法方式筹集的专项资金。

综合上述分析，笔者把“社会保险基金”定义为：国家为实现社会保险制度目的，依法筹集并由法律授权的部门管理的专项资金。

案例2-1　社保部门与法院对协助划扣参保人养老金抵偿债务的争议

起因：地方法院执行涉及退休人员的民事案件，需要冻结、扣划被执行人的养老金时，社保机构引用最高人民法院和原劳动保障部有关规定，拒绝协助人民法院冻结、扣划养老金，导致不少案件无法执行。2014年，浙江省高级人民法院向最高人民法院提出请示。

过程：2000年2月18日，最高人民法院向各省法院发出《关于在审理和执行民事、经济纠纷案件时不得查封、冻结和扣划社会保险基金的通知》（法〔2000〕19号）：“近一个时期，少数法院在审理和执行社会保险机构原下属企业（现已全部脱钩）与其他企业、单位的经济纠纷案件时，查封社会保险机构开设的社会保险基金账户，影响了社会保险基金的正常发放，不利于社会的稳定。为杜绝此类情况发生，特通知如下：社会保险基金是由社会保险机构代参保人员管理，并最终由参保人员享用的公共基金，不属于社会保险机构所有。社会保险机构对该项基金设立专户管理，专款专用，专项用于保障企业退休职工、失业人员的基本生活需要，属专项资金，不得挪作他用。因此，各地人民法院在审理和执行民事、经济纠纷案件时，不得查封、冻结或扣划社会保险基金；不得用社会保险基金偿还社会保险机构及其原下属企业的债务。”

2002年2月4日，原劳动和社会保障部办公厅答复重庆市劳动和社会保障局的《关于对扣发离退休人员基本养老金抵偿债务问题的复函》（劳社厅函〔2002〕27号）：“基本养老金是保障离退休人员的‘养命钱’，离退休人员能否按时足额领取养老金直接关系到其合法权益和社会稳定。同时基本养老金在发放给离退休人员之前，仍属于养老保险基金，任何单位不得查封、冻结和扣划。最高人民法院《关于在审理和执行民事、经济纠纷案件时不得查封、冻结和扣划社会保险基金的通知》（法〔2000〕19号）对此也作出了相应规定。社会保险经办机构作为法定授权的社会保险基金收支、管理和运营机构，承担着将基本养老金按时足额发放给离退休人员的职能，社会保险经办机构不能直接扣发离退休人员基本养老金抵偿法院判决的债务。”

2014年6月26日，最高人民法院函复浙江高院，《关于能否要求社保机构协助冻结、扣划被执行人的养老金问题的复函》（〔2014〕执他字第22号）：你院浙高法〔2014〕29号《关于请求商人力资源和社会保障部废止劳社厅函〔2002〕27号复函的报告》收悉。经研究，提出如下意见：一、被执行人应得的养老金应当视为被执行人在第三人处的固定收入，属于其责任财产的范围，依照《中华人民共和国民事诉讼法》第二百四十三条之规定，人民法院有权冻结、扣划。但是，在冻结、扣划前，应当预留被执行人及其所抚养家属必需的生活费用。二、《中华人民共和国民事诉讼法》第二百四十二条规定：“人民法院决定扣押、冻结、划拨、变价财产，应当作出裁定，并发出协助执行通知书，有关单位必须办理。”本院《关于人民法院执行工作若干问题的规定（试行）》第36条也规定：“被执行人在有关单位的收入尚未支取的，人民法院应当作出裁定，向该单位发出协助执行通知书，由其协助扣留或提取。”依照前述规定，社会保障机构作为养老金发放机构，有义务协助人民法院冻结、扣划被执行人应得的养老金。三、在执行被执行人的养老金时，应当注意向社会保障机构做好解释工作，讲清法律规定的精神，取得理解和支持。如其仍拒绝协助的，可以依法制裁。

点评：被执行人的养老金能不能执行的问题，涉及社保财产性质转化的问题，具体涉及两个问题：被执行人的养老金是否属于其责任财产的范围；社保机构应否协助人民法院冻结、扣划被执行人的养老金以及如何协助的问题。争议涉及对社会保险基金和养老金的关系的理解问题。劳动保障部和最高人民法院都认可，法院不得查封、冻结或扣划社会保险基金，也认可社会保险经办机构有协助执行的义务。争议的焦点在于如何协助执行的问题。劳动保障部站在参保人社会保险权益和社会保险经办机构法定职责角度，认为“社会保险经办机构不能直接扣发离退休人员基本养老金抵偿法院判决的债务”；最高人民法院从维护债权人合法权益角度，认为社会保险经办机构“有义务协助人民法院冻结、扣划被执行人应得的养老金”。

其实两方意见并非不可调和，这个问题可以通过程序层面化解。按照前述关于社会保险基金的属性转化分析得知，社会保险基金只有从社保专户中合法划入参保人个人控制账户，才转变为参保人个人财产，才能作为其民事债务的执行标的。无论是法院还是社会保险经办机构，将社会保险基金从社保专户直接划入参保人的债权人账户，并不能实现社会保险基金所有权的合法转化。而且，社会保险经办机构并不直接向退休人员划转养老金，而是委托银行实行社会化发放。社会保险经办机构协助执行的妥当方式是：向法院提供退休人员接收养老金的银行账户信息与每月支付时间，并依法按时向退休人员支付养老金即可。法院应当同时向社保待遇代发银行要求协助执行，由银行协助直接从退休人员银行账户中划出一定数额的养老金偿还债务。这样操作还有两个原因：一是法院执行养老金时，可以综合被执行人全部财产判断“被执行人及其所抚养家属必需的生活费用”的具体标准，社会保险经办机构无法作出这样的判断；二是如果由社会保险经办机构直接从社会保险基金账户将退休人员的养老待遇转至法院指定账户，导致民事争议和行政争议交错纷杂，社会保险经办机构因无法证明其已经依法履行支付社会保险待遇的法定义务，面临被退休人员起诉的风险，徒增行政争议。

第三节　“公地的悲剧”对社会保险基金的影响

“公地的悲剧”中的“公地”并不限于公共财物，而是指共享资源。尽管法律法规并未明确社会保险基金的所有权人，但是每个参保人都有社会保险基金的使用权，所有达到法定条件的参保人都有权利从社会保险基金中享受社会保险待遇；社会保险基金的损失，与任何出资方无直接的利益对应关联，任何参保人不能阻止他人使用基金。《最高人民法院关于在审理和执行民事、经济纠纷案件时不得查封、冻结和扣划社会保险基金的通知》（法〔2000〕19号）也指出，“社会保险基金是由社会保险机构代参保人员管理，并最终由参保人员享用的公共基金”。从这些特征可以肯定一点，社会保险基金属于全体参保人共享的资源，明显属于“公地”，因此难以摆脱“公地的悲剧”的魔咒。

社会保险基金的共享性公共资源特征决定了参与各方普遍存在“多获利、少担责”心理，这就埋下了“悲剧”的种子。如用人单位和个人普遍希望尽量少缴费甚至逃避缴费，有时地方财政投入也并不积极，而参保人和社保协议服务机构希望多从基金中获利。而社会保险待遇具有稳定增长的刚性需求，在“以支定收”的制度运行模式下，为维持社会保险基金收支平衡，必须征收更多的社会保险费，结果是单位和个人缴费负担日益加重，形成恶性循环，整个社会保险制度可持续性将受到严峻挑战。当前主要有以下三类表现。

一、单位或个人侵吞基金

假设某个参保人超出规定范围和标准享受社保待遇和取得个人利益，其他参保人无法阻止，监督者未发现，由此导致多支出的社会保险基金将由国家、单位和全体参保人承担，分摊到每个参保人头上后变得微乎其微。由于统筹池子里的社会保险基金不属于任何一个单位或者个人，没有任何一个单位或者个人与社会保险基金安全有直接的利益关系，不能形成一个利益制衡机制；如果法律不健全、监管漏洞大、违法成本低，不能有效管控，就容易酿成“公地的悲剧”。而且由于违法收益可观，相关方甚至会结成侵吞基金的利益共同体。

二、基金投资损失与隐性贬值

社会保险基金的“公地”性质，决定了基金收益与任何单位或者个人并无直接利益关系，“盈”“亏”与否也与监管者无直接经济利益关系。这容易导致两个极端：一是盲目投资。这主要发生在社保制度建立初期，也就是国家尚未明令禁止社会保险基金经办部门投资运营的时期，当时庞大的社会保险基金势必成为资本青睐的对象。投资失败的，管理者个人不用承担损失赔偿；投资成功的，可以获得好政绩，甚至有较大的权力寻租空间。在投资管理规则缺位、监管机制不健全的情况下，容易出现因盲目投资导致的大量基金损失，腐败案件多发。二是过于保守。20世纪90年代末，国家明令社会保险基金结余除购买国债、存入专户外，不得用于其他任何形式的投资，投资运营成了禁区。虽然按照政策规定社会保险基金可以享受存款优惠利率，但是实际保障增值情况并不理想。在金融市场已经兴起的条件下，让大量结余基金长期在专户存款“睡大觉”，实际是隐性贬值。以职工基本养老保险基金为例，2015年人社部负责人称，我国养老保险基金目前投资收益率低于CPI，实际是贬值的状态[①]。相比之下，社会保险基金用于市场化投资运营的收益比较稳健。根据有关资料[②]，2007—2022年，我国企业年金基金投资年均收益率为6.85%。全国社会保障基金理事会发布的2022年社会保险基金年度报告显示，社会保险基金自成立以来的年均投资收益率为7.66%。

社会保险基金保值增值问题已引起了国家的高度重视。2011年7月起施行的《社会保险法》第六十九条规定，“社会保险基金在保证安全的前提下，按照国务院规定投资运营实现保值增值”。2015年8月，国务院印发《基本养老保险基金投资管理办法》，基本养老保险基金投资运营有了明确规矩，由国家授权专业机构开展投资，基金投资收益性和安全性都得到了较好保障。

三、地方利益博弈

根据法律规定，当社会保险基金收不抵支时，各级政府有兜底保障责任。在各级政府“分灶吃饭”的财政体制下，实现全国统筹、省级统筹后，社会保险基金自然而然就成了地方政府眼中的“公地”——为减轻本地缴费负担、提高本地居民待遇，争取本地尽量多占点“便宜”，少担些“责任”，存在各种博弈。有个耐人寻味的现象：社会保险基金统

---

① 中国证券网：《人社部：养老保险基金投资收益率低于CPI》，http://finance.sina.com.cn/china/20150310/112421686896.shtml，访问日期：2024年4月25日。

② 韩宋辉：《社保基金年度报告出炉：自成立以来年均投资收益率7.66%》，https://news.cnstock.com/news,bwkx-202309-5129571.htm，访问日期：2024年4月25日。

《豪横！22家机构瓜分近3万亿年金，公募独占11席，三大特征浮现》，https://baijiahao.baidu.com/s?id=1768042698776650079&wfr=spider&for=pc，访问日期：2024年4月25日。

筹层次越高，下级政府降低缴费标准、提高待遇的冲动越明显；统筹层次越低，则相反。如有些依靠中央财政转移支付支持的省份，职工养老金替代率高于无中央转移支付支持的省份。提高社会保险基金统筹层次，有利于增强基金共济、平衡功能。特别是在我国社会保险基金支撑能力地区不均衡、人口流动性大、老龄化进程加快等问题突出的现实情况下，显得尤为重要。但是，另外一方面，提高统筹层次后，下级政府的压力减轻，征缴的原动力不足，上级政府责任增大。由于基金征收与积累多的地区被抽调的基金多，这会出现“鞭打快牛”的现象，而积累少的地区乐于“坐享其成”。这是提高统筹层次面临的很棘手的问题。各级政府的博弈让提高社保统筹层次十分艰难。2011年开始施行的《社会保险法》规定，养老保险基金逐步实行全国统筹。2022年2月22日，人社部对外宣布，1月起企业职工基本养老保险启动全国统筹。国家还建立了企业职工基本养老保险全国统筹的考核制度，针对可能出现的地方博弈问题，建立地方政府财政分担机制，设定了牵制性考核指标。

第四节　“公地的悲剧”对社会保险基金监督的启发

“公地的悲剧”之所以出现，是因为个体对集体利益不够关注，自私自利、损公肥私，危害结果缓慢渐进出现不易被发现等。社会保险基金有其固有的“公地”属性，加强社会保险基金安全监管的思路应该是针对这一特点，以增强制度公平性，明晰各方权责，构建利益制约机制，精准施策，努力遏制“公地的悲剧”的发生。

一、针对地方利益博弈问题

为遏制地方利益博弈，需要统一经办规程，统一信息系统，建立考核奖惩制度，建立各级财政分担机制。对属于地方违反国家规定擅自出台政策增加基金支出，或者属于监管导致基金损失的，地方政府应当承担基金补偿责任。

二、针对作案方式隐蔽问题

不少披露出来的社保欺诈案件，都是连续多年（次）作案，因偶然的检查或被群众举报而暴露。作案隐蔽的原因主要有三：一是基金的支出通常需要经过管理者审核，侵害社会保险基金的行为属于违法行为，通常摆在台面上无法实施。二是政府监督力量十分有限，发现和纠正违法的概率不高。三是社会保险基金的“公地”属性。欠薪、加班等劳资纠纷会显性化，因为劳资双方利益牵制，矛盾会自动暴发出来。社会保险基金则不同，社会保险基金无明确的权属主体，对基金损失无人有切身感受，即缺乏利益牵制方。甚至有的违规者会结成利益同盟，如患者与医疗机构联手侵吞社会保险基金。有的地区即使建立了举报骗保奖励制度，但是多年无人申领奖金。侵吞基金就像地底下水管爆裂漏水一样，地表安然无恙，地下却暗流汹涌。根据这一特点，鼓励知情人士举报、加强大数据分析比对十分重要；还要建立利益制约机制，建立专业化监督队伍，提高监管水平，加强信息公开，建立健全失信惩戒制度，形成打击欺诈骗保的高压态势。

三、针对内部人员易涉案现象

按照“公地”逻辑，管理“公地”资源分配的人有更多机会和条件获利，所谓“近水楼台先得月”。越熟悉基金收支运作的人，面对的诱惑越大，“占便宜”的机会越多。在内部控制不健全的情况下，经办管理人员容易出现“监守自盗”现象。社会保险基金一般都是通过管理经办人员的操作才能进入个人的口袋，有的是审核把关不严，导致错发社保待遇；有的是与违法者合作共同侵吞基金；有的是利用管理漏洞篡改数据、制作虚假资料，基金经乾坤大挪移后进了个人口袋。马克思曾提到：“有50%的利润，资本就会铤而走险；为了100%的利润，资本就敢践踏一切人间法律；有300%以上的利润，资本就敢犯任何罪行，甚至去冒绞首的危险。”根据这一特点，加强社保工作人员教育监管、提高违法成本、完善内部控制措施十分重要。要建立基金安全责任制，加强社会保险经办管理的内部控制，防堵安全漏洞，织密安全防护网，加大对违法犯罪行为的打击频率和力度。

四、针对危害结果不易被觉察问题

在当今社会，环境污染的危害，几乎每个人都能切身感受到，容易凝聚为治理污染的共识。社会公众普遍关心社会保险待遇问题，对基金的安全完整不够关注。因为基金贬值、基金被侵占，对全体参保人的影响具有滞后性、间接性、隐蔽性。每个违法行为对基金造成的损失后果，分摊到所有人头上变得微乎其微。虽然基金被侵吞肯定会削弱基金的平衡能力，基金收支不平衡就需采取提高缴费标准、限制社保待遇等措施。但是采取这些措施的原因中，到底基金贬值或被侵吞的因素占多大比例，无法确切计算；而且基金支撑能力不足的后果，究竟是由哪一代参保人和单位来承担也是未知数。基于这一特点，需要明确各级政府的以往、当前和未来的社保责任，科学合理确定单位和个人的缴费负担，加强基金运行的数据分析，定期公开社会保险基金风险评估情况及基金监督检查结果，营造共同维护基金安全的社会氛围。

五、针对严格执法与社会效果难以兼顾问题

《宪法》赋予了公民社会保障权利。“病有所医”“老有所养”的目标，要求全面实施全民参保计划。但是我国社会保险制度仍处于发展中阶段，如居民与职工实行不同的社会保险制度，在缴费和待遇上难以统一；现实中还存在部分群体缺乏保障或者保障水平不

公平、不充分等问题。一些缺乏保障的群体法律意识不强，出现违规行为，如为达到规定的最低缴费年限而虚构劳动关系缴费参保，参加居民保险的想挤入职工保险，因对政策理解不准确而重复参保和享受待遇。这也体现了人民群众的社会保障需求与社会保险制度发展不平衡、保障不充分之间的矛盾。有些违规行为背后有制度不合理的因素，在法律定性、责任追究、追回基金等方面难度较大，严格执法与社会效果容易产生矛盾。如有的违规补缴老人被清退缴费后出现老无所养的情况；有的重症患者因无钱治病而欺诈报销医疗费，本人和同案家属因被追责身陷囹圄。要不断完善社会保险制度，实现全民保障，提高保障水平，增强制度公平性、合理性，分类完善基金违规行为的处置方法，加强社会保险基金反欺诈普法宣传。

我国社会保险基本制度类型短期内不会发生根本性改变，加强社会保险基金安全监管的思路应该是顺应其“公地”属性特点，以增强制度公平性、明晰各方权责、构建利益制约机制、加大监管力度为重点，精准施策，努力遏制“公地的悲剧”的发生。

第三章 “花钱矩阵”与社会保险基金监督

为什么在对社会保险基金实行严格监管的情况下，侵害社会保险基金的行为仍多发频发，屡禁不止？前一章的“公地的悲剧”揭示了问题的理论根源。如果深入到社会保险基金运行机理，“花钱矩阵”的经济学理论能帮助我们更加清晰地洞察其背后的规律。基本社会保险基金的开支本质上属于花钱消费行为，“花钱矩阵”理论对加强社会保险基金监管、维护基金安全有重要启示。

第一节 花钱矩阵

美国经济学家米尔顿·弗里德曼（Milton Friedman）指出：花自己的钱办自己的事，既讲节约，又讲效果；花自己的钱办别人的事，只讲节约，不讲效果；花别人的钱办自己的事，只讲效果，不讲节约；花别人的钱办别人的事，既不讲效果，又不讲节约。这被概括为“花钱矩阵”（图3-1）。

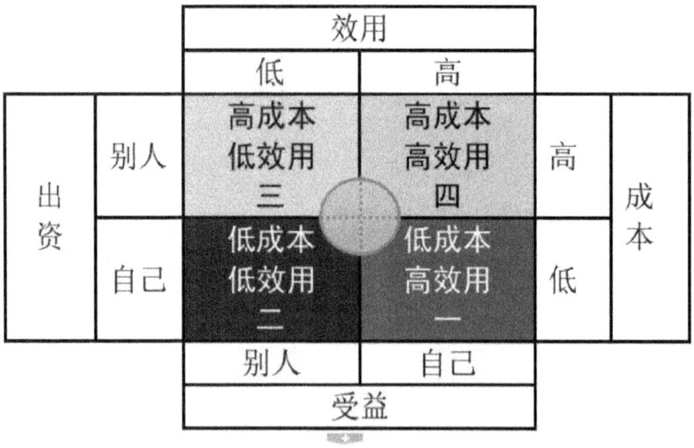

图3-1 花钱矩阵

在日常生活和工作中，“花钱矩阵”的影子无处不在。如在餐馆吃饭，花别人的钱和花自己的钱，点菜的心理常常不同。因此,在监管松懈的情况下，“花别人的钱办自己的事”“花别人的钱办别人的事”的情况都极有可能出现，完善制度和加强执法执纪可以减少这种现象，但是难以杜绝。

“花钱矩阵”理论只是一个模型，而且把行为人都设想成是“自私”理性的经济人。现实中，消费行为受各种复杂因素影响，为此我在“花钱矩阵”图中间交叉处增加了一个灰色的圆圈。这个灰色的圈代表现实复杂因素，如办事人的责任心和能力、出资人和受益人的关系、道德、情感、法律、监管等。这些复杂因素的介入会带来不确定结果。常见的三类因素如下。

一、责任心和能力

如A给B1000元，让B买家具赠送给C，如果不考虑B的主观因素，多会发生“花钱矩阵”中的第二种结果“高成本、低效用”。但是，如果B有较强责任心且对家具质量和市场有较好的分辨能力，就可能出现第一种结果“低成本、高效用”。当然，这也可以理解成B的责任心促使他把别人的事情当作自己的事，把别人的钱当成自己的钱那样珍惜，这样理解就也依然遵循“花钱矩阵”的规律。国家慈善基金会运作机理类似于“花别人的钱给别人办事”，因此容易出现“高成本、低效用”的结果。如果没有有效方法提高基金会的责任心和合理花钱能力，就难以取得社会的广泛信赖。

二、利益捆绑

利益捆绑后，会出现不确定性结果，而且奖惩力度对结果有重要影响。如果办好事情能同时增加自己的利益，事情办砸了导致自己的利益受损，名义上是为别人办事，实际也是为自己办事。如出资人A根据办事结果额外对办事人B进行奖励，B的利益与别人的利益捆绑在一起，也会出现“高效用”的结果。另外一个例子，出资人B给A购买礼物，通常会出现“低成本、低效用”的情况，但如果B是为得到A的好感或关照而赠送礼物，自己的利益是主导地位，实际主要是花自己的钱给自己办事，则会出现“低成本、高效用”的结果。

三、出资人指令

在“花钱矩阵”的第三种情形中，如出资人对行为人提出特定要求，对货物的来源、数量、质量等有明确要求，结果就不一定是“高成本、低效用”。因为办事人不能完全根据自己的意愿办事，办事的结果取决于出资人指令的质量。在政府采购中，采购管理者属于“花别人的钱给别人办事”，价格偏高符合“花钱矩阵”理论。而实行集中采购，数量大且可以减少中间加价，如果还出现“物差价贵”现象，很可能是政府采购管理者的指令出了问题，限定的采购范围和方式违背了市场规律与实际。

第二节　社会保险基金支出与“花钱矩阵”

用社会保险基金支付待遇、结算费用实际上也是消费行为。研究社会保险基金的监管，不能忽略“花钱矩阵”理论的影响。社会保险统筹基金相当于是“别人的钱”，个人账户相当于是“自己的钱”。在社会保险基金支出法律关系中，有出资者、管理者和受益者。社会保险基金出资者有单位、个人、国家等，各方筹集的资金进入统筹基金的“池子”后，变成共享资源。社会保险经办机构根据法律的授权对社会保险基金支出进行审核与管理，相当于出资方的代表。受益者主要是享受待遇的参保人或其亲属，也包含根据协议提供社保服务的机构，如医院、药店、辅助器具配置机构以及承办大病保险的商业保险公司等。根据“花钱矩阵”，对于社会保险经办机构支出社会保险基金也可以说是“花别人的钱给别人办事”；参保人或有关服务单位接受社会保险统筹基金属于“花别人的钱给自己办事”。两种情况都属于高成本的运行机理，若利益机制不改变，就容易出现浪费现象。

一、医疗保险统筹基金与“花钱矩阵”

国家医疗保障局有关负责人曾在2017年指出：“目前医疗消费中，有30%是过度医疗的浪费。”[①]医疗消费的浪费中相当部分是医疗保险基金。医疗保险基金容易出现浪费是由其特点决定的，有人将其比喻为一块“唐僧肉”。参保人、医院和医生、药店、大病保险承办机构都希望从基金中多获利，甚至依赖医保基金生存。有的监管者经受不住诱惑，利用手中掌握的结算权、审批权趁机谋取私利。

医疗保险服务的运作模式是，医保部门向医疗服务机构购买服务，保障参保人医疗保险权利，医保基金“买单”。医疗机构为参保人提供服务后获取社会保险基金，根据“花钱矩阵”理论，这属于“花别人的钱为别人办事”，易出现“高成本、低效用”的情况。我国公立医院性质特殊，医生的收入和医院收入关系密切，对其经济上最有利的选择是多花基金和患者的钱。私立医院追求经济利益的趋势更加明显。在利益驱使之下，伪造病历、挂床住院、过度检查、过度用药等违规或不合理支出现象多发。医保基金浪费深层次的原因与“花别人的钱”的机理有关。没有科学、严格到位的制约和监管制度，基金浪费就难以避免。协议药店、工伤保险协议康复机构、康复器具配置机构以及工伤预防服务机构，也会出现类似的情况。

① 财经网：《陈金甫：目前医疗消费中30%是过度医疗的浪费》，https://www.163.com/money/article/D4E9QA33002580SL.html，访问日期：2024年4月25日。

二、医保个人账户资金与“花钱矩阵”

参保人使用医疗保险的个人账户资金就诊买药，类似于“花自己的钱办自己的事”，属于第一种情况，参保人理应尽量节约，追求效用最高。但现实中怪现象屡见不鲜：用个人账户在协议药店购买洋酒、茶叶、生活用品等自用或出售套现。如果基金给结算了，也可以认为是一种浪费，因为保障看病的钱用到了其他用途。参保个人其实并没得利，因为花的是自己账户里的钱，买的东西不一定实用或者价格并不比商店的划算，显然不是理性的选择。参保人为什么会作出这种选择？一是可能个人账户结余较多，认为没必要积压资金；二是被药店诱导，顺便购买生活用品；三是误以为花的是统筹基金的钱，不花白不花。绝少有人是因为经济困难确需用医保个人账户购买食物。个人账户基金存放在银行，一般实行优惠利率，利息高于个人在银行的活期存款利息，可以保值增值。提前花费用于其他用途，左口袋挪到右口袋还导致缩水，明显不是理性选择。这类浪费现象主要是医保个人账户政策宣传不到位，对药店的协议管理缺位所致。一些地方立法禁止协议药店售卖非药品，甚至一概作为社保欺诈处理，但法律依据不足，且并非对症下药，执行成本过高。

三、养老保险基金与“花钱矩阵”

“死亡冒领”是养老保险基金较为普遍的浪费现象。“死亡冒领”养老金是社会保险基金管理中的行话，包含两类情况：一是死者家属隐瞒参保人死亡的事实或者伪造材料办理生存认证，领取养老金；二是参保人死亡后，社保机构因不知情继续往参保人员账户发放养老金。两者区别主要是前一情况当事人有冒领行为，存在违法；后一情况是当事人并未冒领，属于社保机构错误发放待遇。这两种情况都称为“死亡冒领”，其实并不准确。但不管怎么样，如果不及时发现并追回多支出的养老金，都造成了养老保险基金浪费。

对于参保人的家属，主动告知领取养老金人员死亡情况并未能带来额外的损失或得利。相关法律法规也未规定未及时报告领取养老金亲属死亡时间的法律责任，部门间数据共享存在一定滞后性，社保机构显然不可能随时知悉参保人的生存情况。生物认证技术的推广运用将有助于较好解决年度生存认证问题，但是一年一次，不能满足及时性要求。加强户籍注销、殡葬等信息共享，可以防止大规模的死亡冒领，但是不能杜绝，因为存在数据缺失、质量不高等问题，如参保人境外死亡的数据无法获取，或者有的地方存在土葬习俗，没有部门掌握其死亡信息。此外，违规办理提前退休、重复支付养老金、内部工作人员贪污基金等也是造成养老保险基金浪费的风险因素。

四、失业保险基金与“花钱矩阵”

导致失业保险基金可能的浪费情况主要有：一是参保人丧失法定资格继续享受失业待

遇。按照规定，领取失业保险金的人员出现“重新就业”或者“无正当理由，拒不接受当地人民政府指定部门或者机构介绍的适当工作或者提供的培训”等情形，应当停止支付失业保险金。实践中，国家尚未建立失业保险待遇支付与就业服务信息统一平台，社会保险经办机构和就业服务机构各自开展业务，不互通信息。广东地方立法规定，“失业人员无正当理由连续两个月不按照规定办理领取手续或者说明求职等情况的，视同重新就业”。增强了可操作性但是效果不理想，因为失业人员只要说明情况就行，至于失业人员是否积极求职以及公共就业服务机构是否积极向失业人员介绍工作或者提供培训，缺乏有效监督，容易造成失业保险基金的间接浪费。二是扩大失业保险基金支出范围带来的基金浪费风险。多年前，国家开展扩大失业保险基金支出用于预防失业和促进就业。如果在相关制度实施基础条件、配套监管措施不健全的情况下，仓促将失业保险基金提取用于发放补贴或者支持技能培训，很容易造成基金低效使用、浪费，甚至出现有关单位和人员受利益驱使伪造材料骗取基金补贴，促进就业有关补贴发放对象条件审查不严导致错误发放等问题。三是内部工作人员贪污基金。这类情况尚不多见。《中国纪检监察报》2018年5月刊登《400万失业保险金被套取的背后》一文，披露某市社保局一名工作人员利用职务之便套取436万余元失业保险金被查处。

五、工伤保险基金与“花钱矩阵”

工伤保险基金支出主要用于工伤职工的医疗和补偿、工伤康复、工伤预付等。工伤保险基金浪费的主要风险如下：一是享受工伤保险长期待遇人员死亡后，社保机构未及时获知情况并停发待遇，情况类似于养老保险的“死亡冒领”。二是过度康复。法律法规对工伤康复标准和终结标准尚未作出明确规定，人社部于2013年组织修订了《工伤康复服务项目（试行）》和《工伤康复服务规范（试行）》。由于康复时限、康复价值、康复效果的评估，技术上比较复杂，缺乏权威的认定机构，存在一定的主观性，康复机构存在追求经济利益的冲动，容易出现已经无康复价值仍继续提供康复服务，或者采取无实际意义的康复治疗。三是滥用工伤预防费。按照规定，工伤基金可以用于工伤事故和职业病预防宣传、培训，但也可能出现不按照规定范围使用预防费的情况，或者因对工伤预防费使用效果关注不够，导致投入大、收效微。国家从2017年起建立了预防费使用效果的第三方评价制度，对减少基金浪费有十分积极的作用。

第三节　“花钱矩阵”对社会保险基金监管的启发

从社会效益角度看，社会保险基金显然应追求“低成本、高效用”。按照“花钱矩阵”理论，“花自己的钱为自己办事”最有利于达成这一目标。通过上述分析且在不改变现有社会保险制度模式情况下，如果将社会保险关系各方的利益与节约社会保险基金进行捆绑，节约社会保险基金能使其获利，浪费基金会导致其利益受损，就可以形成自律机制。相对于法律强制、执法检查、宣传教育等外力，利益引导自律是低投入、高产出的基金监管路径。

一、建立对参保人的自律制约机制

（一）鼓励合理使用医保个人账户

一是个人账户实行投资运营。企业职工养老保险基金、居民养老保险基金已经启动由国家组织统一投资运营，社会保险基金投资运营制度日趋成熟。在留足合理结余的情况下，可按照国家规定统一组织开展医疗保险个人账户资金的投资运营，收益归个人所有。二是合理拓宽个人账户用途。一些地方已经试行将医疗保险个人账户用途扩展至缴纳补充医疗保险、参保人家庭成员共享购药与门诊，将“沉睡”的资金发挥更好的医疗保障作用，这种举措符合医疗保险制度目的，有利于家庭成员互助，应尽快推广。2021年4月，国务院办公厅发布《关于建立健全职工基本医疗保险门诊共济保障机制的指导意见》，规定个人账户可以用于支付参保人员本人及其配偶、父母、子女在定点医疗机构就医发生的由个人负担的医疗费用，以及在定点零售药店购买药品、医疗器械、医用耗材发生的由个人负担的费用。探索个人账户用于配偶、父母、子女参加城乡居民基本医疗保险等的个人缴费。

（二）鼓励及时报告丧失待遇享受资格情况

对社会保险待遇的抚恤金可设多个档次，根据报告死亡的时间，实行递减。如享受养老金的参保人员死亡的，其亲属一个月内告知社会保险经办机构的，领取抚恤金比基准抚恤金提高5%；两个月后告知的只支付基准抚恤金；三个月后告知的递减10%；四个月后告知的再递减10%。对于享受工伤保险津贴人员死亡的情况，也可以建立类似的抚恤金标准与报告时间挂钩制度。

（三）优化失业保险待遇审核管理

失业保险金过低，不利于较好保障失业人员基本生活（特别是在大城市中的按揭供房一族，失业后会突然陷入“断供”的恐惧之中），不利于消除失业人员的失业恐惧感和无助感，不利于人力资源市场合理流动；管理松散，不及时提供职业介绍、培训服务，容易导致“养懒人”。因此，需要适当提高失业待遇水平的同时优化管理。一是授权或者委托公共就业服务机构承担失业保险待遇审核支付职能，并主动提供职业介绍服务。失业保险的制度逻辑是给有就业意愿的人提供帮助，如果失业待遇审核与就业服务分由两个机构承担，各不互通，不利于增强制度系统性，导致就业状况审查制度形同虚设。二是失业保险金实行递减机制，越晚就业，标准越低。三是缩短求职报告周期，将每月报告一次调整为至少每半月报告一次。四是细化《社会保险法》第五十一条“重新就业”“适当工作”的认定标准，将岗位适应性、工作时间、工资水平、工作地点等纳入考量因素，既维护失业人员尊严又防止基金浪费。

二、建立对社会保险服务的利益制约机制

如果结算不进行控制，社会保险服务机构，特别是医疗康复服务机构会有扩大支出的冲动。建立利益挂钩机制，可鼓励医疗服务机构节约资源，减少不合理的检查、用药支出。主要措施是改革付费方式，建立科学的付费结算制约机制。在科学的医疗费用结算控制下，医疗服务机构节约基金对自己有利，既是花基金的钱，也是“花自己的钱”，既是为患者服务，也是“为自己办事”，从而达到节约基金、提高服务效用的目的。

《国务院办公厅关于进一步深化基本医疗保险支付方式改革的指导意见》（国办发〔2017〕55号）提出建立“‘结余留用、合理超支分担’的激励和风险分担机制”，体现了对“花钱矩阵”原理的运用。医保付费方式改革逐渐取得了积极成效。医保付费类似于政府集中采购，如前面所述，是在“花钱矩阵”中加入了出资方的指令因素，为防止出现“副作用”，需不断增强科学性、适应性、精确性，达到既节约基金又提高医疗服务质量的目标。同时，需警惕掌握结算决定权的人员可能出现的大面积“权力寻租”，亟待完善细化规则，减少医保部门自由裁量空间，公开结算账务，接受社会监督。工伤保险的医疗费结算方式需要借鉴医疗保险的付费方式进行改革。

三、建立对管理经办机构的利益制约机制

党和国家有比较严密的党纪、法律，有比较严格的监督机制，可以敦促社会保险管理经办机构依法履职。但是，人性有弱点，在金钱诱惑之下，很多人容易误入歧途。因此，为维护社会保险基金安全，在继续加强和完善监督的前提下，仍需建立利益制约机制。需建立社会保险基金安全责任制，明确各地政府、政府各有关部门、基金管理经办部门内部工作机构和人员的职责，在此基础上，运用“花钱矩阵”理论，推行利益挂钩机制，让管理经办部门在维护社会保险基金安全的同时，觉得是在“为自己办事”。

（一）对统筹区内地方政府的利益制约

将社会保险基金统筹调剂（调拨）与当地社会保险基金安全挂钩，对社会保险基金安全监管不到位，出现基金不安全问题，如挤占、挪用、欺诈、贪污基金案件的地区，减少调拨数额；相反，则可适当增加调拨数额。建立社会保险基金损失补偿制度，本地发生的社会保险基金损失，超过一定年限未全额追回的，由当地财政按照未追回的数额补偿基金。

（二）对相关职能部门的利益制约

将履行社会保险基金监管职责情况与年度绩效考核、评先表彰活动、负责人职务晋升等挂钩；出现工作人员侵害基金行为的，依法追责，同时取消其相关评先评优资格。

（三）对社保管理和经办人员的利益制约

优化工资福利结构，建立基金安全责任奖金制度。定期对各地社会保险管理经办机构及其工作人员履行防范社会保险基金风险职责情况进行全面评查，并将评查结果作为发放基金安全责任奖的依据。存在未依法履职导致基金损失、未依法追回错误支出的基金，以及因理松懈导致重大基金安全漏洞等情形的，不予发放安全责任奖。

第四章　社会保险基金安全的内涵及影响因素

社会保险基金监督的主要目的是保障社会保险基金安全。“安全”的内涵有三个层次，即宏观、中观和微观，不同层次的安全需要不同的监管措施。影响社会保险基金安全完整的因素有法规政策、经办管理水平、信息化水平、法治化水平和社会诚信状况等。

第一节　社会保险基金收支平衡安全（宏观）

社会保险事业健康可持续发展的一个重要指标是社会保险基金收支平衡。收支平衡方面是否安全，关键指标是社会保险基金可支付月数。收支平衡还区分为当期收支平衡与累计结余收支平衡。在临时性的政策或者特殊情形下出现的当期收支不平衡问题，对社会保险基金运行的影响一般不会太大；重要的是累计结余的收支平衡问题，需要通过对未来若干年影响到基金收入和支出的重要因素进行精算分析与预判。社会保险基金收不抵支，将增加财政兜底压力，严重收不抵支将危及社会保险制度的可持续性，甚至波及政治安全。这些方面的安全防控措施，实质是社会保险制度顶层设计问题。

一、社会保险基金支撑能力相关规定

社会保险基金支撑能力应当达到一定的预期，才能确保社会保险政策的稳定执行。国家对有关险种的基金合理结余额作出过统一规定，并规定了结余过多或过少的处理方法。低于规定的可支付月数，可以视为基金收支平衡不安全，需要采取应对措施。

（一）职工基本医疗保险基金

人社部、财政部2009年就提出建立“基本医疗保险基金运行情况分析和风险预警制度”，规定“除一次性预缴基本医疗保险费外，统筹地区城镇职工基本医疗保险统筹基金累计结余原则上应控制在6～9个月平均支付水平。城镇职工基本医疗保险统筹基金累计结余超过15个月平均支付水平的，为结余过多状态；累计结余低于3个月平均支付水平的，为结余不足状态”。“统筹地区因职工工资水平增长等因素，统筹基金收入增幅明显高于支出增幅，连续2年处于结余过多状态的，可阶段性降低基本医疗保险筹资比例或适当提高参保人员医疗保险待遇水平。统筹基金出现当期收不抵支的统筹地区，要认真查找超支原因，通过改进结算方式、加强支出管理等途径，控制费用支出增长。统筹基金累计结余

不足、难以保证当期支付的统筹地区，可通过临时借款保证当期支付，并及时研究调整筹资或待遇政策”。

（二）失业保险基金

人社部、财政部曾发布文件要求，开展扩大失业保险基金支出范围的地区，上年失业保险基金滚存结余应具备12～24个月支付能力。2022年4月，人力资源和社会保障部、财政部、国家税务总局发布《关于做好失业保险稳岗位提技能防失业工作的通知》（人社部发〔2022〕23号），明确“四、继续实施东部7省（市）扩大失业保险基金支出范围试点政策……实施上述政策的统筹地区，上年度失业保险基金滚存结余备付期限应在2年以上”。这些文件虽然只是针对扩大支出的东部7省（市），“滚存结余备付期限应在2年以上”也可以视为失业保险基金收支平衡的重要指标。低于2年的，可以视为失业保险基金收支平衡存在一定风险。2024年，滚存结余备付期限调整为1年。

（三）工伤保险基金

人社部、财政部2018年发文，明确工伤保险基金累计结余可支付月数在18（含）至23个月的统筹地区，可以下调费率。换一个角度理解，工伤保险基金累计结余可支付月数在18（含）至23个月之间，属于安全可控且合理的。

（四）企业职工基本养老保险基金

企业职工基本养老保险基金是职工“老有所养”的重要基础，需要对退休人员余生基本生活提供保障，因此对基金结余积累要求比较高，需要提前较长时间开展预判监测。中国社科院世界社保研究中心发布的《中国养老金精算报告2019—2050》预测，到2035年左右，我国城镇职工基本养老保险基金的累积结余或将耗尽。随着全国统筹的实现，企业职工基本养老保险基金可支付月数需在全国层面进行计算。2018年，国家建立了防范化解企业职工基本养老保险基金潜在风险机制，定期对企业职工基本养老保险基金收支平衡情况进行测试与预判。近些年来国家谋划开展养老保险相关重大改革与养老保险基金支撑能力有密切关系，如推进基金全国统筹、改革退休年龄、待遇计算方法调整、划转国有资产收益充实养老保险基金等。

二、实现社会保险基金收支平衡安全的思考

基金积累不足以应对待遇支付需求时，即出现系统性支付危机，容易引发社会不安定因素，进而转化为政治风险。为确保社会保险基金收支安全管理，应做好以下工作。

（一）科学测算研判

应结合各险种的特点，建立专业模型开展收支预测。为增强测算科学性、准确性，作

为测算依据的基础数据应真实、准确、完整，相关公式设计合理，参数尽可能全面。

工伤事故发生概率比较稳定甚至总体上呈下降趋势，但不排除某一时期局部出现大规模安全事故，另外流行传染病及其后遗症等导致的工伤事故（职业病）多发，均需要留足应对的储备基金。需要做好新建制度、提高待遇水平的基金测算，如伤残津贴的标准的年度调整、非工伤待遇支出占比的控制、新建职业伤害保险制度的基金收支平衡测算等。

在经济形势稳定的情况下，失业率总体上波动不大，但是遇到特殊经济困难时期，如重大疫情、金融危机等，失业人员会有较大幅度增加。此外，阶段性施行降低费率、扩大支出范围的特殊政策对基金收支平衡会带来重大影响，需要谨慎测算并密切关注基金可支付月数的变化，控制非失业保险待遇支出占比。

随着人口老龄化快速发展、新出生人口增速下降，企业职工基本养老保险基金要承担每个参保人退休后几十年的养老待遇，承担的支付压力较大，需要较大的基金结余积累，因此测算和研判十分重要，应当提前数年开展政策研究与制度改革。涉及的参数通常有职工平均工资增长率、计发基数增长率、个人账户记账利率、参照职工增长率、缴费人员占参保职工比例、费率、基金征缴率、基金结余可支付月数、待遇享受人数等，此外还需要劳动力资源结构、经济发展、出生率、人口结构、平均寿命等方面的数据。

（二）建立科学的政策调整机制

社会保险基金收支形势研判不应只停留在学术领域，而应与社保政策紧密挂钩，社保制度改革与基金收支平衡变化应当紧密互动。当一个统筹区的某一险种社会保险基金累计结余不能自求平衡，通常需提升缴费、政府加大投入、上级政府转移支付、扩大统筹区等，基金支付压力会传导到当地经济、社会领域或其他统筹区，超过一定限度和范围，将成为政府不可承受之重。当某项社保支出政策的执行导致社会保险基金支出大幅增加，发现可能会突破既定的可支付月数标准，就应及时评估叫停或者减少支出。开展基金支撑能力风险评估，未雨绸缪，推进改革，及时调整社保政策，这些都是至关重要的。

职工基本医疗保险、工伤保险、失业保险实行现收现付制，结余过大会不恰当地增加企业和职工缴费负担，需要及时降低缴费或优化支出；结余过小则影响可持续性，需要加强基金支出管控、提高缴费、增加基金收入渠道等。因此基金收支情况需要建立定期动态监测制度。此外，如果基金统筹层次与政策调整权不匹配，基金可支撑能力的评估结果难以及时有效触动改革。医疗保险、工伤保险、失业保险基金属于市级或省级统筹，如果一律由国家统一行使社会保险费率调整、基金支出项目和待遇总体水平等权力，统筹区难以根据本统筹区的基金结余自行作出重大改革，容易出现局部结余过多或者赤字的问题。未来需要合理划定国家与地方事权，建立与社会保险基金统筹层次相协调的决策机制，在保障社保制度统一性的同时，发挥地方管理自主性，促进基金支撑能力评估和制度改革的积极互动。

（三）提前储备政策工具

根据科学测试研判的结果，提前做好政策工具储备工作，可以避免出现特殊情况时“临时抱佛脚”式的仓促决策，进而避免由此导致的政策打折扣或者与政策目标偏离过大问题。如失业保险基金需应对重大疫情、经济危机对就业的重大冲击，要储备充足必要的特殊政策，以便及时响应。工伤保险基金需要密切关注新就业群体纳入保障后，基金收支变化，储备必要的应对方法。企业职工养老保险基金需要提前应对提高统筹层次后仍无法改善收支状况的风险，提前储备并分步实施有关国有资本划入、退休年龄调整、待遇政策调整等措施，必要时可小范围内先行开展试点以便测试制度施行的效果。针对企业缴费成本高、削弱竞争力的问题，需要提前研究完善降低缴费负担的综合性政策措施。随着信息化水平的提高，我们已经具备了借助大数据分析测试政策实施效果的条件，需要充分发挥加强大数据分析在支持社会保险科学决策方面的重要作用。

第二节　社会保险基金保值增值安全（中观）

基本社会保险基金的保值增值包括两种情况：一是在社会保险账户存款的保值增值；二是统一委托全国社会保险基金理事会实行市场化投资运营。将社会保险基金的保值增值纳入广义的社会保险基金监督范围。社会保险基金保值增值安全，不涉及具体某一个社会保险基金支出业务，而是针对整个统筹区的社会保险基金，或者存在某一个银行账户的社会保险基金的保值增值，因此可以理解为属于中观层面的安全。

存储在社会保险账户中的社会保险基金保值增值措施主要是银行存款优惠利率、定期存款、购买国债。国家《社会保险基金财务制度》规定：“社会保险基金银行存款实行统一计息办法。对存入收入户和支出户的活期存款实行优惠利率，按三个月整存整取定期存款基准利率计息。对存入财政专户的存款，利率比照同期居民储蓄存款利率管理。财政部门应按月或按季度商社会保险行政部门、经办机构制定财政专户资金购买国债和转存定期存款计划。”这方面的风险主要有：财政或社保部门在遴选社会保险基金开户行时，未实行公开、公平竞争，或者设定的遴选条件偏重于对地方经济的贡献，忽视基金的保值增值；账户过多导致基金存放分散，不利于提高存款利息；对转为定期存款缺乏硬性约束，如果拖延转为定期存款，会导致利息损失；由于优惠利率存在较大弹性空间，有的工作人员为获取好处，不积极履行职责，会导致利息损失。需要出台社会保险账户基金保值增值的刚性制度措施，针对前述风险采取针对性措施，如开户行公开择优遴选机制、存款达到一定水平必须转为定期存款并加强监管，实现社会保险基金保值增值效果最大化。

关于基本社会保险基金投资运营，主要是企业职工基本养老保险基金和城乡居民基本养老保险基金。这方面的风险主要是市场投资收益不确定性。在社会保险基金投资运营监管方面，国外有较多成熟的经验，值得我们学习借鉴。

第三节　社会保险基金完整性的安全（微观）

社会保险基金完整性的安全是指社会保险基金直接损失的风险，通俗讲就是“跑冒滴漏”。基金损失通常涉及具体一笔基金的使用，因此属于微观的安全，主要包括：一是错误多支出社会保险基金，如领取待遇人员丧失待遇资格条件，未及时停发导致错误多支出，因社会保险经办机构计算或审核错误导致多支出，以及参保人违规重复享受社会保险待遇等。二是挪用社会保险基金，如地方政府将社会保险基金挪用于其他公共财政支出。三是欺诈骗取社会保险基金支出或者社会保险待遇，包含社会人员的骗保，也包含国家工作人员利用职务便利欺诈骗取或套取社会保险基金的贪污行为。维护社会保险基金完整性是社会保险基金监督的核心任务，监管成本高、投入较大，也是本书侧重研究的内容，本章不作赘述。

综上，三个层面的社会保险基金安全，表现形式和可能存在的问题以及应对思路措施迥异，但是最终都体现在社会保险基金的使用效益上，都对社会保险制度的健康持续发展有重大影响。在宏观层面，如果发生问题，特别是国家或省层面的政策出现问题，对全国、全省的社会保险基金支付能力将产生重大影响。在中观层面发生问题，可能会使某个地区、某个银行账户基金的隐性“缩水”。这两个层面的安全，可以通过优化制度与管理加强防控。有时一个好的政策就可以一揽子化解风险。而在微观层面出现问题，体现为个案问题，可能出现在某个地区、某个社会保险经办机构或服务机构、某个险种、某个环节、某个参保人身上等，呈分散式存在。个案背后有可能是欺诈骗保、贪占挪用社会保险基金等性质比较恶劣的问题，容易引发社会公众对政府诚信的质疑，监管难度大，需要的投入大，应由专业化的队伍实行常态化监督。

此外，还有政治安全的问题。比如为解决社会保险基金赤字收支平衡而调整退休年龄或缴费年限、社会保险基金被国家工作人员大规模贪占挪用等，容易引发公共危机事件，从而导致社会保险基金安全传导转化为政治风险。如法国为解决养老金支付压力，推行退休制度改革，多次引发社会冲突。2023年初，法国政府对外公布了养老金改革方案（将退休年龄从62岁提高至64岁，即从2023年9月开始直至2030年，将法定退休年龄逐年延长3个月；与此同时，法国政府还计划延长劳动者缴纳社会保险的时间。从2027年起，需要工作满43年，才能领取全额养老金），引发超过百万人的全国性大罢工。2007年，日本当时的执政党自民党因养老金记录丢失丑闻导致选举失利；为承担养老金记录丢失的领导责任，日本前首相安倍晋三决定退还个人夏季奖金234万日元。

第四节　影响社会保险基金安全的关键因素

推动社会保险基金监督事业发展，必须有系统思维，要将社会保险基金监督放进社会保险制度运行的大系统中统筹谋划，综合施策。为实现对社会保险基金管理风险的系统性防控，需要掌握影响社会保险基金安全完整的关键因素。

一、社会保险法规政策

社会保险基金运行的依据是社会保险法规政策。社会保险法规政策规定社会保险基金如何筹集，有哪些社会保险待遇支出项目，享受社会保险待遇需要哪些条件，社会保险待遇如何计算和支付，等等。任何社会保险法规政策都会对社会保险基金安全监管带来挑战，不少侵害社会保险基金行为主要是利用法规政策漏洞，或者将本来不合规的业务伪装成合规。社会保险法规政策是防控社会保险基金管理风险的源头因素。

（一）制定社保政策应防控道德风险

涉及社会保险基金新设支出项目的政策，应高度重视道德风险。如果设定支出条件宽松，对防范道德风险未设定必要的措施，容易导致社会保险基金安全完整风险。如新冠疫情期间，失业保险基金扩大支出政策新设一个支出项目，“不符合领取失业保险金条件的参保失业人员，可以申领6个月的失业补助金”。从操作层面上看，与需要缴费12个月以上才能享受失业保险金的条件不同，只要有参保记录就基本可申领支付失业补助金。在政策执行过程中，容易出现不法单位或个人利用失业保险待遇简化流程、畅通经办的便民措施，组织社会人员虚构劳动关系“短期”挂靠参保后，骗领失业补助金的情况。

（二）社保政策尽量同步规定风险防控措施

建立社保政策出台与风险防控措施制定同步制度，有利于提前预防基金管理风险的发生。国家已经有这方面的要求，但是还缺乏具体操作性的配套文件，如该制度适用范围、评估的标准和方法等需要进一步规范。一般来说，直接涉及社会保险基金新增或扩大支出的社会保险政策，如实施新的社保制度、新设支出项目、设定支出条件等，需要开展基金管理风险评估。评估的内容主要是政策执行和业务经办流程中可能存在的风险点，包括：一是风险点的内容，如存在基金被非法侵害的风险，少收、贬值、被滥用等风险，基金收支不平衡的风险等；二是风险点的等级，需要确定政策各个风险点的等级，决定将社会保险基金支出的主要实质性条件作为高等级风险。完成风险评估后，应研究风险防控对策，每个风险点应当有对应的方法措施。

（三）建立社保政策实施评估检查制度

建立社保政策出台与风险防控措施制定同步制度，有利于降低基金管理风险，但是不能避免风险，而且政策制定时很难对所有可能发生的风险提前进行全面的预估，预设的防控措施也很难确保完全奏效。政策实施是一个十分复杂的过程，总会发生政策制定者预想不到的问题，对此必须要进行动态监测与监督。每个新的社保法规政策，在实施半年或一年后最好就开展相关基金管理风险分析，随后要定期开展评估检查。

基金管理风险分析一般要从违法者角度反向分析，即对于有侵占基金企图的人会采用什么办法手段，作为支出审核部门如果不严格把关会出现什么样的风险等。以扩大失业保险基金支出用于援企稳岗为例，支出用途有稳岗返还、技能提升补贴、生活补助等。这属于失业保险基金的新增支出项目，原有的失业保险待遇支付的风险防控措施肯定不能满足需要，执行中大概率会发生新的问题和风险，需要密切关注并加强监督检查。因此，政策实施部门需要及时对该政策在实施过程中是否变形走样、是否偏离支出目标等情况开展检查。

实践证明，对劳务派遣机构用工的特殊性关注不足，实施该政策过程中会出现劳务派遣机构截留滞留稳岗返还资金的问题。根据《中华人民共和国劳动合同法》（以下简称《劳动合同法》），劳务派遣机构与用工单位签订劳务派遣协议，与劳动者签订劳动合同，将劳动者派往用工单位工作。实际上，劳务派遣机构只是名义上的用人单位，主要靠收取管理费获利，用工单位实际承担了用人单位的实质性责任，包括缴纳被派遣劳动者的社会保险费；被派遣劳动者主要靠用工单位稳定了岗位。失业保险稳岗返还的政策本意是将缴纳的失业保险费部分返还给缴费的企业。中间介入派遣机构后，实际返还给派遣机构，并未能减轻用工单位的缴费负担，而劳务派遣机构平时不承担实际的用工管理，也就不会将获得的返还费用用于派遣劳动者的积极意愿，于是容易出现截留滞留，甚至非法侵占骗取的现象。

其他政策，如单项参加工伤保险，平台就业人员的职业伤害保险制度等，也需定期开展评估和监督检查。

二、社会保险经办管理水平

经办管理与社会保险基金收支直接相关，是基金安全监管的主要环节，也是社会保险基金监督的主要对象和内容。经办管理水平越高，风险防控能力越强，社会保险基金越安全。社会保险经办管理主要涉及社会保险经办机构，同时也包括社会保险行政部门的工伤认定、提前退休审批以及劳动能力鉴定机构的劳动能力鉴定等业务管理。提高经办管理水平涉及多方面。

（一）完善的经办管理制度

主要包括统一规范的业务规程，明确各个环节的业务办理条件、资料、程序、时限等；完善的内部控制制度，即对系统内部职能部门及其工作人员从事社会保险经办管理服务工作进行规范、监控、评价、纠错，内部控制一般由组织机构控制、业务运行控制、基金财务控制、信息系统控制等组成，包括事前预防、事中控制和事后监督检查。经办管理制度应尽可能细化、量化才不会沦为“花架子”，避免出现“牛栏关猫”现象。社会保险基金管理风险防控手册是细化、量化经办管理制度的重要形式，可以将经办管理制度各项要求细化到每一项业务、每一个环节、每一个岗位。每一个社会保险经办机构都应制定适合本单位的社会保险基金管理风险防控手册。

（二）必要的组织保障

组织保障是指要配备充足的经办管理人员，能支撑、满足提高经办管理水平的需要。以社会保险经办内控制度为例，社会保险关系类、待遇核发类、基金财务、稽核内控、信息系统维护等不相容岗位权限不得同一人兼任，业务经办部门、基金财务部门与稽核内控部门的单位分管领导原则上不得为同一人，临时聘用人员不得担任复审、审核、审批等岗位，高风险业务实行三级审批，重要岗位人员定期实施轮岗等。这些制度必须有足够的人手才能确保落实到位，而且各个岗位的人员应当具备胜任岗位要求的资格与能力，人员分布结构也应科学合理。社会保险经办机构经办人员总量不足，就不能满足不相容岗位控制和多级审批的需求；如果人员分工和结构不合理，如负责管理和领导的人员比重大且占了大多数人员编制，具体办理业务的人则没有编制而且人数不足等，发生基金管理问题的风险就很大。县区一级经办机构容易发生基金违法案件的重要原因之一是组织保障不足。

（三）动态的管理提升机制

由于社会保险法规政策经常会出现调整，服务人群特点也会因时而变，因此社会保险经办管理应该是一个动态优化提升的过程，不应该是静止不变的。比如国家持续推进减证便民措施，取消部分证明材料，推行网上审批甚至“秒批”等改革，便利了群众办事，但是势必对原有的经办管理模式提出挑战，必须及时制定替代性的管理风险防控措施。

以上三个方面也是评估一个地区社会保险基金经办管理风险状况的重要内容。确定各个地区的基金管理风险情况后，将高风险地区确定为基金监督的重点地区，有利于提高社会保险基金监督的针对性和实效性。

三、社保信息化水平

信息化水平对社会保险基金监管影响重大。社会保险经办管理信息化不但可以有效拦截违规业务，还有助于精准发现基金违法行为。可以说信息化水平越高，基金监督的条件越好，社会保险基金风险防控能力越强。社会保险经办管理在未实现信息化或者各地社保信息存在“孤岛”的时期，社会保险基金支出业务通常要靠经办人员手工办理、审核纸质档案来完成，社会保险基金安全主要依靠经办人员的工作责任心和廉洁自律，侵害基金行为被发现的概率低，作案风险低，基金违法问题容易多发，而且很难开展有效精准监督。

（一）社会保险经办管理业务信息化

社会保险基金管理涉及环节多、利益主体多、流程长，如果没有信息化技术的支持，很容易发生欺诈骗保和贪污侵占的问题，需要将风险防控措施嵌入到社会保险基金管理经办全流程。比如医疗康复费用结算，每天海量的参保人就医结算，只有通过信息系统对诊疗、检查、开药等行为实行智能控制，自动拦截和预警违规业务，才能比较有效地实现风险控制。如支付养老金业务，如果退休人员死亡的信息未及时同步到社会保险经办机构，必然会继续支付养老金，导致基金流失。如果经办人员不够廉洁自律，动了“歪心思”，即使知道了死亡信息，也不会停发待遇，而是继续隐瞒，同时通过与参保人家属分成或者修改支付账户，伪造虚假死亡证明等方式，将养老保险待遇占为己有。如果退休人员的死亡信息（常见的是民政部门掌握的殡葬信息、公安机关掌握的户籍注销信息、卫健部门掌握的医疗死亡信息）能第一时间共享到社会保险经办机构，并通过在信息系统设置自动停发功能或者拦截提醒功能，则可以基本避免出现此类问题。

（二）社会保险基金监督的信息化

社会保险基金监督的信息化至少包括两方面：一是对社会保险基金运行情况实现智能监管。主要是通过数据比对分析，精准发现侵害社会保险基金行为线索，精准实施监督。二是社会保险基金监督工作的信息化。主要是社会保险基金监督检查、社会保险基金要情管理、社会保险基金监督举报与案件管理等工作实现信息化，有利于提高监督工作效率。

需要注意的是，信息化控制会出现因风险控制阈值设计、数据错误等导致出现批量的错误支付等问题，因此不能过度依赖信息化手段。此外，信息化会带来信息安全的问题，如掌握信息维护权限的人，会通过篡改、虚增信息记录等侵吞社会保险基金。这需要更高一层的监管，但也是需要通过提高信息化监控水平来实现。

四、社保法治化水平

法治化水平反映的是一个国家或地区的整体社会环境。社会保险领域法治化水平越高，遵纪守法的社会氛围越好，基金违法行为越少，社会保险基金经办管理越规范，基金监督履职更加到位。提高社会保险基金监管法治化水平，需要通过几个方面努力。

（一）健全社会保险基金监管的法规体系

立法是法治的重要基础，社会保险基金监管法规体系由《社会保险法》《社会保险经办条例》、社会保险基金监督条例、各险种的管理条例以及一系列单行社会保险基金监管规章制度构成。健全的法规体系，涉及的社会保险权利义务清晰明确，侵害基金的成本合理适度，监督措施有效，既能对社会形成正确指引，又能为实施基金监督提供强有力的支撑。

（二）健全的法治宣传体系

知法懂法是守法的基础，持续有效开展社会保险基金安全相关法规知识的普及宣传，能够在全社会营造良好的尊法、守法氛围。社会保险基金安全法治宣传体系包含：一是广泛的宣传主体，如社会保险行政部门、社会保险经办机构、社会保险费征收机构、普法部门、社会媒体、用人单位，还应该发动尽可能多的单位和个人参与进来；二是全覆盖的宣传对象，包括社会保险工作人员、参保人及其亲属、参保单位、各类人力资源服务机构等；三是权威准确的宣传内容，需社会保险主管部门组织编写发布宣传素材，避免错误宣传解读导致的误解误读；四是灵活有效的宣传方式，既要有面对社会大众的普及宣传，也要有对参保单位、个人、社会保险工作人员的针对性宣传，宣传方式应当通俗易懂、灵活多样。

（三）健全的监督体系

徒法不足以自行。社会保险基金监督属于执法性质，必须有严格的监督实施机制才能保障法律法规的正确实施。健全的社会保险基金监督体系要求：社会保险基金监督组织保障到位，社会保险基金监督部门严格依法行政，司法机关严格依法办案、公正审判，统一追责标准尺度，畅通衔接渠道，及时依法惩处基金违法违规行为，能有效震慑与遏制侵害社会保险基金行为。相反，对违法者的视而不见，甚至包庇、宽容，则会破坏法治，长期积累下来就会出现“破窗效应”以及“法不责众”的心理，结果会积重难返。

五、社会诚信状况

社会保险基金监管领域的道德风险是个比较突出的问题。法律仅仅是底线，监督总是事后为主，而且监督成本较高。完善社会诚信体系，能对社会保险基金安全监管产生事半功倍的效果。社会保险基金监管领域的社会诚信体系构建包括以下几个方面。

（一）社会保险工作人员的诚信

社会保险工作人员直接承担社会保险基金管理工作，诚信守法是维护社会保险基金安全的基础。社会保险基金管理经办流程不可能覆盖所有基金管理风险，信息化系统也难以杜绝基金管理风险，社会保险工作人员守法诚信、勤勉尽职尤为重要。沾染赌博、沉迷网络游戏等不良嗜好的工作人员，比较容易出现贪占社会保险基金或者内外勾结侵害社会保险基金的现象，因此对社会保险工作人员，特别是重点岗位人员，需要有完善的选拔、考核、监管机制。

（二）社会保险权利主体的诚信

让广大单位、参保人、社会保险服务机构都能发自内心地自我约束，“不想”贪占、骗取社会保险基金，能够最低成本维护社会保险基金安全，也是维护社会保险基金安全的终极目标。因此，对社会保险权利主体，既要有健全的利益制约，也需要必要的鼓励诚信机制和有效的宣传教育。

（三）社会保险领域失信惩戒体系

失信惩戒是促进社会诚信的重要保障措施。需要明确社会保险基金安全领域的失信情形，规范高效的失信认定程序，完善信用管理和监督与惩戒机制等。对失信的惩戒包含限制其高消费、高档次出行、购房、开办经济实体等，惩戒的措施既要能有效震慑失信人，让失信人“一处失信、处处受限”，又要恰当适度，不剥夺其基本权利。

第五章　社会保险制度管理模式与社会保险基金监督

社会保险制度运行模式包含社会保险制度模式和基金管理模式，社会保险制度模式决定了社会保险基金监督的任务、方向、重点和方法等。各国社会保险制度模式不同、社会环境不同，并没有最好的社会保险基金监督制度可以照搬照抄。因此，需要适应本国社会保险制度和管理模式，不断优化社会保险基金监督制度体系。

第一节　我国社会保险制度模式

我国基本社会保险制度的主要特征有：政府设立专门机构统一管理，缴费型、权利义务对应、待遇计算方法法定，由国家财政兜底保障。进一步分析，各险种制度模式有一定差别。

企业职工养老保险：强制型。实行“以支定收、略有结余、留有部分积累”。“以支定收”又称“现收现付”。用人单位和职工共同缴费，社会统筹与个人账户相结合，单位缴费全部进入统筹基金，统筹使用。待遇由基础养老金和个人账户养老金构成，原则上是多缴多得、长缴多得。机关事业单位工作人员基本养老保险制度与此类似。

城乡居民养老保险：自愿型。坚持“全覆盖、保基本、有弹性、可持续”的方针，实行低水平起步、政府主导和居民自愿相结合的原则，引导城镇居民普遍参保。个人缴费、集体补助、政府补贴相结合，不设统筹基金，采取个人账户全积累的方式。

工伤保险：强制型。工伤保险实行预防、救治、补偿和康复相结合的原则。实行以支定收、收支平衡。由用人单位缴费，职工不缴费，工伤保险待遇标准统一规定，工伤医疗待遇与缴费水平不挂钩，经济补偿性待遇与当地职工平均工资或者本人缴费工资挂钩。

失业保险：强制型。失业保险以保障基本生活、预防失业、促进就业为目标。由用人单位和职工共同缴费，同一地区失业待遇水平相同，原则上与缴费不挂钩。

医疗保险：其中职工基本医疗保险属于强制型，由用人单位和职工共同缴费，社会统筹与个人账户相结合，医疗报销水平与缴费不挂钩，个人账户基金归个人使用。城乡居民医疗保险实行自愿参保，坚持低水平起步、权利与义务对等，以个人缴费为主，政府给予适当补贴，只设统筹基金不设个人账户，保大病和住院。职工基本医疗保险基金和城乡居民基本医疗保险基金遵循以收定支、收支平衡、略有结余的原则。

生育保险：强制型。由用人单位缴费，待遇水平统一规定，生育保险基金与医疗保险基金合并管理。

第二支柱的年金、第三支柱的个人养老金以及第一支柱的基本养老保险基金用于投资运营的部分基金，与前述制度不同，主要实行市场化投资运营，另章介绍。

第二节　我国社会保险基金管理模式

我国社会保险基金由政府部门负责管理，而不是由商业机构开展市场运营。管理模式经历过转折，从集中走向分散。早期为集中管理模式，筹集、管理、支付都由一个社会保险部门负责。1985年，劳动人事部发布的《关于做好统筹退休基金与退休职工服务管理工作的意见》提出，“各级政府要建立社会保险机构，负责统一征收、统一开支和统一管理退休基金”。1993年，《中共中央关于建立社会主义市场经济体制若干问题的决定》明确社会保障行政管理和社会保险基金经营要分开。1997年，国务院发布《关于建立统一的企业职工基本养老保险制度的决定》，规定基本养老保险基金实行收支两条线。经过多轮改革，集中管理逐步转变为多部门分工管理模式。现行社会保险基金管理模式大致为：社会保险行政部门（包含人力资源社会保障部门、医疗保障部门）负责社会保险政策与业务管理，财政部门负责社会保险基金财务管理，税务机关负责社会保险费征收，社会保险经办机构负责社会保险待遇支出与经办服务，全国社会保险基金理事会统一负责基本社会保险基金投资。政策、经办、征收、基金分别由不同部门负责，各部门相互制约，有利于保障社会保险基金的安全性，提高管理专业化水平。

一、社会保险决策与综合管理

社会保险政策部门（社会保险行政部门）负责社会保险决策与综合管理。2018年前，养老保险、工伤保险、医疗保险、生育保险、失业保险五类社会保险都由人力资源社会保障行政部门负责决策管理。2018年国家机构改革，成立医疗保障局，将医疗保险、生育保险决策管理划由医疗保障部门负责。职能的划分，有利于做大做强医疗保险事业，提高管理专业化水平，加强监管队伍建设，但对跨险种政策的衔接、信息数据统筹运用等提出了新的要求。

社会保险政策部门的职能主要是拟定、修订社会保险法规政策并组织实施，同时承担一定的具体管理工作，如企业职工提前退休审批、工伤认定、组织劳动能力鉴定机构开展劳动能力鉴定等。

二、社会保险费征收

按照国家规定，社会保险费由税务机关统一征收，具体包括按时足额征收社会保险费，办理社会保险参保增员减员，对用人单位未按规定按时足额缴纳社会保险费的行为进行查处等工作。征收的社会保险费直接缴入社会保障基金财政专户。实践中，征收模式有全责征收与代征两种模式。在代征模式下，社会保险经办机构负责为用人单位新录用员工办理社保登记、审核缴费基数、核定每月应缴纳的社会保险费数额，税务机关主要负责具体征收工作。在税务机关全责征收模式下，社保登记、缴费审核和征收等工作全部由税务机关负责。税务机关全责征收的好处是部门责任清晰，不足是征收数据传输和对账的及时性、准确性难以保证。

三、社会保险经办

由各级政府设立的社会保险经办机构统一负责社会保险基金的经办，名称不完全一致，有社会保险基金管理局、社会保险基金中心、医保中心等，有的街镇设立了分局或社会保险服务所。大部分地区社会保险经办机构由人力资源社会保障行政部门管理，医疗生育保险经办机构由医保局管理。社会保险经办管理工作主要包括办理社会保险登记、个人权益记录、社会保险待遇审核支付及其相关的基金财务和风险管控工作。

对于不同的经办模式，基金管理风险不同，防控措施与监督重点也不同。

附5-1　失业保险待遇支付管理模式对失业保险基金管理安全的影响

失业保险待遇欺诈行为主要是虚构事实和隐瞒真相两类。骗取失业保险待遇的欺诈行为通常表现为：一是在申领环节，提供虚假解除劳动关系证明材料，伪造“非因本人意愿中断就业”的事实；二是在领取失业保险金期间，隐瞒已重新就业（或其他丧失待遇资格条件的情形）真相。不同的经办管理模式，不同的防控对策。

一、“自证符合条件”经办模式下的风险分析

在2019年实行失业保险金“畅通领、安全办”改革前，失业保险待遇支付实行“自证符合条件”的经办模式，即失业人员需要每月证明自己符合条件。根据《社会保险法》第五十条规定，失业人员应当持本单位为其出具的终止或者解除劳动关系的证明，到公共就业服务机构办理失业登记后，才能到社会保险经办机构办理领取失业保险金手续。有的地方性法规要求，失业人员应当按月到社会保险经办机构办理领取失业保险金手续，说明求职和接受职业指导、职业培训情况。如果不按月报告有关情况，将会被暂停支付待遇。在这种模式下，不符合待遇资格条件的人员，只有采用欺诈的方式才会获得待遇。因此社会保险经办机构的主要风险是因不能识别出虚假的信息、材料而导致基金被骗取。由于采用欺诈的方式获得待遇，构成骗保，有刑罚的震慑力，因此，如果严格执行有关经办规定，需要有骗取失业保险基金的行为才会导致失业基金损失。

主要风险：失业人员不守法诚信，经办机构不认真履职。社会保险经办机构

未严格执行经办工作规定，管理手段滞后，未能及时识别出业务申办人员提供的虚假材料或信息，导致基金被骗。这类管理模式下的风险具有个别性、偶发性。

风险防控措施：加强对申办材料的审核，提高识别能力，同时以数据比对为辅助，定期开展排查。

二、“数据比对”经办模式下的风险分析

为扎实推进简政放权、优化服务，切实提高失业保险经办服务水平和群众满意度，人力资源和社会保障部于2019年2月印发的《关于推进失业保险金“畅通领、安全办”的通知》（人社部发〔2019〕18号）要求：失业人员申领失业保险待遇时无须出具终止或者解除劳动关系证明、失业登记证明，而是由社会保险经办机构受理用人单位参保缴费人员增减申报时，将用人单位提供的人员名单，终止或者解除劳动关系证明材料中记载的失业时间、失业原因等准确录入信息系统，并同时将掌握的参保信息一并传送给公共就业服务机构。而且推进网上受理、审核、反馈工作。失业人员无须提供任何证明材料，足不出户就可以享受失业保险待遇。同时要求，各地要加大信息比对力度，验证领金人员是否出现停领失业保险金的情形。这可以概括为“数据比对”的经办模式。在此模式下，失业人员申领失业保险待遇，无须提供任何证明材料，也不要求每月承诺说明自己是否符合继续领取的条件，只要消极不告知就能继续得到失业保险金。如失业人员重新就业，可能由于不知道如何报告或者向谁报告，或者是怕麻烦不主动报告，形式上体现为社会保险经办机构每月主动给其支付失业保险金，难以认定参保人存在故意隐瞒就业真相的情况。既无法证明有骗保主观故意，又无法证明有隐瞒真相的行为，不符合骗保的构成要件，难以适用骗保的规定追究责任。

主要风险：经办机构未严格执行数据比对制度，或者比对的数据不准确、不及时、不完整以及由于基础数据不齐备导致无法精准识别待遇支付条件等。相对于“自证符合条件”模式，经办机构定期开展数据比对，弥补了“自证符合条件”经办模式下过分依赖个人诚实守信的被动局面。但是如果社会保险经办机构开展数据比对不够及时、全面、准确，容易出现向不符合法定条件的人员支付失业保险待遇的情况。如果不适应新的改革要求，完善风险防控措施，失业保险基金管理风险将会放大。这种管理模式下的风险是普遍性的。

风险防控措施：在“数据比对”经办模式下，社会保险经办机构要防止发生被骗取失业保险待遇关键做好两个方面，一是准确识别出申领人员解除劳动关系的真伪，二是及时发现待遇领取人员丧失待遇资格的情形。数据比对容易出现因数据不及时、不完整或者错误等导致无法及时精准识别的风险，因此要加强数据比对效果的分析监测，及时采取其他措施弥补数据比对的不足。如领取失业保险金人员重新就业后，未及时参加社会保险的，就无法通过数据比对发现重新就业的情况；出现这类情况，需要设定一些高风险特征指标，由经办机构针对高风险数据开展补充核查。如果用人单位为失业人员办理社保减员手续时，将自愿失业人员错误申报为非本人意愿中断就业，导致社会保险经办机构错发待遇。针对这方面的风险，需要在待遇申领环节，采取每月线上确认是否已经重新就业等必要的风险防控措施。

四、社会保险基金财务管理

由财政部门负责社会保险基金财务管理，包含组织编制社会保险基金预算，审核社会保险基金预算和决算草案，按照规定储存社会保险基金，审核拨付社会保险待遇用款，会同社会保险行政部门制定保值增值计划报送本级人民政府批准。社会保险基金包括基本养老保险基金、基本医疗保险基金、工伤保险基金、失业保险基金和生育保险基金。按照社会保险险种分别建账，2018年修正的《社会保险法》规定将基本医疗保险基金与生育保险基金合并建账及核算。社会保险基金实行收支两条线管理，专款专用，专项管理。社会保险基金执行国家统一的会计制度，任何部门、单位或个人不得挤占挪用，各级人民政府也不得用于平衡财政预算。

五、社会保险经办管理信息化

随着社会保险经办管理领域信息化发展，社会保险基金业务实际上基本已转化成了信息数据，基本上取消了人工纸质管理模式，实现了采用信息系统办理业务，大部分对外服务的社保业务如参保缴费、待遇申请、资格认证等均可通过互联网办理；社保相关数据的跨部门、跨区域共享比对已形成机制，社会保险基金管理进入信息化管理时代。

六、我国社会保险基金统筹层次

社会保险基金统筹层次是指社会保险基金统筹管理的层级。《社会保险法》规定：“基本养老保险基金逐步实行全国统筹，其他社会保险基金逐步实行省级统筹，具体时间、步骤由国务院规定。”我国企业职工基本养老保险基金已经实现全国统筹，大部分省份实现了工伤保险基金、失业保险基金省级统筹。基本医保和大病保险以地市级统筹为主，城乡居民养老保险、机关事业单位工作人员养老保险以县级统筹为主。

提高社会保险基金统筹层次表面的作用是大数法则，增强调剂能力，背后涉及上下级政府和各行政区域的资源分配、责任分担。《社会保险法》规定：“县级以上人民政府在社会保险基金出现支付不足时，给予补贴。”提高统筹层次的主要作用是扩大社会保险基金收支统筹范围，实现更大范围的基金统收统支，发挥“大数法则”作用，增强社会保险基金整体支付能力。突出的效果是解决地区“贫富”不均，方便社会保险关系跨地区转移，统一缴费成本，促进待遇公平。例如，在县级统筹的情况下，当地社会保险基金出现支付不足时，由县级政府给予补贴；参保人跨市县参加职工养老、医疗保险的，需要办理社会保险关系和基金的转移。如果实行了省级统筹，县级社会保险基金收支不平衡，省级统筹基金就有能力统筹解决，确保待遇正常支付；省内跨地区转移就业，不再需要办理社会保险关系和基金的转移。

伴随着社会保险基金统筹层次的提高，同一统筹区内将实行统一的社会保险政策、统一的社会保险费率、统一的信息系统、统一的经办管理等，因此有利于增强社会保险制度的公平性、管理的标准化、服务的便利化。

第三节　社会保险制度和运行模式对社会保险基金监督的影响

社会保险制度运行中出现的问题总是与制度模式、管理运行机制密切相关的，社会保险基金监督应当与之相适应，要根据各险种的制度和管理特点实施监督。

一、社会保险基金监督要与社会保险制度模式相适应

社会保险制度模式决定了社会保险基金监督的重点。在缴费型、权利义务对应的制度模式下，因为缴费是获得社会保险待遇的前提，有的险种待遇与缴费年限、缴费数额挂钩，会出现用人单位不依法足额为职工缴纳社会保险费，有关人员虚增缴费年限以增加社保待遇，或者伪造年龄提前领取养老金等问题。城乡居民养老、医疗保险与职工基本养老、医疗保险待遇标准差别大，会出现不符合条件的人弄虚作假骗取参保资格问题，如通过虚构劳动关系挂靠企业参保。失业保险待遇以非本人意愿失业为享受条件，就会出现伪造失业原因的问题，等等。

二、社会保险基金监督要与基金管理模式相适应

我国社会保险基金管理模式的主要特点是"公办"。基本社会保险基金由政府部门管理经办，不同于企业年金、个人养老金、补充医疗保险委托市场化运营。"公办"体制优势是政府对社会保险基金支出兜底负责，这有利于维持管理稳定性，有利于统一经办管理服务标准，有利于数据的统一归集管理；不足之处是容易因玩忽职守、营私舞弊等问题引发风险，如征收机构违规少征、社会保险经办人员贪污基金、内外勾结骗取基金等问题。如何提高管理效率、减少基金被管理人员滥用和贪占、确保基金安全完整等，是开展社会保险基金监督的重要任务。这也是我国社会保险基金监督制度与很多社会保险基金实行市场投资运作的国家存在根本差异的主要原因。与"公办"特色相适应，可在加大监督资源投入、加强政治动员、加强数据共享比对等方面进行监督。近些年国家通过全国统一开展专项整治、排查等运动式检查实施监督，其背后的原因也与我国社会保险基金"公办"的制度模式有密切关系。社会保险行政决策的科学化、合规性也需要加强监督，如调整社会

保险缴费标准、待遇标准等。因此，加强经办管理环节的内部控制、加强廉政监督，是社会保险基金监督的重点。

三、社会保险基金监督要与基金运行情况相适应

社会保险基金监督方法只有紧密衔接社会保险基金的运行流程、特点，才能提升监督效益。因此，基金监督机构要先熟悉社会保险基金运行的基本机制。社会保险基金运行的基本环节有基金筹集、基金存放与管理、基金支出等。社会保险基金监督主要围绕着这三个环节展开。其一，在基金筹集方面，监督的目标主要是应收尽收。其二，在基金存放与管理方面，监督的目标主要是完整性与增长，防止被挪用，防止因不作为导致基金少收。按照《社会保险法》《社会保险基金财务制度》，社会保险基金要专款专用，通过国家社会保险理事会投资运营、优惠利息存款保障保值增值。社会保险基金存入专户，由社会保险经办机构统一管理经办。其三，在基金支出方面，监督主要目标是防止被骗取、贪污、错误支出。社会保险基金因险种不同，参保缴费、待遇项目、基金运行管理各有特点，基金支付过程的跑冒滴漏现象存在差别。基金监督应当根据这种差异性，确定监督重点与监督方法。

四、社会保险基金监督要与基金统筹层次相适应

社会保险基金提高统筹层次后，政策制定权上移，下一层地区主要负责经办执行；数据向上集中，信息系统的监控功能由上级建设。社会保险基金监督也需适应变化，推进提高统筹层次后的监管，如监督机构或人员的统筹、案件查办统筹、疑点数据分析筛选统筹。总之，既想要发挥好上级的监督作用，又想要强化属地的监管责任，关键是做好统筹。如对于省级统筹的险种，需要建立全省统筹的监督队伍，省级监督队伍应成为全省监督的总枢纽，可调度下级人力资源社会保障部门基金监督人员，对全省数据开展分析，发现疑点线索移交下级核查（订单检查），省级对核查结果进行验收和督办，等等。

制度篇

良法是善治的前提。构建严密的社会保险基金监督制度体系，是社会保险基金监督工作的重要基础与保障。

第六章　我国社会保险制度概述

社会保险制度，是社会保险基金监督制度的基础，决定了社会保险基金监督的内容和方式。社会保险政策法规制度是社会保险基金监督工作者应知应会的重要基础知识和入门知识。

《宪法》第十四条规定，“国家建立健全同经济发展水平相适应的社会保障制度”。第四十五条规定，“中华人民共和国公民在年老、疾病或者丧失劳动能力的情况下，有从国家和社会获得物质帮助的权利。国家发展为公民享受这些权利所需要的社会保险、社会救济和医疗卫生事业”。社会保险制度是国家社会保障制度的重要组成部分。社会保险权利是我国公民的一项基本权利。一个国家的社会保障水平取决于该国经济发展和社会文明程度。自2011年7月1日起施行的《中华人民共和国社会保险法》，是我国社会保险制度的基础性法律。按照保障内容和目标，我国社会保险包括养老保险、失业保险、工伤保险、医疗保险和生育保险五个险种。按照制度功能定位划分，我国社会保险制度分为基本保险制度和补充保险制度。本章主要介绍基本保险制度。

第一节　基本养老保险

国家建立基本养老保险制度，主要目的是为因年老退出劳动领域的公民提供基本物质生活保障（主要形式为支付养老金），原则上实行长缴多得、多缴多得。我国养老保险制度包含企业职工基本养老保险、机关事业单位工作人员基本养老保险、城乡居民基本养老保险。

一、企业职工基本养老保险

企业职工基本养老保险制度属于强制性、缴费型保险制度，实行社会统筹与个人账户相结合的原则。

（一）适用范围

用人单位及其职工应当参加企业职工基本养老保险。具体包括，各类企业、社会组织以及国家机关、事业单位、社会团体和与之建立劳动合同关系的劳动者。国家机关、事业单位和有编制的职工参加机关事业单位工作人员基本养老保险。

无雇工的个体工商户、未在用人单位参加基本养老保险的非全日制从业人员以及其他灵活就业人员可以参加企业职工基本养老保险，由个人缴纳基本养老保险费。

（二）参保地

用人单位一般在其住所地参加养老保险。单位所在地原则上为营业执照上登记的住所地；有异地分支机构的，分支机构可以作为独立的缴费单位参加所在地的养老保险。有的省份规定，省管单位或中央驻当地的用人单位在省级社会保险经办机构参保。

根据《劳务派遣暂行规定》，劳务派遣单位跨地区派遣劳动者的，应当在用工单位所在地为被派遣劳动者参加社会保险，按照用工单位所在地的规定缴纳社会保险费，被派遣劳动者按照国家规定享受社会保险待遇。劳务派遣单位在用工单位所在地设立分支机构的，由分支机构为被派遣劳动者办理参保手续，缴纳社会保险费。劳务派遣单位未在用工单位所在地设立分支机构的，由用工单位代劳务派遣单位为被派遣劳动者办理参保手续，缴纳社会保险费。

（三）基金筹集

基本养老保险费用由用人单位和职工个人共同缴纳，职工应当缴纳的养老保险费，由用人单位从其本人工资中代扣代缴。单位缴费记入统筹账户，个人缴费记入本人账户。个人账户不得提前支取，记账利率不得低于银行定期存款利率，免征利息税。个人死亡的，个人账户余额可以继承。

用人单位应当按照国家规定的本单位职工工资总额的比例缴纳基本养老保险费，记入基本养老保险统筹基金。国家规定的单位缴费比例为16%。职工应当按照国家规定的本人工资的比例缴纳基本养老保险费，记入个人账户。职工个人按照本人实际工资的8%缴纳养老保险费，缴费基数上下限是60%、300%的上年度职工平均工资。对个人缴费工资规定限额，是国际上的一般做法，根据基本养老保险是保障基本生活的原则确定，以避免退休时养老保险待遇水平过低。

灵活就业人员参加企业职工基本养老保险，由个人承担缴费，缴费基数统一为上年度全省在岗职工月平均工资的60%，缴费比例统一为20%。

（四）基本养老保险待遇条件及标准

参加基本养老保险的个人，达到法定退休年龄时累计缴费达到规定年限的，按月领取基本养老金。养老保险待遇包括：

1.养老金

养老金又称养老保险定期待遇。养老金的领取条件：参加基本养老保险的个人，达到法定退休年龄时累计缴费达到规定年限的，按月领取基本养老金。养老金的结构和计算标准为：基本养老金由统筹养老金和个人账户养老金组成。基本养老金根据个人累计缴费年限、缴费工资、当地职工平均工资、个人账户金额、城镇人口平均预期寿命等因素确定。

养老金计算方法按照国家和各省的规定执行。主要内容如下：

（1）基础养老金计算方法。基础养老金=（当地上年度在岗职工月平均工资+本人指数化月平均缴费工资）÷2×缴费年限（含视同缴费年限）×1%。

（2）个人账户养老金计算方法。月标准为个人账户储存额（含利息）除以计发月数，计发月数按参保人申领养老保险待遇时本人年龄、城镇人口平均预期寿命、利息等因素确定。不同的退休年龄对应不同的计发月数。

（3）过渡性养老金。“中人”，即1997年国务院的国发〔1997〕26号文实施前参加工作，实施后退休且缴费年限累计达到规定年限的人员，在发给基础养老金和个人账户养老金的基础上，再发给过渡性养老金。具体标准执行各省、自治区、直辖市人民政府规定。“中人”的界定，因各时期、各地养老保险新制度实施时间不同而有不同的范围。

2.死亡和病残待遇

参加基本养老保险的个人，因病或者非因工死亡的，其遗属可以领取丧葬补助金和抚恤金；在未达到法定退休年龄时因病或者非因工致残完全丧失劳动能力的，可以领取病残津贴。所需资金从基本养老保险基金中支付。

（五）重要关联概念

1.缴费年限

养老保险缴费年限包含实际缴费年限和视同缴费年限。视同缴费年限期间应当缴纳的基本养老保险费由政府承担。对于实行个人缴费制度之前就业，实行个人缴费制度后参保并缴费的人员，其实行个人缴费制度前的符合规定的工作年限视为缴费年限。各省有关视同缴费年限的规定不完全一致，如广东省为“国有和县级以上集体所有制单位的原干部和固定职工，在当地实施《广东省职工社会养老保险暂行规定》前，按照国家原规定计算的连续工龄视同缴费年限”。

2.法定退休年龄

按照国家规定执行。

3.提前退休

提前退休主要包含特殊工种提前退休、因病提前退休。其中特殊工种提前退休，仅适用特定群体，且从事的工作属于国家行业特殊工种目录范围；病退，需要经劳动能力鉴定机构按照国家规定标准鉴定为完全丧失劳动能力，且符合年龄条件。

4.养老保险关系转移接续

参保人员跨省流动就业的，其养老保险关系应随同转移到就业所在地。参保人员在转移养老保险关系和资金后，其流动前后的缴费年限（含视同缴费年限）合并计算，个人账户储存额累计计算。

5.与待遇相关的几个概念

（1）缴费工资指数。被保险人的缴费工资指数，是指被保险人的月缴费工资与上年度在岗职工月平均工资之比。

（2）平均工资缴费指数。被保险人的平均工资缴费指数，是指被保险人一生缴费指数的加权平均值。

（3）本人指数化月平均缴费工资。退休时全省上年度职工月平均工资乘以参保人的平均缴费工资指数的值。

6.基本养老金水平的调整

为了保障企业离退休人员基本生活，国家建立养老金正常调整机制。基本养老金可按当地职工上一年度平均工资增长率的一定比例进行调整，具体办法在国家政策指导下由省、自治区、直辖市人民政府确定并向国家报告。

7.基金统筹层次

从2022年1月1日起，企业职工基本养老保险基金正式实施全国统筹。

（六）主要法规文件

1.国家层面

国家层面与企业职工基本养老保险相关的主要法规文件有：

（1）《国务院关于完善企业职工基本养老保险制度的决定》（国发〔2005〕38号）；

（2）《实施〈中华人民共和国社会保险法〉若干规定》（2011年6月29日人力资源社会保障部令第13号公布，自2011年7月1日起施行）；

（3）《国务院办公厅关于转发人力资源社会保障部财政部城镇企业职工基本养老保险关系转移接续暂行办法的通知》（国办发〔2009〕66号）；

（4）《人力资源社会保障部　财政部关于印发〈企业职工基本养老保险遗属待遇暂行办法〉的通知》（人社部发〔2021〕18号）。

2.地方层面（以广东为例）

地方层面与企业职工基本养老保险相关的主要法规文件有：

（1）《关于贯彻国务院完善企业职工基本养老保险制度决定的通知》（粤府〔2006〕96号）；

（2）《广东省社会养老保险条例》（1998年9月18日广东省第九届人民代表大会常务委员会第五次会议通过，2014年修改）；

（3）《广东省社会养老保险实施细则》（广东省人民政府令第57号）；

（4）《关于贯彻国务院完善企业职工基本养老保险制度决定的通知》（粤府〔2006〕96号）；

（5）《广东省企业职工基本养老保险的经办规程》（粤人社规〔2024〕17号）。

二、机关事业单位工作人员养老保险

2014年10月1日起，我国开始实施机关事业单位工作人员养老保险制度，简称“机关养老保险制度”，包含基本养老保险制度和职业年金制度，其模式类似于企业职工养老保险制度和企业年金制度，两者可以流动衔接。

（一）适用范围

适用于按照《中华人民共和国公务员法》（以下简称《公务员法》）管理的单位，以及参照《公务员法》管理的机关（单位）、事业单位及其编制内的工作人员。

（二）基金筹集

单位缴纳基本养老保险费（以下简称“单位缴费”）的比例为本单位工资总额的16%；个人缴纳基本养老保险费（以下简称“个人缴费”）的比例为本人缴费工资的8%，由单位代扣。

机关事业单位在参加基本养老保险的基础上，应当为其工作人员建立职业年金。单位按本单位工资总额的8%缴费，个人按本人缴费工资的4%缴费。

（三）养老保险待遇

机关事业单位工作人员基本养老保险待遇领取条件、标准和计算方法等与企业职工基本养老保险制度基本一样。职业年金待遇按照相关规定执行。

（四）统筹层次

国务院规定，建立健全基本养老保险基金省级统筹；暂不具备条件的，可先实行省级基金调剂制度。不少地区属于县级统筹。

（五）主要法规文件

1.国家层面

国家层面与机关事业单位工作人员养老保险相关的主要法规文件有：

（1）《中华人民共和国社会保险法》；

（2）《国务院关于机关事业单位工作人员养老保险制度改革的决定》（国发〔2015〕2号）；

（3）《人力资源社会保障部、财政部关于贯彻落实〈国务院关于机关事业单位工作人员养老保险制度改革的决定〉的通知》（人社部发〔2015〕28号）；

（4）《人力资源社会保障部关于印发〈机关事业单位工作人员基本养老保险经办规程〉的通知》（人社部发〔2015〕32号）；

（5）《人力资源社会保障部财政部关于机关事业单位基本养老保险关系和职业年金

转移接续有关问题的通知》（人社部规〔2017〕1号）。

2.地方层面（以广东为例）

地方层面与机关事业单位工作人员养老保险相关的主要法规文件有：

（1）《广东省人民政府关于贯彻落实〈国务院关于机关事业单位工作人员养老保险制度改革的决定〉的通知》（粤府〔2015〕129号）；

（2）《广东省人力资源和社会保障厅关于印发〈广东省机关事业单位工作人员基本养老保险经办规程〉的通知》（粤人社规〔2023〕6号）。

三、城乡居民基本养老保险

从2014年起，新农保和城居保两项制度合并实施，在全国范围内建立统一的城乡居民基本养老保险（以下简称“城乡居民养老保险”）制度。城乡居民养老保险制度与职工基本养老保险制度存在较大差别，城乡居民养老保险是按照自愿原则参加，实行个人账户全积累模式。

（一）参保范围

年满16周岁（不含在校学生），不属于职工基本养老保险制度覆盖范围的城乡居民，可以在户籍地参加城乡居民养老保险。

（二）基金筹集

城乡居民养老保险基金由个人缴费、集体补助、政府补贴构成。

1.个人缴费

参加城乡居民养老保险的人员应当按规定缴纳养老保险费。缴费标准设为每年100元、200元、300元、400元、500元、600元、700元、800元、900元、1000元、1500元、2000元12个档次，省（区、市）人民政府可以根据实际情况增设缴费档次，最高缴费档次标准原则上不超过当地灵活就业人员参加职工基本养老保险的年缴费额，并报人力资源和社会保障部备案。参保人自主选择档次缴费，多缴多得。

2.集体补助

有条件的村集体经济组织应当对参保人缴费给予补助，补助标准由村民委员会召开村民会议民主确定，鼓励有条件的社区将集体补助纳入社区公益事业资金筹集范围。鼓励其他社会经济组织、公益慈善组织、个人为参保人缴费提供资助。补助、资助金额不超过当地设定的最高缴费档次标准。

3.政府补贴

政府对符合领取城乡居民养老保险待遇条件的参保人全额支付基础养老金，其中，中央财政对中西部地区按中央确定的基础养老金标准给予全额补助，对东部地区给予50%的补助。

地方人民政府应当对参保人缴费给予补贴，对选择最低档次标准缴费的，补贴标准不低于每人每年30元；对选择较高档次标准缴费的，适当增加补贴金额；对选择500元及以上档次标准缴费的，补贴标准不低于每人每年60元，具体标准和办法由省（区、市）人民政府确定。对重度残疾人等缴费困难群体，地方人民政府为其代缴部分或全部最低标准的养老保险费。

（三）个人账户

国家为每个参保人员建立终身记录的养老保险个人账户。个人缴费，地方人民政府对参保人的缴费补贴、集体补助，以及其他社会经济组织、公益慈善组织、个人对参保人的缴费资助，全部记入个人账户。个人账户储存额按国家规定计息。

（四）养老保险待遇及调整

城乡居民养老保险待遇由基础养老金和个人账户养老金构成，支付终身。

1.基础养老金

中央确定基础养老金最低标准，建立基础养老金最低标准正常调整机制，根据经济发展和物价变动等情况，适时调整全国基础养老金最低标准。地方人民政府可以根据实际情况适当提高基础养老金标准；对长期缴费的，可适当加发基础养老金，提高和加发部分的资金由地方人民政府支出，具体办法由省（区、市）人民政府规定，并报人力资源和社会保障部备案。由于城乡居民养老保险带有一定的国家福利色彩，并不设立统筹基金，所以基础养老金也相应比较低。2009年，我国启动新农保试点，确定基础养老金最低标准为每人每月55元。中央和各省通过财政投入逐步提高基础养老金标准，如2022年江苏省城乡居民养老保险基础养老金省定最低标准由每人每月173元提高到187元。

2.个人账户养老金

个人账户养老金的月计发标准，为个人账户全部储存额除以139（与现行职工基本养老保险个人账户养老金计发系数相同）。参保人死亡，个人账户资金余额可以依法继承。

此外，一些地方也陆续建立了丧葬补助金制度。

（五）养老保险待遇领取条件

参加城乡居民养老保险的个人，年满60周岁、累计缴费满15年，且未领取国家规定的基本养老保障待遇的，可以按月领取城乡居民养老保险待遇。

《国务院关于建立统一的城乡居民基本养老保险制度的意见》（国发〔2014〕8号）规定："新农保或城居保制度实施时已年满60周岁，在本意见印发之日前未领取国家规定的基本养老保障待遇的，不用缴费，自本意见实施之月起，可以按月领取城乡居民养老保险基础养老金；距规定领取年龄不足15年的，应逐年缴费，也允许补缴，累计缴费不超过15年；距规定领取年龄超过15年的，应按年缴费，累计缴费不少于15年。"

（六）统筹层次

城乡居民养老保险为县级统筹，国家要求逐步推进城乡居民养老保险基金省级管理。

（七）主要法规文件

1.国家层面

国家层面与城乡居民基本养老保险相关的主要法规文件有：

（1）《国务院关于建立统一的城乡居民基本养老保险制度的意见》（国发〔2014〕8号）；

（2）《人力资源社会保障部关于印发〈城乡居民基本养老保险经办规程〉的通知》（人社部发〔2019〕84号）；

（3）《人力资源社会保障部　财政部关于印发〈城乡养老保险制度衔接暂行办法〉的通知》（人社部发〔2014〕17号）。

2.地方层面（以广东为例）

地方层面与城乡居民基本养老保险相关的主要法规文件有：

（1）《广东省人民政府关于印发〈广东省城乡居民基本养老保险实施办法〉的通知》（粤府〔2019〕105号）；

（2）《广东省人力资源和社会保障厅关于印发〈广东省城乡居民基本养老保险经办规程〉的通知》（粤人社规〔2020〕21号）。

第二节　失业保险

国家建立失业保险制度的主要目的是保障失业人员失业期间的基本生活，促进其再就业，其主要形式为支付失业保险待遇，为促进就业提供资金扶持和公共服务。职工失业保险制度属于强制性、缴费型社会保险制度。广义的失业，既包括已有工作的人失去工作，也包括新成长劳动力未实现就业的其他无业状态。失业分为自愿性失业和非自愿性失业。自愿性失业是指劳动者主动离开工作岗位而失去收入来源；非自愿性失业则是劳动者由于非本人所能控制的原因失去工作岗位而使收入中断。我国失业保险待遇的支付对象主要是非自愿性失业人员。

一、适用范围

根据《社会保险法》和国务院《失业保险条例》，失业保险制度适用范围为用人单位及其职工，不包含国家机关公务员以及参照《公务员法》管理事业单位的编制内工作人员。一些地区已试点开展灵活就业人员可自愿参加失业保险的工作。

二、基金筹集

按照规定，失业保险费由用人单位和职工按照国家规定共同缴纳。职工应当缴纳的养老保险费，由用人单位从其本人工资中代扣代缴。

用人单位按照本单位工资总额一定比例缴纳失业保险费，缴费比例为2%左右；职工按照本人工资的一定比例缴纳失业保险费，缴费比例为1%左右。国家根据经济社会发展形势、失业人员数量、失业保险基金数额等情况，合理调整失业保险费的费率。近些年为降低企业负担，费率持续下调，如2023年单位和个人失业保险费率合计1%。国家未对缴费基数的上下限作出规定。

《广东省失业保险条例》对个人缴费基数设定上下限："职工缴费工资不得低于参保地地级以上市最低工资标准。本人工资高于参保地地级以上市上年度在岗职工月平均工资三倍的，以参保地地级以上市上年度在岗职工月平均工资的三倍为基数计算缴费"，还规定建立浮动费率机制，可对稳定就业的用人单位下调费率。

三、失业保险基金开支项目

失业保险基金支出项目包括失业保险金等待遇支出和国家规定的预防失业、促进就业的其他支出。

在特定时期，为帮助企业稳定岗位、稳定就业，国家出台了失业保险基金扩大支出范围的阶段性政策，如向稳岗企业返还失业保险费，向不符合领取失业保险金条件的失业人员支付失业补助金，提取失业保险基金用于职工技能提升培训等。

四、失业保险基金统筹层次

国家推进失业保险基金省级统筹。

五、享受失业保险待遇的条件

失业人员从失业保险基金中领取失业保险金的条件为：失业前用人单位和本人已经缴纳失业保险费满一年的；非因本人意愿中断就业的；已经进行失业登记，并有求职要求的。

"非因本人意愿中断就业"的情形包括：

（1）依照《劳动合同法》第四十四条第一项、第四项、第五项规定终止劳动合同的；

（2）用人单位依照《劳动合同法》第三十九条、第四十条、第四十一条规定解除劳动合同的；

（3）用人单位依照《劳动合同法》第三十六条规定向劳动者提出解除劳动合同并与劳动者协商一致解除劳动合同的；

（4）用人单位提出解除聘用合同或者被用人单位辞退、除名、开除的；

（5）劳动者本人依照《劳动合同法》第三十八条规定解除劳动合同的；

（6）法律、法规、规章规定的其他情形。

六、失业保险待遇

失业保险待遇项目包括：失业保险金；失业人员领取失业保险金期间的职工基本医疗保险费；失业人员在领取失业保险金期间死亡的，其遗属领取的丧葬补助金和抚恤金。

（一）失业保险金

失业保险金按月支付，其标准由省、自治区、直辖市人民政府确定，不得低于城市居民最低生活保障标准。失业保险金的标准为当地最低工资的90%。领取失业保险金的期限，按照失业人员失业前用人单位和本人累计缴费年限确定，最长为二十四个月。

（二）职工基本医疗保险费

失业人员在领取失业保险金期间，在失业保险金领取地参加职工基本医疗保险，享受基本医疗保险待遇。

（三）丧葬补助金、抚恤金标准

失业人员在领取失业保险金期间死亡的，其遗属可以一次性领取丧葬补助金和抚恤金以及当月尚未领取的失业保险金。

此外，按照国家和各省政策，参加失业保险的失业人员可以享受免费的职业介绍和减免费的职业培训，可以领取失业保险职业技能提升补贴以及享受其他法定待遇。

七、停止领取失业保险金的情形

失业人员在领取失业保险金期间有下列情形之一的，停止领取失业保险金，并同时停止享受其他失业保险待遇：

（1）重新就业的；

（2）应征服兵役的；

（3）移居境外的；

（4）按月享受基本养老保险待遇的；

（5）无正当理由，累计三次拒不接受当地人民政府指定部门或者机构介绍的适当工作或者提供的培训的。

八、主要法规文件

1.国家层面

国家层面与失业保险相关的主要法规文件有：

（1）《中华人民共和国社会保险法》；

（2）《失业保险条例》（国务院令第258号，1999年1月22日发布，自发布之日起施行）；

（3）《失业保险金申领发放办法》（劳动和社会保障部令第8号公布，自2001年1月1日起施行，2018年修订）。

2.地方层面（以广东为例）

地方层面与失业保险相关的主要法规文件有：

（1）《广东省失业保险条例》（2002年7月25日广东省第九届人民代表大会常务委员会第三十五次会议通过；2022年6月修改）；

（2）《广东省人力资源和社会保障厅　广东省医疗保障局　国家税务总局广东省税务局关于印发〈广东省失业保险基金省级统筹经办规程〉的通知》（粤人社规〔2022〕18号）。

第三节　工伤保险

国家建立工伤保险制度的主要目的是保障因工作遭受事故伤害或者患职业病的职工获得医疗救治和经济补偿，促进工伤预防和职业康复，分散用人单位的工伤风险。我国工伤保险制度属于缴费型、强制性社会保险制度。工伤是指劳动者在工作过程中因为工作原因受到事故伤害或患职业病。工伤保险制度包含工伤认定、劳动能力鉴定、工伤预防、工伤医疗、工伤补偿、工伤康复等内容。

一、适用范围

工伤保险制度适用于各类用人单位及其职工。企业职工、事业单位工作人员、公务员等各类身份的职工基本适用相同的工伤保险制度。

有的地区也探索建立了非劳动关系从业人员自愿参加的工伤保险制度。2021年，国家推行新就业形态就业人员职业伤害保障试点，该制度与工伤保险制度目标、内容等接近，但是在经办管理方面存在较大差异。

二、基金筹集

（一）参保缴费责任与方式

用人单位应当按时缴纳工伤保险费。职工个人不缴纳工伤保险费。用人单位缴纳工伤保险费的数额为本单位职工工资总额乘以单位缴费费率之积。

对难以按照工资总额缴纳工伤保险费的行业，其缴纳工伤保险费的具体方式由国务院社会保险行政部门规定。例如，建筑工程行业以建设项目为单位参保的，按照项目工程总造价的一定比例计算缴纳工伤保险费。

（二）费率

国家按照《国民经济行业分类》（GB/T 4754—2017）对行业的划分，根据不同行业的工伤风险程度，由低到高，依次将行业工伤风险类别划分为一类至八类。不同工伤风险类别的行业执行不同的工伤保险行业基准费率。一类至八类行业基准费率分别控制在该行业用人单位职工工资总额的0.2%、0.4%、0.7%、0.9%、1.1%、1.3%、1.6%、1.9%左右。

各统筹地区人力资源社会保障部门会同财政部门，按照“以支定收、收支平衡”的原则，在行业基准费率基础上上浮一定比例。

统筹地区社会保险经办机构根据用人单位工伤保险费使用、工伤发生率、职业病危害程度等因素，确定其工伤保险费率。

三、工伤保险基金支出项目

工伤保险基金支出包括工伤保险待遇支出和专项经费支出。专项经费包括劳动能力鉴定、工伤预防的宣传和培训等费用，以及法律法规规定的用于工伤保险的其他费用。

四、工伤保险待遇

参保职工发生工伤，由工伤保险基金和用人单位依法承担工伤保险待遇。具体标准参见工伤保险待遇项目及标准简明表（表6-1）。

表6-1　工伤保险待遇项目及标准简明表（广东省2019年）

工伤停工留薪期（医疗期间）待遇		
项目	计发基数及标准	支付方式
医疗费	定点医疗机构内、三大目录规定范围内的医疗费总额	基金支付
康复费	定点康复机构内、符合规定范围内的医疗费总额	基金支付
工资福利	停工留薪期间，按原福利待遇标准	单位支付
护理费用	停工留薪期间，需要护理的	单位支付
伙食补助	从2019年7月1日起按照50元/天的标准执行；原住院伙食补助费标准高于50元/天的地区，工伤职工于2019年7月1日前已入院治疗工伤、康复，延续住院至2019年7月1日仍未办理出院的，该次住院期间的住院伙食补助费按原标准执行	基金支付
交通食宿	经批准到地级以上市以外就医的交通食宿费，由工伤保险基金按规定支付，其中，在城市间往返一次的交通费用凭有效票据报销，限于公共汽车、火车硬席、高铁（动车）二等席、轮船三等舱、飞机经济舱、医疗机构救护车，超过规定标准的部分费用自理；转诊期间（不含入住院期间），转入地的市内交通、住宿费用在530元/天的总限额以内的，按规定报销，伙食费包干标准为50元/天，与住院伙食补助费不重复享受，转诊期最长不超过3天	基金支付
假肢辅助器具	经劳动能力鉴定委员会确认，安装国家规定标准的产品	基金支付

工伤医疗终结后一次性发放待遇				
项目	计发基数	计发标准		支付方
一次性伤残补助金	本人工资	一级	27个月	基金支付
		二级	25个月	
		三级	23个月	
		四级	21个月	
		五级	18个月	
		六级	16个月	
		七级	13个月	
		八级	11个月	
		九级	9个月	
		十级	7个月	
次性工伤医疗补助金	本人工资	五级	10个月	职工与单位终止劳动关系时，由基金支付
		六级	8个月	
		七级	6个月	
		八级	4个月	
		九级	2个月	
		十级	1个月	

续表

工伤停工留薪期（医疗期间）待遇				
一次性伤残就业补助金	本人工资	五级	50个月	职工与单位终止劳动关系时，由单位支付
		六级	40个月	
		七级	25个月	
		八级	15个月	
		九级	8个月	
		十级	4个月	
丧葬补助金	全省上年度职工月平均工资	6个月		基金支付
一次性工亡补助金	上一年度全国城镇居民人均可支配收入	20倍		基金支付
工伤医疗终结后定期发放待遇				
项目	计发基数	计发标准		支付方式
伤残津贴	本人工资	一级	90%	基金支付
		二级	85%	
		三级	80%	
		四级	75%	
		五级	70%	劳动关系未终止又无法安排就业，单位支付
		六级	60%	
生活护理费	全省上年度职工月平均工资	生活护理一级	60%	基金支付（被鉴定为一至四级且依法确认需要护理）
		生活护理二级	50%	
		生活护理三级	40%	
		生活护理四级	30%	
抚恤金	职工本人工资	配偶	40%	基金支付
		其他亲属	30%	
		孤儿、孤老在上述基础上增加10%，但总和不得高于职工本人工资		

说明：此表根据2019年修订的《广东省工伤保险条例》编制：（1）一级至四级伤残职工户籍从单位所在地迁回原籍的，其伤残津贴可以由社会保险经办机构按照标准每半年发放一次。用人单位应当按照全省上年度职工月平均工资为基数发给六个月的安家补助费。所需交通费、住宿费、行李搬运费和伙食补助费等，由用人单位按照因公出差标准报销。（2）本人工资，是指工伤职工在本单位因工作遭受事故伤害或者患职业病前十二个月平均月缴费工资。本单位为工伤职工缴纳工伤保险费不足十二个月的，

以实际月数计算平均月缴费工资。本人工资高于全省上年度职工月平均工资300%的，按照全省上年度职工月平均工资的300%计算；本人工资低于全省上年度职工月平均工资60%的，按照全省上年度职工月平均工资的60%计算。

（一）工伤医疗与补偿

由工伤保险基金支付的费用包括：治疗工伤的医疗费用和康复费用；住院伙食补助费；到统筹地区以外就医的交通食宿费；安装配置伤残辅助器具所需费用；生活不能自理的，经劳动能力鉴定委员会确认的生活护理费；一次性伤残补助金和一至四级伤残职工按月领取的伤残津贴；终止或者解除劳动合同时，应当享受的一次性医疗补助金；因工死亡的，其遗属领取的丧葬补助金、供养亲属抚恤金和因工死亡补助金；劳动能力鉴定费。

由用人单位支付的待遇包括：治疗工伤期间的工资福利；五级、六级伤残职工按月领取的伤残津贴；终止或者解除劳动合同时，应当享受的一次性伤残就业补助金。

用人单位应当参加工伤保险而未参加或者未按时缴纳工伤保险费，职工发生工伤的，由该用人单位按规定的工伤保险待遇项目和标准向职工支付费用。用人单位按照规定补缴应当缴纳的工伤保险费和滞纳金后，由工伤保险基金和用人单位按照工伤保险条例规定支付新发生的费用。

（二）工伤康复

职工经治疗伤情稳定，需要工伤康复的，用人单位、工伤职工或者其近亲属可以向统筹地区劳动能力鉴定委员会提出工伤康复申请。

经确认可以进行康复的，工伤职工在签订服务协议的康复机构发生的符合规定的工伤康复费用，从工伤保险基金中支付。

工伤职工因日常生活或者就业需要，必须安装假肢、矫形器、假眼、假牙和配置轮椅、拐杖等辅助器具，或者辅助器具需要维修、更换的，由签订服务协议的医疗、康复机构提出意见，经劳动能力鉴定委员会确认，所需费用按照国家规定的标准从工伤保险基金中支付。

（三）停发待遇情形

工伤职工有下列情形之一的，停止享受工伤保险待遇：丧失享受待遇条件的；拒不接受劳动能力鉴定的；拒绝治疗的。

领取抚恤金人员有下列情形之一的，停止享受抚恤金待遇：年满18周岁且未完全丧失劳动能力；就业或参军；工亡职工配偶再婚；被他人或组织收养；死亡。

五、工伤保险基金统筹层次

工伤保险基金实行全省统筹。在全省范围内统筹调剂使用工伤保险基金，实行统一的参保缴费、待遇支付政策标准，统一的经办规程，统一的信息系统，统一规范的工伤认定、劳动能力鉴定、工伤预防、工伤医疗和工伤康复等管理服务。

六、工伤保险相关重要概念

（一）工伤情形

工伤的情形，根据国务院《工伤保险条例》和有关规定执行。最高人民法院、人力资源和社会保障部多次针对工伤认定问题，作出解释。

1.应当认定为工伤的情形

职工有下列情形之一的，应当认定为工伤：

（1）在工作时间和工作场所内，因工作原因受到事故伤害的；

（2）工作时间前后在工作场所内，从事与工作有关的预备性或者收尾性工作受到事故伤害的；

（3）在工作时间和工作场所内，因履行工作职责受到暴力等意外伤害的；

（4）患职业病的；

（5）因公外出期间，由于工作原因受到伤害或者发生事故下落不明的；

（6）在上下班途中，受到非本人主要责任的交通事故或者城市轨道交通、客运轮渡、火车事故伤害的；

（7）法律、行政法规规定应当认定为工伤的其他情形。

2.视同工伤的情形

职工有下列情形之一的，视同工伤：

（1）在工作时间和工作岗位，突发疾病死亡或者在48小时之内经抢救无效死亡的；

（2）在抢险救灾等维护国家利益、公共利益活动中受到伤害的；

（3）职工原在军队服役，因战、因公负伤致残，已取得革命伤残军人证，到用人单位后旧伤复发的。

（二）工伤认定

工伤认定是指国家有关部门根据职工受伤的事实、医疗机构的诊断和法律法规的规定，确定职工伤亡或患职业病的性质。工伤认定机关是社会保险行政部门。认定工伤是享受工伤保险待遇的前提。有关单位或者个人对工伤认定行为不服，可以依法申请行政复议，也可以依法向人民法院提起行政诉讼。

（三）劳动能力鉴定

劳动能力鉴定是指职工因工或非因工负伤以及疾病等原因，使身体或精神受到损害，导致影响了劳动与生活能力，劳动能力鉴定委员会依据一定的鉴定标准，对功能损害程度进行综合评定的制度。

省、自治区、直辖市劳动能力鉴定委员会和设区的市级劳动能力鉴定委员会分别由省、自治区、直辖市和设区的市级社会保险行政部门、卫生行政部门、工会组织、经办机构代表以及用人单位代表组成。

丧失劳动能力程度根据工伤致残程度共分为十个等级，最严重的为一级，最轻的为十级。一级至四级为完全丧失劳动能力，五级至六级为大部分丧失劳动能力，七级至十级为部分丧失劳动能力。对劳动能力鉴定结论不服的，可依法申请复查、重新鉴定。省级劳动能力鉴定委员会作出的劳动能力鉴定结论为最终结论。

因工负伤或者患职业病劳动能力鉴定执行《劳动能力鉴定　职工工伤与职业病致残等级》（GB/T 16180—2014），非因工负伤或者因病劳动能力鉴定执行《职工非因工伤残或因病丧失劳动能力程度鉴定标准（试行）》（劳动和社会保障部2002年4月5日发布）。

七、主要法规文件

1.国家层面

国家层面与工伤保险相关的主要法规文件有：

（1）《中华人民共和国社会保险法》；

（2）《工伤保险条例》（2010年12月20日，国务院令第586号）；

（3）《实施〈中华人民共和国社会保险法〉若干规定》（2011年6月29日人力资源社会保障部令第13号公布，自2011年7月1日起施行）；

（4）《工伤认定办法》（2010年12月31日人力资源社会保障部令第8号公布，自2011年1月1日起施行）；

（5）《因工死亡职工供养亲属范围规定》（2003年9月23日劳动和社会保障部令第18号公布，自2004年1月1日起施行）；

（6）《人力资源和社会保障部　中共中央组织部　财政部　退役军人事务部　国家税务总局关于印发〈公务员工伤保险管理办法〉的通知》（人社部发〔2021〕111号）。

2.地方层面（以广东为例）

地方层面与工伤保险相关的主要法规文件有：

（1）《广东省工伤保险条例》（1998年9月18日，广东省第九届人民代表大会常务委员会第五次会议通过，2019年5月21日修改）；

（2）《广东省工伤保险基金省级统筹业务规程》（粤人社规〔2019〕22号）；

（3）《广东省工伤保险专项经费管理办法（修订）》（粤人社规〔2023〕7号）。

第四节　基本医疗保险

国家建立基本医疗保险制度的主要目的是保障公民基本医疗需求。基本医疗保险制度属于缴费型制度。其中职工基本医疗保险制度属于强制性社会保险制度，实行社会统筹和个人账户相结合的模式；城乡居民基本医疗保险属于非强制性社会保险制度，实行个人缴费、国家和集体补助的模式。

一、职工基本医疗保险

（一）覆盖范围

职工应当参加职工基本医疗保险，由用人单位和职工按照国家规定共同缴纳基本医疗保险费。城镇所有用人单位，包括企业（国有企业、集体企业、外商投资企业、私营企业等）、机关、事业单位、社会团体、民办非企业单位及其职工，都应依法参加基本医疗保险。灵活就业人员可根据自身实际，以合适方式参加职工基本医疗保险或者城乡居民基本医疗保险。

（二）基金筹集

基本医疗保险费由用人单位和职工共同缴纳。用人单位缴费率应控制在职工工资总额的6%左右，职工缴费率一般为本人工资收入的2%。参加职工基本医疗保险的个人，达到法定退休年龄时累计缴费达到国家规定年限的，退休后不再缴纳基本医疗保险费，按照国家规定享受基本医疗保险待遇；未达到国家规定年限的，可以缴费至国家规定年限。

建立基本医疗保险统筹基金和个人账户。基本医疗保险基金由统筹基金和个人账户构成。单位缴费记入统筹基金；职工缴费全部记入个人账户，由个人依法使用。

（三）医疗保险待遇

医疗保险待遇实行统筹基金和个人分担机制。起付标准以下的医疗费用，从个人账户中支付或由个人自付。最高支付限额以上的医疗费用由个人或者商业医疗保险承担。起付标准以上、最高支付限额以下，符合基本医疗保险药品目录、诊疗项目、医疗服务设施标准以及急诊、抢救的医疗费用，按照国家规定从基本医疗保险基金中支付，个人也负担一定比例。参保人员医疗费用中应当由基本医疗保险基金支付的部分，由社会保险经办机构与医疗机构、药品经营单位直接结算。

统筹基金的具体起付标准、最高支付限额以及在起付标准以上和最高支付限额以下医疗费用的个人负担比例，由统筹地区根据以收定支、收支平衡的原则确定。国家规定起付标准原则上控制在当地职工年平均工资的10%左右，最高支付限额原则上控制在当地职工年平均工资的4倍左右。

职工医疗保险待遇包括医疗费用报销待遇和个人账户待遇。医疗保险报销待遇包括普通门诊待遇、住院待遇、门诊特定病种待遇和指定单病种待遇等，原则上通过协议医疗机构予以记账结算。个人账户可用于支付参保人本人及其配偶、父母、子女的相关待遇，包括：在协议医疗机构就医发生的由个人负担的医疗费用；在协议药店购买药品、医疗器械、医用耗材发生的由个人负担的费用；本人退休时未达到职工医保最低缴费年限的缴费费用以及其他符合规定的费用。个人账户不得用于公共卫生费用、体育健身或养生保健消费等不属于基本医疗保险保障范围的支出。

（四）医疗保险基金统筹层次

各地职工基本医疗保险基金统筹层次不完全相同。《国务院办公厅关于印发“十四五”全民医疗保障规划的通知》（国办发〔2021〕36号）提出，按照制度政策统一、基金统收统支、管理服务一体的标准，全面做实基本医疗保险市地级统筹；按照政策统一规范、基金调剂平衡、完善分级管理、强化预算考核、提升管理服务的方向，推动省级统筹。

（五）主要法规文件

与职工基本医疗保险相关的主要法规文件有：

（1）《中华人民共和国社会保险法》；

（2）《医疗保障基金使用监督管理条例》（2021年2月19日中华人民共和国国务院令第735号发布，自2021年5月1日起施行）；

（3）《国务院关于建立城镇职工基本医疗保险制度的决定》（国发〔1998〕44号）；

（4）《国务院办公厅关于建立健全职工基本医疗保险门诊共济保障机制的指导意见》（国办发〔2021〕14号）。

二、城乡居民基本医疗保险

（一）适用范围

城乡居民基本医疗保险覆盖除职工基本医疗保险应参保人员以外的其他所有城乡居民。

（二）基金筹集

坚持多渠道筹资，继续实行个人缴费与政府补助相结合的筹资方式，鼓励集体、单位或其他社会经济组织给予扶持或资助。

（三）医疗保险待遇

居民医疗保险的参保人按规定享受普通门诊待遇、门诊特定病种待遇、住院待遇、指定单病种待遇等，各地待遇项目和标准存在一定差别。此外，参保人无须缴费还可以在享受城乡居民医保待遇的基础上享受大病保险待遇。

居民医疗保险的医保目录、就医管理等与职工基本医疗保险基本相同，但是在保险比例、起付标准、最高支付限额等方面，存在差别。

（四）主要法规文件

与城乡居民基本医疗保险相关的主要法规文件有：

（1）《中华人民共和国社会保险法》；

（2）《医疗保障基金使用监督管理条例》（2021年1月15日中华人民共和国国务院令第735号发布，自2021年5月1日起施行）；

（3）《关于全面开展城镇居民基本医疗保险工作的通知》（人社部发〔2009〕35号）；

（4）《国务院关于整合城乡居民基本医疗保险制度的意见》（国发〔2016〕3号）。

第五节　生育保险

国家建立生育保险制度的主要目的是保障劳动妇女生育期间获得基本的医疗和生活保障，保障其身体健康并为婴儿的哺育和成长创造良好的条件，均衡用人单位生育费用负担，促进公平就业。职工生育保险制度属于缴费型、强制性社会保险制度，与医疗保险制度合并实施。

一、适用范围

生育保险制度适用于各类用人单位及其职工。2019年，生育保险和职工基本医疗保险合并实施。参加职工基本医疗保险的在职职工同步参加生育保险。灵活就业人员参加医疗保险时一并参加生育保险，不另外缴纳生育保险费。

二、基金筹集

生育保险基金并入职工基本医疗保险基金，统一征缴，统筹层次一致。按照用人单位参加生育保险和职工基本医疗保险的缴费比例之和确定新的用人单位职工基本医疗保险费率，个人不缴纳生育保险费。

三、生育保险待遇

用人单位已经缴纳生育保险费的，其职工享受生育保险待遇；职工未就业配偶按照国家规定享受生育医疗费用待遇。生育保险待遇包括生育医疗费用和生育津贴，所需资金从职工基本医疗保险统筹基金中支付。参保职工未就业配偶、参加职工基本医疗保险的灵活就业人员，按照规定享受生育医疗费用待遇，不享受生育津贴。

1.生育医疗费用

符合规定的药品、诊疗项目和医用耗材支付范围的生育医疗费用，按照生育保险规定支付；其他医疗费用，按照基本医疗保险的有关规定执行。生育的医疗费用包括符合国家和省规定的产前检查、终止妊娠（含宫外孕终止妊娠）、分娩住院期间的费用，终止妊娠、分娩住院期间诊治妊娠合并症、并发症的费用等。计划生育的医疗费用包括：放置或者取出宫内节育器；施行输卵管、输精管结扎或者复通手术、人工流产、引产术等发生的医疗费用；施行计划生育手术期间诊治合并症、并发症的费用。生育医疗费用原则上实行医疗保险经办机构与定点医疗机构直接结算。

2.生育津贴

女职工生育享受产假、职工享受计划生育手术休假，可以按照国家规定享受生育津贴。生育津贴按照职工所在用人单位上年度职工月平均工资计发。有关假期按照国家和各省规定执行。如产假方面，顺产的，计98天；难产的，增加30天；生育多胞胎的，每多生育1个婴儿，增加15天。

四、主要法规文件

与生育保险相关的主要法规文件有：

（1）《中华人民共和国社会保险法》；

（2）《医疗保障基金使用监督管理条例》（2021年1月15日中华人民共和国国务院令第735号发布，自2021年5月1日起施行）；

（3）《国务院办公厅关于全面推进生育保险和职工基本医疗保险合并实施的意见》（国办发〔2019〕10号）。

第六节　社会保险费征收

我国社会保险制度属于缴费型制度，区别于税收制度。征收社会保险费是社会保险制度运行的重要环节。我国社会保险费征收的基本流程为：用人单位办理社会保险登记—用人单位为其职工办理社会保险登记—用人单位定期申报应缴纳的社会保险费数额—社会保险费征收机构征收社会保险费—社会保险费征收机构将社会保险费存入社会保险基金账户，相关信息同步至社会保险经办机构记录。以个人名义参保的，由本人直接申报办理。

一、社会保险登记

社会保险登记包含单位登记与个人社会保险登记两类。

（一）单位登记

用人单位应当自成立之日起三十日内凭营业执照、登记证书或者单位印章，向当地社会保险经办机构申请办理社会保险登记。

根据《国务院办公厅关于加快推进“五证合一、一照一码”登记制度改革的通知》（国办发〔2016〕53号），推行工商营业执照、组织机构代码证、税务登记证、社会保险登记证和统计登记证“五证合一”，申请人办理企业注册登记时，一并办理社会保险登记。《社会保险经办条例》规定，用人单位在登记管理机关办理登记时同步办理社会保险登记。

用人单位应当自用工之日起三十日内为其职工向社会保险经办机构申请办理社会保险登记。

（二）个人社会保险登记

自愿参加社会保险的灵活就业人员，应当向社会保险经办机构申请办理社会保险登记。

国家建立全国统一的个人社会保障号码，个人社会保障号码为居民身份证号码。

二、社会保险费征收

（一）征收机构

按照国家规定，各项社会保险费由税务机关统一征收。

（二）征收模式

实践中存在税务机关“代征”和税务机关“全责征收”两种模式。在“代征”模式下，社会保险经办机构负责核定应当缴纳的社会保险费数额，交由税务机关“照单”征收。在“全责征收”模式下，应当缴纳的社会保险费数额的审核及征收，都由税务机关负责。

（三）征收程序

1.申报

用人单位应当自行申报、按时足额缴纳社会保险费。职工应当缴纳的社会保险费由用人单位代扣代缴，用人单位应当按月将缴纳社会保险费的明细情况告知职工本人。用人单位未按规定申报应当缴纳的社会保险费数额的，按照该单位上月缴费额的110%确定应当缴纳数额；缴费单位补办申报手续后，由社会保险费征收机构按照规定结算。

灵活就业人员，直接向社会保险费征收机构缴纳社会保险费。

2.征收

社会保险费征收机构应当依法按时足额征收社会保险费，并将缴费情况定期告知用人单位和个人。

用人单位逾期未缴纳或者补足社会保险费的，社会保险费征收机构可以依法采取强制征收措施。

三、主要法规文件

与社会保险费征收相关的主要法规文件有：

（1）《中华人民共和国社会保险法》；

（2）《社会保险费征缴暂行条例》（中华人民共和国国务院令第259号发布，1999年1月22日起施行）。

第七节　社会保险经办

社会保险经办包括社会保险信息记录、待遇支付等。它是社会保险制度运行的核心环节，也是社会保险基金监督的主要内容。我国基本社会保险统一由社会保险经办机构负责经办管理。

一、社会保险经办机构的设立

根据《社会保险法》，统筹地区设立社会保险经办机构。社会保险经办机构根据工作需要，经所在地的社会保险行政部门和机构编制管理机关批准，可以在本统筹地区设立分支机构和服务网点。

社会保险经办机构的人员经费和经办社会保险发生的基本运行费用、管理费用，由同级财政按照国家规定予以保障。

二、经办服务主要内容

社会保险经办机构主要承担以下服务职责：

（1）依法办理社会保险登记。

（2）记录社会保险信息。社会保险经办机构应当及时、完整、准确地记录社会保险登记情况、社会保险费缴纳情况、社会保险待遇享受情况、个人账户情况、与社会保险经办相关的其他情况。

（3）依法办理社会保险关系转移接续服务。

（4）依法审核与支付社会保险待遇。社会保险经办机构应当按时足额支付社会保险待遇，负责社会保险待遇享受条件审核、支付社会保险待遇、办理社会保险待遇资格确认等工作。社会保险经办机构会委托银行支付社会保险待遇。

（5）依法获取与保管社会保险数据、档案。社会保险经办机构应当及时为用人单位建立档案，完整、准确地记录参加社会保险的人员、缴费等社会保险数据，妥善保管登记、申报的原始凭证和支付结算的会计凭证。社会保险经办机构通过业务经办、统计、调查获取社会保险工作所需的数据，有关单位和个人应当及时、如实提供。

（6）提供社会保险咨询服务。用人单位和个人可以向社会保险经办机构查询、核对其缴费和享受社会保险待遇记录，要求社会保险经办机构提供社会保险咨询等相关服务；社会保险经办机构免费向用人单位和个人提供查询核对、咨询等相关服务。

（7）信息公开。社会保险经办机构应当定期向社会公布参加社会保险情况以及社会保险基金的收入、支出、结余和收益情况，听取用人单位和个人的意见建议，接受社会监督。

（8）法律法规和经办规程规定的其他服务。

三、相关单位和个人的配合责任

相关职能部门应当依法支持社会保险经办工作。《社会保险经办条例》规定：登记管理机关应当将用人单位设立、变更、注销登记的信息与社会保险经办机构共享，公安、民政、卫生健康、司法行政等部门应当将个人的出生、死亡以及户口登记、迁移、注销等信息与社会保险经办机构共享。

相关单位和个人应当及时告知社会保险经办机构相关信息。《社会保险经办条例》规定：个人出现国家规定的停止享受社会保险待遇的情形，用人单位、待遇享受人员或者其亲属应当自相关情形发生之日起20个工作日内告知社会保险经办机构。社会保险经办机构核实后应当停止发放相应的社会保险待遇。

四、风险管理责任

社会保险经办机构是管控社会保险基金管理风险的直接责任单位。根据《社会保险法》《社会保险经办条例》，社会保险经办机构应当建立健全业务、财务、安全和风险管理制度等内部控制制度；定期对内部控制制度的制定、执行情况进行检查、评估，对发现的问题进行整改；明确岗位权责，对重点业务、高风险业务分级审核；按照国家统一的会计制度对社会保险基金进行会计核算、对账；对社会保险登记和待遇享受等情况，社会保险服务机构履行服务协议、执行费用结算项目和标准情况等，开展核查。

国家和各省对社会保险经办的风险管理职责作出了具体规定，包括流程控制、岗位控制、财务控制、信息控制、内控稽核等。

五、主要法规文件

与社会保险经办相关的主要法规文件有：

（1）《中华人民共和国社会保险法》；

（2）《社会保险经办条例》（2023年8月16日中华人民共和国国务院令第765号发布，自2023年12月1日起施行）；

（3）《人力资源社会保障部关于加强社会保险基金管理风险防控工作的意见》（人社部发〔2018〕43号）；

（4）社会保险经办规程和内控稽核制度（国家与地方此类文件较多）。

第八节　社会保险基金管理

国家对社会保险基金实行严格的监管。社会保险基金专款专用，任何组织和个人不得侵占或者挪用。《社会保险法》以专章规定了社会保险基金管理规范。

一、社会保险基金类别

社会保险基金包括基本养老保险基金（企业职工基本养老保险基金、城乡居民基本养老保险基金、机关事业单位基本养老保险基金）、基本医疗保险基金（职工基本医疗保险基金、城乡居民基本医疗保险基金）、工伤保险基金、失业保险基金和生育保险基金。除基本医疗保险基金与生育保险基金合并建账及核算外，其他各项社会保险基金按照社会保险险种分别建账，分账核算。

基金按照险种及不同制度分别建账、分账核算、分别计息、专款专用。基金之间不得相互挤占和调剂。社会保险基金不得违规投资运营，不得用于平衡其他政府预算，不得用于兴建、改建办公场所和支付人员经费、运行费用、管理费用，或者违反法律、行政法规规定挪作其他用途。县级以上人民政府在社会保险基金出现支付不足时，给予补贴。

二、社会保险基金的来源

社会保险基金的构成包括社会保险费收入、财政补贴收入、集体补助收入、利息收入、委托投资收益、转移收入、上级补助收入、下级上解收入、其他收入等。社会保险费收入是指缴费单位和缴费个人按缴费基数的一定比例分别缴纳的基本养老保险费、失业保险费、基本医疗保险费。利息收入是指用社会保险基金购买国家债券或存入银行所取得的利息收入。财政补贴收入是指同级财政给予基金的补贴。转移收入是指保险对象跨统筹地区流动而划入的基金收入。上级补助收入是指下级经办机构接受上级经办机构拨付的补助收入。下级上解收入是指上级经办机构接受下级经办机构上解的基金收入。其他收入是指滞纳金及其他经财政部门核准的收入。上述基金收入项目按规定分别形成基本养老保险基金、失业保险基金和基本医疗保险基金等。

此外，国家设立全国社会保障基金，由中央财政预算拨款以及国务院批准的其他方式筹集的资金构成，用于社会保障支出的补充、调剂。为充分体现代际公平和国有企业发展成果由全民共享，国家规定将中央和地方国有及国有控股大中型企业、金融机构等企业一定比例的国有股权，划转充实社会保险基金，首先用于弥补企业职工基本养老保险制度转轨时期因企业职工享受视同缴费年限政策形成的企业职工基本养老保险基金缺口。划转的中央企业国有股权，由国务院委托社会保险基金会负责集中持有和管理；划转的地方企业国有股权，由各省级人民政府设立国有独资公司集中持有、管理和运营。

三、社会保险基金预算

基金预算是指根据国家预算管理和社会保险相关法律法规编制，经法定程序审批、具有法律效力的年度基金财务收支计划。基金预算由基金收入预算和基金支出预算组成。社会保险基金预算应当做到收支平衡。社会保险基金预算编制应按照《中华人民共和国预算法》（以下简称《预算法》）、《社会保险法》、《中华人民共和国预算法实施条例》以及国务院有关规定执行。

社会保险基金预算保持独立完整，与一般公共预算相衔接。基金预算按险种、不同制度和统筹地区分别编制。

社会保险基金通过预算实现收支平衡。社会保险基金按照统筹层次设立预算。除基本医疗保险基金与生育保险基金预算合并编制外，其他社会保险基金预算按照社会保险项目分别编制。

预算编制程序为：年度终了前，统筹地区经办机构组织编制的年度基金预算草案，报本级社会保险行政部门审核汇总。财政部门负责审核并汇总编制社会保险年度基金预算草案，会同社会保险行政部门上报同级人民政府；经同级人民代表大会批准后，批复经办机构具体执行，并报上级财政部门和社会保险行政部门备案。基金预算执行中因特殊原因需要调整时，按照预算编制程序办理。

四、社会保险基金财务会计制度

社会保险基金财务管理包括：依法筹集和使用基金；基金预算决算管理；基金保值增值；基金财务监督和内部控制等。社会保险基金执行国家统一的会计制度，基金收入项目、支出项目按照国家统一规定记账。社会保险基金财务管理和会计核算一般采用收付实现制，基本养老保险基金委托投资等部分经济业务或事项采用权责发生制。

社会保险基金实行"收支两条线"管理。基金账户分为财政专户、收入户和支出户。财政部门按照国家有关财政专户管理的规定设立财政专户，财政专户的主要用途是：接收社会保险费收入、利息收入及其他收入，接收和拨付投资运营基金，接收财政补贴收入，接收转移收入，办理跨省异地就医结算业务等。

实行经办机构征收社会保险费的地区，经办机构可以设立社会保险基金收入户。实行税务机关征收社会保险费的地区，税务机关不设收入户，基金及时划入财政专户。经办机构设立社会保险基金支出户的主要用途是：接受财政专户拨入基金；暂存社会保险支付费用及该账户利息收入；支付基金支出款项；向财政专户缴入该账户利息收入；上解上级经办机构基金或下拨下级经办机构基金。

为确保社会保险基金安全和保值增值，应规范选择基金开户银行。根据资信状况、利率、网点分布、服务质量等相关因素，综合评定银行业金融机构管理服务水平，通过竞争性方式或集体决策方式，确定基金账户开户银行。

五、社会保险基金保值增值

社会保险基金结余除预留一定的支付费用外，应在保证安全的前提下，按照国务院相关规定开展投资运营实现保值增值。社会保险行政部门和财政部门对基金投资运营实施严格监管。企业职工基本养老保险基金结余应当预留相当于两个月的支付费用。

各地基本社会保险基金的保值增值主要有两种方式：一是地方开展保值增值，主要是购买国债和优惠存款。社会保险基金银行存款实行统一计息办法。对存入收入户和支出户的活期存款实行优惠利率，按三个月整存整取定期存款基准利率计息。对存入财政专户的存款，利率比照同期居民储蓄存款利率管理。财政部门应按月或按季度商社会保险行政部门、经办机构制定财政专户资金购买国债和转存定期存款计划。二是国家设立、国务院授权的养老基金管理机构投资运营。各省政府统一委托全国社会保障基金管理运营机构投资运营。企业职工基本养老保险基金和城乡居民基本养老保险基金均已经实行投资运营。

其中，全国社会保障基金由全国社会保障基金管理运营机构负责管理运营，在保证安全的前提下实现保值增值。全国社会保障基金应当定期向社会公布收支、管理和投资运营的情况。国务院财政部门、社会保险行政部门、审计机关对全国社会保障基金的收支、管理和投资运营情况实施监督。

六、主要法规文件

与社会保险基金管理相关的主要法规文件有：

（1）《中华人民共和国社会保险法》；

（2）《社会保险基金财务制度》（财社〔2017〕144号）；

（3）《社会保险基金会计制度》（财会〔2017〕28号）；

（4）《国务院关于印发划转部分国有资本充实社保基金实施方案的通知》（国发〔2017〕49号）；

（5）《财政部、人力资源社会保障部、国资委、税务总局、证监会关于全面推开划转部分国有资本充实社保基金工作的通知》（财资〔2019〕49号）；

（6）《国务院关于印发基本养老保险基金投资管理办法的通知》（国发〔2015〕48号）。

第七章　我国社会保险基金监督制度发展历程

20世纪90年代初，我国现行社会保险基金监督制度随着社会保险制度的建立而建立。社会保险基金监督制度的发展可以大致分为以下几个阶段。

第一节　探索（1991—1994年）

1984年，退休费统筹开始试点。1986年，国务院颁布《国营企业实行劳动合同制暂行规定》①，开始建立国营企业的退休费统筹制度。1991年，国务院颁布《国务院关于企业职工养老保险制度改革的决定》，启动企业职工社会养老保险制度，劳动部门所属社会保险管理机构负责经办具体业务，要求地方政府设立养老保险基金委员会，实施对养老保险基金管理的指导和监督，这是国家首次提出社会保险基金监督的概念。

1993年，《中共中央关于建立社会主义市场经济体制若干问题的决定》提出："建立由政府有关部门和社会公众代表参加的社会保险基金监督组织，监督社会保险基金的收支和管理。"

第二节　起步（1995—2010年）

1995年《劳动法》正式实施，该法第七十四条规定："社会保险基金经办机构依照法律规定收支、管理和运营社会保险基金，并负有使社会保险基金保值增值的责任。社会保险基金监督机构依照法律规定，对社会保险基金的收支、管理和运营实施监督。社会保险基金经办机构和社会保险基金监督机构的设立和职能由法律规定。"这是第一次将社会保险基金监管上升到国家法律层面。同年，国务院发布《关于深化企业职工养老保险制度改革的通知》，要求各地区和有关部门设立由政府、企业、工会和离退休人员代表组成的社会保险监督委员会，加强对社会保险政策、法规执行情况和基金管理工作的监督。在《劳动法》中，社会保险基金监督机构和基金经办机构、劳动行政部门是并列规定的，但是，后来经办机构成了独立法人机构，基金监督机构却发展成社会保险行政部门的内设机构。

① 该文件已被《国务院关于废止2000年底以前发布的部分行政法规的决定》（国务院令第319号）废止。

1995年，劳动部、审计署发布《社会保险审计暂行规定》，要求各级国家审计机关应当加强对劳动行政部门及社会保险基金经办机构和劳动就业服务机构管理的社会保险基金、资金的财务收支的审计，对其内部审计工作进行指导和监督。各级劳动行政部门负责对本级社会保险基金经办机构和劳动就业服务机构的审计监督。上级社会保险基金经办机构负责对下级社会保险基金经办机构的审计监督；上级劳动就业服务机构负责对下级劳动就业服务机构的审计监督。地方各级社会保险基金经办机构、劳动就业服务机构和系统统筹部门的社会保险基金经办机构，负责本地区、本部门管理范围内用人单位的社会保险审计事项。

1998年国家进行机构改革，组建了劳动和社会保障部。明确由劳动保障行政部门承担基金监督职责。劳动和社会保障部成立了社会保险基金监督司，综合管理各项社会保险基金监督工作，其主要职责是：拟定社会保险经办机构的管理规则；拟定社会保险基金监督制度，建立健全社会保险基金监督网络，组织监督各项社会保险基金的管理情况；拟定社会保险内部审计规则和内部审计人员资格认证制度，颁发社会保险管理系统内部审计检查证；建立并管理社会保险基金监督举报系统，受理投诉举报，查处基金管理的重大违纪案件；制定社会保险基金运营机构的资格标准，认定投资机构运营社会保险基金的资格；拟定补充保险承办机构的资格认定标准，认定有关机构承办补充养老保险、补充医疗保险业务的资格并对其承办的补充保险基金实施监督；负责本部的审计工作。

1999年，财政部等制定《社会保险基金财务制度》和《社会保险基金会计制度》，要求劳动保障、财政和审计机关等定期或者不定期地对收入户、支出户和财政专户内的基金收支结余情况进行监督检查。

2001年之后，劳动和社会保障部陆续发布基金监督工作相关规则，搭建了社会保险基金监督制度主要框架体系。2001年，发布《社会保险基金行政监督办法》《社会保险基金监督举报工作管理办法》，明确了开展基金监督的职责、程序和举报工作规则等。2003年，印发《社会保障基金现场监督规则》，明确了开展现场监督的程序与工作要求。2005年，印发《关于开展社会保险基金非现场监督工作的通知》，要求依托社保数据库和联网系统开展非现场监督。2006年，建立社会保险基金要情报告制度。同年，劳动和社会保障部会同财政、税务、审计、人民银行等部门下发《关于进一步加强社会保险基金管理监督工作的通知》，明确了各相关部门的监督职责和工作要求。2009年，印发《关于开展社会保险基金监管软件联网应用工作的通知》。2010年，印发《社会保险基金监督检查证管理规程》。

这一时期，地方也同步探索推进社会保险基金监督工作。如2004年，广东省人民代表大会常务委员会颁布《广东省社会保险基金监督条例》，对广东省社会保险基金监督主体、监督内容、监督职权等作出了规定，建立了社会保险基金监督委员会。这是全国首个省级社会保险基金监督地方性法规。

第三节　发展（2011年至今）

2011年，《社会保险法》实施。该法对社会保险基金监督相关内容作出了较为系统的规定，如成立社会保险监督委员会；明确人民代表大会、社会保险行政部门、财政和审计机关的监督责任；规定社会保险基金监督职权和骗保法律责任；等等。

2014年以来，人社部陆续推动加强对侵害基金行为的打击。2014年，全国人民代表大会常务委员会解释《刑法》第二百六十六条，明确骗取社会保险待遇，属于诈骗公私财物。2015年，人社部会同公安部印发《人力资源社会保障部、公安部关于加强社会保险欺诈案件查处和移送工作的通知》，两部门共同建立社会保险欺诈案件查处、移送工作联系机制。2016年，人社部办公厅印发《社会保险欺诈案件管理办法》。2017年最高人民检察院发布《关于贪污养老、医疗等社会保险基金能否适用〈最高人民法院、最高人民检察院关于办理贪污贿赂刑事案件适用法律若干问题的解释〉第一条第二款第一项规定的批复》。

2015年，国务院印发《基本养老保险基金投资管理办法》（以下简称《办法》），首次对基本养老保险基金（包括企业职工、机关事业单位工作人员和城乡居民养老基金）投资管理行为进行全面规范。《办法》明确：养老基金投资应当坚持市场化、多元化、专业化的原则，确保资产安全，实现保值增值；省、自治区、直辖市人民政府作为养老基金委托投资的委托人，国家设立、国务院授权的养老基金管理机构作为受托机构；人力资源和社会保障部、财政部依法对受托机构、托管机构、投资管理机构及相关主体开展养老基金投资管理业务情况实施监管。

2018年国家机构改革时，医疗保险和生育保险管理职责从原人力资源社会保障部门划出，成立了医疗保障部门，负责医疗和生育保险基金等监管。社会保险基金监督，形成了两条发展路径：

（1）养老、工伤、失业保险基金监督的发展。2018年以来，人力资源和社会保障部陆续推动社会保险基金风险防控工作。2018年，人社部印发《关于加强社会保险基金管理风险防控工作的意见》，将监督触角前移，推动事前防控，推进“三个全面取消”（全面取消手工经办、全面取消现金业务、全面取消社银人工报盘），建立政策、经办、信息、监督“四位一体”的风险防控机制。2020年，人社部修订《社会保险基金要情报告制度》。2022—2023年，人社部相继修订《社会保险基金行政监督办法》《社会保险基金监督举报工作管理办法》，出台《社会保险基金监督举报奖励暂行办法》《社会保险基金监督约谈暂行办法》。2021—2023年，持续推进社会保险基金管理问题整治与管理提升。

（2）医疗生育保险基金监督的发展。2018年，国家机构改革将医保基金监管从人社部门划归新成立的医保部门负责。2018—2023年，主要是重新构建医保基金监督检查的制度体系。2018年11月，国家医疗保障局办公厅、财政部办公厅联合发布《欺诈骗取医疗保障基金行为举报奖励暂行办法》，2022年修订为《违法违规使用医疗保障基金举报奖励办法》。2021年1月，国务院发布《医疗保障基金使用监督管理条例》，填补了医疗保障基金监管的法规空白。2022年1月，国家医疗保障局发布《医疗保障基金使用监督管理举报处理暂行办法》。2023年3月，国家医疗保障局发布《医疗保障基金飞行检查管理暂行办法》（国家医疗保障局令第6号），将医保局成立以来推行的飞行检查制度化、常态化。

经过约30年的发展，我国初步建立了与社会保险事业发展相适应的社会保险基金监督制度体系，为维护社会保险基金安全完整提供了有力的保障，但也存在一些亟待解决的问题。在新的时代背景下，社会保险基金监督事业将走向何方？如何充分发挥社会保险基金行政监督制度的作用？这些都是本书重点关注的问题。

第八章　社会保险基金监督体系

社会保险基金监督体系包含人大监督、行政监督、司法监督、社会监督；纪检监察监督也是重要组成部分，各种监督有着不同的职能和优势，各自发挥着不同的作用。健全的社会保险基金监督体系（图8-1），不仅能发挥各监督主体的优势并相互监督，而且对社会保险基金安全形成立体化、全方位的监督网络，对维护社会保险基金安全具有重要意义。

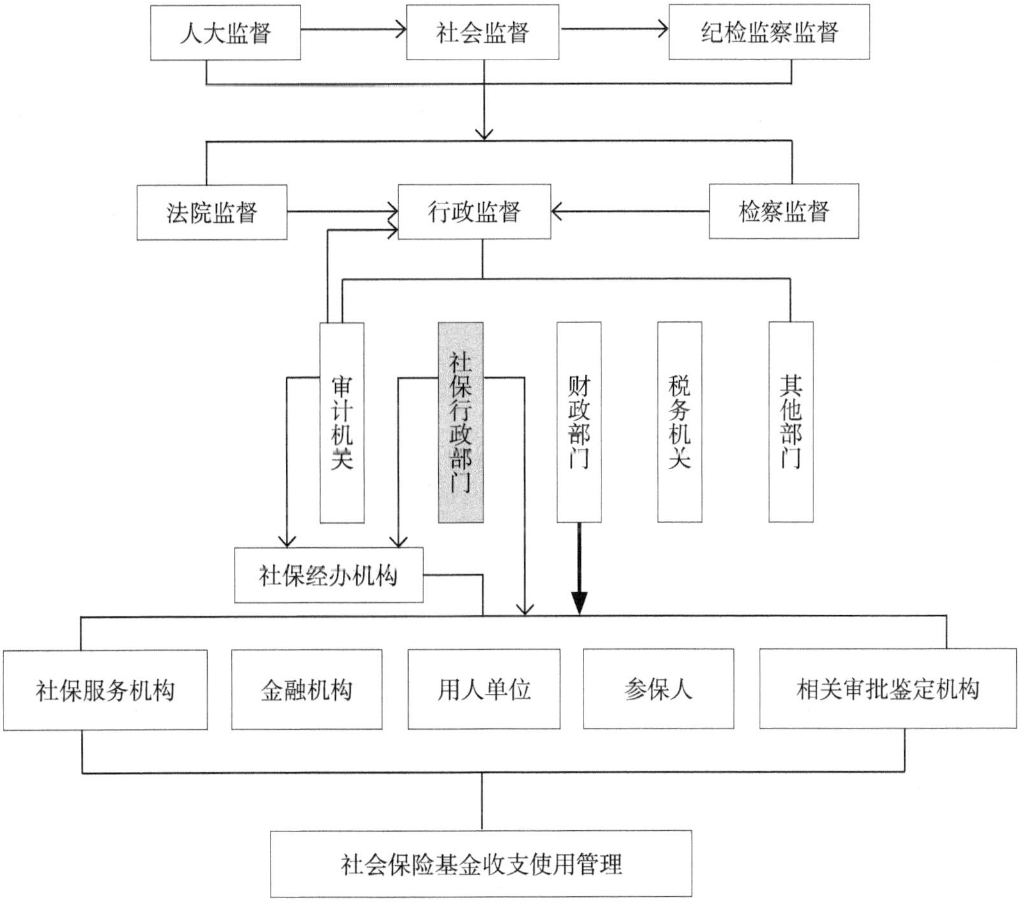

图8-1　社会保险基金监督体系

第一节　人大监督

根据《宪法》，县级以上的地方各级人民代表大会常务委员会监督本级人民政府、监察委员会、人民法院和人民检察院的工作。在社会保险基金监督体系中，人民代表大会及其常委会对本级人民政府社会保险基金预算、收支、管理、服务、投资运营以及监督检查情况实施监督。人大监督程序性强、层级高、权威性高。《社会保险法》第七十六条规定，各级人民代表大会常务委员会听取和审议本级人民政府对社会保险基金的收支、管理、投资运营以及监督检查情况的专项工作报告，组织对本法实施情况的执法检查等，依法行使监督职权。结合相关法律规定，人大监督主要方式如下。

一、预算监督

根据《预算法》，社会保险基金预算是对社会保险缴款、一般公共预算安排和其他方式筹集的资金，专项用于社会保险的收支预算。社会保险基金预算区别于一般公共预算，是一项独立预算，但要与一般公共预算衔接。社会保险基金预算应当按照统筹层次和社会保险项目分别编制，做到收支平衡。人民代表大会对社会保险基金预算监督，主要是定期审查批准预算；撤销本级政府关于预算、决算的不适当的决定和命令；监督预算的执行。

二、听取和审议专项工作报告

根据《中华人民共和国全国人民代表大会组织法》《中华人民共和国地方各级人民代表大会和地方各级人民政府组织法》《中华人民共和国各级人民代表大会常务委员会监督法》，人民代表大会及其常务委员会、各专门委员会按照职权，听取和审议专项工作报告。

专项报告的议题，一般根据本级人民代表大会执法检查中发现的突出问题，人民代表大会代表建议、批评和意见集中反映的问题，人民代表大会专门委员会和常务委员会工作机构在调查研究中发现的突出问题，人民来信来访集中反映的问题，社会普遍关注的问题确定。审议后审议意见或者决议，人民政府、人民法院或者人民检察院要研究处理，在规定的期限内将执行决议的情况向人民代表大会常务委员会报告，向本级人民代表大会代表通报并向社会公布。

三、执法检查

根据《中华人民共和国各级人民代表大会常务委员会监督法》，各级人民代表大会常务委员会每年选择若干关系改革发展稳定大局和群众切身利益、社会普遍关注的重大问题，有计划地对有关法律法规实施情况组织执法检查。执法检查结束后，执法检查组应当及时出具执法检查报告，由委员长会议或者主任会议决定提请常务委员会审议。常务委员会组成人员对执法检查报告的审议意见连同执法检查报告，一并交由本级人民政府、人民法院或者人民检察院研究处理，研究处理情况的报告向本级人民代表大会代表通报并向社会公布。

此外，人民代表大会及其常务委员会，依法还可以通过询问和质询、组织关于特定问题的调查委员会、提出撤职案等开展监督。

实践中，人民代表大会事务涉及面广，主要通过定期审议政府社会保险基金预算的方式实施监督。人大监督位阶高，具有综合性、权威性，适用于对社会保险基金安全有重大影响问题的监督和实施社会保险基金监管法律法规情况的监督。为更好推动社会保险基金监督事业的发展，人民代表大会必要时启动社会保险基金的执法检查，对危害社会保险基金安全的重大问题开展询问、质询等监督，具有重大意义。

第二节　行政监督

行政监督是现代政府的主要职能。我国社会保险由各级人民政府管理，对社会保险基金实施行政监督是政府及其相关部门的法定职责，是社会保险基金安全的重要保证。各级人民政府领导本地区社会保险基金监督工作，具体通过法律授权的行政部门实施社会保险基金行政监督工作。

一、社会保险基金行政监督主体

社会保险基金行政监督主体主要包括社会保险行政部门、社会保险费征收机构、财政部门、审计机关等。其中社会保险行政部门是社会保险基金监督的主管部门，包括人力资源社会保障行政部门、医疗保障部门。近年国家成立审计监督委员会，有的场合将审计监督与行政监督并列。

二、社会保险基金行政监督的特点

社会保险基金行政监督具有自主性、灵活性、强制性的特点，行政监督主体可以自主决定启动监督工作，可以采取现场和非现场等方式，形成的监督结论对监督对象具有直接约束力。社会保险基金行政监督部门在各自职权范围内实施监督，监督对象和监督方式等有所不同。

三、社会保险基金行政监督职责分工

社会保险基金行政监督职责分工如下。

（1）人力资源社会保障行政部门：作为养老保险、工伤保险、失业保险基金的行政监督主管部门，监督对象、内容较多，以专章介绍。

（2）医疗保障部门：是医疗、生育保险基金行政监督主管部门，主要监督协议医药机构、医保经办机构在执行药品目录、诊疗项目、医疗服务设施标准，订立和履行服务协议以及管理使用医保基金的情况。飞行检查，是医保部门通过实践探索出来的契合医保基金管理使用特点的检查方式，是指国家和省级医疗保障行政部门组织实施的，对定点医药机构、医保经办机构、承办医保业务的其他机构等被检查对象不预先告知的现场监督检查。由国家或省级医疗保障部门组织实施，实行“双随机、一公开”，不发通知、不打招呼、不听汇报等，是飞行检查有别于其他常规检查的重要特征。

（3）财政部门：负责建立健全社会保险基金财务管理制度，对社会保险基金财务、会计等实施监督，包含社会保险基金预决算、社会保险基金财政专户、社会保险基金存储与保值增值等。未制定社会保险基金专项财务监督法规规章的，监督程序可适用《财政违法行为处罚处分条例》《财政部门监督办法》《财政检查工作办法》等规定。财政部门实施监督，可以采取监控、督促、调查、核查、审查、检查、评价等方法。

（4）审计机关：主要对与社会保险基金相关的政府预算的执行情况和决算以及其他财政收支情况开展审计监督；根据经批准的审计项目计划安排，可以对被审计单位贯彻落实国家重大经济社会政策措施情况进行审计监督。审计监督有专项审计和全面审计，审计的主要方式是根据《审计法》开展审计，出具审计报告，对审计整改情况进行监督。

（5）税务机关：主要负责按时足额征收社会保险费，按照规定将已征收的社会保险费及时存入社会保险基金财政专户，对用人单位和个人缴纳社会保险费情况实施监督。按照《社会保险法》《社会保险费征缴暂行条例》等规定，税务机关负责征收社会保险费。其监督措施主要有：对用人单位未按时足额缴纳社会保险费的行为责令限期缴纳、依法采取行政强制措施、加收滞纳金、进行行政处罚等。

第三节　司法监督

司法监督主要包括两方面：一是法院监督，即人民法院通过诉讼案件裁判和非诉执行开展监督；二是检察监督，即人民检察院通过公益诉讼等方式对行政机关履职情况开展监督。

一、法院监督

社会保险基金的法院监督，主要体现为对侵害社会保险基金的人员依法判处刑罚，以及对拒不退回骗取或多领社会保险基金的责任单位或者个人采取强制执行措施。此外，对社会保险基金管理经办部门维护个体社会保险权益的具体行政行为，人民法院通过诉讼裁判方式监督。诉讼实行不告不理原则，属于被动式监督。同时，人民法院在审理行政案件中，经审查认为行政行为所依据的国务院部门和地方人民政府及其部门制定的规范性文件不合法的，可以向制定机关提出处理建议。根据《中华人民共和国行政诉讼法》（以下简称《行政诉讼法》），“申请行政机关履行保护人身权、财产权等合法权益的法定职责，行政机关拒绝履行或者不予答复”“认为行政机关没有依法支付抚恤金、最低生活保障待遇或者社会保险待遇的”等行为，属于行政诉讼受理范围的规定；另有《社会保险法》第八十三条规定，有关单位或个人认为本单位或本人社会保险合法权益受到侵害，可以通过行政复议或行政诉讼解决，如社会保险费征收、办理社会保险登记、支付社会保险待遇、社会保险关系转移等方面存在的侵权问题。

需要注意的是，根据《行政诉讼法》《最高人民法院关于适用〈中华人民共和国行政诉讼法〉若干问题的解释》，对公民、法人或者其他组织权利义务不产生实际影响的行为不服的，不属于人民法院行政诉讼的受案范围。如举报人向有关部门举报对本人利益无实质性影响的欺诈骗保行为，公民、法人或者其他组织对社会保险基金监督部门受理和查处行为不服的，不属于行政诉讼受理范围。

二、检察监督

社会保险基金的检察监督，主要是对行政机关履行社会保险基金监督职责的监督，可以主动实施监督。2017 年修改的《行政诉讼法》建立了检察公益诉讼。《行政诉讼法》第二十五条规定，人民检察院在履行职责中发现生态环境和资源保护、食品药品安全、国有财产保护、国有土地使用权出让等领域负有监督管理职责的行政机关违法行使职权或者不作为，致使国家利益或者社会公共利益受到侵害的，应当向行政机关提出检察建议，督促其依法履行职责。行政机关不依法履行职责的，人民检察院依法向人民法院提起诉讼。

社会保险基金具有公共利益属性，一些地方专门列明社会保险基金安全监管属于公益诉讼监督范围。检察监督主要方式是提出检察建议、提起公益诉讼。

第四节　社会监督

社会监督，一般是指公民个人及其他社会组织通过向国家权力机关、行政机关、司法机关提出建议、批评、检举、控告等方式所进行的监督，以及新闻媒介、社会舆论的监督等。社会监督的权力来源是《宪法》赋予公民的监督权。社会保险基金的社会监督相关内容分散规定在有关法规文件中。社会保险基金的社会监督主要方式有以下几种。

一、社会保险基金监督举报

任何组织或者个人，都有权向社会保险基金监督部门举报涉嫌欺诈骗保、套取或者挪用贪占社会保险基金行为。举报可以采取口头、书面、网络等方式。国家建立了有奖举报制度。

二、社会保险监督委员会监督

根据《社会保险法》，统筹地区人民政府成立由用人单位代表、参保人员代表，以及工会代表、专家等组成的社会保险监督委员会，掌握、分析社会保险基金的收支、管理和投资运营情况，对社会保险工作提出咨询意见和建议，实施社会监督。社会保险经办机构应当定期向社会保险监督委员会汇报社会保险基金的收支、管理和投资运营情况。社会保险监督委员会可以聘请会计师事务所对社会保险基金的收支、管理和投资运营情况进行年度审计和专项审计，审计结果应当向社会公开。社会保险监督委员会发现社会保险基金收支、管理和投资运营中存在问题的，有权提出改正建议；对社会保险经办机构及其工作人员的违法行为，有权向有关部门提出依法处理建议。

三、社会公众监督

群众的眼睛是雪亮的。媒体舆论监督制度有助于发掘群众身边存在的侵害社会保险基金问题。特别是在当前人人都是自媒体的信息化时代，媒体舆论规范、客观监督对维护基金安全有重要帮助，需要创造条件方便公众有序监督。实践做法有：新闻媒体披露报道违反社会保险基金相关法律法规的行为；政府联合媒体开办民生热线，公开回应与社会保险基金监督相关的政策或信息；公开披露社会保险基金收支有关信息；邀请社会人士担任社会保险基金社会监督员；公布重大社会保险基金违法单位或个人；等等。媒体发挥的监督作用，对舆论监督的规则等有直接影响。

除前述人大监督、行政监督、司法监督、社会监督外，纪检监察监督（主要对履行基金监督相关职责的公职人员实施监督）也是社会保险基金监督体系的重要内容。

第九章　社会保险基金行政监督

日常社会保险基金监督主要由有关行政部门承担。社会保险行政部门是社会保险基金监督的主管部门，是社会保险基金行政监督的主要部门。其他行政部门依照各自职责开展监督。本章主要介绍社会保险行政部门对基本社会保险基金开展监督的情况，不包含对职业年金、企业年金、个人养老金的监督。社会保险行政部门包含人力资源社会保障行政部门、医疗保障行政部门。

第一节　监督职责、对象与内容

根据《社会保险法》和《社会保险基金行政监督办法》等规定，社会保险行政部门开展社会保险基金监督的职责、对象内容如下。

一、监督职责

人力资源社会保障行政部门依法履行下列社会保险基金行政监督职责：

（1）检查社会保险基金收支、管理情况。

（2）受理有关社会保险基金违法违规行为的举报。

（3）依法查处社会保险基金违法违规问题。

（4）宣传社会保险基金监督法律、法规、规章和政策。

（5）法律、法规规定的其他事项。

二、对社会保险经办机构的监督

人力资源社会保障行政部门对社会保险经办机构的下列事项实施监督：

（1）执行社会保险基金收支、管理的有关法律、法规、规章和政策的情况。

（2）社会保险基金预算执行及决算情况。

（3）社会保险基金收入户、支出户等银行账户开立、使用和管理情况。

（4）社会保险待遇审核和基金支付情况。

（5）社会保险服务协议订立、变更、履行、解除或者终止情况。

（6）社会保险基金收支、管理内部控制情况。

（7）法律、法规规定的其他事项。如记录个人社会保险权益、执行社会保险稽核制度、建立健全风险管理机制、公开社会保险信息、社会保险经办服务等，以及社会保险法律法规和经办规程等规定的社会保险经办机构的其他职责事项。

有的乡镇和街道社会保障公共服务机构以及村委会和居委会代为办理参保登记、资格认证等服务；有的银行承担城乡居民养老保险参保和待遇申领受理初审等业务，这些也都属于社会保险服务机构，应当接受监督。

三、对社会保险服务机构的监督

人力资源社会保障行政部门对社会保险服务机构的下列事项实施监督：

（1）遵守社会保险相关法律、法规、规章和政策的情况。

（2）社会保险基金管理使用情况。

（3）社会保险基金管理使用内部控制情况。

（4）社会保险服务协议履行情况。

（5）法律、法规规定的其他事项。

社会保险服务机构，主要包括医疗机构、康复机构、药品经营单位、辅助器具配置机构等，也包括受委托承担职业伤害保险经办业务的商业保险公司、承接工伤预防宣传项目的组织（使用工伤保险基金开展工伤预防宣传）等。

四、对其他直接相关单位的监督

人力资源社会保障行政部门对与社会保险基金收支、管理直接相关单位的下列事项实施监督：

（1）提前退休审批情况。

（2）工伤认定（职业伤害确认）情况。

（3）劳动能力鉴定情况。

（4）法律、法规规定的其他事项。

承担代办社会保险业务受理与待遇支付、存储社会保险基金、发放社会保障卡等业务的合作银行，与社会保险基金收支管理存在直接关系，也需纳入社会保险基金监督范围。随着社会保险基金行政监督部门力量的增强，可以进一步扩大监督内容，如社会保险基金法规政策执行情况、社会保险经办服务情况、社会保险信息数据的管理与安全情况、社会保险卡管理情况等。

五、其他

（一）保值增值的监督

县级以上社会保险行政部门主要负责对本级和下级社会保险经办机构开设的收入户、支出户等账户的社会保险基金保值增值开展监督。作为社会保险基金监督主管部门，社会保险行政部门依法有权对社会保障财政专户管理使用情况，以及财政部门履行保值增值监管职责情况进行监督检查；实践中，财政部门对存放在财政部门开设的财政专户的社会保险基金保值增值情况开展监督。

根据《社会保险法》和《国务院关于印发基本养老保险基金投资管理办法的通知》（国发〔2015〕48号），基本养老保险基金的投资运营，统一由国务院授权的养老基金管理机构作为受托人负责投资管理，由国家人力资源社会保障部、财政部依法对受托机构、托管机构、投资管理机构及相关主体开展的养老基金投资管理业务情况实施监管。

（二）审计机关、社会保险监督委员会的监督

审计机关、社会保险监督委员会监督对象范围比较广泛。审计机关、社会保险监督委员会对社会保险基金收支、管理及其相关事项都有权监督，而且可对社会保险行政部门、财政部门、税务机关等履行监督职责的部门进行再监督。

（三）其他方面的监督

前面结合监督对象列举了监督内容，但并不能穷尽全部监督内容。比如还有贯彻落实社会保险基金相关法律、法规以及国家和省的规定的情况；社会保险各类调剂金、储备金等的管理和使用情况；实施社会保险基金信息共享比对情况；社会保险经办机构、税务机关和财政部门开展社会保险基金账务核对制度情况；等等。

第二节　监督方式

一、非现场监督与现场监督

社会保险行政部门实施社会保险基金监督，根据是否到现场，区分为非现场监督与现场监督。

（一）非现场监督

社会保险行政部门对社会保险基金相关数据资料进行收集、整理、检查、分析，运用信息系统预警监测社会保险基金运行情况，以便及时发现问题、采取防范措施、实现远程监督。

（二）现场监督

社会保险行政部门依法进入被监督检查单位的有关场所进行实地调查、检查，询问与调查事项有关的单位和个人，要求其对与调查事项有关的问题作出说明、提供有关证明材料，依法收集有关情况和资料。

二、专项检查与日常检查

根据检查频次，监督方式还可以分为专项检查与日常检查。

（一）专项检查

专项检查是指针对某一类特定主题、内容或项目，集中力量、集中时间开展专项检查（行动）。如提前退休专项检查、社会保险内部控制专项检查、失业保险基金扩大支出范围专项检查、社会保险基金管理风险排查等。检查步骤通常包括制定方案、组织实施、调度督导、总结评估等。因专项检查覆盖面广、涉及内容多、投入较大，通常一年开展的次数比较有限。

（二）日常检查

日常检查是指社会保险基金监督部门根据需要，日常随机开展的监督检查。日常检查应当具有短、平、快的特点，以保障较高的检查频次。为提高检查针对性，一般是对根据举报线索、社会保险基金要情反映的风险业务、数据筛查出来的对象，开展针对性检查。

附9-1　医保基金监督的飞行检查

飞行检查最早应用在体育竞赛中对兴奋剂的检查，指的是在非比赛期间进行的不事先通知的突击性兴奋剂抽查。2006年，原国家食品药品监督管理局发布《药品GMP飞行检查暂行规定》，建立了飞行检查制度，即事先不通知被检查企业而对其实施的快速现场检查。自2019年起，国家医疗保障局正式启动医疗保障基金飞行检查工作，并逐步发展成医保基金的主要监督检查方式。2023年5月，国家医疗保障局印发《医疗保障基金飞行检查管理暂行办法》。飞行检查由国家和省级医疗保障行政部门组织实施，原则上采取“双随机、一公开”的方式，对定点医药机构、医保经办机构、承办医保业务的其他机构等被检查对象在不预先告知的情况下开展现场监督检查。2023年6月13日，国家医疗保障局公布的2022年度医保基金飞行检查情况显示，通过国家“飞检”追回医保基金7.2亿元，对16家定点医疗机构处行政罚款1.2亿元，对7家定点医疗机构处违约金2525.1万元。

第三节 监督职权

社会保险行政部门实施社会保险基金监督，具有以下职权。

一、进入现场

社会保险行政部门有权进入被查单位现场实施检查；在办理骗取社会保险待遇或者社会保险基金支出案件时，发现涉案人员有拒绝调查、逃匿或者转移、隐藏、销毁证据等行为的，可以依法提请公安机关派员提前介入协助调查。

二、资料收集

社会保险行政部门有权查阅、记录、复制被监督单位与社会保险基金有关的会计凭证、会计账簿、财务会计报告、业务档案，以及其他与社会保险基金收支、管理有关的数据、资料，对可能被转移、隐匿或者灭失的资料予以封存；有权进入被监督单位社会保险信息系统，查询用户管理、权限控制、数据管理等情况。被监督单位应当全面、完整提供实施监督所需资料，说明情况，并对所提供资料的真实性、完整性作出书面承诺。

三、询问调查

社会保险行政部门有权询问与监督事项有关的单位和个人，要求其对与监督事项有关的问题作出说明、提供有关佐证。因监督检查工作需要，可以要求公安、民政、税务、市场监管等部门以及社会保险服务机构、用人单位和个人提供相关材料、信息和数据，有关单位和个人应当及时提供。

四、责令改正

社会保险行政部门有权对隐匿、转移、侵占、挪用社会保险基金的行为予以制止并责令改正。

五、处理处罚

社会保险行政部门在监督过程中发现存在违法违规问题的，依法作出处理、处罚决定或者向有关行政部门提出处理建议。

六、移送建议

社会保险行政部门对社会保险基金的收支、管理和投资运营情况进行监督检查，发现存在问题的，提出整改建议，依法作出处理决定或者向有关行政部门提出处理建议。在办理案件时发现单位和个人涉嫌社会保险欺诈犯罪的，应当依法向同级公安机关移送案件；涉嫌职务违法违纪的，向纪检监察机关移送线索。

七、信息公开

社会保险基金检查结果以及其他法律法规规定应当公开的信息，应当定期向社会公布。

八、法律法规规定的其他职权

有的地方性法规以及今后出台的社会保险基金监督法律法规，可能会授予社会保险基金监督部门新的职权，如授予一定的行政强制权。

社会保险基金监督职责主要由法律法规和规章设定。为帮助基金监督机构和监督工作人员全面了解掌握监督职责，防止出现监督失职问题，可以列出基金监督职责清单（表9-1）。

表9-1　人力资源社会保障行政部门社会保险基金监督职责清单

序号	职责	主要内容	常见不履行职责的情形
1	举报处理	公布举报方式；接受通过电话、网络、邮寄、传真、来访等方式进行的举报；对举报材料进行登记，按照规定立案查处或者依法转交相关部门；落实有奖举报制度	未公布举报方式，或者公布的举报方式不符合规定要求；未按照规定程序、时限办理举报案件；违法泄露举报人信息；未按规定兑现举报奖励
2	非现场监督	每月按照规范应用基金监管系统，包含下载自动预警信息、查询疑点信息、转办和督办、依法组织查处发现的违法案件；定期分析本地疑点信息处理情况，推动解决发现的问题；维护、推广应用国家统一的社会保险基金监管系统；开展数据比对监管，发现疑点，督促经办机构核实整改；监督经办机构开展数据比对工作	未按照规定要求定期登录监管系统并规范处理疑点数据，不定期查询处理疑点；通过非现场监督发现存在基金违规线索，未依法查处或者未跟踪督促核查处理；未开展信息比对检查

续表

序号	职责	主要内容	常见不履行职责的情形
3	现场监督（含专项检查）	按照国家、省安排和本地实际情况开展现场检查，规范开展现场收集调查、问题定性等，对检查发现的问题，依法处理。包含：①对本级每年至少需检查一次；抽查下级20%左右。②针对特定问题开展现场检查	全年未开展专项检查、现场监督；未按时完成上级下达的检查任务；检查不规范、流于形式；检查发现问题未督促整改等
4	社会保险法规政策执行情况检查	对各地执行社会保险法规政策情况开展检查，发现存在未正确执行社会保险法规政策问题的，应及时纠正（政策管理业务部门承担）	未开展对社会保险法规政策实施情况的检查
5	执法检查（对行政管理对象）	对用人单位、中介组织、个人、社会保险服务机构遵守社会保险法规规章情况开展执法检查（由本部门指定执法机构承担，未指定的，由劳动保障监察综合执法机构承担）	未依法开展执法检查；检查发现违法行为未依法立案查处
6	处理处罚	发现基金违法行为依法责令改正、作出行政处理处罚、提出建议等	发现存在骗取、侵占、挪用基金等侵害社会保险基金行为，不依法作出行政处理处罚；作出行政处理处罚决定，责任人逾期不履行的，不依法申请人民法院强制执行
7	社会保险基金反欺诈	与公安机关建立社会保险基金反欺诈合作制度机制，依法移送案件，研究协调反欺诈重点问题等（原则上由承担案件调查处理的机构具体负责案件移送工作）	未建立反欺诈机制；发现涉嫌犯罪的案件不移送，移送后不及时跟踪后续情况等
8	年金监督	企业年金方案备案（各级）、基金合同备案（省级）与合规性检查	发现存在违规的，未依法责令改正
		职业年金监督，如年金归集监督（各级）；职业年金合同备案，对代理人和有关业务合规性、信息披露等情况实施监督（国家与省级）	未依法开展监督检查
9	其他	规范落实社会保险基金要情管理制度；公开典型案例，公开监督检查结果，提示基金管理风险，开展基金反欺诈宣传等；社会监督	未按照规定报告要情；发现要情不督促处置，未按要求开展分析、排查；未落实有关公开、风险提示规定

说明：第一，有关职责根据国家和广东省有关社会保险基金管理的法律、法规、规章拟定，包括《社会保险法》《社会保险基金行政监督办法》《社会保险基金监督举报工作管理办法》《广东省社会保险基金监督条例》《广东省劳动保障监察条例》等。第二，承担具体职责的内设机构包含社会保险基金监督机构、劳动保障监察执法机构、社会保险政策业务管理机构等。第三，人力资源社会保障行政部门的内设机构和内部分工，各省不完全一致。

第四节　社会保险基金监督主要工作制度与工作纪律

社会保险行政部门在实施社会保险基金监督过程中，将行之有效的做法提升为工作制度，常态化开展。

一、社会保险基金要情报告制度

为及时掌握基金安全情况，强化基金安全评估和形势研判，人力资源社会保障部建立了社会保险基金要情报告制度，2020年修订印发的《社会保险基金要情报告制度》，进一步规范了要情报告制度。

（一）社会保险基金要情定义

社会保险基金要情（以下简称“要情”），是指基本养老保险、失业保险和工伤保险等社会保险基金及企业（职业）年金基金涉嫌被贪污挪用、欺诈骗取以及其他违法违规行为造成基金损失等情况。要情分为普通要情和重大要情。

普通要情是指涉及基金金额1万元以上（含）、50万元以下的；金额虽未达到1万元，但被立案审查调查侦查的。重大要情是指涉及基金金额50万元以上（含）的；金额虽未达到50万元，但涉及社会保险工作人员贪污挪用、骗取基金被立案审查调查侦查的，或者涉及3人以上（含）团伙作案的，或者涉及个人50人以上（含）的，或者涉及单位3个以上（含）的；其他性质严重并造成恶劣影响的。

（二）报告责任

县级以上人力资源社会保障行政部门主要负责人是本行政区域要情报告第一责任人，负主要领导责任；其他负责人按工作分工，负相应领导责任。人力资源社会保障行政部门的社会保险基金监督机构负责人负报告监督责任。要情发生、发现单位负责人负报告直接责任。

（三）报告类别、路径与时限

要情报告包括要情发现报告、要情进展报告和要情终结报告。重大要情报告要求如下：

1.发现报告

市、县级发生重大要情的，应当在发现5个工作日内，同时报告上一级、省级人力资源社会保障行政部门；省级人力资源社会保障行政部门应当在收到下级重大要情发现报告3个工作日内，报告人力资源社会保障部社会保险基金监管局。各省（自治区、直辖市）

本级发生重大要情的，省级人力资源社会保障行政部门应当在发现5个工作日内，报告人力资源社会保障部社会保险基金监管局。社会保险经办机构发生、发现的普通要情，应当在发现5个工作日内报告同级人力资源社会保障行政部门；发生、发现的重大要情，应当在发现3个工作日内报告同级人力资源社会保障行政部门。

2.进展报告

要情报告单位应当根据制度及上级要求和实际情况报送重大要情进展情况。重大要情进展情况每半年至少报告一次，有重要进展的应当及时报告。

3.终结报告

同时符合以下条件的重大要情，应当报送要情终结报告：人力资源社会保障行政部门及社会保险经办机构已依法履行相关职责；案情已查清；已梳理管理漏洞并采取相应防范措施；已作出行政处理处罚、协议处理以及依法追究责任人责任或者已进入纪检监察、司法诉讼程序的；基金已全额追回，或者基金虽未全额追回但已进入司法机关法定追退程序的。省级人力资源社会保障行政部门应对重大要情是否符合终结条件进行审核，并在确定要情处置终结10个工作日内，将重大要情终结报告报送人力资源社会保障部社会保险基金监管局。情况复杂的，可以适当延长报告时限，最长不超过20个工作日。人力资源社会保障行政部门应当加强对重大要情处置终结后遗留问题和事项的跟踪和督促。

（四）重大要情报告内容

1.发现报告主要内容

重大要情发现报告内容主要包括：

（1）要情基本情况。包括发现要情的时间和方式，要情发生的时间和地点，涉案手段、金额、险种以及涉案单位和涉案人员情况等；

（2）初步处理情况和应对措施；

（3）报告单位认为其他需要报告或说明的情况；

（4）报告单位，联系人和联系电话。

2.进展报告主要内容

重大要情进展报告内容主要包括：

（1）要情基本情况；

（2）涉案基金和责任人处理进展情况；

（3）已采取的应对措施及落实情况；

（4）下一步拟采取的措施；

（5）报告单位认为其他需要报告或说明的情况；

（6）报告单位，联系人和联系电话。

3.终结报告主要内容

重大要情终结报告内容主要包括：

（1）要情详细情况；

（2）涉案基金处理情况；
（3）责任主体及对责任人的处理（处罚、处分）情况；
（4）遗留问题和事项及解决办法或方案；
（5）原因分析及经验教训；
（6）改进和加强基金管理风险防控的措施及落实情况；
（7）报告单位认为其他需要报告或说明的情况；
（8）附件：要情处置相关文书和证据材料。

（五）要情报告管理

1.年度要情分析报告

人力资源社会保障行政部门应当定期对本地区要情进行汇总分析，研判基金安全形势，评估基金管理运行风险，形成要情情况报告，报送上一级人力资源社会保障行政部门。省级人力资源社会保障行政部门应当于年度结束后30个工作日内报送上年度社会保险基金要情情况报告，并附社会保险基金要情表。年度要情情况报告内容包括：

（1）要情总体情况及分析；
（2）重大要情情况及分析；
（3）涉及社保工作人员要情情况及分析；
（4）本地区采取的主要应对措施、成效和经验教训；
（5）本地区完善和落实要情报告制度情况；
（6）报告单位认为其他需要报告或说明的情况。

2.要情情况通报

人力资源社会保障行政部门应当根据基金监管工作需要和要情报告实际情况，做好本地区要情情况通报工作，加强案例警示教育。

3.要情台账和信息化管理

人力资源社会保障行政部门应当建立要情台账，指派专人对要情进行登记管理。

4.要情档案管理

人力资源社会保障行政部门应加强要情档案管理，建立健全立卷归档、保管和查阅登记制度，妥善保管相关材料，确保档案完整和安全。要情报告档案包括纸质档案与电子档案。

（六）责任追究

要情发生地人力资源社会保障行政部门、社会保险经办机构存在以下情形的，由上级或者同级人力资源社会保障行政部门进行督促、约谈、通报，并依法依纪追究或者建议有关部门追究相关责任人责任：

（1）对已知发生要情而不调查核实、不处理的；
（2）对发现要情隐瞒不报、谎报或拖延不报的，特别是其他部门已经反映或者媒体已经披露的；

（3）其他违反制度的情形。

二、社会保险基金监督举报及奖励制度

根据《社会保险法》《社会保险基金监督举报工作管理办法》，有关基本养老保险基金、工伤保险基金、失业保险基金的举报管理主要内容如下：

1.举报范围

社会保险基金监督举报（以下简称“举报”），是指任何组织或者个人向人力资源社会保障行政部门反映机构、单位、个人涉嫌欺诈骗取、套取或者挪用贪占社会保险基金情形的行为。具体包含以下范围：

（1）参保单位、个人、中介机构涉嫌有下列情形之一的，任何组织或者个人可以举报：以提供虚假证明材料等手段虚构社会保险参保条件、违规补缴的；伪造、变造有关证件、档案、材料，骗取社会保险基金的；组织或者协助他人以伪造、变造档案、材料等手段骗取参保补缴、提前退休资格或者违规申领社会保险待遇的；个人丧失社会保险待遇享受资格后，本人或者相关受益人不按规定履行告知义务、隐瞒事实违规享受社会保险待遇的；其他欺诈骗取、套取或者挪用贪占社会保险基金的情形。

（2）社会保险服务机构及其工作人员涉嫌有下列情形之一的，任何组织或者个人可以举报：工伤保险协议医疗机构、工伤康复协议机构、工伤保险辅助器具配置协议机构、工伤预防项目实施单位、职业伤害保障委托承办机构及其工作人员以伪造、变造或者提供虚假证明材料及相关报销票据、冒名顶替等手段骗取或者协助、配合他人骗取社会保险基金的；享受失业保险培训补贴的培训机构及其工作人员以伪造、变造、提供虚假培训记录等手段骗取或者协助、配合他人骗取社会保险基金的；其他欺诈骗取、套取或者挪用贪占社会保险基金的情形。

（3）社会保险经办机构及其工作人员涉嫌有下列情形之一的，任何组织或者个人可以举报：隐匿、转移、侵占、挪用、截留社会保险基金的；违规审核、审批社会保险申报材料，违规办理参保、补缴、关系转移、待遇核定、待遇资格认证等，违规发放社会保险待遇的； 伪造或者篡改缴费记录、享受社会保险待遇记录等社会保险数据、个人权益记录的；其他欺诈骗取、套取或者挪用贪占社会保险基金的情形。

（4）与社会保险基金收支、管理直接相关单位及其工作人员涉嫌有下列情形之一的，任何组织或者个人可以举报：人力资源社会保障行政部门及其工作人员违规出具行政执法文书、违规进行工伤认定、违规办理提前退休，侵害社会保险基金的；劳动能力鉴定委员会及其工作人员违规进行劳动能力鉴定，侵害社会保险基金的；劳动人事争议仲裁机构及其工作人员违规出具仲裁文书，侵害社会保险基金的；信息化综合管理机构及其工作人员伪造或者篡改缴费记录、享受社会保险待遇记录等社会保险数据、个人权益记录的；其他欺诈骗取、套取或者挪用贪占社会保险基金的情形。

2.不属于举报范围的情形

依法应当通过劳动人事争议处理、劳动保障监察投诉、行政争议处理、劳动能力再次鉴定、信访等途径解决或者以举报形式进行咨询、政府信息公开申请等活动的，不属于社会保险基金监督举报范围。人力资源社会保障行政部门应当告知举报人依法依规通过相关途径解决。人力资源社会保障行政部门收到属于财政部门、社会保险费征收机构等部门、机构职责的举报事项，应当依法书面通知并移交有权处理的部门、机构处理。认为个人社会保险权益受侵犯，依法可以通过劳动保障监察、劳动争议仲裁、行政复议、行政诉讼等途径解决的，不属于基金监督举报范围。

3.举报方式和实名举报规范

人力资源社会保障行政部门通过举报服务电话、传真、信函、网络、现场等渠道接收举报事项。

举报人举报应当提供被举报人的名称（姓名）和涉嫌欺诈骗取、套取或者挪用贪占社会保险基金的有效线索；尽可能提供被举报人地址（住所）、统一社会信用代码（公民身份证号码）、法定代表人信息和其他相关佐证材料。

举报人进行举报，应当遵守法律、法规、规章等规定，不得捏造、歪曲事实，不得诬告陷害他人。举报人可以实名举报或者匿名举报，提倡实名举报。

现场实名举报的，举报人应当提供居民身份证或者营业执照等有效证件的原件和真实有效的联系方式。举报人未提供的，视为匿名举报。

4.举报管辖

举报按照“属地管理、分级负责，谁主管、谁负责”的原则确定管辖。必要时，上级人力资源社会保障行政部门可以受理下级人力资源社会保障行政部门管辖的举报事项，也可以向下级人力资源社会保障行政部门交办、督办举报事项。

两个及两个以上同级人力资源社会保障行政部门都有管辖权限的，由最先受理的人力资源社会保障行政部门管辖。对管辖发生争议的，应当自发生争议之日起5个工作日内协商解决；协商不成的，报请共同的上一级人力资源社会保障行政部门，共同的上一级人力资源社会保障行政部门应当自收到请示之日起5个工作日内指定管辖。

5.举报受理

人力资源社会保障行政部门接收到举报事项后，应当在5个工作日内进行审查，有下列情形之一的，不予受理：不符合《社会保险基金监督举报工作管理办法》第七条、第八条、第九条或者第十条规定的；无法确定被举报人，或者不能提供欺诈骗取、套取或者挪用贪占社会保险基金行为有效线索的；对已经办结的同一举报事项再次举报，没有提供新的有效线索的。

对符合基金监督举报范围但本部门不具备管辖权限的举报事项，应当移送到有管辖权限的人力资源社会保障行政部门，并告知实名举报人移送去向。

人力资源社会保障行政部门应当自接收举报事项之日起10个工作日内，将受理（不予受理）决定通过纸质通知或者电子邮件、短信等形式告知有告知要求的实名举报人。

6.办理举报事项

（1）程序。受理举报事项后，人力资源社会保障行政部门办理举报事项以及作出行政处理、行政处罚决定的，应当按照《社会保险基金行政监督办法》等有关规定执行。

（2）结案类别。符合下列情形之一的，经人力资源社会保障行政部门批准，举报事项予以办结：①经办理发现问题，依法作出行政处理、行政处罚决定的；依法应当由其他部门、机构处理，向有关部门、机构提出处理建议，或者移交有关部门、机构处理的。②经办理未发现欺诈骗取、套取或者挪用贪占社会保险基金情形的。③其他依法应当予以办结的情形。

（3）结案时限。人力资源社会保障行政部门应当自受理举报事项之日起60个工作日内办结举报事项；情况复杂的，经人力资源社会保障行政部门负责人批准，可以适当延长，但延长期限不得超过30个工作日。

符合规定情形的，经人力资源社会保障行政部门批准，可以中止对举报事项的办理，如举报涉及法律、法规、规章或者政策适用问题，需要有权机关作出解释或者确认；因被举报人或者有关人员下落不明等，无法继续办理；因案情重大、疑难复杂或者危害后果特别严重，确需提请上级主管部门研究决定等。

（4）结果回复。实名举报人可以要求答复举报事项的办理结果，人力资源社会保障行政部门可以视具体情况采取口头或者书面形式答复实名举报人。

7.综合管理

社会保险基金监督举报事项处理，可以由人力资源社会保障行政部门内部不同机构承担，如由劳动保障监察综合执法机构承担案件处理，由社会保险基金监督机构承担社会保险基金监督举报事项的综合管理。

（1）登记与建档。人力资源社会保障行政部门应当严格管理举报材料，逐件登记接收举报事项的举报人、被举报人、主要内容、受理和办理等基本情况。举报材料的保管和整理，应当按照档案管理的有关规定执行。

（2）报告。县级以上地方人力资源社会保障行政部门应当建立社会保险基金监督举报管理年度报告制度。省级人力资源社会保障行政部门应当于每年1月31日前，向人力资源社会保障部报告上一年度社会保险基金监督举报管理情况。

（3）保密。人力资源社会保障行政部门应当建立健全工作责任制，严格遵守保密规定，举报事项的接收、受理、登记及办理，应当依照国家有关法律、行政法规等规定严格保密，不得私自摘抄、复制、扣压、销毁举报材料；严禁泄露举报人的姓名、身份、单位、地址、联系方式等信息，严禁将举报情况透露给被举报人或者与举报工作无关的人员；办理举报时不得出示举报信原件或者复印件，不得暴露举报人的有关信息，对匿名的举报书信及材料，除特殊情况外，不得鉴定笔迹；开展宣传报道，未经举报人书面同意，不得公开举报人的姓名、身份、单位、地址、联系方式等信息。

此外，社会保险基金监督机构应对举报事项处理全流程进行跟踪。

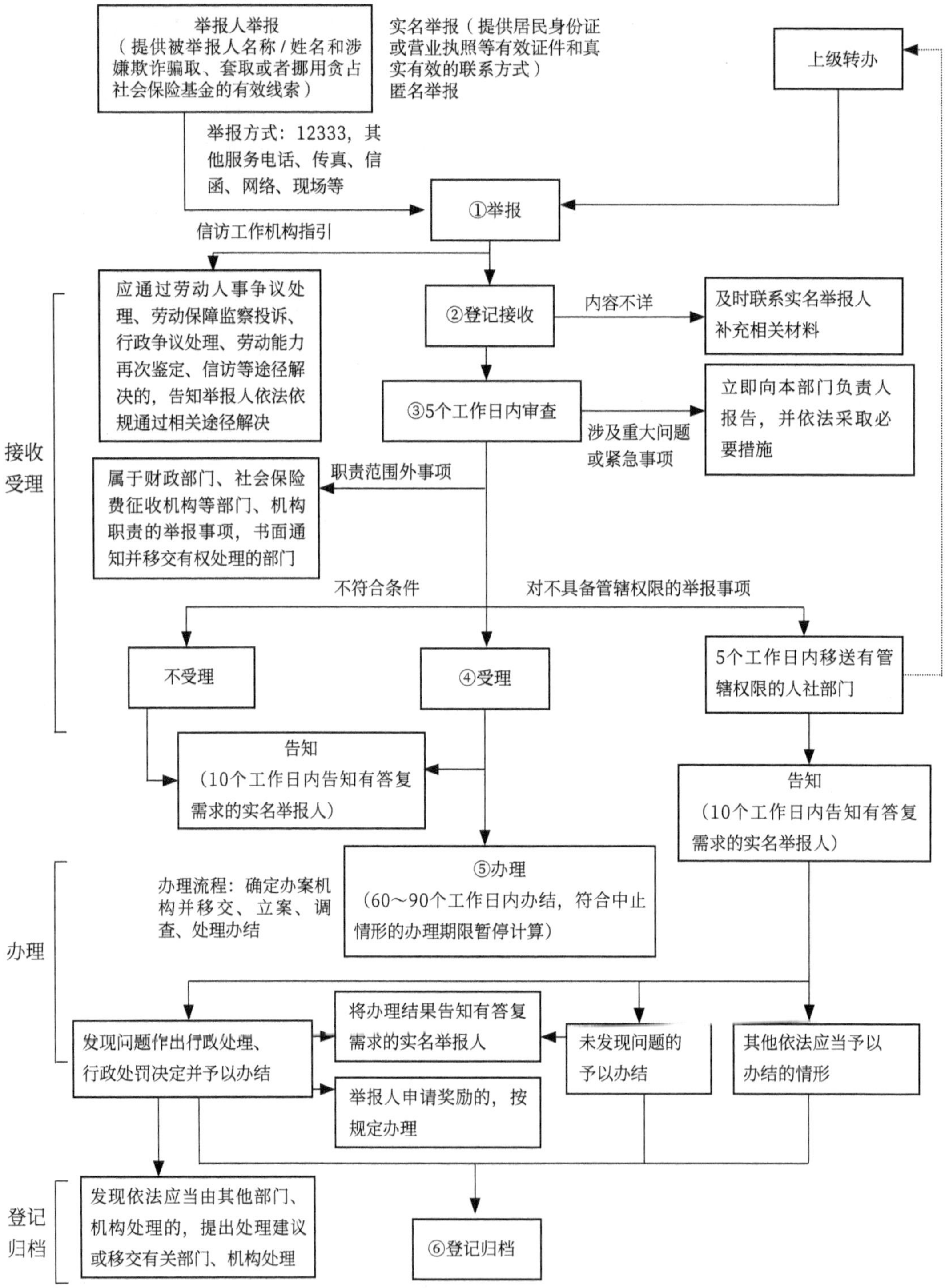

图9-1　社会保险基金监督举报工作流程图（人社部门）

8.举报奖励

举报事项经查证属实，为社会保险基金挽回或者减少重大损失的，应当按照规定对实名举报人予以奖励。2022年7月，人力资源社会保障部、财政部印发《社会保险基金监督举报奖励暂行办法》，对奖励范围、条件、标准、程序等作出规定。

奖励范围和前述举报范围基本一致。奖励对象原则上应为实名举报者。匿名举报并希望获得奖励的，应主动提供能够辨认其身份的信息及有效联系方式，未提供的视为主动放弃奖励。举报奖励标准根据查证属实违法违规行为所造成的社会保险基金损失金额，按照一定比例进行计算，最高额度不超过10万元。对同一举报事项分别查处奖励的，奖金合计数额不得超过10万元。查处举报事项的人力资源社会保障行政部门应当在举报事项办结后10个工作日内与举报人联系，并以适当方式向举报人送出《社会保险基金监督举报奖励通知书》。

2022年1月，国家医疗保障局发布《医疗保障基金使用监督管理举报处理暂行办法》（国家医疗保障局令第5号），自2022年3月1日起施行。该办法规定，县级以上医疗保障行政部门负责本行政区域内有关违法违规使用基本医疗保险（含生育保险）基金、医疗救助基金等医疗保障基金的举报处理工作。

2022年11月，国家医保局、财政部联合制定了《违法违规使用医疗保障基金举报奖励办法》，该办法自2023年1月1日起施行，同时废止《国家医疗保障局办公室 财政部办公厅关于印发〈欺诈骗取医疗保障基金行为举报奖励暂行办法〉的通知》（医保办发〔2018〕22号）。按照该办法，对举报人向医疗保障行政部门反映涉嫌违法违规使用基本医疗和生育保险基金、医疗救助基金等医疗保障基金行为并提供相关线索，经查证属实的，予以奖励。 医疗保障行政部门对符合奖励条件的举报人按照案值的一定比例给予一次性资金奖励，最高不超过 20万元，最低不少于 200 元。

三、侵害社会保险基金行为涉嫌犯罪移送制度

国务院发布的《行政执法机关移送涉嫌犯罪案件的规定》对行政执法机关向公安机关及时移送涉嫌犯罪案件的责任、移送和承接时限、程序和相关法律责任等作出规定。2015年，人力资源社会保障部会同公安部印发《人力资源社会保障部　公安部关于加强社会保险欺诈案件查处和移送工作的通知》（人社部发〔2015〕14号），建立社会保险基金监督行政执法与刑事司法衔接机制，对依法移送和查处涉嫌社会保险欺诈犯罪案件提出了要求。2016年2月，人力资源社会保障部办公厅发出《人力资源社会保障部办公厅关于加强与公安机关协作配合严厉打击社会保险欺诈犯罪的通知》（人社厅发〔2016〕14号），进一步明确了相关工作要求。相关制度主要内容如下：

（1）行政监督检查和调查处理工作。社会保险行政部门要依法对社会保险法律法规和规章执行以及基金征缴、支付、管理和投资运营情况进行监督检查，依法受理社会保险欺诈举报、投诉。经检查和调查，对违法事实清楚、证据确凿的，应当依法依规作出行政

处理处罚决定。对单位和个人涉嫌社会保险欺诈犯罪的案件，应当依法向同级公安机关移送；发现国家工作人员涉嫌违纪、犯罪线索的，应当向纪检监察机关或者人民检察院移送。社会保险行政部门要严格执行人民法院、人民检察院或公安机关的案件移送标准，不得以行政处理处罚代替移送。社会保险行政部门所属的经办机构发现涉嫌违法违规的问题，要及时向同级行政部门报告，并将调查材料一并移交。对社会保险经办机构移交处理的各类问题，社会保险行政部门和经办机构应及时沟通处理结果。

（2）案件立案侦查和移送起诉工作。公安机关对社会保险行政部门移送的涉嫌社会保险欺诈案件应当及时审查决定是否立案。对于立案的，应当及时侦查，查明事实。对于犯罪事实清楚、证据确凿应当追究刑事责任的，移送人民检察院起诉，并及时告知移送案件的社会保险行政部门。公安机关侦查后认为犯罪事实显著轻微，不需要追究刑事责任，但应当依法追究行政责任的，应当撤销案件并及时将案件移送同级社会保险行政部门。

行政处罚不是移送的前提，未作出行政处罚决定的，原则上应当在公安机关不予立案或者撤销案件、人民检察院作出不起诉决定、人民法院作出无罪判决或者免予刑事处罚后，再决定是否给予行政处罚。

（3）及时查处非刑事案件。社会保险行政部门对公安机关决定不予立案或者立案后撤销的案件，应当依法依规作出处理。对于欺诈骗取的社会保险基金应当依法追缴或追回；依照社会保险法律法规和规章的规定应当给予行政处罚的，应当依法依规作出行政处罚决定，制作行政处罚决定书，按照规定程序送达当事人。对于当事人逾期并经催告后仍不执行行政处理处罚决定的，应当依法申请人民法院强制执行。

对于通过行政处理处罚，追缴或者追回的社会保险基金以及滞纳金应当缴入社会保险基金财政专户，纳入社会保险基金核算；罚款应当缴入国库，任何单位和个人不得截留、私分或者变相私分。

（4）严格执行规定程序。结合国务院发布的《行政执法机关移送涉嫌犯罪案件的规定》，案件移送程序如下：

①涉嫌社会保险欺诈案件移送。社会保险行政部门移送涉嫌社会保险欺诈犯罪的案件，应当组成专案组，核实案情提出移送书面报告向本部门负责人报告同意后，制作《涉嫌犯罪案件移送书》，并附涉嫌社会保险欺诈犯罪案件调查报告，涉案的有关书证、物证及其他有关涉嫌犯罪的材料，在规定时间内向公安机关移送，并抄送同级人民检察院。在移送案件时已经作出行政处罚决定的，应当将行政处罚决定书一并抄送。

②移送案件受理和立案审查。公安机关对社会保险行政部门移送的涉嫌社会保险欺诈犯罪案件，应当予以受理，并在涉嫌犯罪案件移送书回执上签字。公安机关对于不属于本机关管辖的案件，应在受理后24小时内转送有管辖权的机关，并书面告知移送案件的社会保险行政部门。公安机关应当在受理涉嫌社会保险欺诈犯罪案件之日起3日内依法进行审查，决定是否立案。认为有犯罪事实，应追究刑事责任的，依法立案。公安机关作出立案或者不予立案决定，应当在作出决定之日起3日内书面告知移送案件的社会保险行政部门。决定不予立案的，应当书面说明不立案的理由，并退回案卷材料。社会保险行政部门

对于公安机关不予立案的决定有异议的，可以自接到通知后3日内向作出不予立案的公安机关提出复议，也可以建议检察机关依法进行立案监督。

③跨区域案件管辖和移送。跨区域的涉嫌犯罪案件，依照属地原则，由主要行为发生地或社会保险基金主要受损地社会保险行政部门移送当地公安机关。公安机关经审查，认为不属于本地区管辖的案件，应当转送有管辖权的公安机关。对跨区域案件管辖有异议的，报请共同的上一级公安机关指定管辖。公安机关跨区域调查案件的，有关地区公安机关和社会保险行政部门应当积极配合，协助调查。

各级社会保险行政部门和公安机关建立社会保险欺诈案件查处移送工作联系机制，包括建立联席会议和情况通报制度、联动配合查办案件、加强重大案件查办会商、健全案件管理和报告。为提高案件查办效率，人力资源社会保障部门对于需要核实参保人身份证件、户籍登记相关信息真伪，有关人员无法联系、拒绝调查、逃逸或者存在转移、隐藏、销毁证据等情况的，需要商请公安机关派员提前介入协助调查。公安机关提前介入的，可以采取依法传唤、询问、训诫教育等措施。

此外，为规范现场监督、非现场监督，国家和地方人社部门出台了有关工作规范、工作指引。为督促下级人社部门加强社会保险基金监管，人社部和各省陆续建立社会保险基金监督约谈制度，对社会保险基金管理发生重大违法违规问题或者存在重大隐患的下级人力资源社会保障部门进行约谈。

四、社会保险基金监督工作纪律

社会保险基金行政监督工作人员应当忠于职守、清正廉洁、秉公执法、保守秘密。

（一）忠于职守

社会保险基金行政监督工作人员应当认真、主动履行法定职责，忠诚地对待本职工作，谨慎细致地做好监督工作。

（二）清正廉洁

社会保险基金行政监督工作人员应当遵守廉洁纪律，不得利用职务便利牟取不正当利益，不得从事影响客观履行基金监督职责的工作。

（三）秉公执法

社会保险基金行政监督工作人员应当依法实施监督，秉持公正之心，坚持不偏不倚；与被监督单位、个人或者事项存在利害关系的，应当回避。

（四）保守秘密

社会保险基金行政监督工作人员应当依法为用人单位和个人的信息保密，不得以任何形式泄密。

第十章　侵害社会保险基金法律责任

根据社会保险基金监督相关法律法规，社会保险基金违法责任有刑事责任、行政责任、民事责任等；承担法律责任的主体有社会保险关系的当事人、社会人员以及基金管理和监督人员等。对侵害社会保险基金行为依法追究法律责任，是社会保险基金监督的重要内容，也是提升监督权威的重要保障。本章主要介绍基本社会保险基金的违法责任追究。

第一节　未依法参保缴费的法律责任

职工基本社会保险具有强制性，单位和职工均有参加社会保险、依法缴纳社会保险费的义务。“未依法参保缴费”主要包含两类违法行为：未按照规定参保并按时足额缴费；通过虚构资格条件参加社会保险。根据《社会保险法》《社会保险基金行政监督办法》等规定，相关内容如下。

一、不按时足额缴费的强制征缴

根据《社会保险法》第六十三条的规定，有关社会保险费强制征收措施依次如下：

（一）责令缴纳补足

用人单位未按时足额缴纳社会保险费的，由社会保险费征收机构责令其限期缴纳或者补足。

（二）强制划拨

用人单位逾期仍未缴纳或者补足社会保险费的，社会保险费征收机构可以向银行和其他金融机构查询其存款账户；并可以申请县级以上有关行政部门作出划拨社会保险费的决定，书面通知其开户银行或者其他金融机构划拨社会保险费。

（三）担保与延期缴费

用人单位账户余额少于应当缴纳的社会保险费的，社会保险费征收机构可以要求该用人单位提供担保，签订延期缴费协议。

（四）申请人民法院强制执行

用人单位未足额缴纳社会保险费且未提供担保的，社会保险费征收机构可以申请人民法院扣押、查封、拍卖其价值相当于应当缴纳社会保险费的财产，以拍卖所得抵缴社会保险费。

二、未依法参保并按时足额缴费的处罚

根据《社会保险法》的规定，用人单位未依法参保缴费，除强制征收外，还将面临行政处罚，行政处罚主要有如下两类：

（一）不办理社保登记的处罚

用人单位不办理社会保险登记的，由社会保险行政部门责令限期改正；逾期不改正的，对用人单位处应缴社会保险费数额一倍以上三倍以下的罚款，对其直接负责的主管人员和其他直接责任人员处五百元以上三千元以下的罚款。

（二）未按时足额缴费的处罚

用人单位未按时足额缴纳社会保险费的，由社会保险费征收机构责令限期缴纳或者补足，并自欠缴之日起，按日加收万分之五的滞纳金；逾期仍不缴纳的，由有关行政部门处欠缴数额一倍以上三倍以下的罚款。

三、虚构资格条件违规参保的责任

按照人社部发布的《社会保险基金行政监督办法》，对通过虚构个人信息、劳动关系，使用伪造、变造或者盗用他人可用于证明身份的证件，提供虚假证明材料等手段虚构社会保险参保条件、违规补缴，骗取社会保险待遇的，按照《社会保险法》有关骗保的规定处理处罚。

有的地方性法规也规定了有关责任。《广东省社会保险基金监督条例》第六十一条规定：“以欺诈、伪造证明材料、冒用他人证件、虚构劳动关系等手段办理社会保险业务的，社会保险行政部门、社会保险费征收机构、社会保险经办机构不予办理，将有关情况记入其信用档案；情节严重的，处涉案金额一倍以上三倍以下的罚款。”有关“情节严重”的情形由执法部门根据涉及基金金额以及涉及人数、过错、社会影响等合理裁量。此类违法不以骗取社会保险待遇为条件，常见的是虚构劳动关系参保或补缴。该条款并未规定已经办理的社会保险业务应当如何处理，按照同一原理，应该撤销原来的社会保险业务，清退社会保险费。

案例10-1　挂靠企业参保被清退

某市丁某已参保缴费14年，2020年初失业，为了能在60岁时领到养老金，2021年初，经人介绍找到了某公司，双方约定通过该公司缴纳社保，全部费用由丁某自行承担。同时，该公司还对照社会保险补缴业务经办要求，制作了相关凭证材料，为丁某补缴了2020年全年的社保费。不久后，社会保险经办机构掌握了这家公司违规代缴相关线索，立即开展核查，最终对丁某的违规缴费作了清退处理。

案例10-2　“网购”参保损失自行承担

2016年，钱某通过天猫商城中的网店购买了S市“企业二档社保公积金代缴五险一金社保补缴代理服务咨询”的商品，让网店代其购买2016年10月份的社会保险（指定基本医疗保险二档），而网店收到款项后，以S市某企业管理咨询有限公司的名义替钱某购买了基本医疗保险三档等社会保险。由于基本医疗保险三档与基本医疗保险二档的报销范围不同，导致钱某在2016年11月3日就医时部分项目无法报销。后来，钱某提交上诉请求，要求赔偿违约金、赔偿金、经济损失及利息。在庭审过程中，钱某确认其仅是为了摇车牌号而通过网购的形式让他人替其购买深圳的社会保险，并不存在事实的劳动关系。

法院认为：民事主体从事民事活动，不得违反法律，不得违背公序良俗。根据《广东省社会保险基金监督条例》第二十一条第二款第（二）项的规定，任何单位和个人不得有下列行为：“通过虚构劳动关系、伪造证明材料等方式获取社会保险参保和缴费资格。”根据上述规定，行为人通过没有建立劳动关系的单位（含网络平台）购买社保，其行为不具有合法性。本案中，钱某以网络购物的方式通过没有建立劳动关系的单位购买社会保险的行为不具有合法性，不受法律保护。因此，钱某的诉讼请求没有法律依据，法院不予支持。同时，钱某的行为涉嫌违法，法院将相关线索移交S市社会保险基金管理局依法处理。

第二节　骗取社会保险基金的法律责任

骗取社会保险基金的法律责任包括社会保险服务机构骗取社会保险基金支出和骗取社会保险待遇的法律责任。

一、骗取社会保险基金支出的法律责任

骗取社会保险基金支出的法律责任包括退回骗取的社会保险金、罚款、解除服务协议、吊销责任人员执业资格以及刑事责任等。

（一）行政责任（行政处罚）

《社会保险法》规定，社会保险经办机构以及医疗机构、药品经营单位等社会保险服务机构以欺诈、伪造证明材料或者其他手段骗取社会保险基金支出的，由社会保险行政部门责令退回骗取的社会保险金，处骗取金额二倍以上五倍以下的罚款；属于社会保险服务机构的，解除服务协议；直接负责的主管人员和其他直接责任人员有执业资格的，依法吊销其执业资格。

《医疗保障基金使用监督管理条例》根据骗保情节严重性，细化、量化了定点医药机构骗取医疗保障基金支出的情形与法律责任，如分解住院、挂床住院；违反诊疗规范过度诊疗、过度检查、分解处方、超量开药、重复开药；重复收费、超标准收费、分解项目收费；串换药品、医用耗材、诊疗项目和服务设施；为参保人员利用其享受医疗保障待遇的机会转卖药品，接受返还现金、实物或者获得其他非法利益提供便利；将不属于医疗保障基金支付范围的医药费用纳入医疗保障基金结算；诱导、协助他人冒名或者虚假就医、购药，提供虚假证明材料，或者串通他人虚开费用单据；伪造、变造、隐匿、涂改、销毁医学文书、医学证明、会计凭证、电子信息等有关资料；虚构医药服务项目等。

人社部发布的《社会保险基金行政监督办法》将骗取工伤、失业保险基金支出情形细化为：工伤保险协议医疗机构、工伤康复协议机构、工伤保险辅助器具配置协议机构、工伤预防项目实施单位等通过提供虚假证明材料及相关报销票据等手段，骗取工伤保险基金支出；培训机构通过提供虚假培训材料等手段，骗取失业保险培训补贴；其他以欺诈、伪造证明材料等手段骗取社会保险基金支出的行为。

《广东省社会保险基金监督条例》将社会保险服务机构骗取社会保险基金支出的情形细化为：以欺诈、伪造证明材料或者其他手段骗取社会保险基金支出；虚列社会保险基金支付项目，虚报社会保险基金支付金额；不按规定审核参保人身份，导致冒名享受社会保险待遇；出具虚假诊断证明、病历资料、鉴定意见、结算单据、发票、证明等骗取社会保险基金支出或者帮助他人骗取社会保险待遇等。法律责任方面增加暂停履行服务协议；对有违法行为、承办社会保险业务的商业保险机构，由经办机构解除合同，三年内不得承办社会保险业务。

（二）刑事责任

骗取社会保险基金可能会构成诈骗罪。有关骗取社会保险基金支出的刑事责任，按照《刑法》第二百六十六条与《全国人民代表大会常务委员会关于〈中华人民共和国刑法〉第二百六十六条的解释》（2014年4月24日第十二届全国人民代表大会常务委员会第八次

会议通过）执行。

二、骗取社会保险待遇的法律责任

骗取社会保险待遇的法律责任，包含退回骗取的社会保险金、罚款、刑事责任、纳入失信名单等。

（一）行政责任

《社会保险法》规定，以欺诈、伪造证明材料或者其他手段骗取社会保险待遇的，由社会保险行政部门责令退回骗取的社会保险金，处骗取金额二倍以上五倍以下的罚款。

《医疗保障基金使用监督管理条例》针对骗取医疗保险待遇行为的处罚作出了具体规定：个人以骗取医疗保障基金为目的，将本人的医疗保障凭证交由他人冒名使用；重复享受医疗保障待遇；利用享受医疗保障待遇的机会转卖药品，以及接受返还现金、实物或者获得其他非法利益，造成医疗保障基金损失的；或者使用他人医疗保障凭证冒名就医、购药的；或者通过伪造、变造、隐匿、涂改、销毁医学文书、医学证明、会计凭证、电子信息等有关资料或者虚构医药服务项目等方式，骗取医疗保障基金支出的，由医疗保障行政部门责令改正，处骗取金额二倍以上五倍以下的罚款。此外，对参保人员，暂停其医疗费用联网结算三个月至十二个月。

人社部发布的《社会保险基金行政监督办法》将《社会保险法》第八十八条有关欺诈、伪造证明材料或者其他手段骗取社会保险待遇的情形，细化为：通过虚构个人信息、劳动关系，使用伪造、变造或者盗用他人可用于证明身份的证件，提供虚假证明材料等手段虚构社会保险参保条件、违规补缴，骗取社会保险待遇的；通过虚假待遇资格认证等方式，骗取社会保险待遇的；通过伪造或者变造个人档案、劳动能力鉴定结论等手段违规办理退休，违规增加视同缴费年限，骗取基本养老保险待遇的；通过谎报工伤事故、伪造或者变造证明材料等进行工伤认定或者劳动能力鉴定，或者提供虚假工伤认定结论、劳动能力鉴定结论，骗取工伤保险待遇的；通过伪造或者变造就医资料、票据等，或者冒用工伤人员身份就医、配置辅助器具，骗取工伤保险待遇的；其他以欺诈、伪造证明材料等手段骗取社会保险待遇的。

《广东省社会保险基金监督条例》区分以欺诈等手段办理社会保险业务和骗取社会保险待遇的法律责任，规定以欺诈、伪造证明材料、冒用他人证件、虚构劳动关系等手段办理社会保险业务的，社会保险行政部门、社会保险费征收机构、社会保险经办机构不予办理，将有关情况记入其信用档案；情节严重的，处涉案金额一倍以上三倍以下的罚款。以欺诈、伪造证明材料、虚构劳动关系或者其他手段骗取社会保险待遇的，由社会保险行政部门责令退还已骗取的社会保险待遇，并处骗取金额二倍以上五倍以下的罚款。

（二）刑事责任

有关骗取社会保险待遇的刑事责任，按照《刑法》第二百六十六条与《全国人民代表大会常务委员会关于〈中华人民共和国刑法〉第二百六十六条的解释》（2014年4月24日第十二届全国人民代表大会常务委员会第八次会议通过）执行。

1.国家有关诈骗社会保险基金刑事责任规定

《刑法》第二百六十六条规定："诈骗公私财物，数额较大的，处三年以下有期徒刑、拘役或者管制，并处或者单处罚金；数额巨大或者有其他严重情节的，处三年以上十年以下有期徒刑，并处罚金；数额特别巨大或者有其他特别严重情节的，处十年以上有期徒刑或者无期徒刑，并处罚金或者没收财产。本法另有规定的，依照规定。"

《全国人民代表大会常务委员会关于〈中华人民共和国刑法〉第二百六十六条的解释》（2014年4月24日第十二届全国人民代表大会常务委员会第八次会议通过）规定，以欺诈、伪造证明材料或者其他手段骗取养老、医疗、工伤、失业、生育等社会保险金或者其他社会保障待遇的，属于《刑法》第二百六十六条规定的诈骗公私财物的行为。

《最高人民法院、最高人民检察院关于办理诈骗刑事案件具体应用法律若干问题的解释》（法释〔2011〕7号）第一条规定："诈骗公私财物价值三千元至一万元以上、三万元至十万元以上、五十万元以上的，应当分别认定为刑法第二百六十六条规定的'数额较大''数额巨大''数额特别巨大'。各省、自治区、直辖市高级人民法院、人民检察院可以结合本地区经济社会发展状况，在前款规定的数额幅度内，共同研究确定本地区执行的具体数额标准，报最高人民法院、最高人民检察院备案。"

广东省高级人民法院、广东省人民检察院《关于确定诈骗刑事案件数额标准的通知》（粤高法发〔2014〕12号）规定，一类地区包括广州、深圳、珠海、佛山、中山、东莞等六个市，诈骗数额较大的起点掌握在六千元以上；数额巨大的起点掌握在十万元以上；数额特别巨大的起点掌握在五十万元以上。二类地区包括汕头、韶关、河源、梅州、惠州、汕尾、江门、阳江、湛江、茂名、肇庆、清远、潮州、揭阳、云浮等十五个市，诈骗数额较大的起点掌握在四千元以上；数额巨大的起点掌握在六万元以上；数额特别巨大的起点掌握在五十万元以上。

2.诈骗罪的量刑标准

《广东省高级人民法院〈关于常见犯罪的量刑指导意见〉实施细则》关于诈骗罪的量刑规定如下。

构成诈骗罪的，可以根据下列不同情形在相应的幅度内确定量刑起点：

（1）达到数额较大起点的，可以在一年以下有期徒刑、拘役幅度内确定量刑起点；

（2）达到数额巨大起点或者有其他严重情节的，可以在三年至四年有期徒刑幅度内确定量刑起点；

（3）达到数额特别巨大起点或者有其他特别严重情节的，可以在十年至十二年有期徒刑幅度内确定量刑起点。依法应当判处无期徒刑的除外。

在量刑起点的基础上，可以根据诈骗数额等其他影响犯罪构成的犯罪事实增加刑罚量，确定基准刑：

（1）超过数额较大起点未达到数额巨大起点的，一类地区每增加一万五千元，二类地区每增加一万元，可以增加三个月至六个月刑期。

（2）超过数额巨大起点未达到数额特别巨大起点的，一类地区每增加四万元，二类地区每增加四万五千元，可以增加六个月到一年刑期。

（3）超过数额特别巨大起点的，超过数额不足五十万元，可以增加一年以下刑期；超过数额已满五十万元不足二百五十万元，可以增加一年至三年刑期；超过数额二百五十万元以上，可以增加三年以上刑期，但依法应当判处无期徒刑的除外。

（4）其他可以增加刑罚量的情形。

（5）适用《最高人民法院、最高人民检察院关于办理诈骗刑事案件具体应用法律若干问题的解释》（法释〔2011〕7号）第二条第二款的规定定罪量刑的，诈骗数额在确定量刑起点时考虑，不再用以增加刑罚量。

有下列情形之一的，可以增加基准刑的30%以下：

（1）通过发送短信、拨打电话或者利用互联网、广播电视、报刊等发布虚假信息，对不特定多数人实施诈骗的。

（2）诈骗救灾、抢险、防汛、优抚、扶贫、移民、救济、医疗款物的。

（3）以赈灾募捐名义实施诈骗的。

（4）诈骗残疾人、老年人或者丧失劳动能力人的财物的。

（5）为吸毒、赌博等违法犯罪活动而实施诈骗的。

（6）多次诈骗的。

（7）因诈骗造成严重后果的。

（8）其他可以从重处罚的情形。

诈骗近亲属的财物，可以减少基准刑的50%以下；近亲属谅解的，一般可不按犯罪处理。

对于诈骗犯罪部分既有既遂又有未遂，以既遂部分确定基准刑的，根据未遂部分犯罪行为的实行程度、造成损害的大小、犯罪未得逞的原因等情况，可以增加基准刑的30%以下；以未遂部分确定基准刑的，根据既遂部分犯罪行为造成损害的大小等情况，可以增加基准刑的40%以下。

案例10-3　帮助他人伪造档案补缴养老保险被认定诈骗罪成立

G市Z区人民法院审理Z区人民检察院指控原审被告人姚某甲犯诈骗罪一案，于2016年作出刑事判决。原审被告人姚某甲不服，提出上诉。

一审判决认定：2012年以来，被告人姚某甲及其丈夫姚某乙（另案处理）为赚取投保人员手续费，虚构曾某甲、黄某、董某甲、黎某、董某乙五名投保人员曾在机关事业单位工作的经历，并伪造盖有社保部门假公章的审核表及原始工作档案，欺骗社保部门为上述五人办理了“离开机关事业单位人员申请一次性缴纳养老保险费”业务，骗取社会保险基金，截至案发，共骗领社会保险基金人民币99509.94元。案发后，黎某、董某乙二人办理了退保费手续，董某乙退回了骗领的社会保险基金人民币43652.80元。

一审判决认为，被告人姚某甲无视国家法律，以非法占有为目的，伙同他人虚构事实、隐瞒真相，骗取公私财物，数额较大，其行为已构成诈骗罪。公诉机关指控被告人犯诈骗罪的事实清楚，证据确实、充分，罪名成立，予以支持。惟指控诈骗数额特别巨大的证据不足，不予支持。关于被告人姚某甲及其辩护人提出其行为不构成诈骗的意见，经查，证人曾某甲、董某乙、黎某、黄某、董某甲的证言，同案人姚某乙的供述，被告人姚某甲的供述，均证实被告人姚某甲伙同姚某乙为赚取手续费，虚构曾某甲等五人的工作经历，并伪造审核表及工作档案等资料，骗取社会保险基金，数额较大，其行为符合诈骗罪的构成要件。被告人姚某甲及其辩护人的意见据理不足，不予采纳。被告人在共同犯罪中起次要、辅助作用，是从犯，应当从轻处罚。公诉机关提请处理的房产、银行存款，无证据证实是犯罪所得，不作处理。依照《刑法》第二百六十六条、第二十七条、第五十二条、第五十三条、第六十四条以及《最高人民法院、最高人民检察院关于办理诈骗刑事案件具体应用法律若干问题的解释》第一条，《最高人民法院关于适用财产刑若干问题的规定》第二条、第五条之规定，判决如下：被告人姚某甲犯诈骗罪，判处有期徒刑二年四个月，并处罚金人民币一万元。

宣判后，姚某甲及辩护人提出上诉与辩护意见。

一、原审判决事实不清

（1）姚某甲仅仅是协助姚某乙“赚取”办理社保人员的手续费，并不存在故意诈骗，也没有实施诈骗伪造行为。

（2）社会保险基金99509.94元是由黎某、董某乙、曾某甲等人领取，被告人姚某甲及其丈夫不存在诈骗社会保险基金的事实。

二、原审判决证据不足

（1）侦查机关没有查到涉案物品，材料上相关笔迹并非出自姚某甲，姚某甲一直坚称自己没有收到任何人的费用，只是帮姚某乙转交过几份档案及转收了几笔费用。

（2）公诉机关起诉称姚某甲涉及的购买社保人员包括曾某甲、黄某、董某甲、黎某、董某乙五人，这五人的询问笔录都仅仅只能证明姚某甲实施了转交材料及转收费用的问题，不能直接证明姚某甲实施了虚构材料、收取费用的事实。

（3）与姚某乙接触较多的陈某乙明确表示不知道姚某甲是否有办理过一次性缴纳社保的业务。姚某乙供称姚某甲所有材料均由其办理，姚某甲仅仅是帮忙转递几个人的资料及手续费。

三、即使审判机关最终依然认定姚某甲的行为构成诈骗罪，也恳请审判机关综合考虑以下因素，对姚某甲免除或减轻处罚

（1）在本案中，领取社会保险基金的人员缴纳的费用大于自己所领取的费用，而且社会保险基金已经大部分追缴，事实上并没有造成国家财产损失。

（2）姚某甲转递的部分手续费，姚某甲愿意从被冻结财产中返还给上述人员，故办理社会保险基金的人员也没有任何财产损失。

（3）姚某甲认罪态度好，没有犯罪前科，且在本案中作用轻微。

综上，请求依法改判姚某甲不构成犯罪或者免除对姚某甲的刑事处罚。

二审法院审理认为，一审判决认定的姚某甲及其丈夫姚某乙从2012年以来，为赚取投保人员手续费，虚构曾某甲、黄某、董某甲、黎某、董某乙五人曾在机关事业单位工作的经历，骗取社会保险基金的事实清楚，采信的证据确实、充分，予以认可。

对于姚某甲及其辩护人提出的一审判决事实不清、证据不足、应该判决姚某甲无罪或免除刑事处罚的意见，经查，董某甲称是姚某甲向其介绍购买社保并与其交接资料，收取手续费，黄某、黎某、董某乙、曾某甲也作出同样的陈述；同案人姚某乙供称是姚某甲向上述五人主动提出可以帮助五人办理离开机关事业单位人员申请一次性缴纳养老保险费业务，并协助姚某乙与五人交接资料，收取手续费；姚某甲虽然供称自己仅仅是在姚某乙办理该业务过程中帮助姚某乙收取手续费，并帮助姚某乙把档案转交给投保人，但姚某甲自己也办理了该项业务，其办理该项业务的档案资料中记载其是某地教育系统退休人员，而实际上其并未在该系统工作过，由于造假行为如此显而易见，故姚某甲对姚某乙办理该业务的违法性是明知的。综上，姚某甲在明知姚某乙该业务违法的情况下，仍参与其中，并直接导致上述五人成功办理该项业务，一审判决认定姚某甲为从犯，已是对其最从宽的考虑。其与姚某乙为取得“手续费”，帮助他人诈骗国家财产，其行为已构成诈骗罪，因为是他人取得国家财产而非其本人故其不构成诈骗罪的意见完全不能成立，本院对该意见不予采纳。

二审法院认为，上诉人姚某甲以非法占有为目的，虚构事实，骗取他人财物，数额较大，其行为已构成诈骗罪。对于姚某甲及其辩护人提出的免除或减轻姚某甲处罚的意见，经查，一审判决已认定姚某甲为从犯，在量刑时已对其犯罪事实、犯罪后果、量刑情节、认罪态度予以综合考虑，量刑适当，对该意见本院不予采纳。一审判决认定事实和适用法律正确，量刑适当，审判程序合法。依照《中华人民共和国刑事诉讼法》第二百二十五条第一款第一项之规定，裁定如下：驳回上诉，维持原判。

案例10-4　隐瞒再就业事实骗取失业保险待遇金被判刑

被告人孙某2016年8月13日失业后，于2016年8月16日与F市S区某模具公司签订劳动合同，并在该公司上班领取薪水。2016年9月23日，孙某隐瞒在F市S区某模具公司上班的真相，向F市S区社会保险经办机构提交失业保险金申请，办理相关手续。2016年10月至2017年11月期间，孙某每个月都到F市S区社会保险经办机构领取失业保险待遇金，合计领取失业保险待遇金共人民币20061.96元。案发后，被告人孙某积极联系家属退回全部赃款。

法院认为，被告人孙某无视国家法律，以非法占有为目的，以欺诈手段骗取失业金，数额较大，其行为已构成诈骗罪。人民检察院指控被告人孙某犯诈骗罪，罪名成立。被告人孙某归案后如实供述自己的罪行，依法予以从轻处罚。鉴于被告人孙某家属已退回全部赃款，对被告人孙某酌情予以从轻处罚。判决被告人孙某犯诈骗罪，判处有期徒刑八个月，缓刑一年，并处罚金人民币五千元。

案例10-5　篡改事故时间骗取工伤保险待遇被判刑

某市人社部门接到举报：某公司为职工申领工伤保险待遇时，存在骗取社会保险基金的行为。经人社部门对工伤职工就医记录、参保记录等情况进行调查发现，该公司在该职工发生工伤事故后为其补办工伤参保手续，在申请工伤认定时将工伤事故发生时间篡改虚报为参保之后，骗取了工伤保险待遇。最终该公司有关责任人被人民法院以诈骗罪判处有期徒刑七个月，并处罚金一万元。

案例10-6　组织伪造劳动关系证明骗取养老金被判刑

L市社会人员李某等人，向社会群众宣称“可以代办以企业职工身份补缴社保，退休后每月可以领钱”“没钱可以不付钱，办完交出社保卡，领完垫付款再还回本人”，为部分社会人员伪造工资签领表等劳动关系证明办理参保缴费和领取养老金。经人民法院审理查明，李某等人先后为135名社会人员伪造劳动关系证明，以L市锅厂员工等身份办理了基本养老保险补缴，并从中牟取利益，累计造成养老保险基金损失198.59万元。2019年，L市人民法院判决李某犯诈骗罪，判处有期徒刑五年，并处罚金人民币三万元，对违法所得三十二万元，依法予以追缴。同时，虚构劳动关系参保领取养老金的135名社会人员依法全额退回违规领取的养老金。

案例10-7　隐瞒家属死亡事实冒领养老金被判刑

Z市H县领取职工基本养老保险待遇的程某在2012年去世后，其儿子程某甲不向社会保险经办机构报告，每年通过用人单位出具纸质的健在证明，冒领养老金，直至2016年被发现，累计冒领养老金11.7万余元。在人社部门督促下，程某甲于2016年12月将冒领的养老金全额退回了社会保险基金账户。2019年，有关部门开展检查时发现该案，于是将案件移送公安机关。在公安机关敦促之下程某甲自首，如实供述自己的罪行，最终被人民法院以诈骗罪判处有期徒刑一年，缓刑二年，并处罚金5000元。

案例10-8　改大年龄提前领取养老金被判刑

S市L县某企业职工养老保险参保人徐某通过提交修改了出生时间的虚假身份材料，将年龄改大五岁，在未达到退休年龄的情况下，于2010年办理了退休并领取了养老保险金，直至2022年被人社部门发现，累计违规领取养老金11.8万元（扣除2015年之后领取的养老金），于是人社部门将案件移送公安机关。公安机关于2022年10月立案侦查。最终徐某被人民法院以诈骗罪判处有期徒刑二年，缓刑三年，并处罚金一万元。

案例10-9　变造个人档案骗取养老金被判刑

根据疑点数据，S市开展企业职工基本养老保险提前退休问题专项核查，发现李某办理特殊工种提前退休的档案中记录的特殊工种工作经历与其同时期真实工作履历不符，公章存疑，真实工作经历不符合提前退休条件，涉嫌伪造个人档案材料办理特殊工种提前退休骗取社保待遇。人社部门经实地调取单位历年工资表、考勤表、工会会员花名册、职工花名册等原始资料凭证，现场对留守人员进行调查，发现李某申办特殊工种提前退休的档案中特殊工种工作经历与其同时期真实工作履历不符，涉嫌伪造。随后，当地人社部门将案件相关线索移送公安机关。2021年12月，李某因犯诈骗罪被区人民法院判处有期徒刑一年十个月，并处罚金人民币二万元。

案例10-10 国家医疗保障局2023年公布的十大案例[1]

2023年3月27日，国家医疗保障局对10个法院判定的违法使用医保基金的典型案例予以曝光，涉及伪造住院、伪造病历、伪造票据、虚开诊疗项目、虚开用药医嘱、虚假入库、冒名使用医保卡等违法行为。上述违法行为造成了医保基金损失，扰乱了医疗保障管理秩序，损害了广大参保群众的切身利益，社会影响恶劣，相关人员受到了法律严惩。通过案例警示，能够督促单位及个人严格遵守医保相关法律及规章制度。医疗保障部门将锲而不舍严厉打击欺诈骗保等违法行为，增强医保基金监管力度，提高医保基金使用效率，维护医保基金安全，守护好参保群众的“看病钱”“救命钱”。

一、贵州省黔东南州丹寨县参保人袁某某虚开发票骗取医疗保障基金案

2022年6月，贵州省黔东南州丹寨县医保中心审查零星报销资料时发现，袁某某每月报销门诊慢特病费用和发票存在异常；通过比对票据样式、水印及票据印章等，也发现均存在异常。经丹寨县医保局实地调查，袁某某存在虚开票据以骗取医保基金，涉及金额100459.33元。2022年8月30日，县医保局将该线索移交司法机关。经核实，袁某某虚开票据以骗取医保基金情况属实，涉及医保基金100459.33元。2023年5月16日，依据《中华人民共和国刑法》《中华人民共和国刑事诉讼法》《关于办理诈骗刑事案件具体应用法律若干问题的解答》，丹寨县人民法院作出如下判决：袁某某犯诈骗罪，判处有期徒刑三年三个月，并处罚金人民币五千元。损失的医保基金100459.33元已全部追回。

二、江苏省南京市溧都医院骗取医保基金案

2021年9月，江苏省南京市医保局经大数据筛查分析、现场检查并立案调查发现，南京溧都医院涉嫌于2020年4月至2021年8月期间，以伪造病患住院、虚构医药服务项目等手段骗取医保基金。随后，南京市医保局及时将该线索移送至公安部门。2022年7月，南京市医保部门追回涉案统筹基金529.70万元；2023年3月，南京市中级人民法院作出如下判决：1.院长顾某某犯诈骗罪，判处有期徒刑十二年，并处罚金人民币四十万元；2.财务负责人程某某犯诈骗罪，判处有期徒刑三年，缓期四年，并处罚金人民币十万元。

三、上海市宝山区破获参保人出借医保卡骗取医保基金案

2021年5月，上海市宝山区医疗保障局在参保人员门急诊和医疗费用异常审核中，发现参保人吕某某、谈某某医保卡发生的医疗费用、就诊频次和就医轨迹明显有异常，存在涉嫌违规使用的情况。通过进一步数据分析及审核询问，查证

[1] 国家医疗保障局：《国家医疗保障局曝光台2023年第四期曝光典型案件（十例）》，https://www.nhsa.gov.cn/art/2023/6/27/art_74_10900.html，访问日期：2024年4月26日。

吕某某的住家保姆徐某某及谈某某本人存在将医保卡出借给他人（王某）的行为。依据《上海市基本医疗保险监督管理办法》及相关规定，宝山区医疗保障局将徐某某、谈某某二人违法出借医保卡发生的费用11.70万元全额追回，并分别处以5000元和1000元行政罚款。同时，宝山区医疗保障局第一时间主动对接区公安分局开展行刑衔接，及时移送可疑线索，配合公安立案调查。宝山区公安分局经过缜密侦查，于2021年8月一举捣毁该欺诈骗保犯罪团伙，成功抓获以王某、李某为首的诈骗国家医保基金团伙，涉案金额高达100余万元。2023年2月，依据《中华人民共和国刑法》，上海市宝山区人民法院判决如下：王某犯诈骗罪，判处有期徒刑十一年六个月，并处罚金十万元；李某犯诈骗罪，判处有期徒刑十年六个月，并处罚金十万元，非法所得已全部上缴。

四、四川省阿坝州九寨沟县王某某骗取医保基金案

2021年，四川省阿坝州九寨沟县医疗保障局根据审计部门反馈的疑点数据，对王某某住院、门诊就医费用进行调查核实，发现王某某存在同时两地参加基本医疗保险的行为，其在就医地使用当地参保信息直接结算后通过伪造票据，到九寨沟县办理异地就医骗取医保基金，涉嫌构成诈骗罪。九寨沟县医保局将此案件材料及线索信息移送公安机关处理。经核实，自2017年10月起，王某某多次在就医地联网结算后，又伪造同一时间段、相同明细金额的票据40张，向九寨沟县医保部门申请报销异地就医医保待遇，共计骗取医保基金616219.54元。2022年9月24日，依据《中华人民共和国刑法》，九寨沟县人民法院依法作出判决：王某某犯诈骗罪，判处有期徒刑十年三个月，并处罚金五万元。公安机关依法追回医保基金202608.00元，并继续追缴剩余违法所得金额。

五、江苏省江阴市第五人民医院药房工作人员徐某某骗取医保基金案

2021年10月，经江苏省无锡市江阴市医保局与公安局联合调查，发现原江阴市第五人民医院药房工作人员徐某某多次冒名使用他人医保卡，先后在江阴市第五人民医院、江阴市祝塘社区卫生服务中心和江阴市祝塘镇茂龙村卫生室等处购买各类药品600余种，造成职工医疗保险基金损失共计人民币182万余元。随后，无锡市医保部门追回涉案医保基金182万余元。2022年7月，当地人民法院作出如下判决：徐某某犯诈骗罪，判处有期徒刑三年三个月，并处罚金人民币五万元。

六、河南省临颍县北徐孝养医院骗取医保基金案

2021年7月，河南省商丘市睢县医疗保障局工作人员在审核患者异地就医材料时，发现本地个别居民在漯河市临颍县北徐孝养医院的住院材料涉嫌存在病历造假行为。经两地公安局、医疗保障局联合对该院开展检查，查明该院存在通过免费食宿、车接车送的方式诱导病人住院，住院期间不进行任何治疗，伪造患者病历骗取医保基金的违法行为，其欺诈骗取医保基金行为涉及全省11个地市、23个县区、65名参保人员，涉案金额达117.75万元。2022年6月27日，睢县人

民法院按照犯罪情节由重到轻，分别判处涉案的11人有期徒刑十二年至一年不等，并分别处罚金五万至五千元不等。

七、黑龙江省鸡西市同麟医院违法使用医保基金案

2021年，黑龙江省鸡西市纪委监委在调查一起违法违纪案件时，发现鸡西同麟医院（原名鸡西同济医院）涉嫌欺诈骗取医保基金。鸡西市纪委监委、鸡西市公安局成立了鸡西同麟医院欺诈骗保案件专案组，开展案件调查工作。在调查过程中，卫健部门组织专家对调取的病历进行审核，医保部门组织人员对该时间段内发生的报销明细进行核实，同时对该院存疑的药品进销存数据情况进行检查。最终认定鸡西同麟医院存在诱导住院、虚构医疗服务、编造虚假病历、虚假住院等严重欺诈骗保违法违规行为。依据《鸡西市医疗保险定点医疗机构服务协议》，鸡西市医保局给予解除该院医保定点医疗机构资格处罚；鸡西市公安局依法收缴违法违规使用的医保基金17852364.38元，退回基金账户，并移送检察机关起诉。2022年4月2日，鸡西市鸡冠区人民法院判决如下：蔡某某犯诈骗罪，判处有期徒刑三年，缓刑五年；同时禁止蔡某某在缓刑考验期限内从事民营医院经营管理活动。

八、天津市河北区天津河北民生门诊部骗取医保基金案

2019年4月25日，天津市医保部门经现场检查、约谈、调取资料，发现天津河北民生门诊部存在空刷医保卡返现金的违法违规行为，涉及基本医疗保险基金支付金额1361030.09元。2019年5月27日，天津市医疗保障局将该案移送至天津市公安局河北分局依法追究其刑事责任。2021年6月10日，天津市河北区人民法院一审判决如下：1.法定代表人尹某某犯诈骗罪，判处有期徒刑九年，并处罚金三十万元；2.管理人、医保负责人犯诈骗罪，分别判处有期徒刑五年、二年六个月，并处罚金十万元、五万元。在审理过程中，尹某某主动退缴涉案基金1361030.09元。上述被告人不服一审判决提起上诉，2021年10月11日，天津市第二中级人民法院作出裁定，维持原判。

九、广西壮族自治区防城港市上思朝阳医院虚报药品使用量骗取医保基金案

2019年7月，广西壮族自治区防城港市医疗保障局在现场监督检查中发现，上思朝阳医院涉嫌存在虚报药品使用量等行为，2019年8月6日，医保局及时将案件调查情况移送防城港市公安局立案侦查。经查明，上思朝阳医院于2019年1月22日至7月31日期间，通过医保系统多申报药品价款合计932825.13元，其中已于2019年1月至5月获取多申报款483462.85元，剩余449362.28元多申报款因医保部门发现异常未打款。依据《2019年防城港市定点医疗机构基本医疗保险工伤保险和生育保险服务协议》，当地医保部门处理结果如下：终止上思朝阳医院的定点服务协议，追回违规金额806740.44元。2021年3月30日，依照《中华人民共和国刑法》《中华人民共和国刑事诉讼法》的有关规定，上思县人民法院根据被告人犯罪的事实、性质、情节和对社会的危害程度，判决如下：凌某某、吴某某、韦

某某、周某某、黎某某、刘某某等人构成诈骗罪，按照犯罪情节由重到轻，分别被判处有期徒刑十到三年不等，并分别处罚金八万元至二万元不等。凌某某退回的赃款463462.85元、周某某退回的赃款20000.00元，由暂扣机关上思县人民检察院退还医保基金账户。

十、山西省大同市平城区大庆路同兴街社区卫生服务站骗取医保基金案

2019年4月，山西省大同市医疗保障局接到举报线索，反映大同市平城区大庆路同兴街社区卫生服务站存在骗保行为。经核查，发现该卫生服务站存在虚构医药服务项目、伪造材料、上传虚假用药数据等涉嫌欺诈骗保行为。依据《中华人民共和国社会保险法》《大同市基本医疗保险定点医疗机构服务协议》，当地医保部门处理结果如下：1.终止医保服务协议，三年内不予受理其医保定点单位的申请；2.对其伪造住院病历等涉嫌骗取医保基金的案件材料及线索信息移送当地公安机关依法调查处理。案件移交公安部门后，该案涉案人员祝某某因涉嫌诈骗罪被刑事拘留，经公安部门进一步调查固定了有关证据，确定以上违法事实，共涉嫌骗取医保基金金额3439893.13元。2020年10月12日，大同市平城区人民法院判决如下：祝某某犯诈骗罪，判处有期徒刑十五年，并处罚金人民币十万元。损失的医保基金3439893.13元已全部追回。

第三节　社会保险经办管理违法违规责任

一、社会保险经办机构法律责任

社会保险经办机构及其工作人员在社会保险经办管理过程中，违法违规的，将承担相应的法律责任，包括行政责任、刑事责任、经济责任。

（一）行政责任（政务处分）

根据《社会保险法》《社会保险经办条例》的规定，社会保险经办机构及其工作人员有下列行为之一的，由社会保险行政部门责令改正，对直接负责的主管人员和其他直接责任人员依法给予处分：

（1）未履行社会保险法定职责的；

（2）未将社会保险基金存入财政专户的；

（3）克扣或者拒不按时支付社会保险待遇的；

（4）丢失或者篡改缴费记录、享受社会保险待遇记录等社会保险数据、个人权益记录的；

（5）违反规定要求提供证明材料的；

（6）泄露用人单位和个人信息的；

（7）违反社会保险经办内部控制制度的；

（8）有违反社会保险法律、法规的其他行为的。

《工伤保险条例》规定了社会保险经办机构有关工伤保险基金经办管理的责任：未按规定保存用人单位缴费和职工享受工伤保险待遇情况记录的；不按规定核定工伤保险待遇的；收受当事人财物的，由社会保险行政部门责令改正，对直接负责的主管人员和其他责任人员依法给予纪律处分；情节严重，构成犯罪的，依法追究刑事责任；造成当事人经济损失的，由经办机构依法承担赔偿责任。

《广东社会保险基金监督条例》规定了错误核发社会保险待遇和社会保险基金支出的责任：社会保险行政部门、社会保险经办机构错误认定、审核社会保险待遇和社会保险基金支出的，应当依法重新认定和审核；给单位和个人造成损失的，依法承担赔偿责任。导致少发社会保险待遇或者社会保险基金支出的，由社会保险经办机构补发；导致多发社会保险待遇或者社会保险基金支出的，社会保险经办机构应当负责追回。造成社会保险基金重大损失的，对直接负责的主管人员和其他直接责任人员依法给予处分。

此外，《社会保险法》第九十三条规定："国家工作人员在社会保险管理、监督工作中滥用职权、玩忽职守、徇私舞弊的，依法给予处分。"

政务处分的类别有：警告、记过、记大过、降级、撤职、开除。对社会保险经办工作人员的处分，需要同时适用《公职人员政务处分法》《中华人民共和国监察法》等法规，其中公务员或者参照公务员管理的工作人员，相关行政责任追究还适用其他相关法规。

《公职人员政务处分法》与社会保险基金经办职责关系比较密切的条款是第三十九条。"有下列行为之一，造成不良后果或者影响的，予以警告、记过或者记大过；情节较重的，予以降级或者撤职；情节严重的，予以开除：（一）滥用职权，危害国家利益、社会公共利益或者侵害公民、法人、其他组织合法权益的；（二）不履行或者不正确履行职责，玩忽职守，贻误工作的；（三）工作中有形式主义、官僚主义行为的；（四）工作中有弄虚作假，误导、欺骗行为的；（五）泄露国家秘密、工作秘密，或者泄露因履行职责掌握的商业秘密、个人隐私的。"

《行政机关公务员处分条例》与社会保险基金经办职责关系比较密切的条款是第二十条。"有下列行为之一的，给予记过、记大过处分；情节较重的，给予降级或者撤职处分；情节严重的，给予开除处分：……（三）对救灾、抢险、防汛、防疫、优抚、扶贫、移民、救济、社会保险、征地补偿等专项款物疏于管理，致使款物被贪污、挪用，或者毁损、灭失的；（四）其他玩忽职守、贻误工作的行为。"第二十六条："泄露国家秘密、工作秘密，或者泄露因履行职责掌握的商业秘密、个人隐私，造成不良后果的，给予警告、记过或者记大过处分；情节较重的，给予降级或者撤职处分；情节严重的，给予开除处分。"

（二）刑事责任

社会保险经办工作人员违法的刑事责任，主要涉及《刑法》的贪污罪、渎职罪、挪用公款罪、出售公民个人信息罪等规定。

1.贪污罪

社会保险经办机构人员利用职务便利侵吞、骗取社会保险基金的行为属于贪污罪，它是经办人员违法犯罪的主要类型。

（1）《刑法》相关规定。

《刑法》第三百八十二条规定："国家工作人员利用职务上的便利，侵吞、窃取、骗取或者以其他手段非法占有公共财物的，是贪污罪。受国家机关、国有公司、企业、事业单位、人民团体委托管理、经营国有财产的人员，利用职务上的便利，侵吞、窃取、骗取或者以其他手段非法占有国有财物的，以贪污论。与前两款所列人员勾结，伙同贪污的，以共犯论处。"

《刑法》第三百八十三条规定："对犯贪污罪的，根据情节轻重，分别依照下列规定处罚：

（一）贪污数额较大或者有其他较重情节的，处三年以下有期徒刑或者拘役，并处罚金。

（二）贪污数额巨大或者有其他严重情节的，处三年以上十年以下有期徒刑，并处罚金或者没收财产。

（三）贪污数额特别巨大或者有其他特别严重情节的，处十年以上有期徒刑或者无期徒刑，并处罚金或者没收财产；数额特别巨大，并使国家和人民利益遭受特别重大损失的，处无期徒刑或者死刑，并处没收财产。

对多次贪污未经处理的，按照累计贪污数额处罚。

犯第一款罪，在提起公诉前如实供述自己罪行、真诚悔罪、积极退赃，避免、减少损害结果的发生，有第一项规定情形的，可以从轻、减轻或者免除处罚；有第二项、第三项规定情形的，可以从轻处罚。

犯第一款罪，有第三项规定情形被判处死刑缓期执行的，人民法院根据犯罪情节等情况可以同时决定在其死刑缓期执行二年期满依法减为无期徒刑后，终身监禁，不得减刑、假释。"

（2）相关司法解释。

贪污社会保险基金刑事立案的起点标准是一万元。《最高人民检察院关于贪污养老、医疗等社会保险基金能否适用〈最高人民法院、最高人民检察院关于办理贪污贿赂刑事案件适用法律若干问题的解释〉第一条第二款第一项规定的批复》规定："养老、医疗、工伤、失业、生育等社会保险基金可以认定为《最高人民法院、最高人民检察院关于办理贪污贿赂刑事案件适用法律若干问题的解释》第一条第二款第一项规定的'特定款物'。"《最高人民法院、最高人民检察院关于办理贪污贿赂刑事案件适用法律若干问题的解释》第一条规定："贪污或者受贿数额在三万元以上不满二十万元的，应当认定为刑法第三百八十三条第一款规定的'数额较大'，依法判处三年以下有期徒刑或者拘役，并处罚金。贪污数额在一万元以上不满三万元，具有下列情形之一的，应当认定为刑法第三百八十三条第一款规定的‘其他较重情节’，依法判处三年以下有期徒刑或者拘役，并处罚金：（一）贪污救灾、抢险、防汛、优抚、扶贫、移民、救济、防疫、社会捐助等特定款物的……”

2.玩忽职守罪

社会保险经办人员不依法履行社会保险基金管理经办职责，失职渎职，导致社会保险基金重大损失，构成玩忽职守罪，适用《刑法》第三百九十七条等规定追究刑事责任。关于玩忽职守犯罪的主体，包含编制内人员也包含编外人员（《全国人民代表大会常务委员会关于〈中华人民共和国刑法〉第九章渎职罪主体适用问题的立法解释》规定，在依照法律、法规规定行使国家行政管理职权的组织中从事公务的人员，或者在受国家机关委托代表国家机关行使职权的组织中从事公务的人员，或者未列入国家机关编制但在国家机关从事公务的人员，在代表国家机关行使职权时，有渎职行为，构成犯罪的，依照刑法关于渎职罪的规定追究刑事责任）。

《刑法》第三百九十七条规定：“国家机关工作人员滥用职权或者玩忽职守，致使公共财产、国家和人民利益遭受重大损失的，处三年以下有期徒刑或者拘役；情节特别严重的，处三年以上七年以下有期徒刑。本法另有规定的，依照规定。

国家机关工作人员徇私舞弊，犯前款罪的，处五年以下有期徒刑或者拘役；情节特别严重的，处五年以上十年以下有期徒刑。本法另有规定的，依照规定。”

根据有关司法解释，造成经济损失三十万元以上为“重大损失”的情形之一。

3.挪用公款罪

社会保险经办人员挪用社会保险基金，可能会构成挪用公款罪。如果是社会保险经办人员按照政府或有关部门的要求，改变基金用途，如将企业职工基本养老保险基金用于机关事业单位基本养老保险待遇支出等，属于职务行为，不是个人利用职务便利挪用基金，则不构成挪用公款罪。

《刑法》第三百八十四条规定：“国家工作人员利用职务上的便利，挪用公款归个人使用，进行非法活动的，或者挪用公款数额较大、进行营利活动的，或者挪用公款数额较大、超过三个月未还的，是挪用公款罪，处五年以下有期徒刑或者拘役；情节严重的，处五年以上有期徒刑。挪用公款数额巨大不退还的，处十年以上有期徒刑或者无期徒刑。

挪用用于救灾、抢险、防汛、优抚、扶贫、移民、救济款物归个人使用的，从重处罚。”

4.侵犯个人信息罪

公民个人信息，包括姓名、身份证件号码、通信通讯联系方式、住址、账号密码、财产状况、行踪轨迹等，受法律保护。随着跨部门数据共享的实现，社会保险经办机构不但掌握了参保人社会保险相关信息，还掌握了参保人户籍、行踪轨迹、服刑、就医等信息，如果相关信息被泄露或非法使用，将对个人权益造成损害，情节严重的将构成侵犯个人信息罪。

（1）《刑法》相关规定。

《刑法》第二百五十三条之一规定：“违反国家有关规定，向他人出售或者提供公民个人信息，情节严重的，处三年以下有期徒刑或者拘役，并处或者单处罚金；情节特别严重的，处三年以上七年以下有期徒刑，并处罚金。

违反国家有关规定，将在履行职责或者提供服务过程中获得的公民个人信息，出售或者提供给他人的，依照前款的规定从重处罚。

窃取或者以其他方法非法获取公民个人信息的，依照第一款的规定处罚。

单位犯前三款罪的，对单位判处罚金，并对其直接负责的主管人员和其他直接责任人员，依照各该款的规定处罚。”

（2）相关司法解释。

《最高人民法院、最高人民检察院关于办理侵犯公民个人信息刑事案件适用法律若干问题的解释》（法释〔2017〕10号）第五条规定，非法获取、出售或者提供公民个人信息，具有下列情形之一的，应当认定为刑法第二百五十三条之一规定的“情节严重”：

①出售或者提供行踪轨迹信息，被他人用于犯罪的；

②知道或者应当知道他人利用公民个人信息实施犯罪，向其出售或者提供的；

③非法获取、出售或者提供行踪轨迹信息、通信内容、征信信息、财产信息五十条以上的；

④非法获取、出售或者提供住宿信息、通信记录、健康生理信息、交易信息等其他可能影响人身、财产安全的公民个人信息五百条以上的；

⑤非法获取、出售或者提供第三项、第四项规定以外的公民个人信息五千条以上的；

⑥数量未达到第三项至第五项规定标准，但是按相应比例合计达到有关数量标准的；

⑦违法所得五千元以上的；

⑧将在履行职责或者提供服务过程中获得的公民个人信息出售或者提供给他人，数量或者数额达到第三项至第七项规定标准一半以上的；

⑨曾因侵犯公民个人信息受过刑事处罚或者二年内受过行政处罚，又非法获取、出售或者提供公民个人信息的；

⑩其他情节严重的情形。

需要注意的是，如果国家工作人员同时存在多种犯罪行为，如收受好处为他人骗保提供帮助，既构成受贿罪又构成诈骗罪，按照《刑法》有关数罪并罚的规定执行。

此外，中共党员违法违纪，将承担党纪责任。相关规定主要见有关党内法规，如《中国共产党纪律处分条例》《中国共产党问责条例》等。对党员的纪律处分有：警告、严重警告、撤销党内职务、留党察看、开除党籍。对违规违纪违法、失职失责失范的领导干部的组织处理方式有：停职检查、调整职务、责令辞职、免职、降职。对党政领导干部实行问责的方式有：责令公开道歉、停职检查、引咎辞职、责令辞职、免职。

（三）经济责任（赔偿责任）

《社会保险法》规定了社会保险经办机构若发生以下两种情况要承担的赔偿责任。

1.赔偿社会保险基金

根据《社会保险法》，社会保险经办机构未履行社会保险法定职责、未将社会保险基金存入财政专户等，导致社会保险基金损失的，依法承担赔偿责任。社会保险经办机构依法应承担的赔偿责任，属于经济责任，但不属于民事赔偿责任，也不属于《中华人民共和国国家赔偿法》规定的行政赔偿，是法律新设定的赔偿类型。由于缺乏配套制度，相关规定尚未全面落地执行，如具体哪些情形应当赔偿、赔偿资金的来源、按照什么程序赔偿、有责任的工作人员是否应承担一定的补偿责任等，尚需要明确的规定。

2.赔偿单位或个人损失

《社会保险法》规定，社会保险经办机构及其工作人员泄露用人单位和个人信息，给用人单位或者个人造成损失的，依法承担赔偿责任。实践中此类个案十分少见。具体应当适用什么赔偿规则，受害人应通过何种法律渠道主张权益等，尚无明确规定，涉及《民法典》和《中华人民共和国个人信息保护法》（以下简称《个人信息保护法》）的，适用其规定。

二、社会保险费征收机构法律责任

依法征收社会保险费是税务机关的法定职责，未依法履职或者违法征收，将承担相应的法律责任。根据《社会保险法》的相关规定，对社会保险费征收机构及其工作人员追责情形如下：

（一）违法征收责任

擅自更改社会保险费缴费基数、费率，导致少收或者多收社会保险费的，由有关行政部门责令其追缴应当缴纳的社会保险费或者退还不应当缴纳的社会保险费；对直接负责的主管人员和其他直接责任人员依法给予处分。

（二）泄露信息责任

社会保险费征收机构及其工作人员泄露用人单位和个人信息的，对直接负责的主管人员和其他直接责任人员依法给予处分；给用人单位或者个人造成损失的，应当承担赔偿责任。

（三）其他责任

社会保险费征收人员滥用职权、玩忽职守、徇私舞弊的，依法给予处分；构成犯罪的，依法追究刑事责任。如贪污、侵占或挪用社会保险费，将不符合参保条件的人员纳入参保范围，虚构或篡改参保数据骗取社保待遇等。

此外，有的地方性法规细化了征收机构的法律责任。《广东省社会保险基金监督条例》第六十二条规定，社会保险费征收机构有下列行为之一的，由本级人民政府或者有关行政部门依法责令改正；对直接负责的主管人员和其他直接责任人员依法给予处分：

（1）违反规定核准参保人资格的；

（2）不按规定将社会保险基金存入社会保障基金财政专户，或者违反规定开设社会保险基金收入户的；

（3）违反规定迟征、少征、多征、免征社会保险费和滞纳金的；

（4）违反规定擅自更改社会保险费基数、费率，或者核销欠缴的社会保险费的；

（5）不按规定对未按时足额缴纳社会保险费的用人单位进行追缴的；

（6）违反规定设置或者擅自更改社会保险信息系统业务参数的；

（7）违反社会保险法律、法规的其他行为。

社会保险费征收机构有前款第三项、第四项行为的，由上一级社会保险费征收机构或者其行政主管部门责令追缴应当缴纳的社会保险费或者退还不应当缴纳的社会保险费。

第四节　社会保险基金监管相关违法违规责任

社会保险基金监管履职法律责任，主要是指社会保险基金管理监督部门未依法履行社会保险基金监督管理职责，以及被监督对象不依法配合监管的法律责任。主要包括以下三方面。

一、阻挠监督的法律责任

社会保险基金监督部门按照法律授权实施基金监督，具有权威性和约束性，被监督的单位或个人有配合监督的义务，拒绝监督将依法承担法律责任。

（一）有关法律规定

《社会保险法》第七十七条规定：“县级以上人民政府社会保险行政部门应当加强对用人单位和个人遵守社会保险法律、法规情况的监督检查。社会保险行政部门实施监督检查时，被检查的用人单位和个人应当如实提供与社会保险有关的资料，不得拒绝检查或者谎报、瞒报。”

（二）有关行政法规规定

《社会保险经办条例》第五十七条规定：“社会保险服务机构拒绝人力资源社会保障行政部门、医疗保障行政部门监督检查或者谎报、瞒报有关情况的，由人力资源社会保障行政部门、医疗保障行政部门按照各自职责责令改正，并可以约谈有关负责人；拒不改正的，处1万元以上5万元以下的罚款。”

（三）有关部门规章规定

《社会保险基金行政监督办法》第三十四条规定，被监督单位有下列行为之一的，由人力资源社会保障行政部门责令改正；拒不改正的，可以通报批评，给予警告；依法对直接负责的主管人员和其他责任人员给予处分：

（1）拒绝、阻挠社会保险基金行政监督工作人员进行监督的；

（2）拒绝、拖延提供与监督事项有关资料的；

（3）隐匿、伪造、变造或者故意销毁会计凭证、会计账簿、财务会计报告以及其他与社会保险基金收支、管理有关资料的。

《社会保险基金行政监督办法》第三十五条规定，报复陷害社会保险基金行政监督工作人员的，依法给予处分。

（四）有关地方立法规定

《广东省社会保险基金监督条例》第六十八条规定，被监督单位和个人有下列行为之一的，由负责社会保险基金监督的行政部门予以制止，责令其限期改正；县级以上人民政府有关部门、机构及其工作人员有下列行为的，对直接负责的主管人员和其他直接责任人员依法给予处分；用人单位、社会保险服务机构、承办社会保险业务的商业保险机构等单位和个人有第一项、第二项、第三项行为之一的，由社会保险行政部门处二千元以上二万元以下的罚款：

（1）拒绝、阻挠监督人员进行监督检查的；

（2）拒绝或者无正当理由拖延提供与监督事项有关的资料，或者转移、隐匿、损毁被封存资料的；

（3）不按要求报送书面材料或者作出说明，隐瞒事实真相，出具伪证或者隐匿、毁灭证据的；

（4）转移、隐匿社会保险基金资产的；

（5）不按要求整改或者在整改过程中弄虚作假的；

（6）报复、陷害监督人员，阻挠、压制或者打击报复举报人、投诉人的；

（7）其他妨碍社会保险基金监督的行为。

二、未依法履职监督的责任

社会保险基金监督部门不履行监督职责，或者不正确履行监督职责的，将依法承担法律责任。具体监督职责，按照社会保险基金监督相关法律法规和制度执行。

（一）有关法律规定

主要是政务处分和刑事责任。

1.政务处分

《社会保险法》第九十三条规定："国家工作人员在社会保险管理、监督工作中滥用职权、玩忽职守、徇私舞弊的，依法给予处分。"第九十四条规定："违反本法规定，构成犯罪的，依法追究刑事责任。"政务处分的类别有：警告、记过、记大过、降级、撤职、开除。对社会保险经办工作人员的处分，需要同时适用《公职人员政务处分法》《中华人民共和国监察法》等法规，其中公务员或者参照公务员管理的工作人员，相关行政责任追究还适用《行政机关公务员处分条例》。具体可参见本章第三节社会保险经办法律责任的相关介绍。

2.刑事责任

社会保险基金监督人员滥用权力或者违反法定职责，不履行或者不认真履行监督职权，可能被追究刑事责任。主要是渎职罪，包括滥用职权或玩忽职守、徇私舞弊不移交刑事案件等罪。

（1）滥用职权或玩忽职守。社会保险经办人员、社会保险费征收人员、社会保险基金监督人员不依法履行社会保险基金管理、监督职责，失职渎职，导致社会保险基金重大损失，构成渎职罪，适用《刑法》第三百九十七条等规定追究刑事责任（《刑法》第三百九十七条规定，国家机关工作人员滥用职权或者玩忽职守，致使公共财产、国家和人民利益遭受重大损失的，处三年以下有期徒刑或者拘役；情节特别严重的，处三年以上七年以下有期徒刑）。

对于渎职罪，需要注意三点：一是关于渎职罪的主体，包含编制内人员，也包含编外人员（《全国人民代表大会常务委员会关于〈中华人民共和国刑法〉第九章渎职罪主体适用问题的解释》）。二是关于立案标准。玩忽职守罪立案标准是，造成经济损失三十万元以上为"重大损失"的情形之一。滥用职权罪立案标准是，造成公共财产或者法人、其他组织财产直接经济损失二十万元以上，或者直接经济损失不满二十万元，但间接经济损失一百万元以上的；严重损害国家声誉，或者造成恶劣社会影响的。三是关于以"集体研究"形式实施的渎职犯罪。具体执行人员是否提出反对意见是决定其是否构成犯罪的关键因素之一。

《最高人民法院、最高人民检察院关于办理渎职刑事案件适用法律若干问题的解释（一）》（法释〔2012〕18号）第五条规定："国家机关负责人员违法决定，或者指使、授意、强令其他国家机关工作人员违法履行职务或者不履行职务，构成刑法分则第九章规定的渎职犯罪的，应当依法追究刑事责任。以'集体研究'形式实施的渎职犯罪，应当依照刑法分则第九章的规定追究国家机关负有责任的人员的刑事责任。对于具体执行人员，应当在综合认定其行为性质、是否提出反对意见、危害结果大小等情节的基础上决定是否追究刑事责任和应当判处的刑罚。"

（2）徇私舞弊不移交刑事案件。社会保险基金部门发现涉嫌犯罪的欺诈骗保行为，未依法移送，情节严重的，有关执法人员可能构成徇私舞弊不移交刑事案件罪。《刑法》第四百零二条规定：“行政执法人员徇私舞弊，对依法应当移交司法机关追究刑事责任的不移交，情节严重的，处三年以下有期徒刑或者拘役；造成严重后果的，处三年以上七年以下有期徒刑”。根据《最高人民检察院关于渎职侵权犯罪案件立案标准的规定》（高检发释字〔2006〕2号），徇私舞弊不移交刑事案件，涉嫌下列情形之一的，应予立案：对依法可能判处3年以上有期徒刑、无期徒刑、死刑的犯罪案件不移交的；不移交刑事案件涉及3人次以上的；司法机关提出意见后，无正当理由仍然不予移交的；以罚代刑，放纵犯罪嫌疑人，致使犯罪嫌疑人继续进行违法犯罪活动的；行政执法部门主管领导阻止移交的；隐瞒、毁灭证据，伪造材料，改变刑事案件性质的；直接负责的主管人员和其他直接责任人员为牟取本单位私利而不移交刑事案件，情节严重的；其他情节严重的情形。

（二）地方立法规定

根据《广东省社会保险基金监督条例》第六十七条的规定，负责社会保险基金监督的行政部门及其工作人员有下列行为之一的，对直接负责的主管人员和其他直接责任人员依法给予处分；给单位和个人造成损失的，应当承担赔偿责任：

（1）不履行社会保险基金监督法定职责的；

（2）隐瞒或者伪造证据的；

（3）泄露案件信息影响案件办理，或者泄露举报人信息、被监督单位商业秘密的；

（4）其他违反社会保险基金监督相关法律、法规的行为。

三、其他基金管理违法行为法律责任

根据《社会保险法》，隐匿、转移、侵占、挪用社会保险基金或者违规投资运营的，由社会保险行政部门、财政部门、审计机关责令追回；有违法所得的，没收违法所得；对直接负责的主管人员和其他直接责任人员依法给予处分。

财政部门、社会保险经办机构在开设社会保险基金账户、社会保险基金保值增值管理方面，徇私营利，如负责选择社会保险基金存款银行的机构、人员，收受存款银行给予的好处，未通过公开公平、竞争方式择优遴选银行，不执行优惠利率，不尽职保值增值，造成社会保险基金隐性贬值，适用《社会保险法》第九十三条有关“国家工作人员在社会保险管理、监督工作中滥用职权、玩忽职守、徇私舞弊的，依法给予处分”和其他有关规定，依法追究法律责任。

四、社保服务机构法律责任

一些社会保险待遇，如医疗救治、工伤康复、部分经办业务等，参保人无法仅仅靠社会保险经办机构得到兑现，这些社会保险待遇可以通过购买服务的方式，由社会保险服务机构与社会保险部门签订服务协议，从社会保险基金支出，由服务机构提供社会保险服务。社会保险服务机构包括医疗保险的定点医院和药店、承办大病保险的商业保险机构，工伤保险的定点医疗、康复和辅助器具配置机构；也包括受委托承担职业伤害保险经办业务的商业保险公司、承接工伤预防宣传项目的组织（使用工伤保险基金开展工伤预防宣传）等。此外，与社会保险部门签订合作协议的银行，代为支付待遇、根据委托办理社会保障卡和居民养老保险部分业务等，也类似于社会保险服务机构。社会保险部门与社会保险服务机构双方权利义务按照协议和有关法律法规执行，相应的责任有以下两类。

（一）合同约定责任

社会保险部门与社会保险服务机构签订的协议属于行政协议。不同类型的协议，违约责任不一样，如医疗保险和工伤保险的医疗服务协议，社会保险经办机构主要通过暂停服务协议、拒付费用、通报等处理服务机构的违约行为。

（二）法定责任

与此相关的规定散见于国家和各地的法规文件。如《社会保险法》对社会保险服务机构骗取基金支出行为规定了罚则。《医疗保障基金使用监督管理条例》对定点医药机构未建立医疗保障基金使用内部管理制度，未按照规定保管财务账目、会计凭证、处方、病历、治疗检查记录、费用明细、药品和医用耗材出入库记录等资料，未按照规定向社会公开医药费用、费用结构等信息等行为，规定了医疗保障行政部门可以责令改正、约谈有关负责人；拒不改正的，处以罚款等。《社会保险经办条例》规定，社会保险经办机构发现社会保险服务机构违反服务协议的，可以督促其履行服务协议，按照服务协议约定暂停或者不予拨付费用、追回违规费用、中止相关责任人员或者所在部门涉及社会保险基金使用的社会保险服务，直至解除服务协议；社会保险服务机构及其相关责任人员有权进行陈述、申辩。社会保险经办机构发现用人单位、个人、社会保险服务机构违反社会保险法律、法规、规章的，应当责令改正。对拒不改正或者依法应当由人力资源社会保障行政部门、医疗保障行政部门处理的，及时移交人力资源社会保障行政部门、医疗保障行政部门处理。

《广东省社会保险基金监督条例》细化了社会保险服务机构的责任，规定社会保险服务机构不得有下列行为：

（1）虚列社会保险基金支付项目，虚报社会保险基金支付金额；

（2）不按规定审核参保人身份，导致冒名享受社会保险待遇；

（3）违反规定将参保人在非协议医疗机构发生的医疗费用纳入医疗保险基金结算；

（4）出具虚假诊断证明、病历资料、鉴定意见、结算单据、发票、证明等骗取社会保险基金支出或者帮助他人骗取社会保险待遇；

（5）不按时足额发放社会保险待遇；

（6）违背诊疗规范进行过度检查、治疗、护理、康复等，造成社会保险基金不必要的支出；

（7）其他侵害社会保险基金安全的行为。

五、劳动能力鉴定机构责任

为规范社会保险基金经办管理秩序，防范社会保险基金管理风险，社会保险法律法规还规定了其他类型的法律责任。根据《工伤保险条例》，从事劳动能力鉴定的组织或者个人有下列情形之一的，由社会保险行政部门责令改正，处2000元以上1万元以下的罚款；情节严重，构成犯罪的，依法追究刑事责任：提供虚假鉴定意见的；提供虚假诊断证明的；收受当事人财物的。

六、尽职免责制度

社会保险基金监督管理部门应当严格依法履行职责，切实维护社会保险基金安全。加强对监管工作人员失职渎职的追责，有利于敦促其增强责任意识、法律意识，更好履职尽责。对公职人员的政务处分包含警告、记过、记大过、降级、撤职、开除；情节轻微的，可以对其进行谈话提醒、批评教育、责令检查或者予以诫勉，免予或者不予政务处分。

实践中，既要防止放任不管，也要防止追责泛化。追责的构成要件有三方面：一是存在违反规定的行为，包含违法作为与不作为；二是有危害结果，情节须达到一定程度，有轻微、严重、特别严重之分；三是违规行为与危害结果存在直接因果关系。不符合追责构成要件或者存在规定的免责情形的，不应追责。如社会保险基金监督工作人员平时已经按照规定职责和程序履行监督检查职责，发生侵害社会保险基金行为后，按照相关规定积极依法履行查处职责且无其他违规违纪行为的，应按规定不予追责。特别是，出现侵害社会保险基金问题，不宜想当然地推定社会保险基金管理或监督部门存在过错，而应重点关注造成问题发生的直接原因和是否按规定对问题进行处置。

对社会保险基金监督泛化追责，容易导致监督者因担心查出案件后被追责而不敢或不愿意主动、深入发掘基金违法行为，最终对社会保险基金监督制度造成损害。

第五节　社会保险基金的追回责任

维护社会保险基金的安全完整是开展社会保险基金监督的重要目的。非法获得基金的有关单位和个人，依法有将基金退回社会保险基金账户的义务；社会保险基金管理部门有采取措施追回的责任。

一、关于行政案件中骗取基金的追回

这类追回有明确的法律依据。《社会保险法》第八十八条规定：“以欺诈、伪造证明材料或者其他手段骗取社会保险待遇的，由社会保险行政部门责令退回骗取的社会保险金，处骗取金额二倍以上五倍以下的罚款。”

社会保险行政部门可以在行政处罚决定书中一并明确退回责任，也可以单独作出行政处理决定书责令退回。责任人拒不履行的，依法申请人民法院强制执行。为避免因行政处罚发生行政争议案件导致延误基金追回行政处理决定的执行，单独作出行政处理决定是妥当的。需要明确的是，罚款收归国库；退回的社会保险金归还社会保险基金专户。但是社会保险行政部门责令退回骗取的社会保险金并不是唯一的渠道。骗保者有义务主动退回基金，社会保险经办机构也有权依法采取追回措施，敦促责任人退回基金。

二、关于刑事案件中的基金追回

不管是骗保还是工作人员贪占、挪用社会保险基金，进入司法程序后，涉案基金的追回按照刑事诉讼程序执行。《刑事诉讼法》第二百四十五条规定，“人民法院作出的判决，应当对查封、扣押、冻结的财物及其孳息作出处理。人民法院作出的判决生效以后，有关机关应当根据判决对查封、扣押、冻结的财物及其孳息进行处理。对查封、扣押、冻结的赃款赃物及其孳息，除依法返还被害人的以外，一律上缴国库”。虽然，该条规定并未明确社会保险基金的处理，但是《社会保险法》明确规定，社会保险基金存入财政专户；社会保险基金专款专用，任何组织和个人不得侵占或者挪用。社会保险经办机构是社会保险基金管理使用方，实际可理解为《刑事诉讼法》规定的“被害人”。法院可以根据该规定，直接判决将有关涉案基金返还社会保险基金财政专户或者社会保险经办机构。

对于有关机关在社保案件查办过程中发现存在骗保或者贪占挪用社会保险基金行为的，是先收缴封存后移送法院处理，还是直接将当事人退回的社会保险基金返还社会保险基金账户，实践中做法不一样。从提高基金追回效率来看，应直接在办案环节追回基金。当事人退回基金，是其悔罪与主动整改、消除不良影响的行为。在案件侦办环节，有关机关按照规定程序确认后，可引导其直接将基金退回指定的社会保险基金账户，有关情形作为定罪量刑的重要考虑因素。

在中介组织违规参保补缴骗保案件处置过程中，如果参保人也是“受害者”，因认识错误向中介机构或个人支付了中介费的，为提高基金追回效率，在公安侦办期间，可由公安机关将收缴的中介费返还给“受害”参保人；在司法环节，如果公安机关将追回的赃款移交检察机关，在起诉过程中移交法院，当事人也可自行提出刑事附带民事诉讼请求。

三、关于错发多发社保待遇的追回

对于获得社会保险待遇的单位或个人而言，因社会保险经办机构错误支付而额外获得的社会保险金，属于非法所得，理应主动返还社会保险基金。作为错发多发的责任主体，社会保险经办机构应有追回的责任。《社会保险经办条例》第四十六条明确规定，个人多享受社会保险待遇的，由社会保险经办机构责令退回。具体要求散见于政策文件。

（一）错发多发的情形

错发多发，包含重复支付社会保险待遇、死亡等丧失资格条件后多发待遇、服刑期间发放社会保险待遇等。造成错发多发的背后可能有两种性质的情形：一是有骗保情形。当事人存在欺诈骗保行为，如领取养老金的参保人死亡后，其亲属提供虚假的健在证明，社会保险经办机构未能及时停发待遇导致多发。二是无骗保情形。当事人无骗保的主观故意也未提供虚假证明材料，但出现应停发待遇情形未及时报告，社会保险经办机构因不掌握参保人丧失待遇资格条件的情况，多发待遇。前一类型多发，按照欺诈骗保处理。本部分主要介绍后一种错发多发的追回。

（二）基金追回的主要措施

综合《社会保险经办条例》《社会保险稽核办法》等国家有关规定和广东省的相关规定，社会保险经办机构追回错发多发社会保险待遇的主要措施有：按规定从个人账户或者相关社会保险待遇中抵扣；根据参保人的授权，从参保人有关账户中扣回；宣传教育，敦促责任人主动退回；与一次性退回有困难的责任人签订归还协议，分期退回；下达退回通知书、稽核整改通知书或追回决定书，责令限期退回；按照待遇代发协议商请代发金融机构协助扣回等。这方面的追回涉及个人切实利益，社会保险经办机构需要按照依法行政的原则开展追回工作，保障当事人的知情权、申辩权、救济权等。

1.关于商请代发金融机构协助扣回

前提是社会保险经办机构与委托发放社会保险待遇的金融机构签订委托协议，并在协议中明确多发待遇的追回措施和程序。由金融机构发放社会保险待遇，实际上经办机构与金融机构是委托合同关系，金融机构协助采取追回措施的基础是委托合同，而不是《中华人民共和国行政强制法》（以下简称《行政强制法》）规定的划扣措施。

2.关于从个人账户或者相关社会保险待遇中抵扣

何种情形适用抵扣的方法以及相关工作程序，要根据《社会保险经办条例》和国家其他有关法规和政策文件执行。抵扣属于经办机构单方行为，虽然法规不要求先与参保人协商达成一致，但为减少争议，保护当事人合法权益，应规范有关程序，如提前书面告知参保人有关情况和权利义务。鉴于职工养老保险待遇属于参保人主要的经济来源，在国家作出规定前，可参考《最高人民法院关于能否要求社保机构协助冻结、扣划被执行人的养老金问题的复函》［（2014）执他字第22号］的有关规定，从职工养老保险待遇抵扣的，应当预留参保人及其所抚养家属必需的生活费用。

3.关于社会保险经办机构追回决定的执行

对于社会保险经办机构发出的基金追回决定，是否可申请法院强制执行，各地做法不同。有的地方通过民事诉讼的方式，由社会保险经办机构作为不当得利，向责任人提起民事诉讼要求退回；有的地方由社会保险经办机构移送社会保险行政部门作出行政处理决定并依法申请法院强制执行；有的地方直接由社会保险经办机构作出追回决定并依法申请法院强制执行（广东）。根据我国社会保险经办体制和社会保险经办机构的性质，社会保险经办机构与参保人之间不是民事关系，参保人退回多领取的基金是强制性行政义务，不是民事责任，基金追回是行政行为，不是民事行为；社会保险经办机构直接采取追回措施，比移送行政部门通过行政处理决定追回，效率更高。因此，由社会保险经办机构作出追回决定并依法申请法院强制执行的模式效率高、责任清晰。这一模式的主要依据是：社会保险经办机构属于《行政诉讼法》第二条规定的法律授权的组织，具有向人民法院申请强制执行行政行为的主体资格；《行政诉讼法》第九十七条规定，“公民、法人或者其他社会组织对行政行为在法定期限内不提起诉讼又不履行的，行政机关可以申请人民法院强制执行，或者依法强制执行”，而法律法规并未授予人力资源社会保障行政部门或社会保险经办机构对多发社会保险待遇进行强制执行的权力，因此需要通过人民法院强制执行。

4.关于参保人死亡后多发待遇的追回

参保人已经死亡，多发的社会保险待遇如何追回，国家尚无明确规定。按照谁得利、谁担责的原则，应当由参保人以名下财产承担退回多发基金的责任。但是，从行政程序看，参保人作为责任主体已经消亡，社保部门不能向其发出追回文书，而参保人的亲属也并不当然是责任人，因此需要结合实际，依法制作法律文书。可区分为两种情况：一是参保人死亡后，其亲属未及时报告导致多支付社会保险待遇的，在调查处理过程中，可以向持有参保人社会保障账户或者获取多发待遇的人员依法采取追回措施。二是参保人死亡后，无法联系应退回待遇的责任人、无法查实持有参保人社会保障账户的人员、无法查实获取多发待遇的人员等情形下，可以通过该参保人的继承人对参保人名下财产采取措施追回。在社会保险经办机构的追回决定书中既列举出参保人，也列举其亲属，向其亲属送达法律文书。法院在强制执行过程中，发现参保人名下无可供执行财产或者实际获取多发待遇的亲属名下无可供执行财产的，依法终结执行。

有关错发多发待遇追回的主要政策依据见附10-1，这方面的规定会持续完善。

附10-1 有关错发多发待遇追回的主要政策依据

一、《社会保险经办条例》第四十六条

个人多享受社会保险待遇的，由社会保险经办机构责令退回；难以一次性退回的，可以签订还款协议分期退回，也可以从其后续享受的社会保险待遇或者个人账户余额中抵扣。

二、《社会保险稽核办法》第十二条

社会保险经办机构应当对参保个人领取社会保险待遇情况进行核查，发现社会保险待遇领取人丧失待遇领取资格后本人或他人继续领取待遇或以其他形式骗取社会保险待遇的，社会保险经办机构应当立即停止待遇的支付并责令退还。

三、《人力资源社会保障部　财政部关于印发〈城乡养老保险制度衔接暂行办法〉的通知》（人社部发〔2014〕17号）第八条

参保人员不得同时领取城镇职工养老保险和城乡居民养老保险待遇。对于同时领取城镇职工养老保险和城乡居民养老保险待遇的，终止并解除城乡居民养老保险关系，除政府补贴外的个人账户余额退还本人，已领取的城乡居民养老保险基础养老金应予以退还；本人不予退还的，由社会保险经办机构负责从城乡居民养老保险个人账户余额或者城镇职工养老保险基本养老金中抵扣。

四、《人力资源社会保障部办公厅关于做好重复领取城乡养老保险待遇核查工作的通知》（人社厅发〔2014〕34号）

对于同时领取城乡居民养老保险和城镇职工养老保险待遇的参保人员，城乡居民养老保险待遇领取地社保机构负责终止其城乡居民养老保险关系，核定重复领取的城乡居民养老保险基础养老金金额，通知参保人员退还。参保人员退还后，将其城乡居民养老保险个人账户余额退还本人。参保人员不退还重复领取的城乡居民养老保险基础养老金的，城乡居民养老保险待遇领取地社保机构从其城乡居民养老保险个人账户余额中抵扣，抵扣后的个人账户余额退还本人。参保人员个人账户余额不足抵扣的，城乡居民养老保险待遇领取地社保机构向其领取城镇职工养老保险待遇的社保机构发送《重复领取养老保险待遇协助抵扣通知单》，通知其协助抵扣。参保人员城镇职工养老保险待遇领取地社保机构完成抵扣后，应将协助抵扣款项全额划转至城乡居民养老保险待遇地社保机构指定银行账户，同时传送《重复领取养老保险待遇协助抵扣回执》。对于在不同地区同时领取两份以上城乡居民养老保险待遇的参保人员，负责城乡居民养老保险的社保机构只保留其首次领取所在地区的城乡居民养老保险关系，停止并追回重复领取的待遇。以欺诈、伪造证明材料或其他手段骗取待遇的，应依据《社会保险法》给予处罚。

五、《人力资源社会保障部办公厅关于职工基本养老保险关系转移接续有关问题的补充通知》（人社厅发〔2019〕94号）第七条

参保人员重复领取职工基本养老保险待遇（包括企业职工基本养老保险待遇和机关事业单位工作人员基本养老保险待遇，下同）的，由社会保险经办机构与本人协商确定保留其中一个基本养老保险关系并继续领取待遇，其他的养老保险关系应予以清理，个人账户剩余部分一次性退还给个人，重复领取的基本养老保险待遇应予退还。本人不予退还的，从其被清理的养老保险个人账户余额中抵扣。养老保险个人账户余额不足以抵扣重复领取的基本养老保险待遇的，从继续

发放的基本养老金中按照一定比例逐月进行抵扣，直至重复领取的基本养老保险待遇全部退还。《国务院办公厅关于转发人力资源社会保障部财政部城镇企业职工基本养老保险关系转移接续暂行办法的通知》（国办发〔2009〕66号）实施之前已经重复领取待遇的，仍按照《人力资源社会保障部关于贯彻落实国务院办公厅转发城镇企业职工基本养老保险关系转移接续暂行办法的通知》（人社部发〔2009〕187号）有关规定执行。

六、《人力资源社会保障部办公厅　司法部办公厅关于做好监狱在押罪犯信息共享和社会保险待遇问题核查处理工作的通知》（人社厅〔2020〕95号）

扎实开展疑点信息核查……对经核实违规领取社会保险待遇的，要责令待遇领取人退还多领待遇；对难以一次性退还的，可签订还款协议或从后续发放的社会保险待遇中按照一定比例逐月抵扣，直至全部退还；对拒不退还、涉嫌欺诈骗保的，依法处理。

七、《广东省社会保险基金监督条例》第六十五条

社会保险行政部门、社会保险经办机构错误认定、审核社会保险待遇和社会保险基金支出的，应当依法重新认定和审核；给单位和个人造成损失的，依法承担赔偿责任。

导致少发社会保险待遇或者社会保险基金支出的，由社会保险经办机构补发；导致多发社会保险待遇或者社会保险基金支出的，社会保险经办机构应当负责追回。造成社会保险基金重大损失的，对直接负责的主管人员和其他直接责任人员依法给予处分。

八、其他有关规定

上述列举不能详尽，且今后国家会制定新的规定。

四、关于工伤保险基金先行支付的追回

为更好地保护工伤职工权益，《社会保险法》建立了工伤保险基金先行支付制度。《社会保险法》第四十一条规定："职工所在用人单位未依法缴纳工伤保险费，发生工伤事故的，由用人单位支付工伤保险待遇。用人单位不支付的，从工伤保险基金中先行支付。从工伤保险基金中先行支付的工伤保险待遇应当由用人单位偿还。用人单位不偿还的，社会保险经办机构可以依照本法第六十三条的规定追偿。"第四十二条规定："由于第三人的原因造成工伤，第三人不支付工伤医疗费用或者无法确定第三人的，由工伤保险基金先行支付。工伤保险基金先行支付后，有权向第三人追偿。"人力资源社会保障部颁布的《社会保险基金先行支付暂行办法》（人社部第15号）对有关问题作出了具体规定。

（一）追回方式

基金追回方式分为两种：一是追回应由用人单位支付的工伤保险待遇，社会保险经办

机构可以通知其开户银行或者其他金融机构划拨其应当偿还的数额，向人民法院申请采取扣押、查封、拍卖其价值相当的财产等强制措施；二是向有责任的第三方追偿先行支付的工伤医疗费，其方式是民事诉讼。

（二）追回时效

向第三人追回基金，涉及民事诉讼时效问题。社会保险经办机构通过民事诉讼程序，向第三人追偿先行支付的工伤医疗费，时效适用《民法典》相关规定。第三人伤害属于侵权行为。社会保险经办机构向第三人追偿，实际是按照法律规定获得参保人债权的代位求偿权。对于第三人债务履行期限既无法律规定也无合同约定。根据《民法典》的规定[①]，社会保险经办机构先行支付后，可以随时向第三人追偿；提出追偿后，第三人明确拒绝或在给予的宽限期届满仍未履行的，视为债权“被侵害”，开始计算诉讼时效。诉讼时效3年，但是最长不超过20年。

第六节　社会保险基金违法责任追究实务问题

实践中，各地在执行有关法律法规，对社会保险基金违法行为进行追责时，由于存在不同理解，遵循的执法或司法标准尺度不统一，影响了责任追究的合理与公正。

一、如何认定骗保

骗保是指用人单位或者个人以欺诈、伪造证明材料等手段骗取社会保险基金支出或者社会保险待遇的行为。在骗保行政案件和骗保刑事案件中，需要把握骗保的构成要件，区分骗保与一般的错发多发。概括起来，骗保构成要件如下。

（一）行为人客观上不符合获取社会保险金的法定条件

构成骗保的前提是，虚假材料与获取社会保险金之间不存在直接因果关系。如果行为人符合获取社会保险金的条件，即使申领时提交的材料存在虚假，也不构成骗保。比如，参保人李某的企业职工基本养老保险缴费年限达到了规定条件，其真实档案记载的年龄也达到了退休法定年龄，但是在申办退休时提供了虚假身份证。经了解，其真实居民身份证

---

① 《民法典》第一百八十八条规定：“向人民法院请求保护民事权利的诉讼时效期间为三年。法律另有规定的，依照其规定。诉讼时效期间自权利人知道或者应当知道权利受到损害以及义务人之日起计算。法律另有规定的，依照其规定。但是，自权利受到损害之日起超过二十年的，人民法院不予保护，有特殊情况的，人民法院可以根据权利人的申请决定延长。”第一百八十八条规定：“诉讼时效期间从知道或者应当知道权利被侵害时起计算。”第五百一十一条第四项规定：“履行期限不明确的，债务人可以随时履行，债权人也可以随时请求履行，但是应当给对方必要的准备时间。”

记载的年龄小于档案年龄，因担心社会保险经办机构按照身份证记载的年龄审核养老待遇，为确保两个年龄一致，李某找社会人员伪造了一张年龄和档案一致的假身份证。李某领取几年养老金后，社会保险经办机构经核查发现了虚假身份证。此类情况并不构成骗保。理由：按照国家养老保险政策规定，身份证年龄与最早档案记载的年龄不一致的，以最早档案记载的年龄为准。李某客观上已具备领取养老金的法定条件，虚假身份证不是认定其退休年龄的必须材料。

（二）行为人为获取社会保险金虚构了事实并实施了骗取行为

行为人包含参保人、中介人员（含提供帮助的社保工作人员）、中介机构等。骗保案件中有多名行为人的，属于共同诈骗。共同诈骗属于一个完整的行为，并不要求每一个行为人都非法获得社会保险基金，既包括已经骗取既遂实际占有基金，也包括骗取未遂。虚构事实包含本人或者通过他人向社保部门提供了虚假材料、信息，如虚假身份证，伪造或者变造、篡改的档案、工伤认定结论、劳动能力鉴定结论等；也包括行为人向社保部门隐瞒了关键事实、作出虚假承诺，如对亲属关系、生存状况、重新就业情况等的虚构。比如，享受养老金的王某死亡后，其亲属因不知道如何向社会保险经办机构报告，社会保险经办机构继续向王某的银行存折发放养老金，这属于错发多发待遇，王某亲属并未向社会保险经办机构提供虚假材料，不构成骗保。如果该类情形中，王某亲属张某在办理资格认证时，向社会保险经办机构提供了虚假的健在证明或者故意隐瞒，导致社会保险经办机构未及时停发养老金，且由张某占有了王某全部养老金，则构成骗保。骗保的金额既包括提供虚假健在证明之后支付的，也应包括死亡之后至提供虚假健在证明期间错发多发的养老金，因为张某故意隐瞒了其在提供虚假健在证明之前王某已经死亡的事实，并实际占有了全部多发的养老金。又如，对于定期领取失业保险金的人员，其重新就业后，按照规定应当停发失业保险金，但是该失业人员不主动告知社会保险经办机构，导致社会保险经办机构继续支付失业保险金，一般不构成骗保。但是，如果该失业人员在按规定办理每月资格确认时作出了虚假承诺（承诺自己未重新就业），则属于故意隐瞒，也是虚构事实的一种形式，构成骗保。

（三）行为人存在骗保的主观故意

骗保属于主观故意行为。骗保通常是通过提供虚假证明材料、隐瞒事实真相的手段实现，需有行为人骗取社会保险金的主观故意，过失或者无主观故意不构成骗保。换句话说，行为人虚构事实的目的与结果是非法获取社会保险金。如参保人在职工档案中有涂改职务、工作鉴定等行为，但其目的不是骗保，且相关信息并不影响养老金的计算，则不构成骗保。又如，按照《社会保险基金行政监督办法》，“通过虚构个人信息、劳动关系，使用伪造、变造或者盗用他人可用于证明身份的证件，提供虚假证明材料等手段虚构社会保险参保条件、违规补缴”是骗取社会保险待遇的一种情形。但是有的人虽然在参保时虚构了参保条件，或者在申请待遇时提交的材料存在虚假，但是并未以违法获取社会保险待遇为目的，则不构成骗保行为。因此，在对骗保行为进行处罚时，应调查认定行为人是否存在主观过错。需要注意的是，根据《行政处罚法》的有关规定，“当事人有证据足以证明没有主观过错的，不予行政处罚”。当事人的主观过错是一种推定过错，包括故意和过失。只要当事人的违法行为发生了，原则上推定为当事人有主观上的过错，当事人“有证据足以证明没有主观过错的”，才不予行政处罚。推定过错的特点在于举证责任的倒置，须由当事人而不是行政机关举证。但是行政机关应当履行相关程序，给当事人证明其是否有主观过错的机会。

案例10–11　为购房挂靠参保不认定为骗保

A公司委托B公司为其职工办理参保缴费，B公司将在A公司工作的李某虚构为本单位职工参加了企业职工基本养老保险，在符合领取待遇条件时，李某申领了社保待遇；又如，无业人员蒋某为取得在当地购房、子女入学的资格，挂靠在A公司参加企业职工基本养老保险，获取社会保险缴费年限，在符合领取待遇条件时，蒋某申领了社保待遇。这些行为并未以获取社会保险待遇为目的，不存在骗保的主观故意，不构成骗保，但是参加企业职工基本养老保险的前提条件是与该企业存在劳动关系，李某和蒋某属于违规参保，依法应予纠正清退。

案例10–12　无证据证明有骗保主观故意的行政处罚不被执行

参保人赵某70岁时，其侄子通过社会关系为其伪造了有在某企业工作经历的档案材料，向社保部门申请办理补缴后，领取养老金。经当地人社部门调查，赵某侄子承认了有关作案事实，赵某称其未提供过虚假材料，也不知道相关补缴情况，是其侄子一手包办的。当地人社部门认定赵某构成骗保，对其进行了处罚。赵某拒不缴纳罚款，人社部门向法院申请强制执行，法院裁定不予执行。主要理由是，人社部门不能证明赵某存在骗保的主观故意；作出的处罚不符合《行政处罚法》第三十三条“当事人有证据足以证明没有主观过错的，不予行政处罚。法律、行政法规另有规定的，从其规定”的规定。

案例10–13　借用他人身份证就业参保并领取工伤待遇不当然构成骗保

李某1995年借用张某身份证就业并参加工伤保险，1999年发生工伤事故后获得了工伤保险长期待遇，此后每年均向社会保险部门提供张某的生存证明及其本人照片申领工伤保险待遇。后因推行工伤保险定期待遇资格人脸识别认证工作，李某无法通过认证，于2020年被停发待遇。李某合计领取了36万元工伤保险待遇，社会保险基金中心认为李某涉嫌骗保罪，移送公安机关。公安机关认为其没有犯罪事实，不予立案。

分析： 按照工伤保险法规，已经参加工伤保险、发生工伤事故并被认定为工伤的，享受工伤保险待遇。案件中，李某1995年入职时使用他人身份证，确实属于造假行为，但是其目的并非骗取社会保险待遇。在每年的资格认证中使用他人身份信息，是入职时使用虚假身份证的延续，真实的"工伤者"客观健在，不存在虚构工伤待遇资格条件骗取工伤待遇的主观故意。

延伸问题： 使用他人身份证就业并参保，发生工伤，工伤保险基金是否应支付待遇？对此存在不同判决。上案中，李某拒绝退回领取的工伤保险待遇，并向法院提起行政诉讼，要求当地社会保险经办机构将社保系统中参保的张某修改为李某，并继续向其支付工伤保险待遇。两级法院均判决驳回其起诉，主要理由：一是根据有关法规规定，冒用他人身份证件办理社会保险业务的，社会保险经办机构不予办理；二是根据《中华人民共和国居民身份证法》，冒用他人身份证属于违法行为，如果冒用他人身份证参保并获得工伤保险待遇的行为得到支持，则不符合该法律规定。但是下面这个最高人民法院公布的典型案例则是另外一个结果。

案例10–14　以他人名义工作并参保发生工伤，法院判决支付工伤保险待遇

最高人民法院2015年发布的19起合同纠纷典型案例的第11个案例："王某先等人诉被告重庆市某区工伤保险管理所、第三人重庆某煤矿公司不履行行政给付义务案"。①

一、基本案情

因超过招工年龄，陈某东无法到当地一煤矿公司上班。于是陈某东想到冒用其弟陈某强名字的办法。2000年7月，陈某东以"陈某强"的名义到煤矿公司实习。同年11月，其被招聘到煤矿公司从事采煤工作。2004年7月至2012年7月期间，煤矿公司为"陈某强"购买了工伤保险。

2012年7月的一天，陈某东驾驶摩托车在下班途中发生车祸死亡，经当地人力资源社会保障局认定为工伤死亡。后因姓名问题，2014年9月，陈某东亲属王某先等人向当地人力资源社会保障局申请将原工伤认定决定书中"陈某强"更改为"陈某东"。2015年1月，陈某东的亲属向当地工伤保险管理部门申请陈某东的工伤死亡保险待遇。工伤保险管理部门审核认为，工伤保险实行实名制，既然工伤保险是以"陈某强"的名义购买，表明陈某东并未参加工伤保险，故核定不予支付一次性丧葬补助金、一次性工亡补助金及供养亲属抚恤金。

① 中华人民共和国最高人民法院：《最高人民法院12月4日发布合同纠纷典型案例》，https://www.court.gov.cn/zixun/xiangqing/16210.html，访问日期：2024年4月25日。

陈某东的亲属认为，相关部门已经认定陈某东为工伤死亡，陈某东所在的工作单位亦实际为其参保，工伤保险管理部门理应给予陈某东工伤死亡保险待遇，遂诉至重庆市北碚区人民法院。

二、裁判结果

法院经审理后认为，根据相关法律规定，用人单位应当为本单位职工缴纳工伤保险费。本案中，煤矿公司根据陈某东提供的“陈某强”的身份信息，以“陈某强”名义为陈某东缴纳工伤保险费，其真实意思表示应理解为投保对象实际为该公司职工陈某东，而不是与公司不具备劳动关系的陈某强，即陈某东与社会保险行政部门之间在事实上成立了工伤保险关系。本案中，陈某东已经相关部门认定为工伤死亡，煤矿公司亦为其缴纳了工伤保险费，故工伤保险管理部门应对陈某东核定工伤死亡保险待遇。据此，当地工伤保险管理部门在庭审过程中改变了原具体行政行为，原告遂撤回了诉讼。

三、典型意义

依据《工伤保险条例》规定，工伤保险对象的范围是：“中华人民共和国境内的企业、事业单位、社会团体、民办非企业单位、基金会、律师事务所、会计师事务所等组织的职工和个体工商户的雇工，均有依照本条例的规定享受工伤保险待遇的权利”。《工伤认定办法》同时规定，与用人单位存在劳动关系的证明材料包括事实劳动关系的证明材料。也就是说，工伤保险法律规定中的职工是指与用人单位存在劳动关系的各种劳动者，这其中当然包括了事实劳动关系。本案中，陈某东虽然冒用他人身份，但与煤矿公司之间建立了事实劳动关系，属于《工伤保险条例》规定的法律意义上的职工，故其工伤死亡的情形符合工伤死亡保险待遇的范畴。

《中国社会保障》杂志刊登的一个咨询答复与前述案例具有类似的观点。

提问：某职工使用他人身份证件参加养老等社会保险，在长期缴费后，以“他人”身份申领了养老金。后查实其领取待遇身份虚假，是否构成诈骗罪？

答复：《全国人民代表大会常务委员会关于〈中华人民共和国刑法〉第二百六十六条的解释》（2014年4月24日第十二届全国人民代表大会常务委员会第八次会议通过）规定，以欺诈、伪造证明材料或者其他手段骗取养老、医疗、工伤、失业、生育等社会保险金或者其他社会保障待遇的，属于《刑法》第二百六十六条规定：诈骗公私财物，数额较大的，处三年以下有期徒刑、拘役或者管制，并处或者单处罚金；数额巨大或者有其他严重情节的，处三年以上十年以下有期徒刑，并处罚金；数额特别巨大或者有其他特别严重情节的，处十年以上有期徒刑或者无期徒刑，并处罚金或者没收财产；本法另有规定的，依照规定。

诈骗行为最突出的特点是，行为人设法使受害人在认识上产生错觉，以致“自觉地”将自己所有或持有的财物交付给行为人或放弃自己的所有权，或者免除行为人交还财物的义务。诈骗罪的行为人主观上具有非法占有社会保险基金的目的，不同于社会保险基金应当承担的给付义务。就本例而言，行为人虽然隐瞒了真相（其并非“他人”，即其不是被保险人），但其对于养老金的获得，是通过履行法定缴费义务而获得的“对价”；就基本养老保险基金而言，被保险人依法履行缴费义务并达到法定退休年龄，就有向被保险人支付养老金的义务，这种情形下支付的养老金，不宜认为是作为犯罪对象的“公私财物”。使用他人身份长期参保缴费并最终领取养老金，与以虚构事实、隐瞒真相的方法直接骗取公私财物，在行为的客观表现、主观目的以及行为的社会危害性等方面有显著不同，不构成诈骗罪。

案例10-15　使用双重户籍参保并申领待遇是否构成骗保

重复参保与欺诈骗保的区别，关键在于行为人是否存在通过弄虚作假骗取社保待遇的行为。由于户籍管理中存在不同身份证件和不同年龄的问题而重复参保的，如无骗保的主观故意，不能当然认定为骗保。

王某（身份证号：******19650607****和******19590607****），原W县变压器厂职工，档案出生日期为1959年6月，1996年户口迁移至D市并更改了身份证号码。经公安部门核实，王某的两个身份证均真实，2010年9月至2013年8月，其以1959年出生的身份证在W县领取养老保险待遇共计42574元，2013年8月因逾期未认证停发了其待遇。王某1998年11月至2014年1月以1965年出生的身份证号码在D市参加职工养老保险，并于2015年8月办理退休，至今在D市领取基本养老金。经对参保人启动稽核调查程序，其本人承认自己曾经有2张身份证，并申明自愿放弃在W县的养老待遇。经核查，参保人在W县参保和领取待遇的身份证号码真实、档案出生日期与身份证相符，属正常的社会保险关系，但存在重复参保的违规行为。按照《人力资源社会保障部办公厅关于做好重复领取养老保险待遇问题处理工作的通知》（人社厅发〔2021〕77号）的规定，W县社保局根据王某本人申请自愿放弃在W县的养老待遇的意愿，2022年3月在其退回2010年9月至2013年8月在W县领取的养老保险待遇42574元后，清退其在W县的社会保险关系。

二、第三人组织骗保是否属于骗保行政违法的“共犯”

在刑事法律中，存在共同犯罪的概念；但是在行政违法方面，共同违法只有《中华人民共和国治安管理处罚法》有所规定，《社会保险法》《行政处罚法》均无共同违法的相关规定。实践中存在较多中介人员或者中介机构，以非法获利为目的，组织集体骗保，如通过收拢“目标客户”、协助伪造提前退休档案、伪造劳动关系证明材料或者协助提供信息或其他帮助等，帮助他人骗取社会保险待遇。对于第三人（包含中介人员或中介机构）是否构成骗保，是否应给予行政处罚，涉及行政违法领域的“共同违法”问题。对此存在不同意见。

反对意见认为：中介人员只是收取中介费，并不获取社保待遇。《行政处罚法》中并没有类似于刑法共同犯罪的“共同违法”的概念。组织帮助他人骗保属于独立的违法行为，有关法律法规未规定对此类行为的处罚，不能根据现有规定进行处罚。

支持意见认为：中介人员为他人骗取社会保险金提供了帮助，有主观故意，客观上实施了骗保的行为，获取了非法利益，导致了社会保险基金的损失，中介人员与参保人共同完成了骗保行为，构成共同违法，属于《社会保险法》规定的“以欺诈、伪造证明材料或者其他手段骗取社会保险待遇”的骗保行为，应当适用有关规定予以行政处罚。笔者倾向于此观点，认为为减少执行争议，最好是在社会保险基金专项法规中作出明确规定。

有专家指出，如何处理复数相对人共同实施违法行为的案件，一直是我国行政处罚领域的难题。对此，2021年新修订的《行政处罚法》未直接规定，理论研究亦相对缺乏①。全国人民代表大会常务委员会法制工作委员会有关人士曾经对为什么新修订的《行政处罚法》未对共同违法作出解释（《行政处罚法》第一条规定，“保障和监督行政机关有效实施行政管理”。所谓“有效”，一方面是指行政处罚是行政机关实施行政管理的重要手段；另一方面是指行政管理要有效率，需要及时查处违法行为，依法给予行政处罚。凡是“共同”，通常有主次之分，要求行政机关对“共同违法”都要区分主次、分别处罚，将增加工作量，会影响行政处罚效率。行政处罚法作为行政处罚领域的一般法，主要规范行政处罚设定和实施中的共性问题，对某个领域或者某类违法行为，是否需要区分“共同违法”，应由相应领域的单行法律法规去规定）②。实务中应当如何统一认识“共同违法”问题，有待学术专家继续研究，或者由立法部门专门设定组织协助他人骗保的独立违法情形，单独规定处罚标准。

需要注意的是，中间人可以是多种角色，比如社会中介人、社会中介机构，也包括为参保人骗取社保待遇提供帮助的社会保险工作人员。

三、如何认定骗取金额

对于骗保的行政处罚，根据骗取金额的多少进行认定。骗取金额也是定罪量刑的重要依据。实践中一般是按照参保人获得社会保险待遇的金额认定，但存在一些特殊情况。

① 张学府：《责任主义视角下行政共同违法行为的处罚》，《法学家》2022年第4期。

② 林平：《演员偷逃税处罚是否涉“共同违法”？全国人大：谁违法处罚谁》，https://www.thepaper.cn/newsDetail_forward_13550098，访问日期：2024年4月26日。

案例10-16　违规提前领取养老金的骗保金额如何认定

企业职工基本养老保险参保人张某，男，2010年时真实年龄为55岁、缴费年限16年，为提前5年获得养老金，涂改最早记载出生日期的档案，于2010年申领了养老金。张某在2020年被举报查实骗保事实。张某骗取养老保险待遇的金额应当如何计算？一种算法是2010年至2020年领取的养老金总额，即张某实际获得的养老金数额。另外一种算法是2010年至2015年领取的养老金总额，因为2015年时，张某已经符合按月领取养老金的条件，此后领取养老金符合法律规定，不再需要以虚假年龄为依据获取养老金。本人倾向于第一种算法，并允许参保人重新申领养老金，从2015年起正常核发养老金。理由一是，行为人所获取的养老金总额是当时虚构事实的直接结果，2015年之后获取的养老金是原骗保行为的延续；理由二是养老金是依申请支付，张某2015年并未申领养老待遇；理由三是退休年度当地职工平均工资、参保人退休时年龄是计算统筹养老金、个人账户养老金的计发月数的基础参数，张某2015年后领取的待遇并非按规定于当年首次核定的结果，与实际应支付的金额存在差异。

案例10-17　违规补缴社保费金额能否从诈骗罪标的额中扣除

无业人员范某为获取企业职工养老待遇，通过虚构劳动关系，违规补缴了3.5万元养老保险费后，申领了养老保险待遇，直至案发时共领取了养老金15万元。范某骗取养老保险待遇的金额是15万元，还是11.5万元？一种意见认为骗取金额是15万元，因为实际领取的待遇金额是15万元，行为人缴纳的3.5万元应视为其为非法获得社保待遇的“作案工具”，应予没收，不得扣除。另外一种意见认为骗取金额是11.5万元，因为范某的实际获利与社会保险基金的实际损失是11.5万元。理由是，类似于普通诈骗犯罪中的双向给付，行为人向被害人社会保险经办机构缴纳的社会保险费3.5万元，是诈骗的“诱价”，是行为人为引诱被害人而支付的代价，能够有效弥补被害人所受的财产损失，折抵后社会保险基金实际损失只有11.5万元。

笔者倾向于骗取金额是15万元，但笔者也认为在判断案件情节时也可以将实际损失作为衡量因素。理由：骗保与普通诈骗不同，不能简单适用“诱价”成本理论。一是补缴属于违规，相关业务依法应当撤销，相关费用不宜直接转为社会保险基金，且如果不清退缴费，其违规补缴生成的缴费年限就无法合法撤销。二是现实中可能存在缴费金额高于已领取社保待遇的情况，如果也扣除会出现骗保金额为负数的情况，导致不能依法惩处违法行为。不过，违规补缴的3.5万元不宜没收，应以退回给参保人为妥，因为属于违法补缴，不能发生法律效力。

案例10-18　已退回部分骗取的社保待遇是否从骗保罪标的额中扣除？

如果骗保案发后，在社会保险行政部门向公安机关移送之前，行为人退回骗取的基金，是否构成骗保？骗保金额是否要扣除退回的款项？观点一认为应当扣除。理由是，参考最高人民法院1991年的《关于申付强诈骗案如何认定诈骗数额问题的电话答复》（附10-2[①]）："在具体认定诈骗犯罪数额时，应把案发前已被追回的被骗款额扣除，按最后实际诈骗所得数额计算。"以及《最高人民法院关于审理非法集资刑事案件具体应用法律若干问题的解释》关于"（个人进行集资诈骗）集资诈骗的数额以行为人实际骗取的数额计算，案发前已归还的数额应予扣除"的规定。比如，Y区社保部门发现姚某虚构劳动关系补缴骗取养老待遇8.5万元，随后启动基金追回工作，在移送公安机关前，姚某将8.5万元基金退回，检察院认为该案在公安立案前已经全部退款，所以该诈骗案的涉案金额为0元，既然为0元就不符合立案条件。观点二认为不应扣除，理由一是没有明确扣除的依据；二是行为人已经完成整个骗取过程，实际获得了社保待遇，数额较大，犯罪已遂，符合骗保罪构成要件，诈骗成功后归还，只能说明其认罪态度好，可作为是否起诉以及是否从轻处罚的衡量因素；三是最高人民法院的答复针对的是民间诈骗，双方诉诸公权力机关前退还部分款项，属于"案发前"追回，予以扣除有合理性；而在该骗保案件中，是社保部门已经介入调查后，行为人迫于压力才退还，并非主动退还，不属于案发前追回。

笔者支持观点二，不应扣除。这类情况与最高人民法院有关复函情形不完全相同，责任人是在已经被社保部门发现并启动追回程序后退还的，退款是在"案发时间"之后，如果是涉案人员在社保部门查处前主动退回骗取的基金，可以扣除，或者作为不予起诉的情形。

附10-2　最高人民法院研究室《关于申付强诈骗案如何认定诈骗数额问题的电话答复》

豫法（研）请〔1991〕15号

最高人民法院：

最近，濮阳市中级人民法院就申付强诈骗案诈骗数额如何认定问题向我院请示。

被告人申付强以欺骗手段，于1987年10月与江苏省新沂市酒厂签订了价值

① 中华人民共和国最高人民法院：《最高人民法院研究室关于申付强诈骗案如何认定诈骗数额问题的电话答复》，https://flk.npc.gov.cn/detail2.html?NDAyODgxZTQ1ZmZiYmU0MTAxNWZmYzgwMzM2MjB1NDA%3D，访问日期：2024年4月25日。

为106200元的各类曲酒合同。案发前，新沂市酒厂追回曲酒价值6108.24元，下余45113.76元已无法追回。

对此案，我院审委会有两种意见：一种意见认为，对申付强的诈骗数额，可把案发前被追回的6万余元扣除并作为从重情节在量刑时予以考虑，按剩余的4万5千余元的数额予以认定；另一种意见认为，申付强已将价值10万余元的曲酒诈骗到手，诈骗数额应按合同总标的计算，属数额巨大，被追回的6万余元可作为从轻情节在量刑时予以考虑。

我们倾向于第一种意见。

当否，请批示。

河南省高级人民法院：

你院豫法（研）请〔1991〕15号《关于申付强诈骗案如何认定诈骗数额的请示》收悉。经研究，答复如下：

同意你院的倾向性意见。即在具体认定诈骗犯罪数额时，应把案发前已被追回的被骗款额扣除，按最后实际诈骗所得数额计算。但在处罚时，对于这种情况应当作为从重情节予以考虑。

四、如何规范对骗保的行政处罚

根据《社会保险法》的规定，骗取社会保险金的，“处骗取金额二倍以上五倍以下的罚款”。《行政处罚法》规定的减轻处罚、加重处罚、不予处罚等情形，同样适用于骗保行为。实践中，需要结合骗保案件特点，合法合理地确定对于骗保者是否处罚以及具体的罚款标准。

（一）不予处罚的情形

有人认为，《社会保险法》第八十七条、第八十八条对骗取社会保险金行为，规定的是“处骗取金额二倍以上五倍以下的罚款”，并不是“可以”“处骗取金额二倍以上五倍以下的罚款”，因此只要构成骗保，都必须处罚。这一理解是片面的。理由：《行政处罚法》是由全国人民代表大会制定的基本法律。我国对于行政处罚的设定和实施，都必须适用《行政处罚法》，除非它本身有例外规定。《社会保险法》由全国人民代表大会常务委员会制定，属于普通法律。从法律属性、制定机关来看，《行政处罚法》优于《社会保险法》，而且《社会保险法》有关行政处罚的规定并没有规定优先适用问题。在对骗保行为实施行政处罚时，应当同时适用《行政处罚法》和《社会保险法》。《行政处罚法》有关不予处罚、从轻、减轻处罚的规定适用于对骗保的行政处罚。即并不是对所有构成骗保的行为，都必须进行处罚。《行政处罚法》第三十三条规定，法定不予处罚的情形有三种：一是“违法行为轻微并及时改正，没有造成危害后果的，不予行政处罚”。比如骗保未遂，就是没有造成危害后果的一种情形。二是“初次违法且危害后果轻微并及时改正的，可以不予行政处罚”。三是“当事人有证据足以证明没有主观过错的，不予行政处罚。法律、行政法规另有规定的，从其规定。”

因此，《社会保险法》规定（对骗取社会保险金行为）“处骗取金额二倍以上五倍以下的罚款”，在执行中比较全面准确的理解应该是：不存在《行政处罚法》不予行政处罚情形或者可以不予行政处罚情形的，“处骗取金额二倍以上五倍以下的罚款”。至于何谓“违法行为轻微”“危害后果轻微”“及时纠正”，属于行政机关的裁量权，行政机关可以依法制定并公开行政处罚裁量基准。

（二）从轻或减轻处罚的情形

根据《行政处罚法》第三十二条规定，当事人有下列情形之一，应当从轻或者减轻行政处罚：主动消除或者减轻违法行为危害后果的；受他人胁迫或者诱骗实施违法行为的；主动供述行政机关尚未掌握的违法行为的；配合行政机关查处违法行为有立功表现的；法律、法规、规章规定其他应当从轻或者减轻行政处罚的。对骗保行为的处罚，应当执行该规定。如骗取社会保险待遇但又主动退回骗取的基金，或者主动举报基金违法行为有立功表现的等，应当从轻或者减轻行政处罚。至于是从轻还是减轻，属于行政机关的裁量权范畴。

（三）如何规范处罚裁量权

《社会保险法》有关（骗取社会保险金的）“处骗取金额二倍以上五倍以下的罚款”的规定，综合前述分析，涉及以下裁量权问题：

（1）不予处罚的裁量。根据“初次违法且危害后果轻微并及时改正的，可以不予行政处罚”的规定，对“危害后果轻微”的裁量。

（2）应当减轻的裁量。

（3）应当从轻的裁量。

（4）具体罚款额度的裁量。

《行政处罚法》第三十四条规定：“行政机关可以依法制定行政处罚裁量基准，规范行使行政处罚裁量权。行政处罚裁量基准应当向社会公布。”由于每一起违法行为都有其特点、情节，为了最大限度保护实施处罚的行政机关的裁量权，并更好地包容各类行政违法情形，可以不制定行政处罚裁量基准。但是，为了统一规范处罚、减少行政随意性，应当制定行政处罚裁量基准。我国对骗保的行政处罚尚未制定全国统一的裁量基准，有些省制定了基准，但差异性较大。对于这类案件，一般需要根据涉案金额、行为人配合检查情况、挽回基金损失消除危害后果情况、作案手段、社会危害性等方面，综合衡量。从保障公平和实践需求的角度来看，制定一个统一的处罚裁量基准是必要的。

五、侵害社会保险基金案件的查处时效

按照时效法定原则，法律法规未规定时效的，不能自设时效。

（一）对骗保行为的行政处罚时效

按照《行政处罚法》第三十六条，违法行为在二年内未被发现的，不再给予行政处罚；涉及公民生命健康安全、金融安全且有危害后果的，上述期限延长至五年。法律另有规定的除外。前款规定的期限，从违法行为发生之日起计算；违法行为有连续或者继续状态的，从行为终了之日起计算。

即骗保行为二年内未被发现的，不再给予行政处罚。社会保险经办机构支付社会保险待遇属于继续状态，一直到停发待遇才是行为终了之日。

（二）违规缴费清退时效

由于有关法律法规尚无这方面的时效规定，因此，向违规参保人清退违规缴费不受时效限制。

（三）社会保险基金追回的时效

由于有关法律法规尚无这方面的时效规定，社会保险基金追回无法定时效限制。

（四）刑事追诉时效

刑事追诉时效按照刑法规定执行。骗保罪最短刑事追诉时效为5年，涉案数额巨大的为10年，数额特别巨大的为20年。追诉期限从犯罪之日起计算；犯罪行为有连续或者继续状态的，从犯罪行为终了之日起计算。具体规定见附10-3。

附10-3　《刑法》关于刑事追诉时效的规定

第八十七条　犯罪经过下列期限不再追诉：

（一）法定最高刑为不满五年有期徒刑的，经过五年。

（二）法定最高刑为五年以上不满十年有期徒刑的，经过十年。

（三）法定最高刑为十年以上有期徒刑的，经过十五年。

（四）法定最高刑为无期徒刑、死刑的，经过二十年。如果二十年以后认为必须追诉的，须报请最高人民检察院核准。

第八十八条　在人民检察院、公安机关、国家安全机关立案侦查或者在人民法院受理案件以后，逃避侦查或者审判的，不受追诉期限的限制。

被害人在追诉期限内提出控告，人民法院、人民检察院、公安机关应当立案而不予立案的，不受追诉期限的限制。

第八十九条　追诉期限从犯罪之日起计算；犯罪行为有连续或者继续状态的，从犯罪行为终了之日起计算。

在追诉期限以内又犯罪的，前罪追诉的期限从犯后罪之日起计算。

六、骗保行为的行政处罚与刑事移送的关系

对于涉嫌犯罪的骗保行为，是否需先予以行政处罚再移送公安机关追究刑事责任？

根据《行政处罚法》《行政执法机关移送涉嫌犯罪案件的规定》，行政处罚只能适用于违反行政管理秩序但尚未构成犯罪的一般违法行为；刑事处罚适用于违反行政管理秩序且已经构成犯罪的情节严重的行为。对于既违反行政法规又触犯刑事法律的行为，也应采用“重罚吸收轻罚”原则，即刑事处罚吸收行政处罚。结合《人力资源社会保障部　公安部关于加强社会保险欺诈案件查处和移送工作的通知》（人社部发〔2015〕14号），有关“对单位和个人涉嫌社会保险欺诈犯罪的案件，应当依法向同级公安机关移送”和“社会保险行政部门对公安机关决定不予立案或者立案后撤销的案件……依照社会保险法律法规和规章的规定应当给予行政处罚的，应当依法依规作出行政处罚决定”的规定，社会保险行政部门发现骗保行为涉嫌达到刑事立案标准的，一般应当立即移送公安机关，待公安机关不予立案退回案卷后，再启动行政处罚的审查程序。

作为例外，如果属于单位骗保，因单位不是骗保罪主体，社保行政部门可以先对单位进行行政处罚，再将涉嫌犯罪的责任人员移送公安机关依法追究刑事责任。

七、侵害个人信息权益的责任

《社会保险法》规定，社会保险行政部门和其他有关行政部门、社会保险经办机构、社会保险费征收机构及其工作人员泄露用人单位和个人信息，给用人单位或者个人造成损失的，依法承担赔偿责任。“个人信息”包含哪些信息？损失赔偿依照什么法律和标准？被侵权人应当通过什么程序主张权利？根据《个人信息保护法》和《民法典》大致可以得出如下结论。

（一）个人信息的范围

根据《个人信息保护法》第四条，个人信息是以电子或者其他方式记录的与已识别或者可识别的自然人有关的各种信息，不包括匿名化处理后的信息。

（二）社会保险有关部门的信息保护责任

个人信息的处理包括个人信息的收集、存储、使用、加工、传输、提供、公开、删除等。社会保险有关部门在办理社会保险登记、待遇审核支付等过程中，会收集、存储和使用大量参保单位和个人的信息，属于《个人信息保护法》规定的个人信息的处理者。根据

《个人信息保护法》第九条规定，个人信息处理者应当对其个人信息处理活动负责，并采取必要措施保障所处理的个人信息的安全。

（三）个人信息的损害与赔偿

1.举证责任倒置

根据《个人信息保护法》第六十九条规定，处理个人信息侵害个人信息权益造成损害，个人信息处理者不能证明自己没有过错的，应当承担损害赔偿等侵权责任。

2.损害赔偿数额

《民法典》第一千一百八十二条和《个人信息保护法》第六十九条均对侵害个人信息权益应承担的侵权损害赔偿责任作出了相关规定，但二者规定的具体损害赔偿责任存在较大差别。社会保险有关部门属于个人信息处理者，适用《个人信息保护法》。《个人信息保护法》是特别法，根据特别法优于普通法的原则，社会保险有关部门侵害个人信息权益的，应适用《个人信息保护法》。根据《个人信息保护法》第六十九条规定，侵害个人信息权益的损害赔偿责任按照个人因此受到的损失或者个人信息处理者因此获得的利益确定；个人因此受到的损失和个人信息处理者因此获得的利益难以确定的，根据实际情况确定赔偿数额。

3.个人信息权益救济

一是公益诉讼。《个人信息保护法》专设公益诉讼条款，明确将个人信息保护纳入检察公益诉讼领域，个人信息处理者违反法律规定处理个人信息，侵害众多个人权益的，检察机关认为国家利益或者社会公共利益受到侵害的，可以依法向法院提起公益诉讼，提出要求违法者承担损害赔偿责任的诉求。二是民事诉讼。如果适用侵权赔偿，根据《民法典》，受害人有权请求侵权人承担损害赔偿责任。受害人可以根据自己的损失情况，要求侵权人赔偿其经济损失、精神损害抚慰金等。

八、当事人失联或拒不配合调查时如何追究责任

（一）问题的提出

在查处骗保行为的执法过程中，较为棘手的问题是，线索已指向明确的当事人，且有证据初步证明当事人存在骗保嫌疑，但是无法与其取得联系，或者其拒不配合调查。比如，虚构劳动关系参保并骗取失业保险待遇的案件中，行政执法人员联系到参保单位负责人获得了该参保单位无参保人工作记录的调查笔录，但无法联系到参保人进行核实。执法部门究竟是不予立案？还是立案后中止调查程序？或者继续调查处理推进案件？客观来说，在当事人缺席的情况下，不依法立案查处，存在放纵违法行为之嫌，执法部门也存在行政不作为的失职风险；但如果依然实施行政处罚，则可能对当事人不公平，有程序失当的瑕疵。

（二）处理意见

综合有关法律法规规定，笔者认为应依法调查处理推进案件。理由：一是执行法律规定的需要。骗保应当承担法律责任，骗取的社会保险基金应当追回，这是《社会保险法》等法律法规的明确规定。《行政处罚法》并未规定此类情况下应停止追责。二是发挥监督的预防违法效果的需要。如果放弃对失联人员追责，则无法对社会公众起到预防违法效果，甚至难免有人会继而仿效“玩失踪”，漠视法律的权威和尊严。三是当事人的口头陈述并不是认定违法事实的必要证据。如果有其他证据能证明违法事实，即使责任人拒绝承认，也能依法认定其违法。民事诉讼、刑事诉讼中均有“缺席”审判的相关规定。四是推进案件不影响当事人依法行使申辩权和救济权。执法部门可以通过公告的方式，将有关法律文书送达当事人。当然，客观来说，在当事人失联的情况下依法办案存在困难，执法部门应当严格依照法律程序查办该类案件。具体来说，注意以下几个方面。

1.严格立案审查

至少能够初步证明当事人存在骗保嫌疑才能立案。如虚构劳动关系挂靠参保骗取失业保险待遇案件，应当向社会保险经办机构调查核实确认领取待遇的时间、金额、领取人姓名和身份证号码等信息；向有关方面核实参保时间、参保单位等信息（向社会保险经办机构或者税务机关确认）。如果参保存在明显疑点，比如嫌疑人当月工作、当月参保、当月失业、当月申领待遇，若发现参保时段参保单位已经注销，则属于有初步证据证明存在骗保嫌疑，应当予以立案。

2.开展现场检查

办案人员应当向有关方面调查了解能确定劳动关系真实性的证据材料，如到参保单位住所地（参保单位停止营业的，向登记注册机关了解参保单位经营者相关信息）开展现场调查，收集骗保嫌疑人参保时段用人单位的员工名册、工资发放记录，对经营者进行调查询问，如果无嫌疑人工作记录，经营者的陈述也印证有关事实，则属于有基本证据证明骗保事实。现场检查需要收集固定书面证据，制作现场调查询问笔录，以及拍摄、留存现场照片。如果无法通知当事人，当事人不到场或者拒绝接受调查，当事人拒绝签名、盖章或者以其他方式确认的，办案人员都应当在笔录上注明情况，并采取录音、录像等方式记录，必要时可以邀请有关人员作为见证人。

3.穷尽联系手段

对于通过正常渠道无法联系到的参保人，办案人员应当通过其他可能的手段，争取与当事人取得联系。比如，通过参保人在参保、待遇申领环节留下的住址、联系电话等信息联系参保人，必要时通过公安机关、电信部门查找有关联系信息。如果仍无法取得联系，或者当事人拒绝接听电话、拒绝出现的，应留存通过拨打电话、发送短信、邮寄信函、网上留言等方式联系对方的证据。对方在合理期限内未予回电、回信、回函的，则认定为失联，依法认定相关违法事实。

4.以公告方式送达法律文书

执法部门按照规定制作调查询问通知书，通过公告的方式送达。需要给予行政处罚的，行政处罚告知书、行政处罚决定书等均可通过公告方式进行送达。公告期满，相关法律文书生效后，视为当事人已知晓并放弃有关申辩权利。涉嫌犯罪的，移送司法机关。

5.列入异常名录

社会保险经办机构可以将骗保嫌疑人列入异常名录，当嫌疑人事后申办参保、待遇申领手续时，对未退回骗取的社保待遇的，采取必要的扣除或限制性措施。

6.申请法院强制执行

当事人在法定期限内不申请行政复议或者提起行政诉讼，又不履行行政决定的，执法部门应当依照《行政强制法》的有关规定，申请人民法院强制执行有关处罚决定书、社会保险基金追回决定书等。

第十一章　社会保险基金管理风险评估与防控体系

确保社会保险基金管理安全是个系统工程。社会保险基金监督主要是事后监督，属于最后一道防线。维护社会保险基金安全，重要的是要建立社会保险基金安全预防体系。推进完善社会保险基金管理风险防控制度，是社会保险基金监督职能的延伸与拓展。为加强社会保险基金管理安全防控，需要在全面客观科学评估风险的基础上，设置多道防线，构筑事前、事中、事后的全方位、立体化基金管理风险防火墙、安全网。

第一节　建立健全社会保险基金风险评估制度

社会保险基金风险评估是指对社会保险制度运行情况进行分析，识别风险并对风险严重程度作出判断的活动。社会保险制度在运行中存在各种风险，如不能及时发现并排除风险，风险会不断放大，对社会保险制度运行造成严重威胁与冲击。需要对社会保险基金风险进行科学、客观、准确的判断，加强风险防控，已是共识。科学、严密的社会保险基金风险防控体系一般由风险识别、风险评估、内部控制、外部监督等组成，缺一不可。

我国社会保险基金风险评估仍处于探索阶段。总体来看，相关评估工作比较分散，系统性不强，评估的科学性、精准性不足，有的评估试点处于停滞状态，未形成常态化的、有效的评估机制。

一、关于社会保险基金支撑能力风险的评估

当一个统筹区的某一险种的社会保险基金累计结余不能自求平衡时，通常需采取提升缴费、政府加大投入、上级政府转移支付、扩大统筹区等措施，基金支付压力会传导到当地经济、社会领域或其他统筹区，若其超过一定限度和范围，将成为政府不可承受之重。开展社会保险基金支撑能力风险评估，未雨绸缪，推进改革，至关重要。为增强评估科学性、有效性，应解决以下问题：

一是指标科学性有待改进。有关规定将基金支撑能力纳入了该评估内容，共8项指标：参保缴费率、保费征收计划完成率、实际缴费率与名义缴费率的比例、人均缴费基数、财政补助资金到位率、基金年度收支结存率、基金收支增长率之比、基金结余可支付月数。这些指标只是基金征收和支出的数据，通常采集自上一年度的数据，科学性、客观性不足，容易受某一特殊年份异常数据影响，如财政补助资金推迟到位、不实参保数据清

理等，而且并未考虑未来人口结构、劳动力市场、经济发展情况等的变化，无法对未来社会保险基金支撑能力作出预测性判断。

二是评估结果公开有待加强。社会保险基金支撑能力与广大参保人、用人单位关系密切，向社会公开社会保险基金支撑能力有利于凝聚社会共识，减少改革阻力。中国社科院世界社保研究中心主办发布的《中国养老金精算报告2019-2050》预测，到2035年左右，我国城镇职工基本养老保险基金的累积结余或将耗尽，但尚无官方文件认可这一评估结果。国家高度重视企业职工基本养老保险的支撑能力，提前谋划开展重大改革与此不无关系。推进基金全国统筹、待遇计算方法调整、划转国有资产收益充实养老保险基金等是应对养老基金支撑能力风险的重要措施。

三是与制度改革互动不够紧密。根据基金的可支付月数可以比较简单、直观判断社会保险基金的可支撑能力。职工基本医疗保险、工伤保险、失业保险实行现收现付制，结余过大会不恰当地增加企业和职工的缴费负担，需要及时降低缴费或提高待遇；结余过小则影响可持续性，需要采取加强基金支出管控、提高缴费、增加基金收入渠道等措施。国家对有关险种的基金合理结余额作出过统一规定，并规定了结余过多或过少的处理方法，但是基金可支撑能力的评估结果如何有效触动改革，如何调整社会保险缴费标准、基金支出项目和待遇水平等方面仍需要进一步研究。

二、关于社会保险基金安全完整风险的评估

社会保险基金安全完整风险指的是其被骗取、侵占、挪用、贪污、错误多支出，即所谓的“跑冒滴漏”，以及未依法足额征缴、未实现保值增值等导致基金完整性受损的风险。开展基金安全风险评估，找出风险漏洞，有的放矢地开展防控，对维护社会保险基金的安全完整十分重要。为增强评估科学性、有效性，应解决以下问题：

一是评估主体不中立，影响评估结果客观性。按照有关规定，基金管控类指标为“经办机构内部控制情况（分为组织机构、业务运行、财务管理、信息系统管理、内部控制管理情况）”。《社会保险经办机构内部控制检查评估暂行办法》明确了评估的内容、标准，可操作性较强，但是由于该评估主要采取定性方法，而且是以内部自我评估为主，评估结果不够客观、准确，有的评估结果与实际风险情况存在较大差异。有些评估主体评估的“经办机构自评内部控制情况”常常为满分，这表明其故意或无意地忽略了问题，无法客观揭示风险。

二是采集数据静态单一，影响评估结果准确性。按照有关规定，“基金违法案件情况（分为欺诈骗取基金、挤占挪用、基金损失、基金举报投诉结案率）”指标，属于静态数据，基于上年已经发生的案件数据进行评估。因为基金案件发生具有偶然因素，某一年度发生的案件不能全面反映实际情况，前瞻性不足。未暴露骗保案件的地区的基金安全风险不一定就低，需要更丰富的指标才能对这方面作出相对可靠的预判。比如审计、检查发现的大量错误支付待遇问题，是导致基金损失的重要因素，所以也应将引发该问题的有关因

素纳入评估指标。

三是业务风险评估随意性较大。我国尚未建立覆盖所有社会保险管理和经办业务的统一的风险评估标准。各统筹区社会保险经办机构普遍编写了社会保险经办风险管理手册，采取了根据评估的风险情况设定岗位控制、财务控制、信息控制等防控措施。各地主要根据经验自行设定风险点、风险等级，有较大主观性，有的社会保险经办机构把所有业务都确定为中低风险，掩盖了基金安全风险。

四是指引和标准不清，政策风险评估缺乏可执行性。2018年，人社部印发的《人力资源社会保障部关于加强社会保险基金管理风险防控工作的意见》（人社部发〔2018〕43号）提出，制定社会保险政策要同步进行基金管理风险评估，研究风控措施，风控措施不到位的政策不能出台。这一制度将风险评估前移到决策层面，丰富了社会保险基金安全评估内容，是构建“政策、经办、信息、监督”四位一体风险防控体系的重要一环。对于如何开展这类风险评估尚缺乏可操作性的标准指引，哪些政策需要评估、评估什么内容、怎么评估等尚缺乏明确规定。

三、关于社会保险决策管理社会风险的评估

社会保险决策管理社会风险是指由于社会保险决策管理或服务不善，损害参保人权益，社会保险制度和管理服务失信于民的社会风险，这类风险伴随着决策、经办服务等产生。这类风险不直接引发基金损失，虽然不宜列入基金安全评估范畴，也不影响基金支撑能力，但会削弱政府公信力，动摇民众对社会保险管理体制的信心。比如，社会保险政策不合法、不公平或不合理，损害参保人权益或者引发公众对政府公信力的质疑；社会保险经办机构基于错误理解执行法规导致少发待遇，损害参保人权利，或者社保工作人员监守自盗侵占基金；经办服务不够人性化，被广泛传播后对社会保险经办机构形象造成恶劣影响；参保人私密信息泄露引发的社会恐慌（如，2007年11月20日，英国财政大臣达林在议会下院发表紧急声明，承认英国皇家税务及海关总署通过快递公司送交审计署的两张光盘丢失。光盘内容包括2500多万人的个人机密信息，包括儿童福利补贴受益人及其父母的姓名、住址、出生日期、儿童福利补贴号码、国家社会保险号码以及银行账号等信息。①）；社会保险档案或信息系统数据损坏灭失，导致参保人难以按期获得社会保险待遇等。

开展风险评估，类似于进行健康体检，可以及时、准确地发现风险，作出客观评估，精准施策，提前防范风险。没有全面、科学的评估，风险防控就可能出现“胡子眉毛一把抓”的混乱局面，或者是出现“头痛医头，脚痛医脚”、顾此失彼的被动局面。当前需要认真总结当前开展的风险评估工作的不足，进一步突出风险评估的地位，完善评估制度机制。下面是笔者从几个方面提出的意见建议。

① 黄念、郑秉文：《英国社保信息光盘丢失对我国的启示》，《中国审计》2008年第3期。

（一）分类开展评估

建立一个大而全的社会保险风险评估体系，艰难而低效。不同类型的风险，需要采取不同的评估和防控方法。可以根据风险内容和影响的后果，将社会保险风险评估分为社会保险基金支撑能力风险评估、社会保险基金安全完整风险评估和社会保险决策管理社会风险评估，需要分别设置指标，分别开展评估。如果混在一起评估，得出的评估结果难以精准指向问题和风险。

（二）分维度开展评估

社会保险制度运行有多个维度，风险评估也应多维度开展，以体现评估的系统性、完整性。根据社会保险风险评估对象和范围的大小，可以分为宏观、中观和微观三个维度的评估。一是宏观层面的评估。主要是对一个地区的社会保险管理整体情况开展全面、综合的评估。该类评估覆盖范围较广，可以对一个地区所有险种或者某个险种的基金管理整体情况进行分析。宏观评估注重整体性、全面性，有助于发现制度运行中的系统性风险，对未来形势作出科学预判。二是中观层面的评估。主要是对社会保险监管的某个环节或某项工作开展评估。比如社会保险经办内部控制是维护社会保险基金安全的关键一环，对内部控制开展评估属于中观层面的评估。中观评估可以分析局部的风险。三是微观层面的评估。主要是对社会保险管理服务单项业务的风险进行评估，一般根据业务出错是否会造成基金损失、出错是否可以修正补救、出错能否被及时发现、出错的概率、可能造成的影响大小等因素，综合评估确定风险等级，这是社会保险经办内部控制制度的重要内容。所谓“千里之堤，溃于蚁穴”，微观评估的主要意义在于能发现“蚁穴”。根据微观评估的结果可以针对具体业务的某个环节启动相应级别的防控措施。

（三）夯实评估数据基础

社会保险风险评估的对象是社会保险制度的运行情况，反映运行情况的载体主要是档案材料和数据信息，因此社会保险档案材料和数据信息的全面、完整和准确是开展风险评估的基础条件。由于种种原因，参保档案不完整、社保信息记录不准确、更新不及时等情况比较普遍，基于这样的数据材料得出的评估结果自然会与实际有较大偏离。因此，需尽快清理和规范社会保险运行数据、档案。

（四）评估主体必须中立

评估是评估者的主观行动，特别是如果采取定性评估，且评估结果影响到评估者的政绩或者需要承担不利后果时，评估结果就容易产生偏差。社保部门应当走出自己评估自己的思维定式，积极委托第三方专业机构开展社会保险风险评估。市场需要尽快培育这方面的专业机构。

（五）统一评估标准

以经办业务在微观层面的风险为例，《社会保险法》以及有关社会保险经办规程，对社会保险费征收、社会保险登记、待遇支付、个人权益记录等有比较统一的规定，各地的社会保险经办程序相差不大，各项业务的风险评估标准应该一致，社会保险经办业务在微观层面的风险评估标准应当统一。立足于国家层面统一编写风险评估标准，有利于整体提升各地对基金安全风险的防控水平。

（六）丰富评估方法

社会保险风险评估有定量和定性两种方法。在定量评估方面，应尽可能地通过社会保险管理系统生成的数据实行大数据、自动化评估，还要不断针对实际情况设置风险定量分析指标。在定性评估方面，应尽可能地避免纯主观的评价，可以通过收集分析群众信访、审计报告、基金监督检查结果、基金要情等反映出的问题和风险，总结形成评估标准，并基于此对评估对象开展定性评估。如某地被审计检查发现存在向丧失待遇资格条件的人员支付社会保险待遇的问题，或者基金要情反映存在工作人员篡改数据贪污基金的问题，可以追溯引发问题的因素，然后将这些因素用于评估整个统筹地区的基金安全风险情况。

（七）评估结果应有硬约束

社会保险风险评估并不是可有可无的。社会保险制度高质量发展以及基金安全完整离不开风险评估。只有将风险评估结果充分应用起来，才能解决风险评估与风险防控“两张皮”的问题。如对社会保险基金支撑能力的评估结果显示结余过多或过少，就应当尽快有序启动新的制度改革或者叫停不合适的制度。如评估为高风险的业务，就必须有对应的经办流程调整，如增加审核审批层级、增加岗位、信息控制等。如一个地区的社会保险基金安全评估结果显示为高风险，上级部门可挂牌督办整改，由当地政府作为责任单位，限时降低风险级别。对重大政策（如扩大社会保险基金支出的新政）实施对基金收支平衡的影响应当及时更新动态评估，评估风险不可控就应该果断调整或停止政策执行。这方面需要通过立法来推进。

未来社会保险基金监管重点是提升管理水平，走科学、精细管理的道路。社会保险基金的科学、精细管理离不开科学的评估制度。

第二节　构筑多层次社会保险基金管理安全防线

风险评估的主要作用是识别风险，准确识别风险后应采取措施加强风险防控。一般来说，维护社会保险基金安全完整至少有四道防线。

一、第一道防线（源头防范）

正如前文所述，社保法规政策是社会保险基金运行的依据，也是社会保险基金管理安全的第一道防线。建立社保政策的社会保险基金管理安全评估制度（以下简称“政策安全评估制度”），实现出台社保政策与社会保险基金管理防控措施“两同时”。该制度的主要内容是，对政策相关的基金承受能力、基金被侵害风险等同步开展评估，未经评估或者评估不通过（存在较大漏洞、存在风险但没有对应防范措施）的，不予出台。至于如何开展安全评估，需要实践中不断积累与摸索。规范的政策安全评估制度主要包括以下内容：

（一）评估对象

包括涉及社会保险基金支出的社会保险法规、规范性文件、社会保险经办规程。其中对社会保险法规的评估主要是指对涉及新设或者变更社会保险基金支出项目的评估。

（二）评估主体

为提高评估效果，必须保持评估的中立性、客观性和专业性。在未成立专业的评估机构之前，成立由熟悉政策、经办、信息、监督的人员联合组成的评估小组也是一个好选择。

（三）评估时间

应该在法规政策基本定型后再启动评估程序，即在法规政策完成起草论证，拟提交审议前，开展安全评估。

（四）评估内容

评估包含如下内容。

1.政策执行和业务经办流程中的风险点

风险点的主要表现，可能出现的基金安全风险，包括基金被内部人员或者社会人员非法侵害的风险，少收、贬值风险，基金收支不平衡的风险。

2.风险点的等级

确定每类政策的最高风险级别，是决定社会保险基金支出的主要实质性条件审查环节。可分为五级风险，最高风险为五级，根据风险大小递减。

3.风险点的防范

每个风险点应当有对应的防范措施。常见的风险防范措施：

（1）条件设置方面。对于获得某项待遇如果不设置条件，条件过于原则，或者虽设定条件但是不对所需要的材料提出要求，都会产生基金管理风险。相反，条件表述清晰、操作标准清楚会降低风险。

（2）流程设计方面。一般来说，设置流程比不设置流程安全度高，审批环节多比审批环节少安全度高，第三人评估比行政机构自己审核安全度高，审核人实名签字比不签字安全度高，审核过程与结果等信息公开比不公开安全度高。

（3）使用绩效方面。衡量社会保险政策质量的一个关键标准是，其能否发挥社会保险基金的最佳社会效果。错误的决策可能会导致社会保险基金的巨额浪费。需要对政策实施效果进行预判，如政策目标是什么，涉及哪些受惠群体，已有措施能否确保政策目标的实现，已有管理条件和手段是否足以支持制度目标的实现，是否存在基金被滥用、截留或侵占的风险等。

（4）责任确定方面。明确违规的情形与相应法律后果有利于增强约束，提高安全度。

（5）监督机制方面。建立常态的监督检查机制，明确监督责任主体和监督方式，实现事前预警拦截、事中复核抽查、事后数据比对与检查评估等是提高安全度的常见措施。基金支出的条件、过程、结果、救济权利义务等的公开有利于风险防控。

（6）档案材料方面。保留经办管理过程痕迹，本人提交申请并签名（通过指定信息系统实名提交申请可以实现身份真实性自动校验），申请人出具承诺书，形成档案材料（包含电子化档案）并存档，对档案存档期限提出要求等都是提高安全程度的措施。

实际评估工作中，可以将上述内容转化成评估表，逐项审核评估，参考格式见表11-1。

表11-1　社会保险决策基金管理安全风险评估表

<table>
<tr><td>评估对象</td><td colspan="2"></td></tr>
<tr><td>涉及的基金</td><td colspan="2"></td></tr>
<tr><td>文件性质</td><td colspan="2">法律/法规/规章/规范性文件/其他政策措施</td></tr>
<tr><td>起草机构</td><td colspan="2"></td></tr>
<tr><td>评估人员</td><td colspan="2"></td></tr>
<tr><td rowspan="12">社会保险基金管理安全风险防控措施与评估意见</td><td rowspan="2">条件设置方面</td><td>起草单位说明:</td></tr>
<tr><td>评估意见:</td></tr>
<tr><td rowspan="2">流程设计方面</td><td>起草单位说明:</td></tr>
<tr><td>评估意见:</td></tr>
<tr><td rowspan="2">使用绩效方面</td><td>起草单位说明:</td></tr>
<tr><td>评估意见:</td></tr>
<tr><td rowspan="2">责任确定方面</td><td>起草单位说明:</td></tr>
<tr><td>评估意见:</td></tr>
<tr><td rowspan="2">监督机制方面</td><td>起草单位说明:</td></tr>
<tr><td>评估意见:</td></tr>
<tr><td rowspan="2">档案材料方面</td><td>起草单位说明:</td></tr>
<tr><td>评估意见:</td></tr>
</table>

续表

评估结果	评估人员: 日期:

说明：第一，“起草单位说明”包括存在的风险、已经采取的措施。第二，“评估意见”包括风险等级、评估结论（包含缺乏防控措施、防控措施不足需要补充、已设定必要防控措施等）。

（五）评估程序

评估程序主要包括评估对象确定，成立评估小组，拟出初步评估意见，召开评估论证会议（起草单位说明风险防控措施、评估小组提出意见、起草单位回应等），根据评估论证会议完善评估意见，撰写评估报告并按程序报批，正式评估报告送达起草单位等。

（六）评估结果与应用

完成评估工作后，需出具评估结果报告，作为是否出台政策以及政策是否需要修改完善再出台的重要依据。其内容主要是根据是否列出各环节风险点，风险点是否有对应的安全防范措施，防范措施是否到位等作出评价。评估报告包括评估过程、评估意见、评估结果、评估人员，安全风险评估表作为附件。评估结果包括哪些方面尚未制定风险防控措施、哪些方面的风险防控措施需要优化、建议在法规政策中增加哪些风险防控措施、建议同步起草经办规程明确具体风险防控措施等。出具的评估结果需要注意防控措施的适度性：

1.防控措施并不是越多越好

从社会保险基金安全角度，防控措施越严密，社会保险基金越安全。但是，这不可避免地会增加管理成本，增强服务对象的不便利性，因此究竟应采取何种防控措施，需要兼顾安全性与便利性，尽可能地利用信息手段、公开机制等优化防控措施。

2.防控措施并不一定会完整写入法规政策

社保法规政策的主要功能是保障社保待遇，防控措施不是主要内容。不要求全部防控措施都写入法规政策文件。对于重要、高频率业务，可以另行出台具体经办规程。

评估报告应作为集体审议法规政策的重要内容，如未排查出风险点、风险点存在明显遗漏或者有条件完善风险防范措施但未拟定措施的，不予通过。

二、第二道防线（诚信自律与社会监督）

推动完善社会保险基金领域的社会诚信机制，完善社会监督机制，可以降低行政监管成本，形成人人“不想”“不敢”侵害社会保险基金、共同关心和维护社会保险基金安全的良好氛围。这方面主要涉及以下措施：

（一）常态化开展社会保险基金反欺诈教育宣传

开展社会保险基金反欺诈教育宣传，可以尽可能地让不了解法律法规、不了解违法后果以及心存侥幸的人放弃贪占社会保险基金的念头。这类宣传活动的关键是要建立常态化社会保险基金反欺诈教育宣传工作机制，并不断提高实效性，宣传内容和形式需要丰富多样、通俗易懂，让人印象深刻。

在开展内部警示教育方面，需要常态化组织学习培训，推动社会保险基金安全警示教育纳入党风廉政教育，纳入党建谈心谈话内容，领导干部、关键岗位工作人员等签订风险防控责任书，社会保险经办机构每年至少组织一次集体学习警示教育、专题讲座或培训；常态化开展案例分析与警示，在社会保险业务信息系统中设置维护基金安全警示提醒语和公示工作人员侵占基金被查处的典型案件，向所有登录用户进行提示，这种高频率的提醒，能加深印象，实现警钟长鸣，进而发挥很好的警示作用；每年对社会保险工作关键岗位人员开展社会保险基金反欺诈法规知识测试；组织社会保险工作人员到法院旁听贪占社会保险基金案件的庭审，通过公诉人和辩护人的法庭辩论进一步理解社会保险基金法律法规，通过当事人的忏悔现场感知贪占社会保险基金带来的严重后果，是以案说法、以案警示的有效措施。

在对外宣传方面，需要建立社会保险业务办理与反欺诈宣传同步机制，精准开展宣传，能提高宣传实效。在办理提前退休审批、工伤认定、劳动能力鉴定、个人关键信息变更、补缴申报审核、待遇审核审批、资格认证、稽核检查等高风险业务工作时，同时开展社会保险基金反欺诈宣传，如发放一份反欺诈宣传告知书，在业务受理以及结果送达时一并告知哪些情形属于欺诈骗保，依法将承担什么法律后果等。在部门网站和微信公众号开设打击欺诈骗保专栏，有利于提升宣传的权威性，也方便社会公众浏览查看。此外，常态化开展“线上+线下”形式多样的反欺诈宣传，在公共场所和社会保险服务窗口和平台等，张贴宣传海报和警示标语、播放反欺诈宣传视频、发放反欺诈宣传手册；每年开展社会保险基金反欺诈宣传月活动，集中时间密集开展形式多样的宣传，有利于营造共同维护社会保险基金安全的良好社会氛围。

（二）落实信息公开

参保单位、个人以及社会保险服务机构，社会保险经办管理机构和社会保险工作人员等应做到诚信自律。落实信息公开，“让权力在阳光下运行”，是推动社会保险基金管理者遵规守法、勤勉尽职、诚信自律的重要保障。需要公开的信息包括用人单位参保情况、社会保险决策过程、社会保险服务机构选定过程、履行服务协议和社会保险基金结算情况、社会保险基金收支情况、社会保险费征收、社会保险经办服务等相关指引、侵害社会保险基金案件的监督检查结果及整改情况、对社会保险基金违法行为的行政处罚情况等等。

目前国家还没有专门针对公开社会保险基金信息的规定，涉及这方面的规定散落在国家和地方的有关法规中。《社会保险法》规定“社会保险基金检查结果应当定期向社会公布”，社会保险监督委员会的“审计结果应当向社会公开”。但是，究竟应公布哪些具体内容、通过什么载体公开等尚需进一步明确。一些地方出台了社会保险信息公开制度，如《广东省社会保险基金监督条例》规定，“县级以上人民政府及其有关部门应当建立健全信息公开制度，加强社会保险信息披露，完善社会保险政策制定和决策程序，通过网络征询、媒体宣传、社会调查、论证、听证等方式公开听取社会意见”“社会保险行政部门应当及时公开社会保险政策文件、规划、办事规则以及违反社会保险基金相关法律法规典型案件等。社会保险费征收机构应当将缴纳社会保险费的办事指引等向社会公开，将缴费情况定期告知用人单位和参保人，通过本单位门户网站、媒体等每年定期向社会公布欠缴社会保险费数额较大的用人单位信息。社会保险经办机构应当通过本单位门户网站、媒体等每年定期向社会公布参加社会保险情况以及社会保险基金的收入、支出、结余和收益情况；通过本单位门户网站、服务窗口、乡镇（街道）和村（居）的公开专栏等载体，及时向社会公开各险种缴费基数上下限和缴费比例、各项待遇计发基数和标准、待遇调整情况、相关账户记账利率、各项社会保险服务的办事指引、签订服务协议的社会保险服务机构基本信息等，方便社会公众查询”。此外，《湖南省社会保险基金监管条例》《江苏省社会保险基金监督条例》均规定了有关社会保险基金信息公开的内容。

为方便社会公众广泛知晓和监督，更好地发挥信息公开制度的作用，需要出台专门的社会保险信息公开办法，统一信息公开的载体，将所有需要公开的社保信息在统一的载体专栏公布。此外，加强舆情监测，主动挖掘人民群众通过新媒体发出的基金案件相关信息。每天对各类媒体（特别是自媒体）发布的有关欺诈骗保、贪占基金的信息进行监测收集，如发现有基金违法问题线索的，及时调查核实处理。

（三）加强社会监督

加强社会监督，需要明确社会监督的范围和重点，以有序开展监督；明确社会监督人员构成与参与监督的渠道；需要向社会监督人员公开社会保险基金监督检查结果、必要的基金数据，为社会监督提供基础条件；明确社会监督的规范，防止对社会公众的不当误导等。社会监督中，基金监督举报奖励是主要方式之一。一方面能有效震慑社会保险领域违法违规行为；另一方面能依法支持和引导举报行为、规范奖励程序，增强监管合力。2016年广东省修订的《广东省社会保险基金监督条例》规定，对举报的骗取社会保险待遇或者社会保险基金支出情况属实，为查处重大违反社会保险法律法规的行为提供主要线索和证据的举报人，给予奖励。2022年，人社部和财政部印发《社会保险基金监督举报奖励暂行办法》，确定基金监督举报奖励制度成为全国普遍实施的制度。但是，社会监督不应只限于举报，还需要进行必要的舆论监督。

（四）完善信用监督机制

将违反社会保险基金法律、法规、规章，侵害社会保险基金，严重失信的单位和个人纳入失信名单，由有关单位实施联合惩戒。《社会保险经办条例》规定，国务院人力资源社会保障行政部门、医疗保障行政部门会同有关部门建立社会保险信用管理制度，明确社会保险领域严重失信主体名单认定标准；社会保险经办机构应当如实记录用人单位、个人和社会保险服务机构及其工作人员违反社会保险法律法规行为等失信行为。

1.失信范围

纳入失信范围的行为主要有：应缴纳社会保险费却拒不缴纳的；以欺诈、伪造证明材料或者其他手段参加、申报社会保险和骗取社会保险基金支出或骗取社会保险待遇的；社会保险服务机构违反服务协议或相关规定的；拒绝协助有关部门调查核实、不如实提供与社会保险相关各项资料的；等等。以后可以根据实际情况扩大失信范围，如拒不退回骗取或多领的社会保险基金的，中介组织集体违规参保、骗保的等。

2.惩戒措施

按照国家有关规定，对失信单位、个人的惩戒措施有：限制招录（聘用）公务员或者事业单位工作人员，限制办理社会保险业务，将失信信息纳入金融信息基础数据库，限制失信企业作为供应商参加政府采购活动，限制申请财政补助性资金和社会保障资金支持，限制严重失信行为有关责任人乘坐飞机、G字头动车组列车全部座位，通过新闻网站向社会公布失信责任主体信息，等等。

3.失信名单管理

失信名单管理包括采集与移除管理。为保护当事人合法权益，需要明确纳入失信名单的程序，保护当事人的知情权、申诉权。要建立失信名单的移除制度，明确各类惩戒措施的有效期，有效期满则移除失信名单。

此外，还需要建立守信激励机制。

三、第三道防线（内部控制与风险控制）

社会保险基金管理风险的内部控制，是指为了维护社会保险基金的安全完整，降低或者避免社会保险基金管理风险，社会保险基金管理经办单位对系统内部职能部门及其工作人员从事社会保险经办管理服务工作进行规范、监控、评价、纠错的方法、程序、措施的总称。比较成熟的是社会保险经办业务的内部控制制度，2022年，人社部印发了《社会保险经办内部控制规范》（LD/T 05—2022）。内部控制制度包含内部控制组织、风险评估、内部控制运行、内部控制监督检查，其中内部控制运行包括组织机构控制、业务流程控制、基金财务控制、信息系统控制、数据运用控制等。

基于此，各地进一步细化了社会保险经办内部控制的具体流程、措施，并制定了社会保险基金经办风险防控手册。对社会保险经办业务之外的社会保险基金管理相关业务，如工伤认定、劳动能力鉴定、提前退休审批、扩大社会保险基金支出范围的政策性补贴资助审核支付等业务，需要进一步加强内部控制制度建设。为使内部控制管理更加直观，可以按照地区、险种、机构三个维度，对社会保险经办管理内部控制状况进行分级评价管理，内部控制制度基本健全且有效运行的为一级；内部控制制度基本覆盖重要业务环节和高风险领域，但存在运行缺陷的为二级；未能完全覆盖重要业务和高风险领域，无法保证有效执行，同时存在设计缺陷或运行风险的为三级；内部控制设计或运行存在严重缺陷，导致发生过重大侵害社会保险基金安全行为并造成基金损失的为四级。

严格来说，社会保险基金管理风险控制与内部控制属于并列的两项管理制度。内部控制对象是社会保险经办管理机构及其工作人员；风险控制对象是社会保险基金收支业务及其风险（可支撑能力风险、保值增值风险、违规参保风险、错发多发风险、欺骗贪占风险和挪用风险等）。社会保险经办内部控制和风险控制的关键是尽可能覆盖各险种、各项社保业务，实现全流程覆盖且具有执行性，包含事前、事中、事后。要认真执行已经颁布的内部控制和风险控制制度，不断根据管理风险情况补充完善控制措施。内部控制和风险控制应建立动态更新机制，及时弥补原来由于认识不足导致的控制措施中存在的遗漏，以及新的业务产生的新的风险。

信息技术在社会保险基金管理风险防控方面有着“四两拨千斤”的效果。内部控制措施中最有效的措施是利用技术开展嵌入式的防控，尽可能地杜绝或缩小人为操作的可能性，比如，系统用户通过本人实名制注册的手机号码，扫码登录，基本可以杜绝账户密码被他人盗用的问题；在社保待遇支付前后，开展关联数据比对，能及时拦截和预警重复支付待遇、超高支付待遇、死亡冒领待遇、凭虚假身份证领取待遇等问题；取消“人工报盘”，将社保待遇支付业务数据直联银行支付系统，基本杜绝了个人篡改账户、金额等贪占基金的风险。随着人工智能技术、区块链技术的发展，信息技术在社会保险基金管理风险防控方面将发挥更加强大的作用。

四、第四道防线（基金监督）

社会保险基金监督是保障社会保险基金管理安全的最后一道防线。从社会保险基金安全体系角度看，监督的重要意义主要有两个：一是能督促、推动前面几道防线更好地发挥作用；二是当前面几道防线失守时，能发挥兜底保障、固守阵地的作用。

第三节　建立常态化风险排查防控机制

社会保险基金“跑冒滴漏”，表面看是偶发的“黑天鹅”事件，实质是“灰犀牛”事件。社会保险基金管理风险防控，关键是要及时发现基金管理风险，及时采取有效措施修复管理漏洞。正如《灰犀牛》一书中所说的，“每一个‘黑天鹅’事件的背后，都潜藏着一个巨大的‘灰犀牛’式危机”“远离‘灰犀牛群’攻击的最好办法之一就是要与这群‘灰犀牛’保持安全距离……思考未来，考虑各种可能发生的事件，并制定应对策略”。

社会保险基金管理风险防控不可能是一蹴而就的，因为管理风险随着管理条件、政策的变化而变化。正如人需要定期进行健康体检，有病及时医治。在还没发生实际问题时，就应当提前防控风险发生，所谓“上医治未病”。为实现对社会保险基金管理风险的动态排查防控，需要建立常态化的社会保险基金管理风险排查防控机制。

一、排查分类

（一）常规排查

各级人力资源社会保障行政部门、社会保险经办机构要将社会保险基金管理风险排查作为重要工作常态化开展，对缴费历史维护、视同缴费年限审核、待遇核发、一次性补缴、身份证件号码和银行账户等关键信息修改、资格认证、提前退休审批、待遇发放失败重拨、工伤认定、因病非因工负伤劳动能力鉴定、信息系统控制及运维等与社会保险基金支出密切关联的高风险业务和重点业务，承办业务的责任单位每年应当至少开展一次风险排查。医疗保障部门及其经办机构也需要对与医疗保障基金管理使用相关的高风险业务开展风险排查。

（二）专项排查

社会保险行政部门、社会保险政策制定部门、社会保险经办机构、信息化综合管理部门等发现以下情况之一的，应结合职责和经办实际，及时启动风险专项排查：发现社会保险基金重大要情的；接到有关部门的社会保险基金管理风险提示的；信访、举报的问题涉及基金管理风险的；审计、检察、法院等部门提出相关意见建议的；监督检查发现存在普遍性问题或风险的；等等。

社会保险基金监督机构可以根据需要提出开展风险专项排查的建议，相关单位接到风险排查建议的，应按要求开展排查并报送排查结果。

二、社会保险基金管理风险排查方法

（一）常规排查方式

开展常规排查的，原则上采取自下而上的方式进行。具体承担相关业务的机构依次从受理、信息录入、审核、审批等环节，对照社会保险法规政策、业务经办规程、内控制度、风险防控手册等要求和相关基金要情，结合自身职责和业务开展情况逐一排查，确认各项业务环节是否严格执行操作规范、是否存在管理风险漏洞，排查结果由本机构主要负责人通过“走流程”后审定。根据需要，也可以采取大数据方式筛查出疑点并据此开展排查。社会保险经办机构的常规排查由承办业务的责任单位组织开展，由内控稽核部门汇总并审查，根据需要报送社会保险经办机构主要领导。

（二）专项排查方式

开展专项排查的，原则上采取自上而下的方式，由责任单位按照掌握的风险线索，确定需要排查的险种、业务环节、风险问题等，组织本部门相关业务机构与下级单位，通过抽取档案、检查经办流程、登录信息系统、“走流程”、提取疑点数据等方式，实施排查。对属于普遍性风险的，根据风险特征，总结数据提取规则，在本地区提取疑点数据并开展针对性的筛查。必要时，从“政策、经办、信息、监督”四方面联合开展分析排查。

人力资源社会保障行政部门有关政策业务机构将专项排查情况报送社会保险基金监督机构。社会保险经办机构的内设机构将专项排查情况送稽核内控部门审查，经社会保险经办机构主要领导审定后报送同级人力资源社会保障行政部门。

三、社会保险基金管理风险排查防控措施

经分析排查，发现存在社会保险基金管理风险的，责任单位应结合实际情况，举一反三，采取以下一项或多项风险防控措施，防止同类问题重复发生：

（1）制定或修订法规政策、业务经办规程。

（2）加强岗位控制。

（3）完善信息系统功能。

（4）开展专项稽核、检查。

（5）修正社会保险基础数据。

（6）加强宣传和警示教育。

（7）其他措施。

相关责任单位未主动采取风险防控措施的，或者开展了排查但未能堵塞风险漏洞的，社会保险基金监督机构可以提出意见、建议，一并推动落实。

前述专项风险排查制度适用于排查新发现的风险。借助信息技术，实现常态化、可视化的风险排查预警，应当是未来发展的方向。有的省大力推进社会保险基金管理风险评估工作，探索建立以风险为导向的基金安全评估模式，构建可动态调整的安全评估模型，通过信息系统自动获取各统筹区基金运行和风险管控评估指标，划分不同安全等级，以直观了解地区基金安全的宏观情况，确定基金监督重点地区，是积极有益的探索。

第十二章　社会保险基金投资监督

第二、三支柱的社会保险制度建立较晚，相关监督制度的建立也相对较晚。企业年金、职业年金、个人养老金的制度模式、基金运行机制与基本养老保险基金大相径庭，相应的监管模式也大相径庭。对于基本社会保险基金的监督主要由政府部门实施行政监督，实行全流程严格监管；对于二、三支柱的社会保险基金的监管，以及基本养老保险基金的投资运营的监管，主要按照市场化原则，通过信托方式开展监管，金融监管特征比较突出，以合规性监督为主。

第一节　基本养老保险基金投资监管

根据《社会保险法》和国家其他有关规定，各省、自治区、直辖市养老基金结余额，预留一定支付费用后，确定一定的投资额度，委托给国务院授权的机构进行投资运营。基本养老保险基金由国务院指定的管理运营机构负责管理运营，坚持市场化、多元化、专业化的原则。《国务院关于印发基本养老保险基金投资管理办法的通知》（国发〔2015〕48号）是基本养老保险基金投资运营管理的主要依据。

一、适用范围

《基本养老保险基金投资管理办法》适用于基本养老保险基金（以下简称“养老基金”），包括企业职工、机关事业单位工作人员和城乡居民养老基金。

二、委托人

省、自治区、直辖市人民政府作为养老基金委托投资的委托人。委托人负责制定养老基金归集办法，将投资运营的养老基金归集到省级社会保障基金财政专户；与受托机构签订养老基金委托投资合同；向受托机构划拨委托投资资金；向受托机构下达划回委托投资资金的指令，接收划回的投资资金；根据受托机构提交的养老基金收益率，进行养老基金的记账、结算和收益分配；定期汇总养老基金投资管理情况，并以适当方式向社会公布；等等。

三、受托机构

受托机构是指国家设立、国务院授权的养老基金管理机构，即全国社会保障基金理事会。该理事会是财政部管理的事业单位。

受托机构主要职责包括：建立健全养老基金受托投资内部管理制度、风险管理制度和绩效评估办法；选择、监督、更换托管机构、投资管理机构；制定养老基金投资运营策略并组织实施；根据委托投资合同接收委托人划拨的委托投资资金；根据委托人通知划出委托投资资金；接受委托人查询，定期向委托人提交养老基金管理和财务会计报告；发生重大事件时，及时向委托人和有关监管部门报告；定期向国务院有关主管部门提交开展养老基金受托管理业务情况的报告；定期向社会公布养老基金投资情况；根据托管合同、投资管理合同对养老基金托管、投资情况进行监督；按照国家规定保存养老基金受托业务活动记录、账册、报表和其他相关资料等。

四、托管机构

托管机构是指接受养老基金受托机构委托，具有全国社会保障基金、企业年金基金托管经验，或者具有良好的基金托管业绩和社会信誉，负责安全保管养老基金资产的商业银行。托管机构主要职责包括：安全保管养老基金资产；以养老基金名义开设基金资产的资金账户、证券账户和期货账户等；及时办理清算、交割事宜；负责养老基金会计核算和估值，复核、审查和确认投资管理机构计算的基金资产净值；按照规定监督投资管理机构的投资活动，并定期向受托机构报告监督情况；定期向受托机构提交养老基金托管和财务会计报告；定期向国务院有关主管部门提交开展养老基金托管业务情况的报告；按照国家规定保存养老基金托管业务活动记录、账册、报表和其他相关资料等。

五、投资管理机构

投资管理机构是指接受受托机构委托，具有全国社会保障基金、企业年金基金投资管理经验，或者具有良好的资产管理业绩、财务状况和社会信誉，负责养老基金资产投资运营的专业机构。

投资管理机构主要职责包括：按照投资管理合同，管理养老基金投资组合和项目；对所管理的不同养老基金资产分别管理、分别记账；及时与托管机构核对养老基金会计核算和估值结果；进行养老基金会计核算，编制养老基金财务会计报告；按照国家规定保存养老基金投资业务活动记录、账册、报表和其他相关资料等。

六、养老基金投资

受托机构应当将养老基金单独管理、集中运营、独立核算，可对部分养老基金资产进行直接投资，其他养老基金资产委托其他专业机构投资。养老基金限于境内投资。投资范围包括：银行存款，中央银行票据，同业存单；国债，政策性、开发性银行债券，信用等级在投资级以上的金融债、企业（公司）债、地方政府债券、可转换债（含分离交易可转换债）、短期融资券、中期票据、资产支持证券，债券回购；养老金产品，上市流通的证券投资基金，股票，股权，股指期货，国债期货。

七、监督检查

（一）监督主体

根据《社会保险法》，国务院财政部门、社会保险行政部门、审计机关对全国社会保障基金的收支、管理和投资运营情况实施监督。

人力资源社会保障部、财政部依法对受托机构、托管机构、投资管理机构及相关主体开展养老基金投资管理业务情况实施监管。人民银行、证监会、银保监会按照各自职责，对托管机构、投资管理机构的经营活动进行监督。

（二）监督规范

人力资源社会保障部、财政部开展调查或者检查应当由两人以上进行，并出示有效证件，承担下列义务：依法履行职责，秉公执法，不得利用职务之便谋取私利；保守在调查或者检查时知悉的商业秘密；为举报人保密。

受托机构、托管机构、投资管理机构和其他为养老基金投资管理提供服务的自然人、法人或者其他组织应当积极配合监督检查，如实提供有关文件和资料，不得拒绝、阻挠或者逃避检查，不得谎报、隐匿或者销毁相关证据材料。

受托机构、托管机构、投资管理机构管理运营养老基金资产，其他自然人、法人或者组织为养老基金投资运营提供服务，应当严格遵守相关职业准则和行业规范，履行诚实、信用、谨慎、勤勉的义务。

八、法律责任

（一）受托机构及其从业人员法律责任

受托机构及其董事（理事）、监事、管理人员和其他从业人员存在违反与委托人合同约定，利用养老基金资产或者职务之便谋取不正当利益，侵占、挪用受托管理的养老基金资产，泄露因职务便利获取的未公开信息，或者利用该信息从事或明示、暗示他人进行相关的交易活动等行为之一的，责令改正，给予警告，有违法所得的，没收违法所得。对直接负责的主管人员和其他直接责任人员给予相应处分，由所在机构暂停或者撤销其养老基金投资管理职务。

（二）托管机构和投资管理机构及其从业人员法律责任

存在利用养老基金资产或者职务之便为他人谋取不正当利益、泄露因职务便利获取的未公开信息、不公平对待养老基金资产与其管理的其他财产、向受托机构违规承诺收益或者承担损失等违规行为的，责令改正，给予警告，并可暂停其接收新的养老基金托管或者投资管理业务。有违法所得的，没收违法所得，处以托管机构、投资管理机构违法所得1倍以上5倍以下管理费扣减；没有违法所得的，处以托管机构、投资管理机构50万元以下管理费扣减；情节严重的，可处以50万元以上100万元以下管理费扣减。对直接负责的主管人员和其他直接责任人员给予警告，由所在机构暂停或者撤销其养老基金投资管理职务。

（三）投资管理机构法律责任

投资管理机构超出投资范围或者违反投资比例规定进行投资的，责令改正，给予警告，并可暂停其接收新的养老基金投资管理业务，同时处以50万元以下管理费扣减。对直接负责的主管人员和其他直接责任人员给予警告，由所在机构暂停或者撤销其养老基金投资管理职务。

（四）托管机构和投资管理机构其他法律责任

托管机构、投资管理机构未能按照规定提供报告或者提供的报告有虚假记载、误导性陈述、重大遗漏的，责令限期改正；逾期不改正的，给予警告，并处以10万元以下管理费扣减。违反有关规定的，责令限期改正。逾期不改正的，给予警告，并可暂停其接收新的养老基金托管或者投资管理业务。

托管机构、投资管理机构受到3次以上警告的，由受托机构终止其养老基金托管或者投资管理职责，3年内不得再次申请。

托管机构、投资管理机构违反规定，给养老基金资产或者委托人造成损失的，应当分别对各自的行为依法承担赔偿责任。

（五）服务机构法律责任

会计师事务所等服务机构出具的文件有虚假记载、误导性陈述或者重大遗漏的，责令限期改正，没收业务收入，并依法处以业务收入1倍以上5倍以下的罚款；对直接负责的主管人员和其他直接责任人员给予警告。

第二节　企业年金基金监管

企业年金，是指企业及其职工在依法参加企业职工基本养老保险的基础上，自主建立的补充养老保险制度，是我国第二支柱的职工基本养老保险制度。企业年金不具有强制性，企业和职工自愿参加缴纳。国家鼓励企业建立企业年金。现行的企业年金制度于2004年开始试行。按照国家有关规定，企业年金基金，由建立企业年金计划的用人单位委托有资格的机构，按照信托模式，委托具有企业年金管理资格的账户管理人、投资管理人和托管人，负责企业年金基金的账户管理、投资运营和托管。相关管理机构资格由人社部实行行政许可管理。企业年金管理主要依据人社部颁布的《企业年金办法》《企业年金基金管理办法》等规定，同时适用劳动法、信托法、证券投资基金法等法律和国务院有关规定。

一、受托人

受托人是指受托管理企业年金基金的符合国家规定的养老金管理公司等法人受托机构（以下简称“法人受托机构”）或者企业年金理事会。建立企业年金计划的企业，通过职工大会或者职工代表大会讨论确定，选择法人受托机构作为受托人，或者成立企业年金理事会作为受托人。

受托人职责包括：选择、监督、更换账户管理人、托管人、投资管理人；制定企业年金基金战略资产配置策略；根据合同对企业年金基金管理进行监督；根据合同收取企业和职工缴费，向受益人支付企业年金待遇，并在合同中约定具体的履行方式；接受委托人查询，定期向委托人提交企业年金基金管理和财务会计报告；发生重大事件时，及时向委托人和有关监管部门报告；定期向有关监管部门提交开展企业年金基金受托管理业务情况的报告；按照国家规定保存与企业年金基金管理有关的记录自合同终止之日起至少15年；等等。

二、账户管理人

账户管理人，是指接受受托人委托管理企业年金基金账户的专业机构。账户管理人职责包括：建立企业年金基金企业账户和个人账户；记录企业、职工缴费以及企业年金基金投资收益；定期与托管人核对缴费数据以及企业年金基金账户财产变化状况，及时将核对结果提交受托人；计算企业年金待遇；向企业和受益人提供企业年金基金企业账户和个人账户信息查询服务；向受益人提供年度权益报告；定期向受托人提交账户管理数据等信息以及企业年金基金账户管理报告；定期向有关监管部门提交开展企业年金基金账户管理业务情况的报告；按照国家规定保存企业年金基金账户管理档案自合同终止之日起至少15年；等等。

三、托管人

托管人，是指接受受托人委托保管企业年金基金财产的商业银行。

托管人职责包括：安全保管企业年金基金财产；以企业年金基金名义开设基金财产的资金账户和证券账户等；对所托管的不同企业年金基金财产分别设置账户，确保基金财产的完整和独立；根据受托人指令，向投资管理人分配企业年金基金财产；及时办理清算、交割事宜；负责企业年金基金会计核算和估值，复核、审查和确认投资管理人计算的基金财产净值；根据受托人指令，向受益人发放企业年金待遇；定期与账户管理人、投资管理人核对有关数据；按照规定监督投资管理人的投资运作，并定期向受托人报告投资监督情况；定期向受托人提交企业年金基金托管和财务会计报告；定期向有关监管部门提交开展企业年金基金托管业务情况的报告；按照国家规定保存企业年金基金托管业务活动记录、账册、报表和其他相关资料自合同终止之日起至少15年；等等。

四、投资管理人

投资管理人，是指接受受托人委托投资管理企业年金基金财产的专业机构。

投资管理人职责包括：对企业年金基金财产进行投资；及时与托管人核对企业年金基金会计核算和估值结果；建立企业年金基金投资管理风险准备金；定期向受托人提交企业年金基金投资管理报告；定期向有关监管部门提交开展企业年金基金投资管理业务情况的报告；根据国家规定保存企业年金基金财产会计凭证、会计账簿、年度财务会计报告和投资记录自合同终止之日起至少15年；等等。

五、基金投资

企业年金基金投资管理应当遵循谨慎、分散风险的原则，充分考虑企业年金基金财产的安全性、收益性和流动性，实行专业化管理。

企业年金基金财产限于境内投资，投资范围包括银行存款、国债、中央银行票据、债券回购、万能保险产品、投资连结保险产品、证券投资基金、股票，以及信用等级在投资级以上的金融债、企业（公司）债、可转换债（含分离交易可转换债）、短期融资券和中期票据等金融产品。

有关投资管理规范，按照《企业年金基金管理办法》和《人力资源社会保障部关于调整年金基金投资范围的通知》（人社部发〔2020〕95号）等规定执行。

六、年金缴费与待遇

企业年金所需费用由企业和职工个人共同缴纳。企业年金基金实行完全积累，为每个参加企业年金的职工建立个人账户，按照国家有关规定投资运营。企业年金基金投资运营收益并入企业年金基金。企业缴费每年不超过本企业职工工资总额的8%。企业和职工个人缴费合计不超过本企业职工工资总额的12%。具体所需费用，由企业和职工一方协商确定。

符合下列条件之一的，可以领取企业年金：

（1）职工在达到国家规定的退休年龄或者完全丧失劳动能力时，可以从本人企业年金个人账户中按月、分次或者一次性领取企业年金，也可以将本人企业年金个人账户资金全部或者部分购买商业养老保险产品，依据保险合同领取待遇并享受相应的继承权。

（2）出国（境）定居人员的企业年金个人账户资金，可以根据本人要求一次性支付给本人。

（3）职工或者退休人员死亡后，其企业年金个人账户余额可以继承。

七、行政监督检查

受托人、账户管理人、托管人、投资管理人开展企业年金基金管理相关业务，应当接受人力资源社会保障行政部门的监管。

（一）监督主体

企业年金基金以国家人社部为主实施监管。

法人受托机构、中央企业集团公司成立的企业年金理事会、账户管理人、托管人、投资管理人违反企业年金管理规定或者企业年金基金管理费、信息披露相关规定的，由人力资源社会保障部责令改正。

其他企业（包括中央企业子公司）成立的企业年金理事会，违反企业年金管理规定或者企业年金基金管理费、信息披露相关规定的，由管理合同备案所在地的省、自治区、直辖市或者计划单列市人力资源社会保障行政部门责令改正。

（二）监督职权

人力资源社会保障部依法履行监督管理职责，可以采取以下措施：查询、记录、复制与被调查事项有关的企业年金基金管理合同、财务会计报告等资料；询问与调查事项有关的单位和个人，要求其对有关问题作出说明、提供有关证明材料；国家规定的其他措施。

委托人、受托人、账户管理人、托管人、投资管理人和其他为企业年金基金管理提供服务的自然人、法人或者其他组织，应当积极配合检查，如实提供有关资料，不得拒绝、阻挠或者逃避检查，不得谎报、隐匿或者销毁相关证据材料。

（三）监督规范

人力资源社会保障部依法进行调查或者检查时，应当至少由两人共同进行，并出示证件，承担下列义务：依法履行职责，秉公执法，不得利用职务之便谋取私利；保守在调查或者检查时知悉的商业秘密；为举报人员保密。

（四）主要监管措施

受托人、账户管理人、托管人、投资管理人发生违法违规行为可能影响企业年金基金财产安全的，或者经责令改正而不改正的，由人力资源社会保障部暂停其接收新的企业年金基金管理业务。给企业年金基金财产或者受益人利益造成损害的，依法承担赔偿责任；构成犯罪的，依法追究刑事责任。

人力资源社会保障部将法人受托机构、账户管理人、托管人、投资管理人的违法行为、处理结果以及改正情况予以记录，同时抄送业务监管部门。在企业年金基金管理资格有效期内，有3次以上违法记录或者1次以上经责令改正而不改正的，在其资格到期之后5年内，不再受理其开展企业年金基金管理业务的申请。

八、企业年金管理主要风险与监管重点

企业年金基金由企业委托有资质的管理机构实行市场化投资运营，属于信托模式。政府对企业年金的监督，与对基本保险的监督大相径庭。对基本保险基金进行监督的主要目的是规范基金管理行为，保障基金安全完整。而对企业年金的监督，按照国家有关规定，企业年金基金由企业委托有资格的机构实行市场化投资运营，主要目的是保障参保人的年金基金增值，安全管理责任主要在市场主体，不在政府部门。

（一）主要风险

1.合规风险

主要是指企业年金管理机构违反国家法律、法规、规章和其他监管规则产生的风险，包括管理机构之间不公平竞争、恶性竞争的风险。

2.信用风险

主要是指企业年金管理相关机构因种种原因，不愿或无力履行企业年金基金管理合同而构成违约，致使相关权益人遭受损失的可能性，又称违约风险。

3.投资风险

主要是指企业年金基金在资本市场投资运营过程中，因金融政策调整、资本市场波动导致年金基金投资收益出现异常变化的风险，又称市场风险。

4.操作风险

主要是指年金基金管理机构在办理参保、资金划拨、投资管理、待遇支付等运作环节

中，因故意或者过失导致的差错和时效延误。

5.道德风险

主要是指年金基金管理机构及其从业人员利用职务便利侵占窃取年金基金、营私舞弊，或者在资金分配、管理机构选择、投资运营等过程中进行利益交换，牺牲委托人、受益人的利益等风险。

（二）行政监管重点

社会保险行政部门对企业年金的监管，主要可采取以下措施。

1.年金方案监管

侧重对企业年金方案合规性的检查，实行企业年金方案备案制度。

2.年金基金管理资格监管

国家对企业年金基金管理机构资格实行行政许可制度，人社部主要通过颁发资格许可、资格条件年审等方式实施监管。

3.年金基金管理监管

主要是对企业年金基金受托人、托管人、账户管理人（账管人）和投资管理人（投管人），在各环节业务的合规性实施监管，包括是否履行规定职责，投资管理是否遵循谨慎、分散风险原则，投资范围是否违反规定，年金基金管理费、收益分配、计划管理和信息披露等是否符合规定等。年金基金管理监管通常采取合同备案审查、现场检查、非现场检查、举报专查等方式开展。

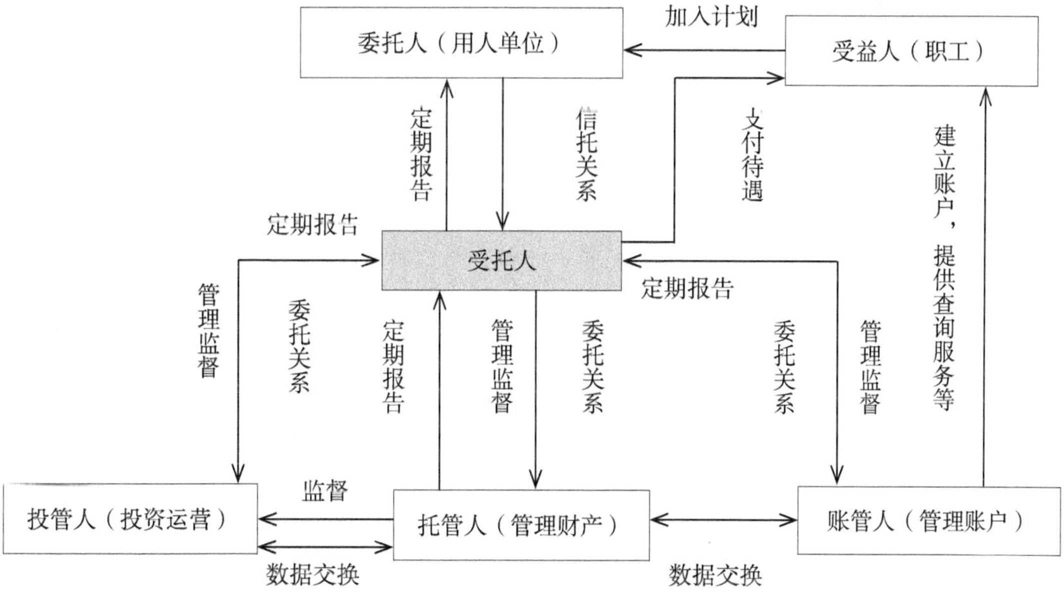

图12-1　企业年金基金管理关系图

第三节　完善企业年金监管制度的思考

法律法规是监管权力的来源和依据。在法治背景下，完善的法规保障是有效开展企业年金监管的基础。我国企业年金监管最高效力的立法是部门规章，如人社部和财政部发布的《企业年金办法》，人社部、银保监会、证监会发布的《企业年金基金管理办法》和原劳动保障部发布的《企业年金基金管理机构资格认定暂行办法》。

一、企业年金基金监管模式

世界各国企业年金基金基本实行市场化运作，但是监管思路存在较大差异，常见模式主要有两类："审慎人"监管（或称反应式监管）和"定量限制"监管（或称主动干预监管）。

"审慎人"监管主要特征之一是，法律对企业年金基金受托、投资管理提出原则要求，如受托管理过程必须审慎，始终坚持受益人利益最大化原则等。政府一般不直接介入企业年金的具体运行过程控制，而是侧重于对出现问题后的补救和惩罚。实行这一模式的代表国家是美国。"审慎人"监管模式下，动态调查监测的责任较大，需要监管者有较强专业能力。如美国负责企业年金监督的雇员待遇保障局有专门机构对企业年金报告和披露信息、新闻、房地产记录、行业信息等进行常态化的调查分析。

"定量限制"监管主要特征之一是，政府对企业年金管理资格和基金运行过程进行明确限定。"定量限制"监管模式对立法的专业性、科学性、可操作性以及执法监督的及时性要求比较高。

我国的年金监管是"定量限制"监管为主、"审慎人"监管为辅。根据《企业年金基金管理办法》《企业年金基金管理机构资格认定暂行办法》规定，从事企业年金基金管理业务的机构，必须取得人社部认定的相应企业年金基金管理资格，资格证书设定有效期；企业年金计划设立与变更、终止需报管理部门备案。《企业年金基金管理办法》还对投资品种及比例、收益分配及费用等作出明确限定，并且第十二条也规定受托人、账户管理人、托管人、投资管理人必须恪尽职守，履行诚实、信用、谨慎、勤勉的义务，一定程度体现"审慎人"监管原则，但是缺乏对违背该原则的认定方法、惩罚措施等规定，硬约束力不强，不能成为主要监管方式。

二、年金监管法规制度存在的问题

加强监管是确保年金制度规范运行的重要保障。立法层次低、法定监管措施不足，严重削弱监管效果，不利于确保企业年金基金安全稳健运行。下面主要针对我国企业年金基金监管措施方面存在的立法不足进行分析。

（一）企业年金基金管理资格许可制度基础不牢

我国对企业年金受托、投资等管理主体实行行政许可制度。根据《行政许可法》，设立行政许可必须有法律或行政法规依据。企业年金基金管理资格许可依据的还只是临时性的行政法规，即2004年发布的《国务院对确需保留的行政审批项目设定行政许可的决定》（国务院令第412号）。《行政许可法》第十四条规定："必要时，国务院可以采用发布决定的方式设定行政许可。实施后，除临时性行政许可事项外，国务院应当及时提请全国人民代表大会及其常务委员会制定法律，或者自行制定行政法规。"但是至今尚未制定企业年金基金管理行政法规，一直以该临时决定作为企业年金基金管理机构资格许可的主要依据。

（二）法定行政处罚措施缺乏

我国相关规章对企业年金基金管理机构违规行为并未规定行政处罚措施。《企业年金办法》规定："对违反本办法的，由人力资源社会保障行政部门予以警告，责令改正。"《企业年金基金管理办法》连警告都未规定，主要是责令改正，但"责令改正"主要是纠正违规行为，并不是行政处罚，违规者实际未为其违规行为承担不利后果。处罚措施缺乏，会导致监管规则落空。如果人力资源社会保障部门监管人员和能力严重不足，检查的频率较低，能发现问题并责令改正的概率更低。在实际监管工作中，人社部对企业年金基金管理机构实行资格定期评审制度，一定程度弥补了行政处罚措施不足的影响，但是相关做法难以与行政处罚法、行政许可法的要求衔接，存在较大法律风险，且监管的灵活性和权威性不足。

（三）现行退出机制的法规依据不足

完整的行政许可制度中，有准入，就应当有退出。一般来说有两种退出制度：行政许可有效期届满未延续；撤销或吊销有关许可。但是，根据《行政处罚法》规定，"暂扣或者吊销许可证"的处罚，必须有法律法规的依据，由于年金管理资格准入的主要规定是部门规章，无法设定该罚种。《企业年金基金管理办法》进行了变通，在第八十五条规定，在企业年金基金管理资格有效期内，有三次以上违法记录或者一次以上经责令改正而不改正的，在其资格到期之后5年内，不再受理其开展企业年金基金管理业务的申请。实际就是"出局"了，具有行政处罚的特征。但是，"拒绝受理申请"并不是好办法。一是缺乏《行政许可法》支持。根据《行政许可法》第三十二条规定，有两种情况可以不受理许可申请："（一）申请事项依法不需要取得行政许可的，应当即时告知申请人不受理；（二）申请事项依法不属于本行政机关职权范围的，应当即时作出不予受理的决定，并告知申请人向有关行政机关申请。"申请人的申请不符合法定条件、标准的，许可机关可以作出不予许可的决定，但不能不受理申请。二是与《行政处罚法》"过罚相当"原则相悖。《行政处罚法》规定："设定和实施行政处罚必须以事实为依据，与违法行为的事实、性质、情节以及社会危害程度相当。"违规三次或经责令改正而不改正，并不当然是严重违规行为。对违规行为处理，不区分情节和危害程度，一律顶格惩处，有违"过罚相当"原则，且会因灵活性不足而难以落地，而相近领域立法如银行法、保险法，区分不同违法情形，规定了罚款、没收非法所得、停止接受新业务、停业整顿等法律责任规定，处罚措施于法有据且合理正当。三是规定前后不协调。《企业年金基金管理办法》将"近3年没有重大违法违规行为"作为企业年金基金管理机构资格条件之一；第八十五条却规定，"管理机构有三次以上违法记录或者一次以上经责令改正而不改正的，在其资格到期之后5年内，不再受理其开展企业年金基金业务的申请"。机构出现后种情况但如果不是重大违法违规行为，应该是符合规定资格条件的，既然符合条件，就不能不受理其申请。

（四）有效惩罚措施单一

主要监管措施是对年金基金管理机构行政许可设定期限，三年一次资格评审，通过资格延续方面设定退出情形。这一做法可以在《行政许可法》第七十条有关行政许可有效期延续制度找到依据，有一定震慑力。但是，从日常监管有效性和及时性要求来看，监管部门应该有权随时对严重违规者采取吊销资格许可或者限制其开展新业务的措施，不宜一律等到许可期限届满再进行惩处。根据《行政处罚法》第九条、第十三条、第十六条规定，"暂扣、吊销许可"和"限制开展生产经营活动"属于行政处罚，规章和规范性文件无权设定该类行政处罚。因此，人社部规章无法设定有关暂扣、吊销有关年金基金管理机构资格许可的内容。而且企业年金基金管理机构资格丧失会引发连锁反应，如原来管理的年金资产是否有资格继续管理？如不能继续管理，年金资产应当如何划转？对受益人、委托人的管理服务义务由谁承接？造成的受益人损失如何赔偿等问题，需要有配套规定。比较切合实际的惩罚措施是，监管部门可以随时根据违规情节轻重，进行不同程度的惩处。

三、加强企业年金基金管理机构监管的思考

企业年金立法层次过低、惩处措施不完善，是制约监管者的重要因素。职业年金监管也存在同类问题。由于部门规章只能设定警告、罚款的罚则，对经营活动中的违法行为，罚款最高限额是3万元，人社部难以出台强有力的监管措施，而《中华人民共和国商业银行法》《社会保险法》《中华人民共和国信托法》（以下简称《信托法》）等也未对企业年金作出专门规定，未授权人社部门对金融机构享有任何管理权限。为实现企业年金基金监管的精细化、专业化、科学化，制定企业年金和职业年金基金监管行政法规已势在必行。

（一）明确法律适用衔接制度

企业和职业年金基金实行市场化运作，法律关系比较复杂，主体包含职工、企业（用人单位）、受托人、账户管理人、托管人、投资管理人等，涉及劳动法、信托法以及金融、保险、投资等法律。但是，这些法律并未对违反企业年金基金管理规定行为的处理作出规定。较快捷的方法是，明确企业年金和职业年金基金受托、管理行为适用《信托法》《银行法》《商业保险法》《证券法》有关规定；明确人社部发现年金基金管理机构存在违反金融法律行为的，应当在依法处理的同时移交金融监管部门查处。

（二）制定企业年金和职业年金监管条例

完善企业年金和职业年金管理行政许可制度，明确监管主体、监管程序和监管措施；对违规行为，应当按照情节轻重分别设定合适的处罚措施，处罚措施包含罚款、一定期限内不得开展新业务、暂停或吊销资格许可、有直接责任的投资管理人员一定期限内不得从事年金业务甚至吊销有关执业资格等；对有关严重违规行为还可纳入失信名单进行联合惩戒，建立风险管控警示制度。

（三）借鉴“审慎人”监管模式经验

立法明确授权监管部门有权对企业年金和职业年金基金管理机构是否存在违背“审慎人”原则进行调查认定，监管部门依法认定管理机构违背“审慎人”原则的，可采取社会公布、风险警示、行政处罚等管控措施。

四、加强职工企业年金权益保障的思考

企业年金制度的目标是提升职工退休待遇水平，维护职工权益是企业年金监管的出发点和落脚点。现行企业年金立法对职工企业年金权益保障力度不足，监管缺位现象较为突出。企业年金基金实行市场化运作，法律关系比较复杂，主体包含职工、企业（用人单位）、受托人、账户管理人、托管人、投资管理人等，涉及《劳动法》《劳动合同法》《信托法》以及《中华人民共和国金融法》《社会保险法》《中华人民共和国外商投资法》等法律。在企业年金法律关系中，职工只有决定是否参加企业年金的权利，基本无对投资产品、基金管理人自主选择或者参与协商的自由，自己的企业年金账户安全与盈亏基本是“听天由命”。职工由于专业知识匮乏、信息不对称等，与其他主体力量对比悬殊。因此，公权力应进行必要干预，加强对用人单位和基金管理人的监管，才能更好地保护职工权益，促进企业年金制度的健康、可持续发展。

（一）加强企业年金方案制定程序监管，保障职工民主参与权

企业年金实行自愿参加原则，法律不强制要求企业为职工缴纳企业年金。职工是否参

加企业年金以及缴费水平、企业缴费分配和归属等，主要依据的是本企业的年金方案。

根据《企业年金办法》第七条和第三十条等规定，企业年金方案相当于劳资双方就补充保险和福利签订的专项集体合同，由企业与职工一方通过集体协商确定，提交职工代表大会或者全体职工讨论通过，由企业首席代表和职工首席代表共同签署。从理论上看，企业年金方案代表了劳资双方的真实意愿。但是，我国集体合同制度长期以来存在“重结果、轻协商”、劳方代表严重缺位等通病。实践中，企业一方在企业年金方案制定中占有完全主导地位，容易出现违反“同工同酬”精神的现象，国有企业还可能出现以企业年金为名侵吞国有资产的问题。《企业年金办法》第十条规定：“人力资源社会保障行政部门自收到企业年金方案文本之日起15日内未提出异议的，企业年金方案即生效。”由于审核标准不统一，实践中存在两个极端：一是随意确定审查标准，侵害企业自主权；二是不认真审查，无论企业年金方案写什么内容都不提异议。实践中，多数人社部门主要是对照《企业年金办法》条款进行合法性审查，但是大多数企业的年金方案都使用全国示范版本，一般不会出现明显违法条款，容易出问题的是程序制定和内容合理性方面，如集体协商走过场甚至假协商，职工代表以管理层为主，被排除权利的职工常不能参与讨论，短期合同工、农民工被排除在参保范围外，国有企业的“中人”补偿标准畸高、对高管分配的企业缴费与一线职工的差距过大等。由于企业年金实行自愿原则，企业有分配自主权，人社部门干预合理性问题缺乏法规授权，这些问题主要依靠完善制度，规范集体协商来解决。

为维护企业年金方案的公平性，至少可以采取四方面措施：一是加强对国有单位企业年金建立的规制。细化规则，防止分配不公；国有企业主管部门或者地方工会可派人列席企业年金职代会进行监督。二是加强对方案制定程序的控制。例如要求参与企业年金方案审议的职工代表必须依法产生，工人、技术人员、管理人员、企业领导人员等的比例必须符合规定，职工代表大会召开程序必须符合规定，提交人社部门备案时必须提交职代会参会签到表、会议记录等。三是加强职工监督。《集体合同规定》第四十八条规定：“生效的集体合同或专项集体合同，应当自其生效之日起由协商代表及时以适当的形式向本方全体人员公布。”企业年金制度应当参照完善，考虑到企业年金与个人利益的紧密性，可要求企业向每位职工提供年金方案副本，公布本企业参加企业年金人员的名册，接受职工的监督，这也是保障职工知情权，解决申请仲裁、诉讼时举证难的问题需采取的必要措施。四是明确人社部门审查权限与标准。可以参考《集体合同规定》第四十四条和第四十五条规定，明确审查内容的合法性，明确审查程序；可以增加对年金方案合理性的建议权，企业应当将人社部门审查意见和审查建议向全体职工公开。

（二）完善企业缴费的归属规则，保障职工个人账户所有权

《企业年金办法》第十九条规定：“职工企业年金个人账户中企业缴费及其投资收益，企业可以与职工一方约定其自始归属于职工个人，也可以约定随着职工在本企业工作年限的增加逐步归属于职工个人，完全归属于职工个人的期限最长不超过8年。”第二十

条列举了强制归属职工的法定情形，如第（三）项规定："非因职工过错企业解除劳动合同的。"由于《劳动合同法》和《劳动合同法实施条例》并没有对应的"非因职工过错企业解除劳动合同的"情形，企业制定的年金方案普遍是照抄国家规定，也未细化或解释，实践中容易出现争议。例如用人单位根据《劳动合同法》第四十条，劳动者患病或者非因工负伤、劳动者不能胜任工作等被解除劳动合同，劳动者主观上并没有过错，企业的年金缴费是否应归属职工？此外，企业因职工轻微违纪而解除劳动合同，后被确认为违法解除的，企业缴费是否应当归属职工？需要对《企业年金办法》"非因职工过错"作出解释或修订，将解除劳动合同情形与劳动合同法规对应上，以减少争议。

（三）完善企业年金信息披露制度，加强职工知情权保护

职工基本养老保险待遇涉及的统筹基金支付的基础养老金，情况较为复杂，难以准确计算预期养老金待遇。企业年金则不同，企业年金实行个人账户全积累，个人账户中的缴费及其投资收益基本就是本人企业年金待遇，这一数据可以及时动态呈现。保障企业年金参加人知情权，既是职工应有的权利，也是其对企业和管理机构行使监督权的基础。但是，《企业年金办法》对此并无片纸只字。《企业年金基金管理办法》也未直接对此作出规定，只是在第二十九条规定账户管理人对受益人的有关责任，"向企业和受益人提供企业年金基金企业账户和个人账户信息查询服务；向受益人提供年度权益报告"。至于年度权益报告是否包含缴费基数和企业缴费分配等内容不得而知。在有的诉讼案件中，职工由于无法提供企业年金缴费基数、企业缴费分配基数等证据材料，在有关企业年金补缴、赔偿诉讼中败诉。

为更好地保障职工企业年金知情权，建议《企业年金办法》增加职工的知情权和监督权的原则性规定以及企业应当告知个人企业年金缴费相关信息的规定；在《企业年金基金管理办法》增加对受益人信息披露告知的具体内容。可以参照社会保险制度对参保人的知情权保障规定完善有关制度，如参照《社会保险法》第六十条"用人单位应当按月将缴纳社会保险费的明细情况告知本人"，第六十一条"社会保险费征收机构应当依法按时足额征收社会保险费，并将缴费情况定期告知用人单位和个人"，以及第七十四条"社会保险经办机构定期将个人权益记录单免费寄送本人"（包含缴费和享受社会保险待遇等）规定，要求用人单位、年金基金管理机构按照各自责任，每月向企业年金参保个人告知其缴费基数、个人缴费额、企业分配的缴费额、企业年金投资收益、相关企业年金计划投资收益情况等。

（四）完善企业年金接续制度，保障职工自由流动权

当前企业年金的接续未受到关注，主要原因是企业年金覆盖面窄，且建立企业年金计划的多是国有企业，职工就业比较稳定，需要流动接续的情况不普遍，但是并不说明企业年金的接续很合理顺畅。

职工基本养老保险统一由社会保险经办机构管理，同一统筹区内流动不需要转移，跨

统筹区参保的，只要在退休之前转移归集到待遇领取地，对养老保险待遇并无影响，而且国家对基本养老保险关系转移接续有统一经办规程和监管制度。企业年金则不同。企业年金依附于企业和年金基金管理机构，职工只要离职都会涉及企业年金转移承接的问题，是否及时办理转移，可能会对其实体权益造成影响，这方面需要统一的经办规程、统一的信息系统，尽快解决各机构的服务公开性、便捷性差异较大问题。

《企业年金办法》第二十二条规定了职工变动工作或失业等情况下的企业年金接续的实体性规定，但是缺乏可操作的程序性规定，也不适应职工多样化需求。一种情况是，职工流动到另外一个建立企业年金计划的企业，应当如何办理年金转移？企业年金方案和相关合同没有明确约定。这涉及原用人单位、新用人单位、原受托人、新受托人等，职工应当向谁提出申请？需要提交什么材料？负责受理的单位应当多少天内办结？哪些部门负责监管？等等。为更好地保护职工权益，应允许职工直接向受托人申请办理转移手续。另一种情况是，职工失业或者新单位未建立年金。《企业年金办法》第二十二条规定："原企业年金个人账户可以暂时由原管理机构继续管理，也可以由法人受托机构发起的集合计划设置的保留账户暂时管理。"但是原管理机构应当向职工提供哪些服务，未作规定。这样的账户越来越多，沉淀下来成了"休眠账户"，有的参保人因电话号码、联系地址改变等失去了联系。如果允许参加企业年金的失业人员参照灵活就业人员自愿参加职工基本养老保险的做法，继续往其个人原年金账户缴费或者通过委托原企业继续代扣缴费，原管理机构继续投资运营，则可以激活大量"休眠账户"。

与企业年金接续紧密联系的是，离职职工的企业缴费分配问题。根据《企业年金办法》第二十条规定，"非因职工过错企业解除劳动合同的，或者因企业违反法律规定职工解除劳动合同的""劳动合同期满，由于企业原因不再续订劳动合同的"等劳动关系解除、终止情形出现，职工企业年金个人账户中企业缴费及其投资收益完全归属于职工个人。但是缺乏程序性规定，如果企业不主动及时为职工办理有关手续，很多职工离职后并不知道自己有此权利，有的职工离职多年后才知道主张该权利，可能因超过仲裁、诉讼时效，无法举证等原因得不到支持。考虑到这种情况的企业缴费归属通常发生在解除终止劳动关系之时，可以参照《劳动合同法》第五十条"用人单位应当在解除或者终止劳动合同时出具解除或者终止劳动合同的证明，并在十五日内为劳动者办理档案和社会保险关系转移手续"规定，要求企业在办理解除、终止劳动关系手续时，应当一并书面告知职工在本企业参加企业年金情况、企业缴费的归属情况和依据等。

（五）明确待遇申领程序，保障职工年金待遇享受权

享受年金待遇是参加企业年金职工的核心权利。但是，《企业年金办法》以及年金方案范本等并未规定职工申领企业年金待遇的受理主体和程序规范。《企业年金基金管理办法》第二十三条规定，由受托人向受益人支付年金待遇；第二十九条规定，由账户管理人计算年金待遇；第三十四条规定，由托管人根据受托人指令，向受益人发放企业年金待遇。以上规定并未直接规定受益人应当向哪个单位申请支付企业年金待遇。而且职工并未

与任何一家年金基金管理机构订立支付协议，企业与受托人订立的受托管理合同指引范本允许约定通过委托人收集受益人材料向受托人申请待遇。有的受托人以此为由，不直接对受益人及其亲属直接提供受理申请服务，一旦受益人与用人单位发生纠纷，很容易因用人单位拒绝提交申请而导致无法享受待遇。该做法违反了前述规定精神。因为受益人或其亲属（受益人死亡时）具有享受待遇的资格，受托人有支付待遇的法定责任，不能以受托人与委托人的合同约定免除其责任或排除受益人的权力。为避免职工申领待遇出现障碍和不畅通的情况，应当立法明确有关内容，或者制定企业年金经办规程，明确职工的权利保护措施与相关管理机构责任，统一年金查询、待遇支付和救济的程序、平台与服务标准。考虑到银行服务网点多，比较方便受益人的方法是，受托人应委托托管人（银行）接受年金待遇申请业务，由托管人与受托人、账管人办理有关计算、结账等业务。托管人应当在受理后规定时间内将待遇转入受益人指定账户；如职工对年金待遇有异议，受托人有提供咨询和复核、答复的责任。

（六）完善企业年金举报和争议处理制度，保障职工救济权

在举报方面，国家关于企业年金的两个主要规定《企业年金办法》和《企业年金基金管理办法》均未规定职工的举报制度，对哪些行为可以举报、向哪个部门举报、受理举报的部门应当如何处理举报等，均无据可查。这会导致几个问题，如随意举报，浪费行政资源；举报渠道不畅通、群众监督机制在企业年金管理中失灵；或者行政部门推诿、拖拉、不作为、乱作为等。

在职工与企业的争议处理方面，《企业年金办法》第三十条规定：“因订立或者履行企业年金方案发生争议的，按照国家有关集体合同的规定执行。”这一规定不够严谨或者是片面的，容易被误解为职工与企业有关企业年金的争议只能通过集体合同争议渠道处理，无形中剥夺了职工本人以个体劳动争议的方式主张权利的机会。国家关于集体合同争议处理的规定很多，如《劳动法》第八十四条、《劳动合同法》第五十六条、《工会法》第二十条、《集体合同规定》第四十九条和第五十五条、《劳动人事争议仲裁办案规则》第六十三条等。归纳起来，订立企业年金方案发生争议，也就是说劳资双方制定年金方案过程中就某些条款协商，意见不一致的，当地人社部门可以组织协调处理。这种情况基本不会出现，而履行集体合同争议，《劳动合同法》第五十六条规定：“因履行集体合同发生争议，经协商解决不成的，工会可以依法申请仲裁、提起诉讼。”对此条的正确理解是赋予工会有代表职工申请仲裁或提起诉讼的权利，但并不排除职工个人就其与企业的劳动争议自行申请仲裁、提起诉讼的权利。实践中，职工和企业常见的争议是，职工要求企业为其参加企业年金、补缴年金缴费差额、主张企业缴费归属以及年金待遇支付相关纠纷，基本是个体的争议。由于《企业年金办法》规定不够清晰明了，司法实践中出现了理解偏差，混淆了强制性企业职工养老保险与自愿型企业年金制度。以要求企业补缴企业年金的案件为例，缴纳企业年金不是法规强制要求，而是以企业的年金方案为依据，双方发生争议，应当属于《劳动争议调解仲裁法》第二条规定的福利争议，属于劳动仲裁、诉讼受理

范围。但是有些法院错误地将补缴企业年金混同于补缴职工基本养老保险，进而认为企业年金缴费具有行政强制性，以《最高人民法院关于审理劳动争议案件适用法律若干问题的解释（三）》第一条规定为由，认定不属于人民法院民事案件审理范围。例如某法院民事判决中指出，根据《企业年金办法》第二十九条“县级以上人民政府人力资源社会保障行政部门负责对本办法的执行情况进行监督检查。对违反本办法的，由人力资源社会保障行政部门予以警告，责令改正”的规定，认为当事人要求补缴企业年金问题，依法应向人力资源社会保障行政部门或其他部门申请解决，不属于人民法院受理劳动争议案件的范围。深圳有关法院判决书则认为，企业年金虽然是补充养老保险，但不属于国家法律强制缴纳的养老保险制度，而是企业自愿缴纳的，应当视为企业给予员工的一种福利待遇，法律法规亦未赋予社保部门强制征缴的权利，故补缴企业年金不属于社会保险争议，而是福利待遇纠纷。因企业福利待遇纠纷属于劳动争议受案范围，故补缴企业年金纠纷属于人民法院受理劳动争议案件的范畴。笔者认为深圳法院的理解是恰当的。

在受益人与年金基金管理机构的争议方面，如果受益人认为年金待遇计算错误，需要维护自身权利，依法应当遵循什么法定渠道解决，须有明确的规定。如受托人拒不支付年金待遇的，受益人有权提起民事诉讼。

笔者认为，鉴于实践中认识的混乱，为畅通救济渠道，《企业年金办法》应当增加规定，“职工（职工死亡的，其亲属）与企业因企业年金缴费、企业缴费分配与归属、待遇申领等发生争议，属于补充保险和福利争议，按照劳动争议处理规定执行”。此外，还需要明确举证责任：企业应当对是否建立企业年金、扣缴企业年金的工资基数、企业年金方案制定程序合法性、企业缴费分配、企业缴费归属等承担举证责任［如海南省海口市中级人民法院（2020）琼01民终83号判决书显示，职工因不能提供企业年金缴费基数凭证，其要求补缴年金差额的主张得不到法院支持。反映出合理分配举证责任的现实必要性］；受托人应对待遇金额、支付责任等承担举证责任。

关于受益人（或其亲属）的待遇救济渠道方面，我倾向于应以受托人为权利主张方，通过民事诉讼渠道解决。理由如下：一是受托人依照规定和年金基金合同，承担待遇支付责任；二是受益人是基金管理合同的第三人，具有适格的诉讼主体地位；三是支付年金待遇属于合同履行争议。按照《民法典》和《中华人民共和国民事诉讼法》有关规定，可以通过诉讼渠道解决。

案例12-1　企业年金受托人能否协助法院执行在职参保人企业年金个人账户基金抵偿账务

起因：沈某于2008年1月至2017年12月在其原工作单位参加了企业年金，2018年2月辞职。中国人寿养老保险股份有限公司为该企业年金计划的受托人。沈某因与原告发生民间借贷纠纷，被张家口市宣化区人民法院判决偿还债务，民事判决书于2015年12月24日发生法律效力。因沈某不执行判决，原告申请法院强制执行，申请执行标的为221789元。在执行过程中，执行法院于2019年4月8日向中国人寿养老保险股份有限公司送达协助执行通知书，要求其协助提取沈某在其原用人单位的企业年金基金的全部权益。此时，沈某尚未达到法定退休年龄。

争议：中国人寿养老保险股份有限公司对执行提出异议，执行法院认为案件被执行人沈某参加了企业年金基金计划，并作为投保人缴纳了保险费用，其基金账户中的资金应属于沈某本人的财产权益，法院依法可以强制执行，驳回异议请求。中国人寿养老保险股份有限公司不服，申请复议，请求撤销原执行裁定书，不予执行协助执行通知书。主要理由如下。

（1）执行法院欲提取的企业年金基金财产尚未达到领取条件，依法不能领取。《企业年金办法》第二十四条规定："符合下列条件之一的，可以领取企业年金：（一）职工在达到国家规定的退休年龄或者完全丧失劳动能力时，可以从本人企业年金个人账户中按月、分次或者一次性领取企业年金，也可以将本人企业年金个人账户资金全部或者部分购买商业养老保险产品，依据保险合同领取待遇并享受相应的继承权；（二）出国（境）定居人员的企业年金个人账户资金，可以根据本人要求一次性支付给本人；（三）职工或者退休人员死亡后，其企业年金个人账户余额可以继承。"第二十五条规定："未达到上述企业年金领取条件之一的，不得从企业年金个人账户中提前提取资金。"经核实，执行法院欲执行的企业年金基金财产尚未达到领取条件，依法不能领取。

（2）执行法院裁定对企业年金的性质认定错误。执行法院在执行裁定书中认为企业年金基金是投保人享有的一种确定性的投资性收益，归属于投保人，应当视为投保人收入。该认定明显错误。

①企业年金制度中无投保人概念。根据《企业年金办法》第一条、第二条，《企业年金基金管理办法》第三条、第八条之规定，企业年金是指企业及其职工在依法参加基本养老保险的基础上，自主建立的补充养老保险制度。参加计划的企业和职工是委托人，法人受托机构是受托人，企业年金基金财产是独立于委托人、受托人的固有财产。因此，在企业年金计划中，并无"投保人"，只有"委托人"，基金财产与委托人财产相独立。

②企业年金并非确定的投资性收益，基金财产并非自始归属于委托人。企业年金制度是以人社部相关规定为依据建立的养老保险制度。委托人参加企业年金计划，不是日常投资行为，而是参加养老保险制度的行为；其所有的权益，也不是一般投资收益，而是根据人社部相关规定，在养老保险制度中所获得的仅能在退休等情形下领取养老保障性权益。根据《企业年金办法》第二十四条、第二十五条规定，企业年金仅在职工达到退休年龄或者完全丧失劳动能力或者出国定居时才可以领取，在职工或者退休人员死亡后可以被继承。该两条体现了企业年金制度的设立目的和社会保障性质。可见，企业年金不是委托人的投资性收益，其并非自始归属于委托人，而是仅在法定情形下才能被委托人领取。企业年金若被委托人任意支取，就会失去其养老保障、社会保障性质。

③企业年金不应被视为收入。正如前述，职工在符合企业年金领取条件前，其本人财产与企业年金基金财产相互独立，此时虽然存在企业年金个人账户，但仅为计算职工退休或死亡后可被领取和继承的年金数额，并非职工本人的财产，更非职工的收入。

（3）执行法院适用法律错误。

①本案不应适用《中华人民共和国民事诉讼法》第二百四十三条之规定。执行法院适用《中华人民共和国民事诉讼法》第二百四十三条，认可了本案中执行措施的合法性。《中华人民共和国民事诉讼法》第二百四十三条的内容为，被执行人未按执行通知履行法律文书确定的义务，人民法院有权扣留、提取被执行人应当履行义务部分的收入，但应当保留被执行人及其所扶养家属的生活必需费用。人民法院扣留、提取收入时，应当作出裁定，并发出协助执行通知书，被执行人所在单位、银行、信用合作社和其他有储蓄业务的单位必须办理。我公司认为，根据上述条款内容，扣留、提取被执行人的收入主要是针对自然人采取的措施。收入主要指金钱收入，收入的形式可以是工资、奖金、劳务报酬、稿酬、咨询费、存款利息、房屋租金等。扣留被执行人的收入，主要指被执行人所在单位按照人民法院的协助执行通知书扣留被执行人的工资、奖金等收入。企业年金不是被执行人的收入或者财产，而只是一种未来的权利预期，不应适用该条被强制执行。另外，申请人也不是该条规定的具有协助执行义务的单位。申请人认为原审法院适用《中华人民共和国民事诉讼法》第二百四十三条认可执行法院的执行措施，系适用法律错误。

②根据法律、规章规定，企业年金财产不得被强制执行。《企业年金办法》和《企业年金基金管理办法》均规定其根据《信托法》设立。企业年金计划本质上可视为一种信托计划。《企业年金办法》公布后，人社部发布的《人社部相关负责人就〈企业年金办法〉进行解读》中，也明确指出企业年金遵循信托法原则。《信托法》第十七条规定："除因下列情形之一外，对信托财产不得强制执行：（一）设立信托前债权人已对该信托财产享有优先受偿的权利，并依法行使该权利的；（二）受托人处理信托事务所产生债务，债权人要求清偿该债务的；（三）信托财产本身应担负的税款；（四）法律规定的其他情形。"本案并未出现上述法定条件。《企业年金基金管理办法》是中华人民共和国人力资源社会保障部、中国证券监督管理委员会、原中国银行业监督管理委员会、原中国保险监督管理委员会联合发布的专项规定，其第11条明确规定："非因企业年金基金财产本身承担的债务，不得对基金财产强制执行。"我公司认为，根据法律、规章规定，企业年金仅在法定情形下可以被强制执行，本案中并未出现法定情形，且被执行人尚不符合提取企业年金的条件，依法不得被强制执行。原审法院未适用上述规定作出裁判，属适用法律错误。综上，原审法院事实认定不清、适用法律错误。

法院观点：根据人力资源社会保障部、银监会、证监会、保监会颁布的《企业年金基金管理办法》第二条第二款、人力资源社会保障部颁布的《企业年金办法》第十九条第一款的规定，企业年金基金，是指根据依法制定的企业年金计划筹集的资金及其投资运营收益形成的企业补充养老保险基金。职工企业年金个人账户中个人缴费及其投资收益自始归属于职工个人。因此，执行法院对被执行人沈某企业年金基金执行的行为并无不当。故复议申请人的理由均不成立。依照《中华人民共和国民事诉讼法》第二百二十五条、《最高人民法院关于人民法院办理执行异议和复议案件若干问题的规定》第二十三条第一款第（一）项之规定，裁定驳回复议申请人中国人寿养老保险股份有限公司的复议请求。

点评：本案争议焦点在于如何理解"职工企业年金个人账户中个人缴费及其投资收益自始归属于职工个人"。企业年金基金属于用人单位及其全体参保人共有的财产。企业年金属于养老保险第二支柱，其制度目的是养老保障，具有特定功能作用，不是商业保险理财产品。因此国家明确规定只有"职工在达到国家规定的退休年龄或者完全丧失劳动能力""出国（境）定居""职工或者退休人员死亡"三种情形才能提取企业年金，偿还个人债务不是提取的法定情形。《企业年金基金管理办法》明确规定"非因企业年金基金财产本身承担的债务，不得对基金财产强制执行"，也是为了确保企业年金基金的养老保障特定用途。"职工企业年金个人账户中个人缴费及其投资收益自始归属于职工个人"只是名义上归个人所有，实际上仅为计算职工退休或死亡后可被领取和继承的年金数额，在从企业年金基金按规定转至参保人控制之前，属于整体的企业年金基金，并非职工本人能自行处分的财产，参保人不能支配使用，而且企业年金基金实行市场化投资运营，投资收益归属个人，强行提前支取，会导致参保人利益损失。因此，本案中，法院对企业年金属性特点和年金基金归属等存在理解偏差，不值得推广，合适的做法似乎应该是先予冻结，待达到法定支取情形后再按规定提取划扣。

第四节　职业年金基金监管

职业年金制度适用于国家机关、事业单位工作人员，是机关事业单位基本养老保险的补充。我国从2014年10月1日起实施机关事业单位工作人员职业年金制度。主要制度文件是《国务院办公厅关于印发机关事业单位职业年金办法的通知》（国办发〔2015〕18号）。职业年金基金管理运营机制类似于企业年金基金，实行市场化信托管理模式，两者之间比较大的区别是，企业年金分散委托投资；职业年金基金采取集中委托投资运营的方式管理。其中，中央在京国家机关及所属事业单位职业年金基金由中央国家机关养老保险管理中心集中行使委托职责，各地机关事业单位职业年金基金由省级社会保险经办机构集中行使委托职责。职业年金基金监管的主要文件依据是《人力资源社会保障部　财政部关于印发职业年金基金管理暂行办法的通知》（人社部发〔2016〕92号）。

一、机关事业单位职责

建立职业年金的机关事业单位，类似于企业年金制度的委托人，其职责包括：

向管理其基本养老保险的社会保险经办机构申报职业年金缴费；机关事业单位职业年金缴费按期划入管理其基本养老保险的社会保险经办机构按有关规定设立的职业年金基金归集账户，省以下社会保险经办机构职业年金基金归集账户资金及时归集至省级社会保险经办机构职业年金基金归集账户，确保资金完整、安全和独立。根据有关规定，在本单位工作人员出现退休、出国（境）定居、死亡等情况时，向管理其基本养老保险的社会保险经办机构提出待遇支付申请，并协助发放职业年金待遇；在本单位工作人员变动工作单位时，向管理其基本养老保险的社会保险经办机构提出账户转移申请，并协助办理职业年金账户转移；在本单位工作人员出现上述情况或其他有关情况时，向同级财政提出拨付资金记实申请。

二、代理人职责

代理人是指代理委托人集中行使委托职责并负责职业年金基金账户管理业务的中央国家机关养老保险管理中心及省级社会保险经办机构。

代理人职责包括：代理委托人与受托人签订职业年金计划受托管理合同；设立独立的职业年金基金归集账户，归集职业年金缴费，账实匹配一致后按照职业年金计划受托管理合同约定及时将职业年金基金归集账户资金划入职业年金基金受托财产托管账户，确保资金完整、安全和独立；负责对归集账户进行会计核算；负责职业年金基金账户管理，记录单位和个人缴费以及基金投资收益等账户财产变化情况；计算职业年金待遇，办理账户转移等相关事宜；定期向受托人提供职业年金基金账户管理相关信息，向机关事业单位披露职业年金管理信息，向受益人提供个人账户信息查询服务；定期向有关监管部门提交职业年金计划管理报告和职业年金基金账户管理报告，发生重大事件时及时向建立职业年金的机关事业单位和有关监管部门报告；监督职业年金计划管理情况，建立职业年金计划风险控制机制；按照国家规定保存职业年金基金委托管理、账户管理等业务活动记录、账册、报表和其他相关资料等。

三、受托人职责

受托人是指受托管理职业年金基金财产的法人受托机构。

受托人职责包括：选择、监督、更换职业年金计划托管人和投资管理人；与托管人和投资管理人签订职业年金计划委托管理合同；制定职业年金基金战略资产配置策略，提出大类资产投资比例和风险控制要求；基金财产到达受托财产托管账户25个工作日内划入投资资产托管账户；向投资管理人分配职业年金基金财产，也可根据职业年金计划受托管理合同约定将基金财产投资于一个或多个养老金产品；及时与托管人核对受托财产托管账户的会计核算信息和职业年金基金资产净值等数据；根据代理人的通知，向托管人发出职业年金收账指令、待遇支付指令及其他相关信息；建立职业年金计划投资风险控制及定期考核评估制度，严格控制投资风险；接受代理人查询，定期向代理人提交基金资产净值等数据信息以及职业年金计划受托管理报告；定期向有关监管部门提交职业年金基金受托管理报告，发生重大事件时及时向代理人和有关监管部门报告；根据合同约定监督职业年金基金管理情况；按照国家规定保存职业年金基金受托管理业务活动记录、账册、报表和其他相关资料；国家规定和合同约定的其他职责。

四、托管人职责

托管人是指接受受托人委托保管职业年金基金财产的商业银行。

托管人职责包括：安全保管职业年金基金财产；以职业年金基金名义开设基金财产的资金账户和证券账户等；对所托管的不同职业年金基金财产分别设置账户，确保基金财产的完整和独立；根据受托人指令，向投资管理人划拨职业年金基金财产，或者将职业年金基金财产划拨给一个或者多个养老金产品；及时办理清算、交割事宜；负责职业年金计划和各投资组合的基金会计核算和估值，复核、审查和确认基金资产净值，并按期向受托人提交基金资产净值、基金估值等必要的信息；根据受托人指令，向受益人发放职业年金待遇；定期与受托人、投资管理人核对有关数据；按照规定监督投资管理人的投资运作，并定期向受托人报告投资监督情况；定期向受托人提交职业年金计划托管报告，定期向有关监管部门提交职业年金基金托管报告，发生重大事件时及时向受托人和有关监管部门报告；按照国家规定保存职业年金基金托管业务活动记录、账册、报表和其他相关资料；国家规定和合同约定的其他职责。

五、投资管理人职责

投资管理人是指接受受托人委托投资管理职业年金基金财产的专业机构。

投资管理人职责主要包括：对职业年金基金财产进行投资；及时与托管人核对投资管理的职业年金基金会计核算和估值数据；建立职业年金基金投资管理风险准备金；建立投资组合风险控制及定期评估制度，严格控制组合投资风险；定期向受托人提交职业年金计划投资组合管理报告，定期向有关监管部门提交职业年金基金投资管理报告，发生重大事件时及时向受托人和有关监管部门报告；按照国家规定保存职业年金基金投资管理业务活动记录、账册、报表和其他相关资料；国家规定和合同约定的其他职责。

六、基金投资

职业年金基金投资管理应当遵循谨慎、分散风险的原则，充分考虑职业年金基金财产的安全性、收益性和流动性，实行专业化管理。

职业年金基金财产限于境内投资，投资范围包括：银行存款，中央银行票据；国债，债券回购，信用等级在投资级以上的金融债、企业（公司）债、可转换债（含分离交易可转换债）、短期融资券和中期票据；商业银行理财产品，信托产品，基础设施债权投资计划，特定资产管理计划；证券投资基金，股票，股指期货，养老金产品等金融产品。

有关职业年金基金投资管理规范，按照《职业年金基金管理暂行办法》和《人力资源社会保障部关于调整年金基金投资范围的通知》（人社部发〔2020〕95号）等规定执行。

七、缴费和待遇

职业年金所需费用由单位和工作人员个人共同承担，与基本养老保险费一并征收。单位缴纳职业年金费用的比例为本单位工资总额的8%，个人缴费比例为本人缴费工资的4%，由单位代扣。单位和个人缴费基数与机关事业单位工作人员基本养老保险缴费基数一致。

符合下列条件之一的可以领取职业年金：

（1）工作人员在达到国家规定的退休条件并依法办理退休手续后，由本人选择按月领取职业年金待遇的方式。可一次性用于购买商业养老保险产品，依据保险契约领取待遇并享受相应的继承权；可选择按照本人退休时对应的计发月数计发职业年金月待遇标准，发完为止，同时职业年金个人账户余额享有继承权。本人选择任一领取方式后不再更改。

（2）出国（境）定居人员的职业年金个人账户资金，可根据本人要求一次性支付给本人。

（3）工作人员在职期间死亡的，其职业年金个人账户余额可以继承。

八、行政监督检查

（一）监督主体

人力资源社会保障行政部门、财政部门对职业年金基金管理情况进行监管，主要是国家和省级人力资源社会保障行政部门、财政部门。

（二）监督职权

有关监管部门依法履行监督管理职责，可以采取以下措施：查询、记录、复制与被调查事项有关的职业年金计划受托和委托管理合同、财务会计报告等资料；询问与被调查事项有关的单位和个人，要求其对有关问题作出说明、提供有关证明材料等国家规定的措施。

机关事业单位、各级社会保险经办机构、受托人、托管人、投资管理人，以及归集账户开户银行和其他为职业年金基金管理提供服务的自然人、法人或者其他组织，应当积极配合检查，如实提供有关资料，不得拒绝、阻挠或者逃避检查，不得谎报、隐匿或者销毁相关材料。

（三）监督规范

有关监管部门依法进行调查或者检查时，应当至少由两人共同进行，出示证件，并承担下列义务：依法履行职责，秉公执法，不得利用职务之便谋取私利；保守在调查或者检查时知悉的商业秘密；为举报人保密。

（四）监督措施

各级社会保险经办机构、受托人、托管人、投资管理人以及归集账户开户银行违反规定的，由有关监管部门责令改正。

受托人、托管人、投资管理人发生违法违规行为可能影响职业年金基金财产安全的，或者经责令改正而不改正的，由人力资源社会保障部暂停其接收新的职业年金基金管理业务。

各级社会保险经办机构、受托人、托管人、投资管理人以及归集账户开户银行发生违法违规行为给职业年金基金财产或者受益人利益造成损害的，依法承担赔偿责任，其中各级社会保险经办机构的赔偿责任由同级财政承担；构成犯罪的，依法追究刑事责任。

有关监管部门将受托人、托管人、投资管理人以及归集账户开户银行违法违规行为、处理结果以及改正情况予以记录，同时抄送业务主管部门。

各省、自治区、直辖市人力资源社会保障行政部门、财政部门对本地区职业年金基金管理情况进行监督，发现违法违规问题报人力资源社会保障部、财政部。

八、职业年金管理的主要风险

职业年金监管的主要风险类似于企业年金基金，存在市场风险、信用风险、操作风险等，影响年金的收益性、安全性。由于职业年金参加群体特殊，且年金基金实行省级集中委托，职业年金基金投资运营稳定性和增长性压力比企业年金更大。此外，职业年金基金代理人履职风险较大，其中监管能力不足、道德风险、失职渎职风险应当引起高度关注，纳入基金监督的重要内容。

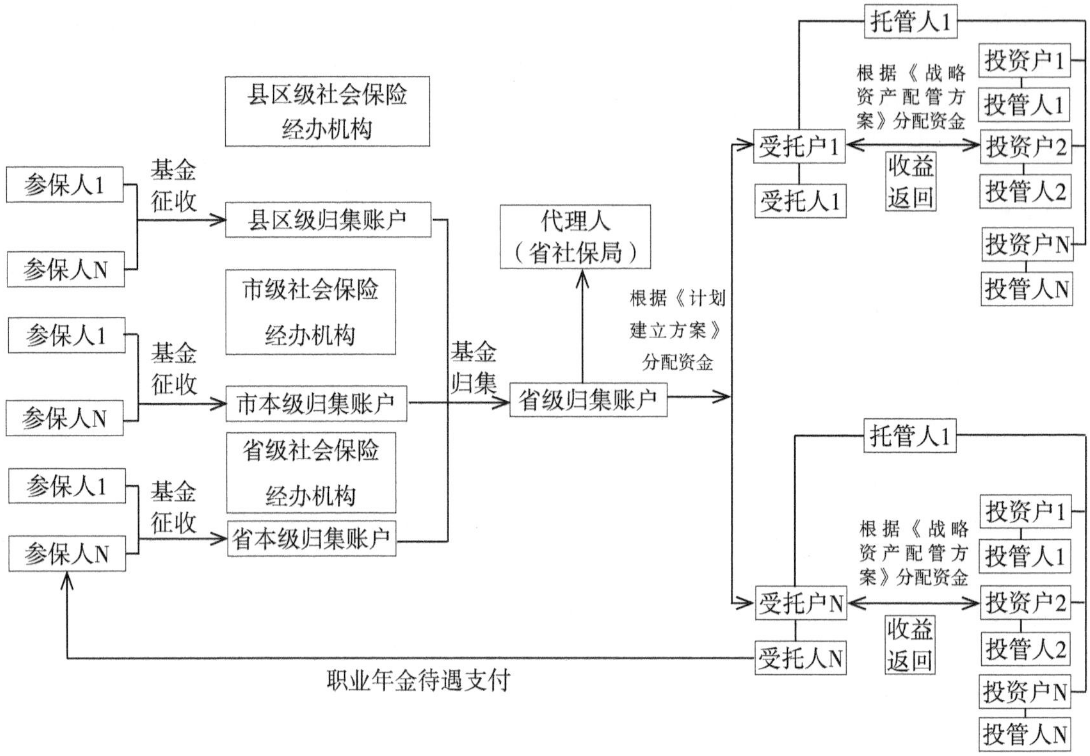

图12-2　省级职业年金基金管理关系图

第五节　个人养老金监管

我国个人养老金制度还处于起步阶段。2022年4月，国务院办公厅印发《国务院办公厅关于推动个人养老金发展的意见》，正式在全国范围的部分城市开展个人养老金制度试点。人力资源社会保障部、财政部、国家税务总局、银保监会、证监会于2022年10月印发《个人养老金实施办法》。个人养老金由国家职能部门统一监管。试点期间的主要制度内容如下。

一、参加范围

在中国境内参加城镇职工基本养老保险或者城乡居民基本养老保险的劳动者，可以参加个人养老金制度。

二、制度模式

个人养老金实行个人账户制度，缴费完全由参加人个人承担，实行完全积累。参加人通过个人养老金信息管理服务平台（以下简称“信息平台”），建立个人养老金账户。个人养老金账户是参加个人养老金制度、享受税收优惠政策的基础。

参加人可以用缴纳的个人养老金在符合规定的金融机构或者其依法合规委托的销售渠道（以下统称“金融产品销售机构”）购买金融产品，并承担相应的风险。参加人应当指定或者开立一个本人唯一的个人养老金资金账户，用于个人养老金缴费、归集收益、支付和缴纳个人所得税。个人养老金资金账户可以由参加人在符合规定的商业银行指定或者开立，也可以通过其他符合规定的金融产品销售机构指定。个人养老金资金账户实行封闭运行，其权益归参加人所有，除另有规定外不得提前支取。

参加人变更个人养老金资金账户开户银行时，应当经信息平台核验后，将原个人养老金资金账户内的资金转移至新的个人养老金资金账户并注销原资金账户。

三、缴费水平

参加人每年缴纳个人养老金的上限为12000元。人力资源社会保障部、财政部根据经济社会发展水平和多层次、多支柱养老保险体系发展情况等因素适时调整缴费上限。

国家制定税收优惠政策，鼓励符合条件的人员参加个人养老金制度并依规领取个人养老金。

四、个人养老金投资

个人养老金资金账户资金用于购买符合规定的银行理财、储蓄存款、商业养老保险、公募基金等运作安全、成熟稳定、标的规范、侧重长期保值的满足不同投资者偏好的金融产品，参加人可自主选择。参与个人养老金运行的金融机构和金融产品由相关金融监管部门确定，并通过信息平台和金融行业平台向社会发布。

五、信息平台

信息平台由人力资源社会保障部组织建设，与符合规定的商业银行以及相关金融行业平台对接，归集相关信息，与财政、税务等部门共享相关信息，为参加人提供个人养老金账户管理、缴费管理、信息查询等服务，支持参加人享受税收优惠政策，为个人养老金运行提供信息核验和综合监管支撑，为相关金融监管部门、参与个人养老金运行的金融机构提供相关信息服务。不断提升信息平台的规范化、信息化、专业化管理水平，运用“互联网+”创新服务方式，为参加人提供方便快捷的服务。

六、运营和监管

人力资源社会保障部、财政部对个人养老金发展进行宏观指导，根据职责对个人养老金的账户设置、缴费上限、待遇领取、税收优惠等制定具体政策并进行运行监管，定期向社会披露相关信息。税务部门依法对个人养老金实施税收征管。相关金融监管部门根据各自职责，依法依规对参与个人养老金运行金融机构的经营活动进行监管，督促相关金融机构优化产品和服务，做好产品风险提示，对产品的风险性进行监管，加强对投资者的教育。

七、主要风险

针对中国实际情况，个人社会金融投资意识和能力总体不高，受托机构可能会基于这一特点，怠于行使职责。如不及时投资，投资管理未勤勉尽责，银行与保险公司之间恶性竞争资源客户，实行行业壁垒等。

第十三章　境外社会保险基金监督制度

很多国家的社会保险制度与中国存在较大差异，特别是社会保险基金是否以及如何实行市场化运营，是否由政府设立的部门负责社会保险基金日常管理等方面。因此，相应的监管制度也存在较大差异，但是也有不少值得借鉴的思路和方法，特别是对社会保险基金投资运营、企业年金和职业年金的监管方面。下面主要介绍几个国家养老保险基金的监管。

第一节　美国养老金监管

美国养老保障制度经过约100年的发展，逐步形成了以零支柱（养老福利）兜底线，第一支柱保基本，第二、三支柱为重要组成部分的比较完善的多层次养老保障制度体系，被称为世界各国养老保障制度体系的典范。第一支柱的养老保险制度称为“Federal Old-Age, Survivors and Disability Insurance Program”，简称OASDI，即社会保障信托基金，由养老及遗属保险（OASI）和残障保险（DI）两部分组成，由雇主和雇员共同缴纳社会保障税，具有强制性，由联邦统一管理。第二支柱是雇主养老保险计划（Voluntary Employer-Sponsored Retirement Plans），实行自愿参保的原则，分为待遇确定型（DB）和缴费确定型（DC）两类，主要是DC模式，如401k计划。第三支柱是个人退休计划（Individual Retirement Arrangement），实行自愿参保的原则，所有70岁以下且有收入者，无论是否参加了其他养老保险计划，都可以开设个人退休账户（IRA）。

一、第一支柱养老金的监管

按照美国《社会保障法》，美国社会保障信托基金采取最审慎和最保守的监管原则。主管机构是社会保障局，直接向总统和国会负责。联邦政府的派出机构“州社会保障署”负责监管州的社会保障基金工作；各州也设有社会保障基金监管机构。社会保障信托基金董事会是监管机构，由6名成员组成负责社会保障信托基金的收支状况评估、资金收支状况评估、提出加强管理建议等，每年4月向国会报告相关情况。税务局负责征收工薪税，对养老金的税收优惠、延税政策执行监管。《美国联邦刑法典》设有“侵占养老金和福利基金罪”。社会保障信托基金只能投资于美国政府对其本息均予以担保的证券，远离资本市场。

二、第二支柱养老金的监管

美国的社会养老金体系中，401k 计划的地位举足轻重。由于401k 计划关系着许多雇员的福利，美国政府理所当然给予其严格的监管，监管方式也在随着计划的发展不断地更新完善。监管机构对有关合同条款、市场准入条件、投资组合投资限制等约束没有明确要求，主要强调管理机构对雇主养老金计划委托人的诚信义务和基金管理的透明度，打击内幕交易等欺诈行为，保护委托人的利益。监管401k 计划的部级政府部门主要有两个：财政部和劳工部（雇员福利保障局、养老金福利担保公司）。

（一）财政部的监管

财政部负责制定雇主养老金税收优惠政策。其属下的国家税务局具体负责对雇主养老金税收政策法律法规的执行情况进行监督，对401k 计划从建立、运行到终止的整个过程都有详细监控措施。税务局内部设有专门的401k计划的监督管理部门，机构设置以业务运行为基础并突出专业化的特点。雇主养老金计划被确定为“免税机构”，由国家税务局免税组织与政府机构司管理。除了 ERISA 以外，《国内税收法》（IRC）也是国家税务局监管的重要法律依据。IRC 赋予国家税务局在税收优惠和延税政策的执行上进行监管和稽查的权力。《国内税收法》对401k 计划的雇员覆盖率、年度缴费额和禁止偏向高薪雇员等方面都有十分严格的规定。若违反规定，最大的惩罚就是使401k 计划失去税收方面的优惠：所有已经缴入计划中的金额都必须被列入雇员的当期应税收入。从公司方面讲，历年公司申报的免税缴费也都必须重新缴税，而且还需支付罚款。

（二）劳工部（雇员福利保障局）的监管

负责执行美国《雇员退休收入保障法》（ERISA）的部门是劳工部。美国劳工部对在401k 计划监管方面具有广泛的权力：解释并应用法规中体现的总体原则；获得信息并调查不符合规则要求的年金计划；将由于受托人的失误造成的损失诉诸联邦法庭以挽回损失，每年劳工部对年金计划进行大约2500 个调查。具体负责雇主养老金监管的是劳工部下设的雇员福利保障局。雇员福利保障局和其他17个管理局的工作由劳工部一位副部长负责，下设两个部长助理，分别负责政策的制定和年金计划的具体运行。该副部长由总统任命并听从总统指令，任期通常限于一届政府。雇员福利保障局总部位于华盛顿特区，下设九个处，其执法活动主要在位于美国15个城市的员工福利安全管理局现场办公室内进行。现场办公室有400多名调查员/审计员，他们都是高技能的专业人员，许多人是律师或注册会计师，其他人拥有商业和金融方面的高级学位。根据ERISA的规定，雇员福利保障局的职责是监督养老金计划是否符合ERISA的相关要求，包括受托人的职责、被禁止交易、对雇主养老金计划进行审查和调查、对违规操作和违法事件通过法律途径进行解决或采取有关行政处罚和分析更正措施等。此外，劳工部可以干预任何对雇主养老金计划参与者权益造成损害的事件。如果401k计划的受托人违反了“审慎性原则”或参与违规交易，劳工部有权代表计划参加者对该受托人提起诉讼，向受托人主张因其违规行为对计划资产造成的损失。雇员福利保障局编制了专门的执法手册。

（三）劳工部（养老金福利担保公司）的监管

养老金福利担保公司（PBGC ,Pension Benefit Guaranty Corporation）是依据1974年颁布的《雇员退休收入保障法》设立的， 隶属于联邦劳工部的国有非营利公司。它的唯一业务就是为私有企业的福利金给付提供保险。三个部门的负责人——劳工部部长、财政部部长和商务部部长组成了该公司的董事会，劳工部部长任董事长。养老金福利担保公司虽然不对作为DC计划的401k计划提供担保，但是它对401k计划有管理责任，主要负责对DB计划进行监管和再担保。其职责包括：监督DB计划的运行，保证其参与人和受益人在退休时能够及时领取到养老金；在DB计划终止时，如果计划无力支付养老金，则由PBGC承担支付的义务。当雇主主动或被动终止计划时，必须向养老金福利担保公司申请批准。如果发现有恶意终止行为，将被追究法律责任。一旦得到批准，就可进入终止程序。

第二节　英国养老金监管

英国养老金体系由国家基本养老金、职业养老金、个人养老金三个支柱组成，其中，企业提供给雇员的职业养老金主要有收益确定型计划（DB）和缴费确定型计划（DC）两种形式。

一、国家养老金（福利）的监管

英国劳动和养老金部（Department for Work&Pensions，简称“DWP”）是养老金政策的主要制定方之一，负责养老金政策和监管办法的顶层设计，并实施养老金体系的改革。该机构不仅负责各支柱养老金的顶层设计和改革，同时还是第一支柱国家养老金的主要运营机构，负责国家养老金（State Pension）和养老补贴（Pension Credit）的发放。英国议会相继通过的《社会保障管理（欺诈）法案》（1997年颁布）（第47章）和《社会保障反欺诈法》（2001年颁布）规定了有关社会保障反欺诈制度。福利违法行为包括：任何一项与申领社会保险福利有关的犯罪行为，任何为福利违法提供便利的犯罪行为（无论是否由同一个人实施），任何实施福利违法行为的未遂或阴谋。管理房屋福利或地方税收优惠的权力机关可委派督察员，督察员有权对福利申请人或福利接收人进行询问，进入建筑物实施检查，收集有关信息和文件，要求任何人回答证明其有罪的问题或者提供证明其有罪的问题。以期获得福利、其他利益或好处（不论是为其自身或为其他人）的欺诈行为，均属犯罪，包括作出虚假陈述、制作或提供虚假文件或资料、法律要求的通知条件变化时没有通知等。

二、职业养老金计划的监管

英国职业养老金计划监管涉及的组织较多。英国养老金监管局（The Pensions Regulator）是根据2004年的养老金法案“The Pension Act 2004”创建的，它取代了职业养老金监管局，主要负责职业养老金的监管，并促进“强制提供”和“自动加入”政策的实施。养老金监管局成立一个委员会，代表其履行非执行职能，包括对养老金监管局内部财务控制进行评价，确保财务行为合规性。该委员会可以设立下属委员会。养老金监管局建立一个决策小组作为常设机构。决策小组代表养老金监管局行使专项监管职能。养老金监管局裁判所由大法官任命人员组成主席小组，成员须具备7年以上的律师执业经历。内阁大臣根据规定的条件任命养老保障督察官和副督察官。督察官负责调查和决定何种行为是理事会应该采取的核实行为，对法律规定的有关复议裁决进行仲裁，督察官发布的裁决、指令对规定人员具有约束力。养老保障基金理事会作为机构团体法人，占有、管理和运用养老保障基金，理事会成员包括理事长、其他雇员、附属人员，可以下设委员会。

在职业养老金计划和个人养老金计划监管过程中，养老金监管认为某人违反养老金法律的，可以向违法人员发出整改通知，载明违法事项、监管局的意见和法律依据、整改措施和履行期限等。如果监管局认为违反养老金法律规定的行为部分或者全部由另一个人（第三方）的不作为造成的结果，可以发出第三方通知。接收通知的人员，应当在通知规定的期限内向监管局报告其遵守通知的情况。当监管局发现某特定人员即将实施的行为会滥用或贪污职业养老金计划或个人养老金计划的资产，可以向法院申请颁布有关强制禁令，并可要求相关人员采取规定的各项措施，将资产恢复到被滥用或贪污前的状态。如果监管局确信有必要关闭计划，其有权在职业养老金计划评审期间以命令的形式关闭计划。如监管局认为某人不适宜作为相关计划受托人的，可以发出命令禁止其成为有关计划受托人。监管局建立并保管违禁受托人名单。裁判所有权确定监管局哪些措施为适宜的措施，监管局必须执行裁判所的决议结果或发布的指令，视同执行地方民事法院发布的命令。

第三节　瑞典国民基本养老保险基金监管

瑞典养老保险体系包括：保障养老金（零支柱），由国家税收支持，主要提供给低收入群体中满65岁的老人，不需要个人缴费，由政府税收提供支持，不设专门账户；基本养老保险（国民养老金或公共养老金，第一支柱），以个人收入为基础的养老金体系，具有强制性，以养老保障税的形式缴纳，由雇主和个人共同承担，包括收入型基金和基金制养老金；职业养老金（第二支柱），包括对白领员工的ITP计划和对蓝领员工的SAF-LO计划；私人养老金（第三支柱），由个人自愿建立，包括个人退休账户、购买投资性保险等，私人养老金在缴费及投资时没有税收优惠，领取时与其他养老金并入综合收入计征个人所得税[①]。

瑞典的第一支柱基本养老保险由国家社会保障和劳动部监管。雇主和个人缴费比例为18.5%，其中16%部分进入个人名义账户，剩余2.5%部分进入个人累积账户，分别进行投资运营和管理。个人名义账户资金转入国家设立的四只缓冲基金——第一、第二、第三和第四国民养老基金（AP1、AP2、AP3、AP4）进行投资运营，四只基金分别获得供款的1/4，每只基金承担1/4的养老金支付责任。个人累积账户资金，可以自主配置投资比例，或者直接进入国家设定的第七只国家缓冲基金（AP7）中进行默认投资。根据瑞典《国家养老保险基金法》，第一国民养老保险基金、第二国民养老保险基金、第三国民养老保险基金、第四国民养老保险基金和第七国民养老保险基金，分别由政府设立的5个相互独立的收入关联养老保险基金管理机构负责管理。第六国民养老保险基金的运营由《第六国民养老保险基金法》规定。国家保险局监管保障养老金和收入型养老金（第一至第四国民养老基金）。基金制基金局主要负责基金制养老金（包括第七国民养老金）的监管。

第一至第四国民养老保险基金分别成立各自的董事会，负责基金运营机构的组织和相应资产的运营管理，每个董事会有9名成员。四个基金均应每年制定运营计划，包括投资活动、风险管理方案（包括投资活动主要风险以及应对措施）等。每只基金都具有完整的现代公司治理结构，健全的内控体制和风险管理体系。政府不能干预基金的日常运营和资产管理。

政府应当向每只国民养老保险基金委派两名审计人员，以审核该基金的资产管理情况，另外还委派一名全部国民养老保险基金共有的审计人员，审计人员可以雇佣助手以履行其职责。基金管理机构每年向审计人员提交国民养老保险基金管理年度报告。审计人员应当在收到年度报告的14天内向董事会提交审计报告。政府每年应当起草关于国民养老保险基金年度报告的总结，并对基金资产运营状况进行评估，每年6月1日前向瑞典国会提交监督报告、政府总结和资产运营评估。

第四节　丹麦补充养老保险基金监管

丹麦建立劳动力市场补充养老保险，为工薪阶层等群体支付补充养老金。根据2008年颁布的《ATP（劳动力市场补充养老保险）综合法》，劳动力市场补充养老保险由代表会、董事会和一位首席执行官管理。代表会议由7位雇主代表、15位工薪者代表以及1位主席组成。就业大臣就劳动力市场补充养老保险委员会制定规定。董事会和首席执行官每年向就业大臣和丹麦金融服务管理局提交年度报告，代表会议应当任命审计师，就业部在特

① 朱海扬、徐晓晖、王璐等：《全球公共养老金经验之五：瑞典国民养老金制度运作与借鉴》，https://mp.weixin.qq.com/s?__biz=MzA5OTIwODIyMw==&mid=2651838744&idx=1&sn=05530c9f052fb33179cee955faafebad&chksm=8b7ea468bc092d7ee6f6c8777c6ef0f292b6be25b1492a89770445a6d496f4de19652257b1f0&scene=27，访问日期：2024年4月26日。

殊情况下任命一位额外的审计师。

ATP应当具备高效的公司治理模式；良好的管理和会计实践；识别、管理、监督、报告企业面临的或者可能面临的风险的有效程序；完全的内部控制程序和充分的IT控制和安全措施。金融服务局负责主要监管职责，审查ATP的经济状况，审查方式包括定期报告的审查以及检查；检查结束后，重要结论以书面形式提交给董事会、首席执行官等，抄送就业大臣。发现首席执行官存在不能充分履职风险、不能很好履行职位所要求的职责和义务时，可以免除该执行官，抄告就业大臣。

ATP管理层存在不履行法定职责；向监管部门提供错误或者误导性信息；由于严重犯罪或者屡屡疏忽大意或粗心大意，可能给补充养老保险或者其成员造成损失的，都应处以罚金或者监禁。

第五节　智利第二支柱养老保险基金监管

智利的养老金体系包括三个支柱：第一支柱为最低保障计划，第二支柱为强制性养老缴费计划，第三支柱为自愿储蓄计划。第一支柱包含非缴费型养老金计划即“基本团结养老金”（PBS）和补充型“团结养老金”（APS），主要目标是保证低收入人群和残疾人在年老后拥有最低生活保障，其资金来源全部由国家财政支持。根据智利政府在20世纪80年代立法实行的新养老金制度（即3500号法令），第二支柱强制性养老缴费计划，其特征是DC型个人账户，强制缴费，专门的养老金管理机构（以下简称AFP）负责管理与市场化投资运营。根据风险类别的不同，养老基金管理机构将养老基金分为最高风险的A型基金、有风险的B型基金、中等风险的C型基金、保守的D型基金以及最保守的E型基金五种产品形式，适用于不同年龄段参保人。

智利建立的是一个资本化的年老、伤残和遗属养老金体系，参加工作时未参加养老保险的劳动者自动加入养老金体系，本人承担缴费义务。养老保险基金由AFP实行资本化管理。每个AFP应当拥有4只基金和一只附加基金，根据参保人年龄配置不同的基金。AFP监管局为自治机构，具有法人身份，拥有自己的财产，有专门的组织机构章程规范，负责AFP的监督管理，并通过劳动和社会保障部与中央政府发生联系，接受国家审计总署审查。AFP监管局职能包括：批准成立养老保险基金管理机构；批准成立养老金投资组合管理机构；对AFP的经验以及养老金投资组合管理公司的经营活动实施监督和管理；依法对管理机构实施处罚和吊销执照等。为确保养老基金安全，在出现多次严重违规或者被罚款、拒不履行监管局依法发布的规范和命令、养老基金管理的内部控制出现严重瑕疵、有证据证明养老金的财务报告失实、AFP违反有关利益冲突或关系人交易规范等情形之一的，监管局可以向相关AFP委派监察员，对全部经营活动进行检查，监察员期限不超过6个月，可以延期一次。

智利专门成立（养老保险体系）风险评估委员会，由养老金监管局、银行和金融机构监管局、证券和保险监管局、AFP共同选派的4名代表组成。委员会具有独立法人资格，独立财产，设立行政秘书处。风险评估委员会办公经费由各AFP根据其各自管理的养老基金的价值比例分摊。其工作主要是依AFP申请，对有关投资基金份额、共同基金份额进行审批，对投资工具风险等级进行审核。每月5日前，风险评估机构需向风险评估委员会提交一份债务工具风险评估清单。风险评估委员会决定是否批准有关风险等级，并说明理由。应公众请求，风险评估委员会应当向其提供会议纪要，除非有关信息可能对发行人业务产生影响。

第六节　韩国国民年金的监管

韩国现代养老金体系的发展起源于1960年设立的公务员养老金计划。韩国《国民年金法》自1986年颁布以来，进行过多次修正。根据该法案，韩国所有受雇员工和自由职业者都需要缴纳国家养老保险费。个人及雇主缴纳的国家养老保险费每月比例为9%。其中，雇主和个人缴纳比例均为4.5%。退休前至少需要缴纳10年的国家养老保险费才能享受养老金福利。公务员、军人及私立学校教工等特殊职业养老金与国民养老金计划形成了韩国第一支柱的公共养老社会保障制度。

保健福利部批准设立国民年金管理公团（法人）负责国民年金的管理工作，包含管理参保者相关记录、收取保费、决策和分配待遇、为增加参保者资金而进行的贷款事务、为参保者的福利项目建设进行贷款业务等。公团由1名理事长、3名以下执行理事、7名理事和审计师组成，其中理事应包括一个以上雇主、雇员和地方保险人的代表，保健福利部主管年金服务的公务员为法定理事。理事长须根据保健福利部的推荐由总统任免。保健福利部对公团进行监督，包括批准公团经营规划和财务年度预算，要求公团提供年度实际收益和会计结算报告，检查公团的业务或财产，要求修改公团章程等。

国民年金基金由保健福利部运作和管理；为保证国民年金收支的长期稳定，保健福利部为促进参保者利益的福利进行项目投资。保健福利部设立国民年金基金运营委员会负责基金运作。基金运营委员会内设基金运营评审委员会审议和处理有关基金的运作事项。

《国民年金法》（2005年）对基金违法责任作出了明确规定：以欺骗或者其他非法方式获得待遇的，应处以3年以下监禁或者10万韩元以下罚款；其中法人有相关行为，除犯罪人应受相应处罚外，该法人也应被处以罚款。在公团工作或者曾经在公团工作者泄露其在履职过程中知悉的秘密的，应处以不超过1年监禁，或者不超过5万韩元的罚款。雇主在报告账户更改或注销、资格取得或丧失、参保者每月收入等事项中存在虚假的；参保者或有权领取年金者提交文件材料、调查时作出虚假答复等，应处以不超过50万韩元的罚款；未按规定报告的，应处以不超过10万韩元的罚款。

1988年，韩国国民年金基金会正式成立。该基金根据韩国国家养老金法案对国家养老基金行使法定职能，基金成立的唯一目的就是维持和发展国家养老基金，即为韩国民众提供养老金的储备基金。

实践篇

“请赐予我力量，去改变我所能改变的；赐予我勇气，去接受我不能改变的；请赐予我智慧，去分辨这两者。”（引自《魔兽世界：巫妖王之怒》）

第十四章　社会保险基金监督现状

经过30余年的发展，我国初步构建了社会保险基金监督制度体系，组建了一支国家、省、市和县（市、区）四级社会保险基金监督队伍，形成了一套较为成熟的监督检查方法，每年通过专项检查、数据筛查等查处了不少欺诈骗保案件，推动并加强了社会保险基金管理风险防控。特别是近几年来，国家进一步理清了各方职责，建立了政策、经办、信息、监督“四位一体”的社会保险基金管理风险防控体系，推行“四防（人防、制防、技防、群防）”协同，加大打击侵害社会保险基金违法行为的力度，加快推动解决制约社会保险基金监督事业发展的瓶颈问题，为维护社会保险基金监督安全完整发挥了重要作用并取得了显著成效。但是，鉴于社会保险基金安全的重要性、侵害社会保险基金违法行为的复杂性、社会保险基金监督对象任务的繁重性，社会保险基金监督仍面临不少风险挑战。

第一节　社会保险基金监督对象任务

涉及社会保险基金运行的主体众多，社会保险基金监督任务点多面广，从以下与社会保险基金监督密切相关的数据可窥见一斑。

一、用人单位情况

参加社会保险的单位包括企业，机关事业单位，会计师事务所、律师事务所等合伙组织和基金会，以及有雇工的个体工商户，这些单位是社会保险登记和社会保险费征收的监督对象。2019年第四次全国经济普查公报显示，2018年末，全国共有从事第二产业和第三产业活动的法人单位2178.9万个，个体经营户6295.9万个。

二、参保人员情况

人社部2023年7月3日发布的《2023年1—5月人力资源和社会保障主要统计数据》显示，全国城镇职工基本养老保险参保人数50847万人（包含在职参保职工和离退休人员）；城乡居民基本养老保险参保人数54653万人；失业保险参保人数23887万人；工伤保险参保人数29254万人。国家医疗保障局2023年3月9日发布的《2022年医疗保障事业发展统计快报》显示，截至2022年底，全国基本医疗保险参保人数134570万人；生育保险参保人数24608万人。考虑到城镇职工基本养老、失业、工伤和医疗、生育保险参保范围基本一致，城乡居民医疗保险和养老保险参保范围交叉重叠，可见我国社会保险参保范围已基本实现全民覆盖。

三、社会保险基金收支情况

人力资源和社会保障部《2022 年度人力资源和社会保障事业发展统计公报》显示，2022年基本养老保险、失业保险、工伤保险三项社会保险基金收入合计71583亿元，基金支出合计66122亿元。2022年末全国全年基本养老保险基金收入 68933 亿元，基金支出 63079 亿元，年末基本养老保险基金累计结余 69851亿元；全年失业保险基金收入 1596 亿元， 基金支出 2018 亿元，年末失业保险基金累计结余 2891 亿元；全年工伤保险基金收入 1053 亿元，基金支出 1025 亿元，年末工伤保险基金累计结余 1440 亿元（含储备金 127 亿元）。国家医疗保障局2023年3月9日发布的《2022年医疗保障事业发展统计快报》显示，2022年，基本医疗保险基金（含生育保险）总收入、总支出分别为30697.72亿元、24431.72亿元，年末基金累计结存42540.73亿元。

四、待遇享受人员情况

人社部《2022年度人力资源和社会保障事业发展统计公报》显示，2022年末全国城镇职工基本养老保险参保离退休人员13644万人；城乡居民基本养老保险实际领取待遇人数16464万人；全年共为 616 万名失业人员发放了不同期限的失业保险金， 延续实施阶段性扩围政策一年，向当年新发生的 415 万参保失业人员发放失业补助金；有204万人享受工伤保险待遇。《2021年全国医疗保障事业发展统计公报》显示，2021年，全国职工医保参保人员享受待遇20.40亿人次，居民医保参保人员共享受待遇20.81亿人次。

五、社会保险服务机构情况

社会保险服务机构是社会保险基金监督的重要对象。2022年全国约有77万家医疗保险定点医药机构（2023年6月9日的国务院政策例行吹风会上，国家医保局医疗保障事业管理中心负责人介绍，去年全国医保经办机构共核查定点医药机构74.26万家，检查覆盖面超过95%）。人社部门负责监管的工伤保险医疗协议机构、工伤康复机构、辅助器具配置机构等也是重点监管对象。此外，社会保险基金收入户、支出户、财政专户的开户银行和委托支付社会保险待遇的银行等服务或合作机构，也需纳入监督范围。

六、社会保险经办机构情况

社会保险经办机构是社会保险行政部门的主要监督对象。全国3000多个行政区划，每个行政区划基本设有社会保险经办机构，层级有中央、省、市、县（市、区）。此外，不少地区的镇（街）、村（居）设有社会保险经办服务平台、端口，有的合作银行也受委托代办部分社会保险业务，这些机构都需纳入监督范围。

第二节　社会保险基金监督面临的挑战

一、社会保险基金管理新旧问题风险交织

由于早期社会保险政策制度、经办标准和信息系统不统一，跨地区、跨险种信息共享不足、监管不够到位等原因，导致利用虚假信息骗取待遇、社会保险经办人员虚构篡改信息资料贪占社会保险基金等历史违规问题比较突出。随着社会保险信息大集中与共享，这类违规手法很难再成功，今后也将逐渐淡出监督的视角。但是，社会保险基金违法通常比较隐蔽，随着信息技术进步、数据筛查比对覆盖面扩大、检查深度拓展、清理整治力度加大，历史违法违规问题将陆续暴露出来，整理清查力度大的地区，这类问题会较早被发现，相关违法违规案件在一定时期内会集中爆发。

有的问题在短期内难以杜绝或者有效防控。例如，因数据质量和比对及时性、精准性制约等原因，丧失资格条件继续支付待遇等错发、多发待遇问题还不能杜绝。工伤、医疗保险的过度治疗、过度检查等问题，其专业性强，认定困难，对监管技术和能力有较大挑战。有些难以通过信息化手段拦截或者预警的问题，其现场检查成本高、效率低，如虚构劳动关系违规参保补缴骗保，以虚假病历资料办理病退、伪造工伤事故、伪造档案办理特殊工种提前退休，违规录入或者违规认定视同缴费年限等问题。

此外，随着新就业群体养老、工伤、失业保险制度的建立，以及职业年金、企业年金制度的发展，将会产生新的管理风险；随着大数据的推广应用和全省数据大集中，数据安全监管责任日益增大。

二、社会保险基金管理风险点多

社会保险基金属于共享资源。参与其中的各方主体大体上可以说是利益同盟，都希望能多分一杯羹，不法分子甚至把社会保险基金当成“唐僧肉”。各类主体利益关系复杂、管理机构多元。同时，社会保险基金运行环节多、链条长，因此风险点也多。例如，从业务环节看，涉及参保缴费、待遇审核支付、资格认证、社会保险信息记录、社会保险基金存放管理以及与待遇相关的审批审核、认定鉴定等。从各险种看，围绕工伤保险基金使

用，涉及的管理主体或利益主体有工伤认定机构、劳动能力鉴定机构、社会保险经办机构、用人单位、参保人、工伤康复机构、工伤器具配置机构、工伤治疗机构、工伤预防第三方机构；围绕失业保险基金使用，扩大支出范围的政策，涉及人力资源服务机构、技能培训机构等；围绕医疗保险基金使用，涉及医保机构、医药机构、参保人多方利益博弈，医疗费用结算频繁、专业性强、管理复杂。此外，不法中介机构组织骗保的问题也比较突出。例如，社会保险基金监督未实现高频率、有效的全覆盖，问题会在某个薄弱环节、薄弱地区爆发。

三、社会保险基金监督履职保障不足

开展社会保险基金监督是各级社会保险行政部门的法定职责，各级社会保险行政部门是社会保险基金监督的业务主管部门，既要加强监督检查，也要善于推动各相关职能部门发挥作用，一起加强监管。社会保险法、刑法、监察法、行政诉讼法、公职人员政务处分法等，对“不依法履行监管职责”都有很严格的规定。当前的社会保险基金监督机构和人员配备与经费保障等不能满足充分履职监督的需要，存在基金监督专业机构不健全、专业人员配备严重不足的问题。2023年，全国各级人力资源社会保障行政部门设立2000多个社会保险基金监督机构，社会保险基金监督专职人员约2500人，平均每个区划不足2名基金监督专职人员，省级人力资源社会保障部门基金监督专职人员一般只有3～5人，市级人力资源社会保障部门基金监督专职人员通常有1～2人，县级基本上只有兼职基金监督人员。基金监督人员配备不足，导致监督工作无法正常有效地开展，而且社会保险基金监督事业也很难传承，存在“人走茶凉”的现象，后来者常常要“重起炉灶”。

第三节　社会保险基金监督事业发展短板

相对于社会保险基金安全监管法定职责和基金安全需要，社会保险基金监督还存在一些薄弱环节及履职保障不够扎实、地区发展不平衡、监督权威性和实效性不足等亟待解决的问题。

一、社会保险基金监督法治基础不够坚实

从国家层面看，社会保险基金监督缺乏高位阶的专业法律法规。刑法未设专门的侵害社会保险基金罪，而对骗保适用诈骗公私财物罪进行追责，与骗保特点不适应；行政与司法部门对于骗保罪的定罪量刑认识不够统一，存在立案、量刑标准不够统一的问题，不利于有效打击侵害社会保险基金的行为。

二、社会保险基金监督人员专业能力不足

社会保险政策性强、业务复杂，基金监督专业性要求越来越高。企业养老、机关养老、城乡养老、工伤、失业保险以及医疗保险，每个险种的制度设计、适用范围、保障对象、业务经办和风险点等都有较大差异，要针对不同险种、不同环节、不同风险点实施有效监管，需要不断提升基金监督专业化水平。实施基金监督需要掌握多种能力，涉及法律、经济、金融、社保、财务、信息等方面的知识。很多地区社会保险基金监督队伍的能力无法满足专业化、精细化监管的要求，有些地区基金监督机构不善于自主检查发现问题，未能熟练掌握监督检查和问题处理的相关知识。

三、监督检查尚未全面实现常态化、规范化

部分地区社会保险行政部门主要是按照上级部署每年开展专项检查，未主动针对本地实际情况开展日常检查，监督对象、内容未实现全覆盖，存在监督盲点和滞后性。监督检查常态化、规范化未全面落实，一些地市的现场检查存在走过场的问题，未能查出实质性问题，未严格按照现场监督规范开展监督检查，缺乏规范文书，影响监督检查的震慑力。

四、基金监督独立性和权威性不足

社会保险基金监督机构仅仅是社会保险行政部门的一个内设机构，其行政级别甚至低于其主要监督对象社会保险经办机构，有的地区基金监督机构与其他业务合署，监督独立性先天不足。法律法规赋予社会保险行政部门的调查询问、资料复制、责令改正等权力，还不能满足有效履职的需要。例如，在调查欺诈骗保案件过程中常需要对银行账户流水开展调查，但是现行法律法规尚未赋予社会保险行政部门查询银行账户的权力。在查处工作人员贪占基金案件方面，社会保险行政部门向纪检监察机关移送案件、提出人员处理建议等方面也缺乏直接的法律法规依据，权威性不足。在操作层面，也存在对违法违规行为的惩处力度不足、监督检查结果公开不足、监督震慑力不足等问题。

五、社会监督较为滞后

因社会保险基金管理信息的敏感性较大、信息公开程度不高、社会保险方面代表性组织不发达等原因，社会监督建设较为薄弱。有奖举报制度有一定的激励作用，但是社会保险工作人员作案较为隐蔽，难以被社会公众发现。依托行政部门虚设的社会保险监督委员会，不是实体机构，难以独立运作，难免带有比较浓厚的行政色彩，且运作成本高、收效不明显。

总体来看，各地基金监督水平差异较大，社会保险基金监督部门监督能力、监督手段、监督实效还有待大幅提升，亟须健全社会保险基金监督法治建设和制度机制，强化队伍建设，丰富监督方式，尽快扭转这一被动局面。

第十五章　社会保险基金监督常态化、规范化探索

常态化开展监督检查是社会保险基金监督部门充分履职的基本要求。运用社会保险基金监管系统每月监测、核查预警数据，基本可以实现非现场监督的常态化开展。现场监督方面，较长一段时间以来，社会保险基金监督部门以专项检查为主要开展方式，耗时长、成本高，且难以经常性开展。此外，监督检查不规范，也削弱了监督权威性，因此需要在实践中不断探索并推进监督常态化和规范化。

第一节　监督检查常态化探索

广东省从2020年起，建立“订单式”社会保险基金监督检查制度，经过几年实践，“订单式”监督检查已成为日常监督检查的主要方式，并取得了较好效果。其主要内容如下。

一、“订单”生成

上级基金监督机构研究分析社会保险基金管理风险与监督关键点，筛选检查对象，明确检查方法，生成检查“订单”。检查内容主要来源于以下线索信息：

（1）审计报告、基金监督检查报告指出的问题，可能整改不到位或者具有普遍性的。

（2）基金要情反映出的基金管理薄弱环节，需要核查是否属于当地普遍性存在的问题，或者需要核查其他地区是否也存在同类问题的。

（3）接受咨询、举报发现问题线索需要检查的。

（4）研究相关法规、政策落实情况发现基金管理风险的。

（5）监管系统应用发现疑点问题需要检查的。

（6）其他方式发现需要检查的事项。

其中，通过分析社会保险基金要情总结作案特征，开展数据提取、比对和分析，筛选出高风险疑点数据，是“订单”的主要来源。

二、“订单”下达

上级基金监督机构将需要检查的项目制成“订单”，下发下级基金监督部门。“订

单”要素包含订单编号、下单方与接单方、检查项目名称、检查任务和由来、检查依据、检查方法、检查要求等。为提高效率，检查任务需要有明确的检查对象信息，检查方法需要有关于检查重点、检查步骤、方式方法等的明确指引。

三、“订单”完成与验收

接到“订单”的基金监督部门按照指定的时间，完成检查任务，形成检查结果上报下达“订单”的上级基金监督机构。上级基金监督机构收到反馈表后，进行验收，根据情况决定是否退回重新核查或者直接抽查。

四、“订单”评价

下单方核查反馈表后对“订单”的针对性、准确性和作用等进行评价总结，是提高订单质量很重要的一环。评价总结的主要目的是总结有关疑点提取得是否精准、是否持续使用有关检查指标、检查方法是否需要优化等，以便不断提高订单检查的质量。对于经实践检验、精准度高的订单，次年可以持续使用同一办法提取新的疑点；对于精准度不高的订单，可以结合实际情况修正、完善疑点的提取方法。

五、订单检查制度实施效果

2021年以来，社会保险基金监督部门通过总结出虚假身份证、虚假死亡时间、虚构劳动关系短期参保骗取失业待遇、修改银行账户贪占养老基金、利用集中保管卡折贪占社会保险基金等多个高风险疑点数据筛查方法，下发多批监督检查“订单”，发现了不少侵害社会保险基金的案件，取得了较好成效，人社部门主动发现社会保险基金案件的比例大幅提升。订单检查制度的主要作用概括起来有四点：一是融合了现场监督与非现场监督。现场监督的优势在于能现场接触第一手信息材料，能深入摸清真实情况；不足之处在于覆盖面不广，检查成本较高，精准度不高。非现场监督的优势在于成本较低、效率高、覆盖面广；不足之处在于只能掌握疑点，不能确定事实真相。订单检查能融合两种监督方式的优势。二是提高了监督精准性和实效性。因为订单提出的疑点数据是经过反复分析筛查选择出来的高风险疑点，所以能精准锁定到具体的人和具体的业务。三是发挥了上下级各自优势。由上级确定检查对象和业务，下级按照管辖权限属地核查，既夯实了市县属地监督责任，又加强了上级监督，减少了监督阻力；发挥了上级权威性优势和下级就地就近检查优势。四是实现了监督检查常态化。订单检查短、平、快，无须组织动员、制定方案、成立工作组等，能够经常性灵活开展。

近年来，人社部充分利用全国社会保险基金管理大数据，提取高风险疑点数据，制作筛查单，明确疑点问题、风险提示和工作建议等，下发各地开展核查，查出了不少欺诈骗保问题，监督工作取得了明显成效。

第二节　现场监督规范化探索

现场监督规范化包含监督程序规范、监督文书规范、监督结果应用规范等，主要环节包括检查准备、检查实施、检查结果与应用、资料归档等。规范现场监督行为，有利于提高监督效率、提升监督权威。原劳动和社会保障部2003年曾印发《社会保障基金现场监督规则》，鼓励各地结合实际不断探索形成比较规范的做法。现场监督的方法主要在开展专项检查活动中使用。规范的现场监督一般包括以下几个环节。

一、检查准备

（一）确定检查对象

每年根据工作计划，确定检查对象。检查对象一般是本级监督对象，对下级监督对象，一般采取抽查的方式。抽查时一般优先抽查问题较为突出的地区和超过3年未实施过现场监督的地区和单位。可以参考以下因素确定抽查地区或单位：社会保险基金收支、近年来检查或审计发现的问题、近年来社会保险基金要情、当地上年开展监督自查发现的问题、举报投诉、非现场监督疑点数据量等情况。结合实际和工作需要，也可以随机抽查。

（二）制定现场监督实施方案

实施现场监督前，应制定现场监督实施方案。实施方案主要包括下列内容：被查单位及其所在地区基本情况；检查目的；检查范围、内容；检查安排与日期；检查组人员；检查分工；其他。

（三）成立检查组

组建2人以上的现场监督检查组。可以根据需要，邀请行政业务机构、经办机构工作人员，或通过购买服务的方式委托会计师事务所等第三方机构，或邀请工会、社会保险监督委员会委员、社会监督员、专家等参加。一般由基金监督机构负责同志或者本部门分管领导担任检查组组长。

（四）收集资料

包括收集法规文件资料和线索。收集检查涉及的相关法规、政策、工作制度、经办规程、业务指南等文件资料，可根据需要编印成册。收集线索方面，可根据检查对象目标、任务实际情况，通过以下方式了解相关信息并收集相关资料：

（1）通过监测月报、统计报表或信息系统，了解被检查地区基金收支余、参保缴费、领取待遇等情况。

（2）登录被查单位网站，查询有关信息公开情况、办事指南、办事流程等。

（3）了解当地基金要情，分析要情原因、主要风险点、处理情况及遗留问题等。

（4）向社会保险、法制、劳动监察、调解仲裁、纪检监察、社会保险经办、信访等工作机构了解问题线索。

（5）邀请地市社会保险行政部门、社会保险经办机构有经验的工作人员、专家学者、社会保险监督委员会委员、参保单位代表等，开展座谈会，听取意见。

（6）结合被查项目常见风险点，通过社会保险基金监管相关信息管理系统检索问题线索。

（7）梳理往年检查整改情况，收集需要回头核查的线索。

（8）其他。

对收集到的线索进行汇总、整理，形成检查问题清单，根据需要到现场进行核实。

（五）疑点数据提取

根据检查内容与目的，结合常见基金管理违法特征，制定疑点数据提取比对指标和方法，开展数据比对分析，筛查出高风险疑点数据进行汇总、整理，形成疑点数据记录，在现场监督时重点核查。

（六）编制检查情况表

为提高监督效率，根据需要制作社会保险基金监督现场检查情况表（表15-1），主要是结合法规文件依据、风险点、工作制度、业务流程等，明确具体检查内容、检查方式、检查重点等，重点是检查方法。该表也是开展现场监督检查时使用的重要工具，能有效提高检查效率，增强专业性。

表15-1　社会保险基金监督现场检查情况表（样式）

序号	检查项目	检查内容	文件依据	检查方法	检查情况确认	备注
1						
2						
3						

二、检查实施

检查组开展现场监督检查，包含下发现场检查通知、检查前准备、检查公示、召开进点会、现场调查、小组会议、现场反馈交流等内容。

（一）下发现场检查通知

根据检查需要决定是否提前向被监督单位下达社会保险基金监督现场检查通知书（格式见附15-1），告知被查单位检查时间、检查内容、检查组成员、检查联系人、需提前准备的资料以及需配合做好的工作等，一并下发被查单位需提供的资料清单。需要提前通知的，一般提前3个工作日通知被查单位。提前通知可能影响监督检查效果的，可以持监督检查通知书直接实施现场监督检查，敏感问题线索在检查前应当保密。

在下发监督检查通知书的同时，可以要求被查单位提前提供相关政策文件、办事流程、数据、业务台账等，现场准备业务档案、财务报表等资料和可登录社会保险经办业务系统的设备等。

附15-1　社会保险基金监督现场检查通知书（样式）

基金监督字〔年度〕第　号

________________：

根据《社会保险法》等法律法规和工作安排，我厅（局）决定派出检查组，自　年　月　日起，对你单位（检查项目）进行检查。请予以配合，并提供有关资料（具体要求见附件）。

检查组组长：　　　　检查组成员：

附件：被查单位需提供的资料清单

（印章）

年　月　日

（二）检查前准备

检查人员应当提前熟悉被检查项目相关法规政策、流程和业务办理基本情况。可根据需要提前邀请被查单位提供或介绍基本情况。出发前至少做好两件事：一是召开检查前会议；二是准备文书工具，如调查笔录样本、手提电脑和录音录像设备、检查参考法规资料等。

检查组组长应当在出发前召开检查前会议，组织检查人员研究检查有关事宜，主要明确以下事项。

（1）检查重点与方式：包括查阅、收集和审查信息资料，登录系统，查阅档案，询问工作人员等。为提高效率，一般需确定检查的重点，优先和深入检查。

（2）确定检查程序：现场检查的一般顺序是召开检查进点会议、查阅档案资料、登录系统、询问工作人员、归纳整理检查资料、补充或延伸调查等。

（3）明确检查人员分工：根据检查组成员专业特点和工作需要，确定检查组成员分工。

（4）确定现场驻点检查时间。

（三）检查公示

为获取更多检查线索并加强对监督人员规范实施监督检查的监督，驻点检查的当天，需要将有关事项在被查单位公共场所公示，一般包括检查项目、检查对象与内容、检查时间、接收举报的方式与监督电话等（格式见附15-2）。

附15-2　社会保险基金监督现场检查公示（样式）

____________________：

我厅（局）派出检查组，赴你单位开展现场检查工作。为严格执行工作纪律，规范社会保险基金现场监督检查行为，促使监督检查人员廉洁监督，确保监督检查工作独立、公正，现将监督检查工作纪律等有关情况公告如下：

一、检查项目名称

二、检查时间

三、现场检查工作纪律

（1）不准接受被监督检查单位的纪念品、礼品、礼金、消费卡和有价证券，或者参加可能影响公正执行公务的宴请及其他活动安排。

（2）不准隐瞒或伪造证据。

（3）不准利用监督检查职权为自己和他人谋取不正当利益。

（4）不准向被监督检查单位提出任何与监督检查工作无关的要求。

（5）不准未经批准擅自扩大监督检查项目和任务，不准故意拖延现场监督检查时间。

（6）不准私自扣押、销毁监督检查材料，不准擅自泄露案情和被监督单位秘密。

（7）不准擅自改变社会保险基金监督检查结论，违规作出行政处理决定。

（8）不准泄露用人单位和个人信息。

四、反映检查情况和问题

为了严格执行国家法律法规，保障基金安全完整，认真做好监督检查工作，请你单位广大干部职工积极向检查组反映与检查内容有关的情况和问题。同时，请对检查人员执行检查纪律给予理解、支持和监督。

五、监督电话

检查组联系电话：

（印章）

年　月　日

（四）召开进点会

召开监督检查进点会，参会人员一般包括检查组成员、被查单位负责人、相关业务机构工作人员。进点会一般包括以下内容：说明检查背景和基本内容；听取情况汇报，重点了解自查情况、存在的问题及有关意见建议等；确定现场检查具体要求等。为提高效率，需要尽量压缩进点会时间。实施检查前，需要求被查单位提交盖章的社会保险基金监督承诺书（格式见附15-3）。

附15-3　社会保险基金监督承诺书（样式）

____________________：

我单位将遵照（相关法律法规）等规定，积极配合贵部门的监督检查，并郑重承诺如下：

一、我单位按时提供资料并保证资料真实、完整；

二、我单位不隐瞒事实，不提供虚假、伪造、变造材料。

以上承诺，我单位愿承担法律责任。

承诺单位（公章）：

单位负责人：

年　　月　　日

（五）现场调查

在现场检查过程中，检查组成员按照分工逐一对照社会保险基金监督现场检查情况表的项目内容开展现场检查并进行确认，现场检查结束后，将情况表交检查组。检查组成员可以依法采取录音、录像、调查询问、复制、封存等方式开展现场检查。现场调查流程包括查阅业务资料、调查询问、核查业务数据、穿行检查、撰写工作底稿。

1.查阅业务资料

一般按照以下顺序，依次开展工作。首先检查是否已经按照要求提供被查单位需提供的资料，逐一查验提供的资料是否齐全，业务档案是否完整，是否符合时间段要求，是否有关联性等。不完整或者不符合要求的，及时要求补正。根据需要，要求被查单位补充相关资料。通过检查发现存在问题或疑点的，列为重点调查内容深入调查；发现涉嫌违法违规的证据材料，收集相关材料，由被查单位盖章确认。

2.调查询问

检查人员向被查单位有关工作人员了解政策及制度执行情况，核实相关情况，根据需要制作询问笔录。完整规范的调查询问笔录应包括表明检查人员身份，确定被询问人员的基本信息如身份、岗位职责、任职时间等，需要重点了解的内容。询问按照合理顺序进行，一般逐个主题分别问话。问话过程中，及时记录有价值的线索、疑点，并进行追问，要求提交相应资料。现场无法提供相关材料的，可要求其另行提交，并将有关情况记录下来，如存在与国家、省的做法不一致的，要求作出解释说明。结合询问和书面资料查阅，同步分析认定有关事实。询问笔录格式见附15-4。

附15-4 社会保险基金监督现场检查询问记录（样式）

询问时间： 年 月 日 时 分至 年 月 日 时 分

询问地点：

询问人： 记录人：

被询问人：

姓名： 性别： 职务：

证件种类、号码：

工作单位（处、科、股、室）： 工作岗位：

内容：依照《社会保险法》与其他相关规定，社会保险基金监督人员对被调查询问人进行调查询问，现将调查询问情况记录如下：

问：我们是×××单位社会保险基金监督员×××和×××，现在出示我们的证件（证件号码分别为×××、×××，现场监督对系统内工作人员询问可以不出示监督员证）。我们在对×××开展现场监督，需要了解×××情况，依照有关法律法规规定，你应当如实陈述并提供相关资料，否则应承担相应的法律责任，听清楚了吗？

答：

问：（对社保工作人员）请介绍你的工作岗位、在本岗位工作时间、现职务、主要职责以及办理××业务的具体流程等。

答：

……（重点结合问题、风险点进行追问）

问：有无社保工作人员、社会中介人员提供帮助或收受好处费？（在向参保人核实涉嫌违规办理业务时询问）

答：

问：请问你还有什么需要补充？

答：

问：以上所述是否属实？

答：

被询问人签字： 询问人签字： 记录人签字：

第 页共 页

3.核查业务数据

对社会保险基金监管系统的疑点数据、掌握的线索以及信息比对情况，在现场抽查档案或者登录社会保险经办业务系统核实验证。一般按照以下顺序，依次开展工作：要求被查单位提交疑点数据或者掌握的线索对应的业务档案材料，进行现场核查；登录被查单位的社会保险经办业务系统，进行抽查。发现涉嫌违法违规的线索，通过复制、截屏、打印等方式，由被查单位盖章和签字确认；如有需要，可将相关材料带回，同时填写材料清单并完成资料交接手续。

现场检查结束前，检查人员要对应检查表和检查情况，一次性列明被查单位需要补充的材料、数据和要求，并向被查单位发出需补充的资料清单（表15-2）。

表15-2　被查单位需提供的资料清单（样式）

编号:

专项检查项目			
提供资料单位名称			
序号	资料名称	提供的时间及要求	备注
1			
2			
3			
4			
提供资料人员:	时间:	检查组接收资料人员:	

说明：（1）检查组人员对照“检查内容”逐一开展检查后，在表15-1的“检查情况确认”栏打“√”；（2）可在备注栏填写工作底稿编号、检查人员姓名或其他有关情况。

4.穿行检查

为检查相关内部控制措施是否得到准确执行，可以模拟一笔新业务或者抽取已经办结的某笔业务，全流程复盘业务受理、审核、审批、抽查、稽核等流程，对业务流程规范性、信息系统控制有效性等开展穿行检查。穿行检查能快速发现社会保险基金管理风险，提高检查效率。

5.撰写工作底稿

检查人员需根据现场调查掌握的情况，制作社会保险基金监督现场检查工作底稿（表15-3），包括项目名称、被监督单位名称、基本情况或可能存在的问题、相关文件依据等。工作底稿主要是对现场检查发现的可能存在的违法违规情况或者存在的基金风险等问题进行归纳、分类和记录，根据需要描述，提出初步定性意见，为撰写检查报告作准备。工作底稿实行一事一稿，并应当附上对应的证据材料，包括财务报表、文件资料复印件或询问笔录等。工作底稿可以现场送达并由被查单位当场确认，也可以在现场检查结束后送达和确认；涉及敏感问题的，无须被查单位确认。

表15-3　社会保险基金监督现场检查工作底稿（样式）

基金监督字〔年度〕第　　号

<table>
<tr><td colspan="2">监督检查项目名称</td><td colspan="2"></td></tr>
<tr><td colspan="2">检查内容</td><td colspan="2"></td></tr>
<tr><td colspan="2">被监督单位名称</td><td colspan="2"></td></tr>
<tr><td colspan="4">情况摘要及对应文件依据</td></tr>
<tr><td colspan="2">证据材料:</td><td colspan="2"></td></tr>
<tr><td colspan="2">1.</td><td colspan="2"></td></tr>
<tr><td colspan="2">2.</td><td colspan="2"></td></tr>
<tr><td colspan="4">被监督单位意见:

被监督单位相关人员签字（盖章）:　　年　　月　　日</td></tr>
<tr><td>制单人:</td><td>日期:</td><td>审批人:</td><td>日期:</td></tr>
<tr><td colspan="4">说明: 第一，请被查单位在5日内加具意见并盖具公章反馈意见。第二，如对“情况摘要及对应文件依据”内容无不同意见，请写明无不同意见；如有不同意见，请说明情况，有证明材料请同时附上，也可以另行行文反馈。</td></tr>
</table>

（六）小组会议

检查组一般应当在现场检查期间每天召开小组会议。会议由组长主持，全体检查人员对检查情况进行分析，归纳发现的问题和对下一步检查工作提出意见建议。会议主要内容包括：检查目标是否实现；检查措施是否得到有效执行；检查发现的问题情况；工作底稿描述得是否准确、事实是否清楚、检查证据是否适当充分、得出的检查结论是否适当；后续的检查安排等。检查组组长一般应总结会议情况，形成明确的下一步检查安排意见。对于检查事实和问题清楚、结论定性无争议的，形成统一意见；对于检查事实不清楚，需要补充调查的，明确需要进一步补正的内容及材料；对于定性有争议的，明确处理意见或者记录争议的情况，进行专题研究；确定需要向被查单位反馈的意见建议（敏感问题除外）。会议一般要形成会议记录，主要记录现场检查时间、检查对象、参会人员、会议时间地点、会议主要内容等。

（七）现场反馈交流

现场监督结束时，检查组可以组织检查反馈会议，反馈检查情况和初步的意见建议，听取被查单位意见和建议。根据实际情况，也可以不进行现场反馈。

三、检查结果与应用

（一）形成现场监督报告

现场监督的主要目的在于查清情况，发现问题。检查结束后应当制作监督报告（格式见附15-5），并向被查单位送达，督促其整改。

附15-5　社会保险基金监督现场检查监督报告（样式）

基金监督字〔年度〕第　号

根据___（检查依据和由来），我厅（局）派出检查组，于___年___月___日至___年___月___日对___（被查单位名称、检查项目）开展了现场检查。检查通过___（检查方式），对___（检查对象）进行了检查（抽查）。检查（抽查）情况如下：

一、检查情况及主要评价

（一）被查单位工作基本情况。

（二）检查实施情况（根据实际情况补充）。

本次检查，采取了___（检查方式），重点检查了___（被查单位、检查内容），对___（检查项目）进行了延伸检查。

（三）主要评价。

二、检查发现的主要问题及处理意见

分类归纳问题，每个问题包含事实描述、违反规定内容和处理意见三个要素内容。

三、监督建议

检查组成员

（公章）

年　月　日

撰写监督报告分为以下几个阶段。

1.起草报告

检查组根据现场监督工作底稿及有关法规、政策和资料，综合分析检查情况，研究吸纳被查单位的合理意见，及时起草现场监督报告。现场监督报告一般包括：检查工作情况；检查范围、内容、方式和时间；被监督单位基本情况；被监督单位存在的问题、评价、结论和依据；被监督单位意见和建议；完成整改的时间要求；检查组成员名单和日期等。

2.审核与征求意见

检查组将现场监督报告提交基金监督机构审核后，送被查单位书面征求意见。基金监督机构审核的主要内容包括：报告格式是否规范、要素是否齐全；是否按要求完成检查任务；检查的事实认定是否清楚，证据是否充分、合法；检查程序是否符合有关规定；内容是否完整；发现的问题及意见建议是否完整、明确。经审核，认为存在事实不清、证据不足、内容不完整等问题的，重新补充调查进行核实、补正。为加强监督，接到被监督单位的反馈意见，应进一步研究核实，并据实修改现场监督报告；不采纳意见的应注明理由存档备查。

3.报告审定

检查组根据征求意见的情况，修改并形成正式报告，将正式报告、征求意见情况、按规范整理的所有检查材料等提交基金监督机构。基金监督机构按照规定程序审定或者报请领导审定。

（二）报告送达和通报

正式报告形成后，及时向被监督单位送达，根据需要可以抄送当地政府或者相关部门。对于存在普遍性问题的，形成检查情况通报下发各地。

（三）跟踪整改

报告送达后，基金监督机构应指导被监督单位制定整改台账，明确整改时限和责任单位，同时建立整改跟踪台账。对被监督单位报送的整改报告，应逐一审核确认是否完成整改，对于未完成整改的，通过口头或书面督办、实地调研督导等方式，督促被监督单位根据监督检查结果进行整改。

四、资料归档

现场监督工作完成后，应当整理现场监督全过程资料，按照档案管理规定，规范归档。一般实行“一事一卷”，同一次现场监督，统一归为一个案卷。归档可分为主档案和副档案两类，格式见表15-4。

（一）主档案主要内容

（1）现场监督通知、计划。

（2）专项检查工作方案。

（3）现场实施方案。

（4）监督检查情况表。

（5）检查前准备材料，包括收集的资料线索、系统抽取的预警疑点数据、检查公示、各地自查发现问题汇总表等。

（6）检查实施材料，包括抽调人员通知、被抽查地市因素、现场监督通知书、询问记录、工作底稿首页、小组会议记录等。

（7）现场监督报告征求意见稿及反馈意见。

（8）现场监督正式报告及其送达回证。

（9）上报的监督检查报告、通报、领导批示等。

（10）其他检查资料。

（11）被查单位整改报告、整改台账等。

（二）副档案主要内容

（1）程序类材料，包括自查报告、汇报材料、承诺书、被查单位需提供的资料清单及其送达回证、底稿反馈意见等。

（2）工作底稿类，包括工作底稿及其对应证据材料等。

（3）其他档案材料。

表15-4　社会保险基金监督现场检查档案格式

（封面）

<table>
<tr><td colspan="4">密级:　　　　　　　保存期限:

社会保险基金监督现场检查档案（共　　页）</td></tr>
<tr><td>编号</td><td></td><td>检查项目</td><td></td></tr>
<tr><td>被查单位</td><td colspan="3"></td></tr>
<tr><td>检查形式</td><td colspan="3">□信息系统 □书面资料 □实地调查 □其他</td></tr>
<tr><td>检查结果</td><td colspan="3">□向抽查单位下发现场监督报告。
□按规定程序整改处理。
□追回基金　　　元。
□有关人员被处分。
□有关人员被移送司法机关追究刑事责任。
□其他。</td></tr>
<tr><td>检查人员</td><td></td><td>归档人</td><td></td></tr>
<tr><td>检查日期</td><td>启动：20　　年　　月　　日
结束：20　　年　　月　　日</td><td>归档日期</td><td>20　　年　　月　　日</td></tr>
</table>

说明：编号方法为“年份+顺序”，如2019年第一项现场监督为201901。检查结束日期为正式监督报告的审定日期。

卷内目录（主档案）

序号	材料名称	页次	序号	材料名称	页次
1	启动现场监督相关文件		7	现场监督报告征求意见稿及反馈意见	
2	现场监督实施方案		8	现场监督正式报告及其送达凭证	
3	现场监督相关法规文件目录		9	上报的监督检查报告、通报、领导批示等	
4	监督检查情况表		10	其他档案资料	
5	检查前准备材料，包括收集的资料线索、疑点数据规则及数据情况、检查公示、各地自查发现问题汇总表等		11	被查单位整改报告、整改台账等	
6	检查实施材料，包括抽调人员通知、被抽查地市因素、现场监督通知书、询问记录、工作底稿首页、小组会议记录等				

卷内目录（副档案）

序号	材料名称	页次	序号	材料名称	页次
1	程序类——自查报告		6	工作底稿类——工作底稿及其对应证据材料	
2	程序类——汇报材料		7	其他档案资料	
3	程序类——承诺书				
4	程序类——被查单位需提供的资料清单及其送达回证				
5	程序类——底稿反馈意见				

第三节　非现场监督规范化探索

非现场监督是实施社会保险基金监督的主要方式之一，主要是对社会保险基金相关数据资料进行收集、整理、检查、分析，运用信息系统，预警监测社会保险基金运行情况，及时发现问题，采取防范措施，实现远程监督。非现场监督主要通过应用国家和地方社会保险基金监管系统、开展数据比对、核查社会保险经办业务系统等方式开展。规范开展非现场监督是提高监督实效的基本保障。非现场监督的主要内容如下。

一、监管系统应用

主要是通过国家社会保险基金监管系统，或者地方开发的社会保险基金监管系统开展非现场监督。规范做好监管系统应用工作，主要需注意以下几个方面：

（一）数据加工

信息管理机构按照规定标准，对社会保险基金管理数据进行加工、校验后上传至联网数据库，国家社会保险基金监管系统按照一定规则实施预警管理。如果属于本地社会保险基金监管系统，则无须数据加工，直接采用生产库数据。

（二）定期核查预警信息

监管系统根据预设的预警规则，每月发出疑点数据预警。监督机构需要每月登录监管系统做好预警项目的查看、分析、下载、分发和处理等工作。预警信息转经办机构核查的，社会保险基金监督机构应当跟进核查情况，对于未及时核查的，进行督办并加强对核查结果的审核，确保核查结果全面、准确。根据核查的情况分类处理预警信息，并建立专门台账，包括问题是否属实、问题分类和处理情况说明等。预警信息核查结果经审核后，相关情况录入监管系统办结。如发现监管系统预警信息不精准，可以根据实际情况进行分类预警，将预警准确且与社会保险基金支出密切关联的信息作为重点核查处置指标。

（三）业务监控查询与处理

在日常监管中，社会保险基金监督机构需要经常主动登录监管系统分析或查找疑点，开展非现场监督工作。主要是针对业务上可能出现的异常情况、参保单位、个人的基本信息等信息的查询，可通过设定阈值、特定指标开展监控查询，对监管系统提示的疑点抽查分析，根据需要对查询结果异常地区开展现场监督抽查工作。

（四）应用情况通报

上级社会保险基金监督机构可以通过定期发布通报的方式来推动社会保险基金监督机构常态化规范运用监管系统实施非现场监督，通报内容主要包括数据上传、登录率、预警处理、疑点处理、基金追回等情况和意见建议。通报可以按年、季或者月进行。

二、数据比对分析

数据比对是非现场监督的重要手段，需要定期开展。根据社会保险相关政策，分析社会保险相关业务风险点，利用大数据比对的方式，找出疑点数据，并对数据进行分类处理。开展数据比对，要结合社会保险基金管理风险，制定比对需求。一般包含以下几个环节。

（一）明确数据比对需求

包括检查项目名称、涉及的险种、政策依据、主要风险点、数据筛选方法、需要反馈的关键字段、数据筛选条件及传送方式等。

（二）明确数据提取来源

应根据不同的核查需求选择对应数据提取来源，包括社会保险基金监管系统、社会保险系统生产库、外部门数据等。

（三）明确数据比对方法

根据检查需求，确定具体的比对方法。主要的比对方法包括：跨地区数据比对，对同一人在不同地区的数据进行比对；跨部门数据比对，通过数据共享平台或者分别与当地人口库生存信息、民政部门殡葬信息、医疗机构死亡记录、司法部门服刑人员信息、卫健部门职业病诊断信息、市场监管部门工商登记信息、交通部门出行信息等进行比对；本系统内跨业务数据比对，包括不同险种社会保险经办数据比对，与工资统发、劳动能力鉴定、就业失业登记、专项补贴等数据进行比对。

经过比对发现的疑点数据，应组织核查，分类处理。

三、非现场监督结果应用

（一）下达监督文书

通过非现场监督方式发现的问题，经过核查属实，可以制作非现场监督报告，送达责任单位，分类推动整改。监督报告包括数据来源，发现的风险或数据问题、原因分析、违法问题处理情况，整改意见和风险防控建议等。对于欺诈骗保的，需要核实具体违法事实并依法组织查处；对于政策原因导致出现预警的，如果政策合法合规，则需要在今后的疑点中排除此类数据；对于工作失误导致监管系统产生预警的，督促及时更正错误的业务记录；对于数据问题导致错误预警的，督促及时纠正错误数据。对于可能会重复发生的问题，应推动从源头上落实整改，也可以根据实际情况，制作单项社会保险基金监督整改意见建议书。

（二）整改督办

对于下级社会保险基金监督部门未正常开展非现场监督、责任单位未及时按要求开展核查与落实问题整改等问题，可以通过书面督办、现场督办、约谈等方式进行督办。社会保险基金监督机构应定期跟踪整改工作，建立整改跟踪台账。对于可能会重复出现的问题，需持续提取数据进行核查确定是否已经从源头上落实整改。

（三）下达检查订单

通过下发检查订单等方式，将社会保险疑点数据打包成检查任务“订单”，发送给下级检查或者直接组织检查。

四、资料归档

监督机构要做好非现场监督全过程资料的收集、归档工作。按照档案管理规定，由所在部门统一规范、妥善保管归档材料。非现场监督工作主要依托大数据、监管系统等信息手段开展，档案材料主要为电子档案材料，纸质档案材料为补充。

电子档案材料包括：预警及疑点项目明细表、核查反馈表及佐证材料；预警信息工作台账、疑点信息核查台账等；社会保险数据分析需求表、筛选反馈数据表；非现场监督通报、报告等；运维公司日常运维工作材料等。纸质档案材料包括预警核查反馈佐证材料；非现场监督文书；经办机构书面反馈意见；被查单位整改报告、整改台账等。

第四节　社会保险基金要情管理的规范化探索

社会保险基金要情既是社会保险基金管理安全的“阴晴表”，又是发现侵害社会保险基金案件的“钥匙”，是社会保险基金监督的“宝库”和重要抓手。国家从2006年建立社会保险基金要情报告制度，但是实际内容并不仅仅是报告。广东省对要情管理的规范化工作经过多年探索，形成了“报告、处置、排查、风控”“四个一”全流程闭环管理制度，不断挖掘要情在排查同类案件、发现和防控基金管理风险等方面的价值，对推动社会保险基金监督工作的整体提升发挥了重要作用。建立要情管理台账是实现规范化管理的基础，从接到要情报告之日起，由专人对要情管理工作进行跟踪，直至要情终结。

一、规范要情报告

要情报告是第一环。为确保有情必报，需要抓好以下几方面的工作。

（一）完善要情报告规则

重点明确要情的概念与范围、报告责任主体、报告的时点和路径、终结报告条件、需要报告的材料等，尽量避免因规则不明晰导致未及时报告、因报告内容不翔实导致难以开展分析等问题。

（二）多渠道排查应报未报情况

实践中可能存在因为理解偏差、工作疏忽而出现的不及时报告要情或者故意隐瞒不报的情况。因此，应建立主动发掘应报未报要情的工作机制，如每年通过向法院获取涉及侵害社会保险基金的刑事判决信息或者通过查询有关信息，分析倒查作为错发多发处理的业务，查找是否存在涉嫌骗保但未报送要情的情况；加强疑点数据核查结果的审核，查找是否存在遗漏要情的情况等。

（三）跟踪上报情况

对于按照规定应向上级报告的，要在规定时间内报告，包括发现报告、进展报告和终结报告，为防止遗漏，需要跟踪各个环节的报告情况。

（四）通报追责

为增强报告制度的约束性，发现存在未及时如实报告要情的情况，应予以通报、约谈，同时纳入相关考核指标进行考核。

（五）审核终结报告

对照要情终结条件，审核是否符合终结情形，重点是损失基金是否已经追回、人员是否已经依法追责、管理风险漏洞是否梳理并已加强防控等。上级要及时审核下级的要情终结报告，将是否通过审核的情况及时告知报告单位，发现不符合终结条件的，应及时告知报告单位补正相关内容。

二、规范要情处置

要情处置主要包含立案调查、移送或处罚、基金追回、责任追究等，社会保险基金监督机构需要全流程跟进处置情况，确保各项处置按照法定程序进行并在法定时限完成。上级社会保险基金监督机构需要加强对下级处置工作的督办。

（一）立案调查

对涉嫌欺诈骗保、贪占挪用基金的，按照规定程序规范立案，并开展调查工作，避免出现选择性立案、应立案不立案的情况。

（二）移送或处罚

发现涉嫌犯罪的，及时移送公安机关；发现工作人员涉嫌违法违纪的，移送纪检监察机关。移送后应当跟进处理进展情况，及时协调解决存在的问题。

（三）基金追回

社会保险经办机构、社会保险行政部门应当按照法定职责启动基金追回的工作，完成基金追回工作的标志是损失的基金已经全额挽回。对于责任人拒绝退回基金的，社会保险经办机构、社会保险行政部门应当按照法定程序下达追回决定或者行政处理决定，并在法定期限内申请法院强制执行。法院因无可供执行财产等原因终止执行的，可以结束追回程序。按照法律规定或者有关政府分担机制的规定，社会保险经办机构、当地政府有偿还责任的，按照规定执行。

（四）责任追究

责任追究包含对单位或个人的行政处罚、对工作人员的处分、对涉嫌犯罪的人员依法追究刑事责任。社会保险行政部门需跟进责任追究情况，对于移送其他职权部门立案查处的，要做好跟踪工作，并加强工作协调。为提升监督权威，增强震慑力，责任追究要形成闭环。例如，要倒查欺诈骗保案件背后的原因，社会保险行政部门发现工作人员存在玩忽职守、徇私舞弊等行为依法应当追责的，要向有权机关建议追究责任；对于移送司法机关的案件，司法机关认为不构成犯罪的，社会保险行政部门应当调查并作出是否进行行政处罚的结论后，才能终结处置程序。

三、规范要情排查

实践证明，社会保险基金违法行为经常具有高度相似性。十多年后发现的很多案件中的社会保险基金违法行为，作案手法与十多年前的基本一样。这些案件之所以长期未被发现，主要原因监管部门是并未举一反三，开展由点及面的排查。社会保险基金要情之所以是发现基金违法的“钥匙”，主要是能够由点及面，从“点”上的问题检查发现出“面”上的同类问题，比如同一单位或同一作案人员的其他的案件，其他区域同类问题。发现社会保险基金要情后，要开展排查，主要目的之一是发掘出其他同类案件。为提高排查的实效，需要做好以下工作。

（一）案件复盘

需要在充分掌握要情涉案参保人完整待遇信息、业务审核审批档案等相关证据材料基础上，对要情展开分析，复盘作案过程，重点研究具体作案手法和成功因素，总结基金管理风险漏洞和检查方法。

（二）确定排查方法

根据复盘的案件情况，确定需要排查的险种、业务、时间段和地区等，确定针对性的检查方法。大多数情况下，可以通过提取数据筛查出高风险疑点，有针对性地开展排查。

（三）开展排查

根据确定的排查方法开展排查，可以开展专项检查，也可以结合订单检查制度实施排查。

可以建立相关机制，如发现新型要情的，一律开展排查；每年初对上一年社会保险基金要情进行一次重新复盘分析，对排查工作进行查漏补缺。

四、推动风险防控

社会保险基金要情通常反映出社会保险基金管理存在的漏洞。要情管理终结的一个重要条件是已经分析了基金管理风险并完善了风险防控措施。衡量社会保险基金管理风险防控措施是否到位时，主要审查采取了相关防控措施后，是不是已经在事权范围内尽可能防止了再次出现同类基金要情。对于外部欺诈骗保问题，需要开展针对性的宣传，通过数据比对事前事中的拦截预警等；对于内部工作人员作案，需要在警示教育和加强内部控制等方面加强风险防控。

第十六章　社会保险基金监督检查专业化探索

提升社会保险基金监督专业化水平，是社会保险基金监督事业发展的永恒目标。社会保险基金监管职责使命包括发现基金管理问题、纠正偏差、精准问责、推动完善基金管理风险防控四个方面。各项工作专业化水平越高、监督覆盖面越广、揭示问题程度越深，监督效果会越好、监督职能发挥得越充分。

第一节　主动发现社会保险基金管理风险与问题的技巧

发现社会保险基金管理中存在的问题是基金监督的重要职责使命，也是实施社会保险基金监督的第一步。基金管理问题大致可以分为两类：一类是社会保险基金管理风险漏洞，是指社会保险行政部门、社会保险经办机构等违反社会保险基金经办管理规范或者管理不到位，导致社会保险基金存在流失风险，但未实际发生侵占社会保险基金的行为。另外一类是直接侵害社会保险基金的行为。发现问题的渠道有接收举报、预警数据、有关部门移送、业务自查报告等方式，更加重要的是监督机构要主动发现问题。不同问题，检查方法不同。

一、快速发现社会保险基金管理风险漏洞（“倒查法”与“顺查法”）

（一）“倒查法”

“倒查法”是从违规个案或者问题线索出发，往前追溯业务的全流程，从结果倒推原因，找出管理风险漏洞。这是一种从特殊到一般的逻辑推理过程，因此也可以称为归纳法。每次发现一类新的基金“跑冒滴漏”业务，特别是重复出现问题的业务，都逐笔倒查追溯，一般都能找出管理风险漏洞。比如待遇享受人员死亡后仍补发死亡后的定期社保待遇问题，业务流程倒查的顺序是银行代发业务—社会保险经办机构向银行发出支付指令—社会保险经办业务部门向财务部门发送支付信息—社会保险业务部门审核—申请人提交申请等，逐层往前追溯，一般都会锁定问题所在。如果已经实现跨部门数据比对，还需要从信息比对流程进行追溯，如社会保险经办机构是否每月与户籍注销、殡葬、医疗死亡等信息进行交叉比对，比对的时间、结果、未能出现比对预警的原因等，逐人倒查。数据比对未能预警的原因通常是：参保人在社会保险系统登记的身份证号码与在其他部门登记的不一致，无法进行数据匹配导致出现“漏网之鱼”；也可能是参保人出境定居，在境外死亡，国内没有掌握其死亡信息或者参保人死亡后土葬等。倒查出风险漏洞后，才能针对性施策。只有把业务和信息流程个性化的漏洞都堵住才能真正从源头上防止向死亡人员支付或者违规补发待遇的问题出现。

（二）“顺查法”（“五步法”）

更加理想的状态是还未发生“跑冒滴漏”业务，就已经排查发现风险，提前把漏洞堵住。这类检查适合使用自上而下的逻辑，由现象推定可能的结果。这是一种从一般到特殊的过程，因此可以称为演绎法。具体来说，就是对照已有的管理规范要求，检查各项要求在社会保险经办业务中是否落实到位，未落实到位的，就推定存在管理风险漏洞。开展社会保险政策执行情况检查、社会保险基金管理风险防控检查，特别是在还未掌握问题线索的情况下，一般都是采用此种方法。“顺查法”主要有以下五个步骤：

第一步：确定检查主题。确定需要检查的险种、业务环节等。

第二步：收集法规制度。包含相关法规、政策、业务规程、办事指南、内控制度等。这些既是检查的依据和标准，也是制作检查表、细化检查项目的重要依据。

第三步：设计检查表格。将检查内容、依据、方法等细化成表格，方便检查人员在检查过程中逐项对照检查记录。关键是要将需要检查的内容按照业务环节分解细化成各个子项，分解越细，检查越深入。表格格式类似于前述现场监督使用的检查表格。比如，检查企业职工基本养老保险待遇支出风险，需要细化成定期养老待遇、一次性养老待遇，定期养老待遇支付需要进一步细化成待遇受理、审核、审批、支付、数据比对与资格认证、身份证号码与银行账户等关键信息录入与修改、稽核内控等多个环节。

第四步：开展调查。要求被检查方提供对应的制度文件及落实情况介绍、业务档案、业务数据等，根据需要进行询问谈话，提前提取业务数据进行分析等，逐一核查是否严格落实相关管理制度。如果在发现基金管理风险的同时，出现异常疑点，就需要进一步调查是否存在侵害社会保险基金的案件。比如，在检查养老保险待遇档案时，发现参保人待遇发放到非本人账户。这就存在两种可能，一种是合规的，本人无银行账户，委托发放到他人账户；另外一种是违法违规的，接收待遇的账户被社保工作人员控制，贪占他人待遇，需要开展延伸调查。

第五步：确定问题风险。在调查基础上，对收集的证据材料和信息进行综合分析，确认违规情况，以及风险的部位、性质、程度等。风险程度决定下一步整改措施，可根据可能存在贪占基金案件的概率和严重性确定。比如，在排查社保待遇审批业务风险时，发现实际上为一人通办，既可能是由于人手紧缺不得已为之，也有可能是违规办理，贪占基金，风险程度比较高，提出的整改措施应包含对其经办业务进行全面排查的内容。

制定社会保险基金风险检查表是提高检查效率的基础性工作，也是让不太熟悉检查方法的基层基金监督人员快速掌握检查技巧、提高监督效能的有效手段。针对各类检查内容，需要制定详细的检查表。下面以检查社会保险经办机构的岗位控制和稽核业务风险为例，拟定相关检查表格（表16-1）。

表16-1　社会保险经办内部控制风险检查表（部分）

检查主题：社会保险经办内部控制风险。
检查依据：《社会保险经办机构内部控制暂行办法》（劳社部发〔2007〕2号）、《人力资源社会保障部关于加强社会保险基金管理风险防控工作的意见》（人社部发〔2018〕43号）、经办规程等。
检查方式：现场检查。

检查内容	检查方法	检查标准	检查结果
社会保险经办岗位控制情况——不相容岗位	（1）检查制度建立情况。（2）检查岗位名册，包括人员姓名、岗位类型、职责权限、连续任职年限等。（3）抽查某一年度支出凭证，登录业务系统查看业务经办人员并做好登记。（4）核查岗位人员配置是否合理，关键岗位是否独立设置，重点核查不兼任岗位人员是否存在职责交叉情况	落实岗位相互监督、业务环节相互制衡机制，合理配置岗位人员：财务、业务、稽核、系统维护、档案管理等岗位独立设置；不存在业务和财务兼任、业务和信息兼任、会计和出纳兼任等不相容岗位情况	
社会保险经办岗位控制情况——轮岗制度落实	（1）查阅高风险岗位名称及工作人员姓名与身份、人员任职文件或其他材料、轮岗制度。（2）核查高风险岗位任职人员连续任职年限及最近办理业务的档案材料	高风险岗位必须任用正式人员，连续任职原则上不超过5年	
内部控制稽核制度落实情况	（1）检查某一年度所有内部控制日常核查、抽查记录表，记录表内容需包括：抽查时间、抽查业务名称、抽查人员、抽查比例、抽查档案份数、抽查结果等，重点核查是否达到规定比例。（2）核查高风险业务检查情况，重点检查是否覆盖各险种所有高风险业务。（3）查阅该年度内部控制稽核的全部档案材料，含工作计划、工作底稿、稽核意见书、整改结果等，重点核查是否存在流于形式的情况。（4）查阅本单位内部控制稽核制度	实现内部控制常态化，坚持日常核查与重点核查相结合，每月随机抽取一定比例上月业务进行核查，高风险业务重点核查	
……			

二、快速发现侵害社会保险基金行为（“六步法”）

社会保险基金管理风险漏洞属于宏观性问题，侵害社会保险基金行为属于微观性问题。有多种发现侵害社会保险基金行为的途径，如根据举报线索开展调查，现场检查时发现线索延伸调查。更加重要的是，社会保险基金监督人员要能在浩瀚的历年社会保险经办业务中，主动发掘出欺诈骗保或贪占社会保险基金的案件。

在以手工业务、纸质档案为主的年代，很难发现基金违法案件，但是在全面实现通过信息系统办理社保业务的信息化时代，主动发现基金案件则不是太困难的事情。我国社会保险的全流程业务数据，包含参保缴费、待遇申领审批、基金流转等基本已实现数字化，大部分社保业务也已实行线上办理。特别是大部分社保相关信息实现了跨地区、跨部门、跨业务的共享。所有基金违法违规问题基本上都会在信息系统中留下痕迹，掌握好数据分析方法，可以比较快捷地从信息数据“海洋”中“捞出”违法违规线索，实现精准检查。未来基金监督检查的核心能力是掌握疑点数据提取规则与筛查方法。掌握了数据提取规则与筛查方法，就能掀开黑暗之门，基金违法违规行为将无处遁形。具体方法可归纳为“六步法”。具体步骤如下。

第一步：总结侵害社会保险基金行为的特征模型。掌握侵害社会保险基金行为的规律特征，就掌握了疑点数据筛查的钥匙。比较便捷的方法是分析已发现的社会保险基金要情（“标本要情”），特别是新型、典型要情，分解作案手法，分析作案成功因素。在未掌握社会保险基金案件的情况下，可以基于假设设计侵害社会保险基金行为的特征模型，通常是收集基金管理风险线索或者将法规对基金管理的正向要求反过来假设，从违法者角度设想。比如，法律规定工伤保险专项费用应当据实列支，反过来假设就是不据实列支，违法的情形之一就是弄虚作假，套取工伤保险基金或者违法使用基金。

第二步：制定疑点数据提取规则。根据“标本要情”作案特征，制定疑点数据提取规则。这一步是业务与信息的桥梁，需要监督人员会同业务人员、信息技术人员共同沟通完成，才能较好保障规则的准确性。疑点数据提取规则，通常包含提取险种范围、时间范围、数据来源、数据规则、需要反馈的字段等内容。其中反馈字段是最为关键的要素，监督人员需要尽可能把疑点分析所需的字段提取出来。

第三步：提取疑点数据。由技术人员根据提取规则从数据库中提取数据。

第四步：数据校验。由于监督人员与技术人员的思维存在差异，可能会出现提取数据不准确的现象，因此需要进行校验，主要校验取数结果是否符合取数需求。可以先从小范围提取数据，如已经发生同类基金要情的地区，校验准确后再大范围提取数据。如果提取的数据能包含用于分析的基金要情涉案人员信息，那么就基本可以确认数据提取没有缺失。

第五步：数据筛查。由于受数据质量或者提取规则影响，提取出来的疑点可能是“假阳性”，因此需要结合相关法律法规和业务实际进行筛查，将无效疑点过滤掉再开展针对性检查，同时根据基金流失风险承担确定疑点数据的风险等级。需要说明的是，个别违规问题，难以通过提取数据发现，重点是现场抽查。“六步法”的核心是筛选出高风险疑点数据，后面会专门介绍。

例如，利用假身份证骗取养老待遇的案件中有一类案件，主要特征是将参保人年龄改大，从而提前申领养老金。总结出这一特征后，就可以制定疑点数据提取规则。可以把某一时段所有享受养老保险待遇的参保人中身份证号码不符合校验规则的人群的信息提取出来，再筛选出将年龄改大的数据，基本就可以锁定检查对象。有的案件比较复杂，如工作人员将参保人死亡后的待遇转入本人控制的银行账户案件，通过数据比对，可以比较方便地筛查出参保人与待遇接受账户户名不一致的数据，但是这个账户可能是参保人继承人的。由于尚无死亡公民继承人的数据库，无法通过数据比对筛查出来，所以还需要结合其他筛查方法，或者逐个实地检查，这需要好的监督检查经验和信息技术的结合。

第六步：调查核实。高风险数据只能定性为涉嫌违法，还需要通过调查取证来确认真实性。可以用“排除疑点”的思路开展调查核实，也就是说对于嫌疑对象，要想方设法，通过调查获取证据，只有足以排除违法或者足以证明存在违法，才算完成疑点核查。比如，通过数据比对发现某待遇领取人档案中有火化证明，但是数据比对未发现有一致的死亡记录，这就形成了一个疑点。排查的方法主要是核实火化证明的真实性，或者参保人在火化证明记录的死亡时间之后是否有健在的证据，比如交通出行、就医等记录，或者直接上门核实。社会保险基金监督检查是技术活，需要不断地积累，才能提高监督效果，其中事实调查专业能力是社会保险基金监督的核心能力之一，需掌握关于证据的基本法律知识、事实认定技巧并拥有丰富的调查经验。

对于涉嫌通过伪造工作经历或就医诊断材料骗取提前退休、视同缴费年限认定、社保补缴等的疑点调查，关键在于辨别材料真伪。辨别材料真伪的主要方法有：

一是直观法。通过观察纸质档案是否有异常特征，判断是否存在伪造、变造、涂改等痕迹。常见的特征有：员工名册或工资表中，不同人员的签名高度雷同；不同年份的多份同种复印文件（如工资表）的位置关系、字迹特点、填制内容等高度雷同；复印入档的企业职工档案文件（如干部履历表、调资表）上的有关栏目有直接书写的痕迹；复印的文件（如工资表）上与档案人有关的栏目的外观与该文件上其他部分有明显不同，如纸张起毛、透光可见、填写字迹墨水颜色不一致；二十世纪七八十年代的职工履历表单（如晋升级表、体检表等）要么是印刷厂印制，要么是普通油印，如果履历表单出现打印的表单并打印填制内容、打印的表单并手写填制内容、打印的印章，则伪造的可能性较大；同一单位大量人员批量办理社保业务，不同人员提供的材料一模一样或者如出一辙；《劳动合同法》实施之前的劳动合同版本出现《劳动合同法》的表述，劳动合同鉴证章适用已经更名的劳动保障部门印章等。

二是对比法。将申请人提交的办理待遇申领的档案材料与档案管理单位掌握的档案进行比对，核实特殊工作经历或者工作经历档案的真实性；将提前退休人员档案记录的工作经历与其养老保险缴费年限数据比对，如果不对应，就可能存在虚假增加特殊工种年限的问题；对于提交病历或医学诊断办理工伤认定或者劳动能力鉴定的疑点，可将就诊时间、病种、住院号等信息向医疗机构核实比对；对于死亡证明材料、劳动能力鉴定文书、补缴法律文书的真实性，可以将办理社保待遇时提交的材料，向出具单位核实比对。

三是鉴定法。对于无法通过肉眼观察、经验进行辨别或者比对的，必要时提请专业机构进行笔迹鉴定、公章真伪鉴定。

此外，针对不同的疑点问题，需要有不同的调查询问方法。

一是如何调查虚假劳动关系补缴。对于是否存在虚构劳动关系参保补缴的问题，一般无法通过审核劳动关系证明材料辨别真伪，需要对用人单位有关负责人和本人进行询问调查，同一单位涉及多人虚构劳动关系的，应同时单独开展询问，防止相互“串供”；对个人通常需要追问工作的细节，如询问入职时间、工作岗位、公司地址、工作具体内容、薪酬水平、同事姓名和联系方式、考勤管理等等，不能清楚回答这些常规问题的，大概率是虚假劳动关系。

二是如何延伸调查发现“内鬼”。通常来说，基金损失背后基本都有工作人员的问题，欺诈骗保案件背后一般都存在管理上违法违章的问题，或者是内外勾结，或者是疏于监管。无论是查欺诈案件还是处置基金要情，都需要延伸分析检查经办人员是否违法。对于同一单位或者相近时段发现有多人骗保嫌疑的，通常需要询问是否有中介人员或者内部工作人员协助办理。对于涉嫌修改社保信息、无申请材料办理审批等疑点的，通常需要对业务经办人员进行询问，追查业务办理的具体过程。初步锁定对象后，层层追问，打破砂锅问到底。调查要点包括：违规业务办理各环节的人员情况，姓名、科室、岗位责任，核实被调查人工作经历，办理业务期间的工作单位、职务和工作岗位职责，以便定责；核实涉案业务的正常流程，哪些环节，分别由谁负责审批，需要审核什么资料，什么资料必须存档，以便确认是否程序违规；核实涉案业务的实际办理过程，申请、受理、审核、复核、支付；核实涉案业务的疑点，以便锁定涉案嫌疑。承认涉案的，核实作案过程，涉及参保人姓名、身份证号码、基金数额，以便查清违法性质、情节；调查经办人员的行为与基金的支出是否存在直接因果关系，经办人是否存在故意或者明显过失，询问是否发现有其他人违规违纪。

“六步法”主要是针对新型案件类型且可以开展数据比对分析的情况。如果是已经有固定作案模式且较为普遍的问题，最好是在监管系统设置自动预警或者疑点指标，这样可以在社保业务经办过程中就进行拦截或预警，实现事前、事中监管。此外，并不是所有侵害社会保险基金行为都能够提取数据进行比对筛查，而且数据筛查的前提是已经出现了个案再举一反三排查。因此，数据筛查需要更加丰富的检查方法，比如：

一是随机抽查。对高风险业务的随机抽查，是传统检查方法，但永远不会过时。比如违规办理特殊工种提前退休、部分死亡冒领（如因参保人去世后土葬，亲属不及时注销户籍导致无法进行数据比对）、视同缴费年限认定等。对于数据比对难以发现的问题，可以每年从业务数据中随机提取档案开展检查。例如，对无信息资源共享的死亡冒领，可在超过一年未办理生物特征识别资格认证的待遇领取群体中抽查。

二是重点复查。针对内部工作人员侵占基金问题，还可以与单位人事、纪检部门合作，专门对平时被投诉工作作风问题较多或者存在赌博、吸毒、沉迷网络游戏、奢侈消费等不良嗜好的工作人员办理的业务开展复查。

三、社会保险基金违法违规疑点筛查方法

总结常见的侵害社会保险基金行为的特点，结合社会保险领取条件、社会保险经办业务流程等，通过相关数据库提取疑点数据进行分析，筛查出高风险疑点数据，能大幅提升监督检查的针对性，精准高效地打击违法行为。筛查方法类似于“剥洋葱”，层层剥开，

露出核心真面目（图16-1）。

违规事实	高风险数据	有效数据	原始数据
4	3	2	1

←

图16-1　社会保险基金违法违规疑点筛查方法

（一）确定筛查目标

根据侵害社会保险基金行为的关键特征确定具体的筛查目标。不同险种、不同作案手法，具有不同的特征，应确定不同的筛查目标。比如企业职工基本养老保险基金方面：虚构劳动关系或伪造档案补缴养老保险费骗取养老保险待遇、违规办理特殊工种提前退休、通过变造或伪造劳动能力鉴定结论违规办理因病提前退休、改变年龄提前领取养老待遇；工伤保险基金方面：通过虚构工伤事故时间或参保缴费时间、虚构工伤事故骗取工伤保险待遇，虚列工伤医疗康复支出骗取工伤保险基金支出；失业保险基金方面：虚构劳动关系“短缴”失业保险费骗取失业待遇，虚构解除劳动关系事实或者隐瞒重新就业事实骗取失业保险待遇；医疗保险基金方面：虚增医疗支出或药品用量、冒用他人名义就医等。各险种共有的侵害基金案件特征常见的有伪造死亡时间骗取社会保险待遇、将他人社会保险待遇转入本人控制的银行账户、虚增缴费年限或待遇金额贪占社会保险基金等等。大部分侵害社会保险基金行为都可以通过数据筛查进行定位。

（二）数据提取与比对

根据筛查目标确定数据提取方法，具体包括以下几个方面：

（1）数据来源。结合数据存储情况，确定数据来源。比如本系统内部的社会保险基金监管系统、社会保险信息系统等，必要时与公安（身份证信息和户籍注销信息）、民政（殡葬信息）、税务（自然人纳税信息）、卫健（医疗死亡信息）、市场监管（商事主体登记注销信息）、司法（服刑信息）等部门开展数据比对。

（2）人员范围。根据筛查目标，确定需要提取的人员范围，如哪个险种的哪方面业务。

（3）时间范围。根据筛查目标，确定有关参保缴费或者待遇支付的起止时间范围。

（4）提取比对方法。简单的情况是按照确定的人员、时间范围从单一数据库提取数据；复杂的则需要多次提取和比对。如需要筛查是否利用虚假身份证信息骗取社保待遇，需先从社会保险信息系统提取出领取待遇人员姓名、身份证号码和其他有关信息，再将该信息与参保人在社保待遇支付银行登记的身份证信息进行二次比对。

（5）数据反馈结果。需要根据筛查目标和具体的作案特征确定需要的数据字段，以便开展下一步的数据分析筛查。通用的字段有：所属行政区代码及区划名称，参保单位代码与名称等信息，个人编号、姓名、性别、身份证号码、联系电话号码等个人基本信息；领取待遇年月、待遇类型、待遇金额、领取待遇的银行账户号码与开户行以及待遇支付状态等待遇支付信息。特殊的情况下，职工养老保险需要退休日期、补缴时段、视同缴费月数与累计缴费月数等数据。

（三）筛查分类数据

数据筛查的目的是精准锁定涉嫌侵害社会保险基金行为的信息。提取出数据后，需要先剔除明显无效、错误的信息，再对剩余数据进行分析，根据一定的规则确定数据风险等级，重点是筛查出高风险数据。为提高检查精准度，要结合风险大小、基金损失概率大小等将风险进行分类定级处理。可以将提取的数据分为四类，三个等级：

（1）高风险疑点数据：存在社会保险基金欺诈骗保、工作人员贪占基金可能性较大的疑点数据。

（2）中风险疑点数据：可能存在错发多发、数据不规范、业务办理不规范等问题，但不能排除存在欺诈骗保问题的疑点数据。

（3）低风险疑点数据：大概率是因数据不准确或不规范、录入数据错误、信息系统错误或者数据转换等形成的疑点数据，涉及基金损失可能性很小。

（4）风险等级待定数据：因相关信息不够充分，难以判定风险等级的数据。

（四）明确检查方法

因基金监督力量有限，难以对所有疑点数据逐一核查，所以需要根据风险等级采取对应的检查方法，实施精准监督。

1.检查方法分类

（1）对高风险疑点数据，必须逐一核查，直至查清问题或有足够的证据材料可以排除风险。对于风险量较大、地区集中、涉及基金数额大的，原则上实行直查；其他高风险数据，可以通过检查订单方式，组织同级经办机构或下级社会保险行政部门核查。

（2）对中风险疑点数据，可以通过移送疑点数据的方式，转社会保险经办机构开展自查。数据量较大的，抽查部分档案进行核查。

（3）对低风险疑点数据，可以排除，不纳入核查范围。必要时可以抽取个别档案材料进行核查。

（4）对风险等级待定数据，通过提取档案进行抽样分析后确定风险等级。

2.具体检查方法

根据前述规则对疑点数据的风险等级进行标记后，重点对高风险疑点进行核查，具体核查方法根据疑点特征确定，常见的核查方法如下：

（1）档案核查。重点核实业务档案的真实性、完整性。

（2）实地调查。结合疑点数据与档案核查的情况，根据需要向参保人、待遇领取人、参保单位或者待遇支付银行等开展调查。筛查目标不同，调查对象与调查重点也不同。如虚构劳动关系参保疑点，重点是向参保单位与参保人核实真实劳动关系情况；如利用涉嫌伪造的死亡证明、火化证明、结婚证等骗取养老待遇的，重点是向相关单位核实相关证明材料真实性；如利用虚假病历办理劳动能力鉴定，重点是向医疗机构核实病历真实性；等等。

（3）延伸调查。在检查过程中，需要探究是否有中介或者内部工作人员作案的情况，特别是对于已经基本查实属于违规业务且涉案人数较多的情况，需要开展延伸调查。

此外，制定筛查规则的标本要情是筛查工作的重要参考。通过深入分析相关要情作案特征，总结作案规律，对校验疑点数据的准确性、完善检查方法、提高筛查效率都有十分重要的作用。实践中需要不断完善疑点数据筛查库，才能实现“道高一尺，魔高一丈”，尽可能不明显滞后于违法者，在违法行为尚未发展成普遍性或者重大问题风险前，就将其遏制住。

数据筛查是社会保险基金监督的核心技能之一，需要不断扩大筛查范围，并通过疑点核查结果不断校验优化筛查规则。筛查质量高不高，主要看是否精准“命中”违法违规行为，需要从初步提取的数据中尽可能剔除被误判的正常业务，不断提高精准性，尽可能避免因疑点数据不够准确而导致基金监督人员“徒劳无功”。

相关筛查方法实例见附16-1至附16-5。

附16-1　虚构劳动关系违规补缴养老保险费骗取养老待遇筛查方法

一、筛查目标

检查参保人是否存在通过“挂靠”方式、伪造证明材料或其他手段虚构劳动关系违规补缴企业职工养老社会保险费，骗取养老保险待遇问题。

二、相关依据

（1）《社会保险基金行政监督办法》（2022年2月9日人力资源社会保障部令第48号公布，自2022年3月18日起施行）第三十二条规定：“用人单位、个人有下列行为之一，以欺诈、伪造证明材料或者其他手段骗取社会保险待遇的，按照《中华人民共和国社会保险法》第八十八条的规定处理：（一）通过虚构个人信息、劳动关系，使用伪造、变造或者盗用他人可用于证明身份的证件，提供虚假证明材料等手段虚构社会保险参保条件、违规补缴，骗取社会保险待遇的……”。

（2）根据《社会保险法》与其他有关社会保险费的补缴政策。

三、数据提取

（一）数据来源

社保信息系统数据库、市场监管部门共享数据（企业和个体工商户基本信息、成立与注销登记信息）等。

（二）人员范围

按照有关“应缴未缴”的补缴规定，补缴企业职工养老保险费并已享受养老保险定期待遇的人员。

（三）时间范围

按照“结算期”，根据需要确定起止点进行提取。起点最早为有关补缴文件实施时间，截止时间一般确定为最近取数日期。

（四）提取比对方法

提取：从上述数据来源涉及的系统数据库，按照前述人员范围和时间范围提取疑点数据。

比对：将补缴时段与参保单位存续时段进行比对。通过市场监管局登记的商事主体成立日期与注销日期比对，核查比对补缴期间参保单位是否存续。其中持法律文书补缴的，需要与登记法律文书信息的系统进行比对。根据需要向社会保险费征收系统比对单位缴费账户情况。

（五）数据反馈结果

社会保险信息系统提取反馈字段：所属行政区代码及名称（对应待遇领取地）及区划名称，个人编号、姓名、性别、身份证号码、联系电话号码；申请补缴时年龄、补缴时对应单位名称、单位代码、补缴地行政区代码及名称、补缴类型，补缴时段、补缴月数合计，补缴结算期（综合信息查询参保人缴费明细中的“结算期”）、“对应费款所属期”，补缴受理日期、补缴时段、补缴月数、补缴时段是否有工伤保险缴费记录，补缴依据的法律文书（文书制作主体、文书名称、文书制作时间等，信息系统无数据的，通过业务台账筛查），柜台系统中补缴业务的“联系人姓名”和“联系人电话”；退休日期、退休时单位名称、退休时年龄、累计缴费月数（包括实际缴费月数、视同缴费月数）、首次领取养老保险待遇年月、待遇类型、待遇支付状态、已领取养老保险待遇金额，业务类型为“养老定期待遇”的最后一条待遇领取记录（含待遇类型、经办日期、实发金额、户名，银行类型，银行账号）等。

市场监管数据库比对提取反馈字段：单位“经营（驻在）期限自”“经营（驻在）期限至”与“注销日期”或“吊销日期”等。

四、数据风险分类

（一）符合以下条件之一的为高风险疑点数据

（1）补缴时段早于单位成立日期或补缴时段内单位已注销的。

（2）不同用人单位（用人单位名称不同且不属于关联单位）补缴申请人为同一联系人或不同联系人但同一联系电话的。

（3）凭法律文书（劳动监察、仲裁、稽核、审判等文书）办理补缴，经核实补缴文书失实的。

（4）补缴时使用的身份证号码形式正常但校验不通过或者有修改身份证号码记录的（涉嫌将年龄改小以满足一次性缴费年龄条件、利用他人身份信息或“假人”身份参保缴费等）。

（二）同时符合以下多个条件的为中高风险数据，符合的情形越多风险越高

（1）退休时累计缴费月数在180～190个月之间的。

（2）参保人未在办理补缴单位名下存在正常参保缴费记录，或者正常缴费月数不足180个月，通过补缴后缴费月数达到180个月以上的。

（3）疑点数据主要集中在某单位的。

（4）补缴期间超过单位存续期的。

（5）在法定退休年龄（首次领取养老保险定期待遇）前12个月内办理补缴业务的。

（6）同一人多个补缴时段为同一单位、补缴后缴费时段无缝衔接的。

（7）补缴地与待遇领取地不一致的。

（8）同一单位参保人数突增和突减的。

（9）未使用单位对公账户缴费或者使用的对公账户与补缴单位不一致的。

（10）存在异地补缴（应缴未缴或一次性缴费）企业职工养老保险历史且在转入地申领待遇的（特别是男58周岁以上、女48周岁以上，且在本地的职工养老保险合法缴费不足12年的本地户籍参保人，办理异地补缴3年或以上职工养老保险年限）。

（11）转移社保关系后及申领待遇、转移的缴费存在一次性补缴且同一单位多人在相近的时间集中办理转移的。

五、检查方法

重点核查建立劳动关系的真实性。

（一）核实业务档案的完整性

包括参保人身份证件、职工档案、劳动关系证明材料、补缴申请与受理审核，养老保险待遇申领审批材料。如怀疑缴费年限为工作人员虚增记录的，还需要核查缴费收款的财务凭证。跨省补缴超过3年的，要核查是否有转出地法院、审计部门、劳动保障监察、劳动争议仲裁委员会等部门出具的具有法律效力证明一次性缴费期间存在劳动关系的相应文书。

（二）核实补缴资料的真实性

核查相关档案时发现异常的，应对参保人、参保单位开展进一步调查。异常情况：劳动合同异常，合同期限与企业存续时间不一致，签订的合同期限超过劳

动者法定退休年龄，工资表不同人签名笔迹雷同，职工离职时间与企业批量裁员时间矛盾，印章存疑，缴费时段与企业注册登记或注销时间矛盾（其中企业重组或变更的剔除）。补缴依据是法律文书的，要向制作部门核实参保人办理补缴业务提供的法律文书的真实性。涉嫌异地违规补缴后转移的，要与转出地社会保险经办机构核实相关情况。

（三）实地调查

经前述核查分析，发现疑点的，根据需要向参保人、参保单位分别开展调查。对参保人的调查：主要询问其工作经历、岗位、工资、考勤等能证明其工作经历的相关信息；获取其同事的姓名及联系方式；了解补缴办理的过程，如是否为本人申请补缴、是否有内部工作人员或者中介协助办理参保等。对参保单位的调查：主要检查补缴对应时段的在职人员花名册、职工入职申请表、劳动合同、工资表及工资发放银行流水、考勤记录表，补缴的财务凭证等材料，对知情的单位负责人进行询问等。必要时，向银行核实工资流水的真实性。

涉嫌同一联系人或联系电话，为不同用人单位参保人办理补缴业务的，核查相关单位是否为同一系统或是否存在其他关联关系，如否，则对联系人和参保人进行询问调查，了解双方的关系、委托代办的情况等。

对联系人、参保人、参保单位负责人进行询问，一般应制作询问笔录。

（四）延伸调查

对于补缴单位集中、时段集中、地区集中以及需要工作人员才能办理的业务疑点（如实际缴费年限无对应的业务、财务凭证，或者补缴单位否认办理过相关人员补缴），应延伸调查补缴业务经办和审批人员是否存在违规违法行为，以及是否存在社会中介违规代办、内外勾结问题。掌握初步证据后，涉嫌工作人员违规或中介违法代办的，根据有关情形，提请公安机关或纪检监察机关介入，或者按照规定移送相关部门处理。

附16-2　弄虚作假违规办理因病提前退休筛查方法

一、筛查目标

检查企业职工养老保险提前退休人员是否存在通过违规办理劳动能力鉴定或者提供虚假劳动能力鉴定结论办理病退，骗取养老保险待遇问题。

二、相关依据

国家有关退休年龄和提前退休的规定。

三、数据提取

（一）数据来源

社会保险信息系统数据库。

（二）人员范围

企业职工基本养老保险中，退休类型为“因病退休”且正在享受企业职工基本养老保险定期待遇的人员，根据需要可以增加已经领取一次性待遇的人员。

（三）时间范围

按照待遇结算期，根据需要决定起止时间。

（四）提取比对方法

提取：从企业职工基本养老保险待遇的发放台账提取前述人员范围和时间范围的数据。

比对：一是将社保待遇支付系统中的因病劳动能力鉴定文书与劳动能力鉴定系统的鉴定文书进行比对，以核实是否存在利用虚假鉴定文书办理病退，同时确定办理劳动能力鉴定时提供的诊疗基本信息（如医院、住院号等）。二是将劳动能力鉴定系统的诊疗信息与医保或者卫健部门的相关信息进行比对，以核查是否存在虚假病历资料。

（五）数据反馈结果

（1）社保待遇数据。

大集中系统社保信息：所属行政区代码，单位代码、单位名称，个人编号、姓名、身份证号码、台账身份证件号码、性别，离退休日期、退休类型，待遇享受状态。

（2）鉴定数据。

大集中系统非因工劳动能力鉴定信息：被鉴定人姓名与身份证号码、评残结论时间、鉴定结论、评残（鉴定）机构名称、伤病情诊断（柜台系统的“审核信息”）、伤残等级。

或者在鉴定业务台账数据提取：鉴定时提交的病历记录的就医时间和医疗机构名称。

待确认：鉴定申请人姓名、身份证号码、因病劳动能力鉴定结论（完全丧失劳动能力）、因病劳动能力鉴定时间、鉴定机构、鉴定申请人联系电话，病种名称、就诊医疗机构名称、入院与出院时间、住院号、门诊日期与就诊号等。

（3）医疗保险信息系统（或就医系统）：参保人姓名与身份证号码，就医开始时间、就医结束时间（入院、出院时间），医院名称、就诊类别（住院/门诊）、就诊号（住院号）、病种名称等。

说明：如相关信息系统数据不全或者未建立相关系统的，需要通过提取业务台账比对或者通过线下比对，与对应医疗机构核实就医信息的真实性是最为直接的方法。

四、数据风险分类

剔除明显不符合校验规则的数据，将符合以下多个特征的数据作为高风险数据。

（一）年龄异常

退休年龄不符合国家规定。

（二）鉴定结论异常

在鉴定机构的档案中或者鉴定信息系统中，参保人无对应的鉴定结论或鉴定结论不一致的，涉嫌变造、伪造鉴定结论文书。重点是主观性较强、容易造假、高频率常见病种的劳动能力鉴定结论文书（如精神类、内科疾病）。

（三）医疗保险数据与鉴定数据不匹配

医疗信息和鉴定信息记录的就诊时间、病种、医疗机构等关键信息明显不匹配，或者存在缺失。

（四）病退业务集中

同一个单位病退人数集中或者同一县（市、区）病退人员集中；或者某单位、地区因病提前退休人数所占比例畸高。

五、检查方法

重点核查劳动能力鉴定的真实性、合规性与鉴定病历的真实性。

（一）核查业务档案

需要对提前退休审批档案、劳动能力鉴定档案进行核查，包含提前退休申请表、审批表及提供的证据材料，劳动能力鉴定申请书、提供的病历和诊断结论、鉴定文书原件等。

（二）针对疑点核查

一是核实被鉴定人、参保人的真实性。核实参保人身份信息、鉴定档案的医疗资料的身份信息、医疗机构记录的人员身份信息等，排除资料篡改姓名的可能。二是核实鉴定文书的真实性。鉴定结论异常的，针对鉴定档案中的鉴定文书与提前退休档案中的鉴定文书存在不一致的地方，与相关机构核实确认。涉嫌伪造文书的，向申请人询问核实，重点核实文书来历、提前退休申领情况、是否有工作人员或中介协助等。三是核实医疗资料的真实性。就医或医疗保险数据不匹配的，向相关医院发函商请协助确认就医经历的真实性。可以检查就医的发票、费用明细清单、医疗资料原件、影像检查片等，核实鉴定档案医疗资料的真实性。

（三）延伸调查

对于一个鉴定机构发现多个虚假鉴定结论或者多个虚假医疗诊断的，工作人员参与作案的概率较高，可提请纪检监察机关介入调查处理。发现有中介人员、医疗人员参与作假的，提请公安机关介入侦查。需要注意的是，如果鉴定机构或专家违规做出真实的鉴定文书，较为隐蔽，需要调查被鉴定人原始诊断档案，重新请专家评估鉴定，才能查清事实。

附16-3 挂靠参保“短缴”骗取失业保险待遇筛查方法

一、筛查目标

检查失业保险待遇领取人是否存在违规“挂靠”参保“短缴”、提供虚假离职证明骗取失业保险待遇问题（相关案件特征：非自愿性失业是领取失业保险金的法定条件之一，自愿失业的参保人为获得失业保险金，与企业串通，挂靠企业短期缴纳失业保险费，挂靠企业虚构非本人自愿解除终止劳动关系事实，骗取失业保险金）。

二、相关依据

《社会保险法》第四十五条规定：“失业人员符合下列条件的，从失业保险基金中领取失业保险金：

（一）失业前用人单位和本人已经缴纳失业保险费满一年的。

（二）非因本人意愿中断就业的。

（三）已经进行失业登记，并有求职要求的。”

三、数据提取

（一）数据来源

社会保险信息系统数据库。

（二）人员范围

曾经享受失业保险金的人员且失业前短期参加失业保险（3个月以内）。

（三）时间范围

按照待遇支付“结算期”，根据需要确定提取时间范围。

（四）提取方法

从失业保险待遇“发放台账”中提取在“失业前单位名称”连续缴费0至3个月以内（即短缴）的疑点数据。

（五）数据反馈结果

所属行政区代码，个人编号，参保人姓名、性别、身份证号码，目前所在单位名称（C），目前所在单位代码，失业前单位代码，失业前单位名称（B），在失业前单位参保时间、参保类型、缴费类型，“城（职）缴费明细”的失业前单位名称的上一个单位名称（A）及参保时间，失业登记日期，劳动关系终止时间，待遇享受状态，享受待遇年月，待遇终止年月，核定定期待遇发放月数，失业长期待遇金额（月核定），失业待遇发放金额合计。

四、数据风险分类

（一）低风险数据

符合以下条件之一的，作为低风险数据。

（1）剔除一直在同一单位参保的人员。对“城（职）缴费明细”的“失业前单位名称的上一个单位名称（A）”与“失业前单位名称（B）”进行对比，找出名称一致的单位予以剔除。可通过参保人台账身份证号码在系统个人综合信息“人员变动信息”“险种变更信息”“城（职）缴费明细”三个模块查询校验剔除是否准确。

（2）剔除关联公司。通过对“城（职）缴费明细”的“失业前单位名称的上一个单位名称（A）”与“失业前单位名称（B）”进行模糊对比，找出名称相近的单位，可通过企业信息查询系统查询两者之间的关系（例如，同一集团公司控制人、高层管理人员为同一人等），剔除关联公司。

（二）中高风险数据

符合以下特征的为中高风险数据，符合的特征越多，风险越高。

（1）短缴。一般来说，在失业前单位（B）参保缴费月数越少，风险越高，如0～1个月。同一单位（B）短缴人数越多，风险越高。可以通过处理“在失业前单位参保时间”，提取出“在失业前单位开始参保时间”与“在失业前单位停止参保时间”，并进行计算得出疑点数据中每个参保人的缴费月数。

（2）人力资源服务类企业。失业前单位（B）名称中含有“人力资源”“劳动派遣”“家政服务”“劳动服务”“职业介绍”“就业”“劳动服务”“信息咨询”等可能有人力资源服务性质的单位，存在虚构劳动关系嫌疑较大，要作为查处的重点。

（3）个体私营企业。失业前单位（B）是“××店”“××行”“××部”等个体工商户或小微企业，特别是无正常经营的“空壳”公司，存在虚构劳动关系的可能性较大。

（4）单位（B）某段时间内参保人数波动较大。用人单位的员工流动比例具有一定的规律性和比例，短期内不会重复忽高忽低，突然大幅度的上下波动，连续波浪状态就属于异常现象。如某单位某个月参保人数与上个月参保人数的比例大于某个阈值（单位可以根据参保人数设定不同的阈值）。简单的方式是查询用人单位参保人数列表。

（5）同一单位（B）参保和停保时间比较集中或者社保增员减员频繁。

（6）同一地区疑点数据量较大。

五、检查方法

重点核实失业前单位参保合规性与是不是“非本人意愿”解除终止劳动关系。

（一）调取参保缴费与待遇申领档案材料

核实参保人基本信息、社保增员的相关业务档案和文书、失业保险待遇申领表、解除终止劳动关系证明材料、待遇核定表等。可以通过省大集中系统记录的人员综合信息、变更记录、待遇领取记录及待遇申请业务档案影像资料（解除或终止劳动合同通知书、失业保险待遇申报表等）。2019年之后实行“畅通领、安全办”，不再要求提供解除劳动关系证明，而是采集社会保险费征收机构的“减员原因”进行核实。因此，需要分时段采取不同检查方法。对于2019年之前，如果资料缺失，说明经办机构存在违规审核或者档案保管不完整，需要排除人为隐匿档案的情况；对于2019年之后的资料，重点关注失业单位集中的情况，向单位和个人调查询问。

（二）核查劳动关系的真实性

核查在单位（B）参保，是否有真实劳动关系。一般需要通过到参保单位开展现场调查，对涉嫌违规参保人、参保单位负责人询问核实参保人真实工作经历，可抽查职工入职申请表、工资发放银行流水、考勤记录表、在职人员花名册等材料。对于通过中介组织代办参保补缴的，应当核实有关人力资源服务许可证发放管理情况以及人力资源服务机构负责人和工作人员与参保单位的关联关系。

（三）核查非自愿失业的真实性

重点是核查解除终止劳动关系证明材料，相关表述是否足以说明劳动者是非自愿失业，用人单位是否向劳动者支付解除劳动合同经济补偿金是证明劳动者是非自愿性失业的重要依据。未支付经济补偿金的，虚假解除劳动关系的可能性较大。

（四）延伸调查

根据需要延伸调查是否存在中介组织骗保、内部工作人员涉案、骗取就业创业补贴等情形。核查参保单位登记注册情况。

（1）对涉案的最后一个参保单位，要在疑点数据基础上，对该单位相关年份所有办理参保和申领失业保险金的业务进行全面排查。发现有中介组织代办的，应延伸核查。

（2）应当调查追溯业务办理成功的原因，发现存在以下情形应延伸调查工作人员是否存在违法违规问题：同一经办机构，同一用人单位，多个参保人提供虚假材料骗取社保待遇或多人集中时间提供虚假材料骗取社保待遇的。

附16-4　伪造身份证骗取养老保险待遇筛查方法

一、筛查目标

检查企业职工养老保险待遇领取人是否存在通过提供虚假身份证件骗取养老保险待遇问题。重点是将年龄改大以提前领取养老金。

二、相关依据

《社会保险法》第五十八条规定：“……国家建立全国统一的个人社会保障号码。个人社会保障号码为居民身份证号码。”第八十八条规定：“以欺诈、伪造证明材料或者其他手段骗取社会保险待遇的，由社会保险行政部门责令退回骗取的社会保险金，处骗取金额二倍以上五倍以下的罚款。”

三、数据提取

（一）数据来源

社会保险信息系统数据库。

（二）人员范围

享受企业职工基本养老保险待遇人员（包含月定期待遇和一次性待遇，一次性待遇包含“退个人账户”“死亡待遇”）。

（三）时间范围

以结算期为参考，确定具体的数据提取期间范围。此类问题主要发生在早期社会保险信息系统身份证信息未与公安部门登记信息校验的时期，可以提取对应时段全库数据。

（四）提取比对方法

提取：从企业职工基本养老保险待遇的“发放台账”，提取“身份证号码校验失败”疑点数据。

比对：与代发待遇的银行比对，重点是参保人在银行开户的身份证号码与姓名，以确定是否存在改大年龄问题或者虚假身份证问题。

（五）数据反馈结果

社会保险信息系统：所属行政区代码，单位代码，单位名称，个人编号，身份证号码（当前本人号码），支付台账证件号码，姓名，身份，性别，待遇类型，档案出生日期，（身份证）出生日期（在“养老失业综合信息查询”模块提取，或者通过从18位身份证号码中取第7位到第14位），离退休日期，退休类型，退休年龄，登记状态（个人综合信息中记录是死亡还是正常），待遇享受状态（终止发放或正常发放、暂停发放等）；待遇发放起始年月，最近一次资格认证方式与时间；待遇流水中最早一条的结算期对应的类型、金额，最后一条待遇结算期对应费款所属期，最后一条成功支付待遇类型、金额、时间，支付银行名称、银行户名、银行账号；最后一条扣回金额、扣回时间、补扣发原因（待遇支付流水中此三项有记录的，可能是已经按照违规处理）。

银行系统：参保人姓名、银行记录的身份证件号码（用于比较真实与虚假身份证号码，分析是否修改年龄）；最后一笔成功支付记录的有关银行信息，包括支付银行名称、银行户名、银行账号。

四、数据风险分类

为剔除数据问题导致的疑点，提高精准度，需要先按照以下方法进行筛选：

（一）去重

相同个人编号取一条。

（二）剔除明显不符合校验规则的数据

基于“台账证件号码”，先剔除明显错误的数据，如999999，这类数据大概率为录入错误或者早期因参保人未提供身份证，经办机构自编号码；接着剔除位数不是18位的号码，以及非1、2、3、4、5、6开头的号码；最后按照内地居民身份证号码规则（香港、澳门特别行政区居民大陆居住证号码前两位为81、82），在剩余的号码中剔除明显不符合校验规则的数据。

（三）筛查出真实身份证件号码

是否构成骗保，关键是确认是否提供虚假身份信息领取养老保险待遇。因此，需要核查出疑点数据中每个参保人的真实身份证信息，并对真假身份证信息进行比对分析。在上述筛选出的数据中，通过以下方法，核查出真实身份证号码。

（1）通过银行开户信息比对。通过参保人领取待遇的银行账户，商请待遇代发银行核查其开户时登记的身份证件号码。在提取出来的数据中，将银行类别为空、开户银行类别异常、账号为空、账号明显异常的剔除后，根据银行类别将数据发送到银行，让银行根据数据中的待遇发放银行账号同银行系统中的数据进行匹配后，反馈待遇领取账户的开户人姓名、身份证号信息。

（2）查询业务系统中变更身份证号码记录。如无法通过银行查询到真实身份证号码，也可以通过参保人业务档案、业务系统，核查是否变更过身份证号码，如有更改记录，提取信息更改佐证材料。

（3）通过社会保险信息系统模糊查询。通过前述两种方法无法获取真实身份证号码，可用其姓名在社会保险信息系统或全民参保系统模糊查询，同名同姓且身份证号码相近的为其真实身份证号码线索。

（四）筛查出高风险数据

关键是通过比对真假身份证号码进行核查确认风险等级，符合以下特征之一的，欺诈骗保概率较高，属于高风险数据。

（1）只修改身份证号码出生年月。存在改大和改小年龄两类。改大年龄主要目的是提前领取养老待遇，改小年龄主要目的是已退休人员为满足一次性补缴政策。

（2）待遇发放状态异常。待遇发放状态为暂停且最后一条养老待遇支付数据不是一次性待遇或年度调整补发数据。暂停发放待遇通常是因虚假身份证等无法通过资格认证所致。

（3）两个身份证号码同时参保并享受待遇。用真实与虚假身份证号进行查询，如发现存在领取多份养老保险待遇的情况，应将其作为高风险数据进行检查。

上述疑点特征可能存在交叉。如原来为15位身份证号码，系统自动升级为18位时可能会出错，或者只有一个非关键性数字错误（不涉及出生年月），通常为录入错误。

五、检查方法

对于一次性退保，需另外作为一类疑点进行筛查（属于早期特殊政策），如收款账户非本人的，则将其作为单位或个人冒领参保人一次性账户退款疑点进行核查，重点是检查申领业务材料的真实性与完整性、是否归还给参保人。对于定期待遇疑点，重点核查办理社保业务时参保人身份证件的真实性，原则上可按照以下方法开展检查：

（一）核查是否存在伪造身份证件办理社保待遇业务

为准确认定虚假身份证信息办理社保业务的违规性质，需要收集相应的证据材料，主要包括：参保人办理社保业务时提供的身份证复印件，其中虚假身份证件需提请公安机关出具证明；参保缴费和待遇申请、审核档案，如申请表、核定表等；参保人和其他有关人员的询问笔录；业务系统的关键信息截屏；其他必要的佐证材料。涉嫌虚假劳动关系参保的，应向用人单位和本人调查其真实工作经历和有关佐证材料。是否为虚假身份证，以公安机关出具的书面文件为准。如缺乏业务申办材料的，要重点核查。

（二）确认是否因虚假身份证骗取了社保待遇

结合相关规定，确认虚假身份证与非法获得社保待遇是否存在因果关系。虽然身份证为虚假，但是按照本人最早档案记载年龄办理退休，则虚假身份证与领取社保待遇不存在因果关系，不作为骗保处理。但是需要将是否存在档案造假作为重点进行审查。

（三）依法分类处理

经核查发现参保人提供虚假身份证件材料办理社保业务，且虚假身份信息与其获利存在因果关系，有以下情形之一的，按照骗保处理：一是提前申领养老金；二是骗取参保资格参保缴费后领取养老金；三是以真、假身份重复参保并领取养老金。确认骗保的，依法立案查处。

核实属于数据录入错误的，推动社会保险经办机构修正数据；虚假身份证并不导致获取养老待遇或参保资格的，作为问题数据处理。

（四）延伸调查

应当调查追溯业务办理成功的原因，发现存在以下情形之一的，应延伸调查工作人员是否存在违法违规问题：

（1）参保人将其真实身份证号码修改为虚假身份证号码后，短期内申领养老保险待遇的。

（2）同一经办机构，同一用人单位，多个参保人提供虚假身份证材料骗取社保待遇，或者多人集中时间提供虚假身份证材料骗取社保待遇的。

（3）视同缴费月数虚增的。

（4）无对应纸质业务档案办理审批的。

（5）无公安机关证明材料办理身份证号码变更的。

（6）缴费历史无对应财务凭证的（对涉嫌虚假缴费记录的，建议向税务机关核对缴费真实性）。

此外，调查中发现有中介代办的，应延伸核查。

附16-5　虚构工伤事实或入职时间骗取工伤保险待遇

一、筛查目标

检查是否存在伪造参保时间、工伤事故时间，或者虚构劳动关系、工伤事故，骗取工伤保险待遇问题。

二、相关依据

《工伤保险条例》第六十二条规定：“……依照本条例规定应当参加工伤保险而未参加工伤保险的用人单位职工发生工伤的，由该用人单位按照本条例规定的工伤保险待遇项目和标准支付费用。

用人单位参加工伤保险并补缴应当缴纳的工伤保险费、滞纳金后，由工伤保险基金和用人单位依照本条例的规定支付新发生的费用。”

《广东省工伤保险条例》第六十五条规定：“用人单位为职工办理工伤保险参保手续次日起，在规定的缴费周期内缴纳工伤保险费的，该参保职工发生工伤，由工伤保险基金按照本条例规定的工伤保险待遇项目和标准支付费用。”（根据此规定，新入职员工，当月入职，当月申报参保，当月发生工伤，不区分工伤发生时间是否在申报参保前或后，由基金支付；老员工，一直没参保，在工伤事故当月参保，如果在事故发生前申报，则由基金支付待遇，在事故发生后则由用人单位支付。因此，常见作案手法是将本单位未参保老员工虚报为当月新入职员工，或者工伤事故后挂靠在一个单位参保，骗取工伤保险待遇）

三、数据提取

（一）数据来源

社会保险信息系统数据库。

（二）人员范围

全省享受工伤待遇的参保人员中，工伤事故时间与参加工伤保险的时间相差在30日内的人员（包含早于和晚于）。

（三）时间范围

以财务支付时间为参考，按照需要确定具体的数据提取时间范围。

（四）提取方法

从社会保险信息系统提取疑点数据（分别在工伤认定信息系统、工伤参保信息系统、工伤待遇支付系统提取）。

（1）第一类：按照前述范围，提取工伤待遇享受人员相关信息。

（2）第二类：比对工伤单位是否存在工伤当月两次以上工伤保险参保申报信息。

（3）第三类：在第一类人员中查找是否存在不同地市重复参加工伤保险的信息，包括发生工伤事故后3个月（包含本月）的信息。

（4）第四类：可结合个税信息查询工伤前一个月或两个月是否在工伤发生单位申报个税。

（五）数据反馈结果

（1）第一类反馈（工伤数据）：行政区划编号、统筹区名称，单位名称，姓名，身份证号码，工伤认定机构名称、工伤事故发生时间、工伤认定时间，申请参保日期、工伤保险当月缴费到账日期、工伤发生时间、待遇支付状态、待遇类别、工伤待遇支付日期、工伤待遇金额、经办机构名称等。

（2）第二类反馈（参保申报数据）：行政区划编号、统筹区名称，姓名，身份证号码，发生工伤时间，该职工当月社保申报时间，工伤单位名称，该单位当月工伤保险申报次数，第一次申报时间、人数，第二次申报时间、人数。

（3）第三类反馈（在工伤单位之外的参保信息）：行政区划编号、统筹区名称，单位名称，姓名，身份证号码，参保时间、中断缴费时间等。

四、数据风险分类

符合下列情形越多，风险越高：

（一）工伤时间与参保时间接近

时间间隔越短风险越高，特别是早于或晚于10日以内的。“先伤后保”主要风险是伪造劳动关系建立时间，“先保后伤”主要风险是伪造事故时间。一般来说，“先伤后保”的风险更高。

（二）单位当月参保申报异常

一般情况下企业每月只申报一次社保，如果该企业当月只申报了一次，所有参保人当月都是迟于工伤发生时间才申报参保，则可能是正常的。如果有2次以上，特别是单独为了该工伤职工申报一次，则骗保可能性大。

（三）工伤时间和工伤认定时间接近

工伤事故发生后较长时间才申报工伤（如超过三个月），风险相对较低，反之风险较高。

（四）重复参保

在工伤发生时间前后一个月内在其他单位同时参加工伤保险的，属于异常，有可能是异地虚假挂靠参保骗取工伤待遇。

五、检查方法

重点核查工伤事故发生时间的真实性和劳动关系或者入职时间的真实性。

（一）查阅工伤认定和工伤待遇档案

查阅工伤认定档案，包含工伤认定申请书、病历和诊断结论、调查笔录、工伤认定决定书等；查阅待遇支付档案，包含待遇申请材料、受理日期、审核审批与支付材料、参保缴费类型明细与时间等，确认关键时点，分析是否存疑。

（二）核实真实就医时间

可向医保机构和医疗机构查询“工伤人员”真实就医时间等信息，确认工伤认定时提交的病历是否首次就医，与陈述的受伤过程是否一致。

（三）实地走访核查

一是确认参保人与受伤单位劳动关系的真实性及入职真实时间。到参保人工作单位开展现场核查，检查职工入职申请表、劳动合同、工资表及工资发放银行流水、考勤记录表、在职人员花名册等材料，向单位负责人和工伤人员同事询问调查参保人入职时间、参保申报时间等。二是核实工伤事故的真实性。向相关知情人员、医疗机构、相关部门调查工伤事故的真实性。对涉嫌违规参保人、参保单位负责人、相应业务经办人员制作询问笔录，重点核实入职、参保、工伤过程等情况。

（四）延伸调查

根据实际需要，对工作人员是否擅自变更参保时间、是否与有关人员合谋骗取工伤保险待遇等开展延伸调查。

第二节　消除社会保险基金监督盲区

由于侵害社会保险基金行为隐蔽、监督人员不足、监督手段不足、监督检查频率较低、监督计划性不强等原因，长期以来存在社会保险基金监督盲区。很多突然发现的社会保险基金案件表面上是“黑天鹅”，实质上是“灰犀牛”。一些社会保险基金案件，作案时间与发现时间通常都相隔几年甚至十几年，这反映出社会保险基金监督存在盲区以及监督滞后等问题。实现社会保险基金监督的全覆盖是提升监督效能，消除或减少监督盲区，及时发现基金管理风险和违法违规问题的重要工作机制，是充分发挥监督职能作用、提升监督专业化程度的必由之路。可以通过实施监督全覆盖计划，逐步消除社会保险基金监督盲区。

一、制定监督全覆盖目录

社会保险基金监督全覆盖目录包括险种、业务环节、违法表现形式等，尽可能将存在社会保险基金管理风险点的内容列举出来。相对于监督指标库，目录是全覆盖监督的基础。目录制定后，还要随着社会保险基金法规政策完善、监督检查技术发展和基金管理风险变化，不断修正、充实和完善。目录包含以下要素。

（一）险种类别与业务环节

需覆盖各项社会保险基金，还需包括经办风险控制与稽核、财务管理与投资、经办综合、信息系统管理等方面内容。对各个险种基金的监督内容，进一步拆分为参保缴费、关联业务、基金支出三类业务环节。

（二）主要法规政策

社会保险法规政策是开展社会保险基金监督检查的准则和基础。监督检查覆盖的风险点和问题涉及社会保险各方面法规政策，为方便快捷掌握，全覆盖目录可只列出主要法规政策，其他法规政策，各地在执行中根据实际情况自行增补。

（三）检查重点与风险点

为增强检查针对性，提高监督实效，需要根据社会保险基金案件、开展基金监督检查、接受审计发现的问题等，制定监督目录。监督目录需覆盖各险种、社会保险经办与稽核、财务管理与保值增值、社保信息化与社保卡、社会保险基金预决算及执行等业务类别，并将各险种业务细化为参保缴费、基金支出、关联业务等环节，每个业务环节标注出检查的重点或主要风险点，风险等级可以分为五个星级，其中4星级和5星级为曾经发生过社会保险基金要情的高风险等级。列出监督目录后，结合监管系统的预警和疑点数据等开展针对性检查，能大幅提高监督精准性和效率。

社会保险基金监督全覆盖目录举例见表16-2。

表16-2　社会保险基金监督全覆盖检查目录（企业职工养老保险）

序号	业务环节	主要法规政策	检查重点或风险点	风险等级
1	参保缴费			
1.1	正常参保缴费	《社会保险法》第十条、第五十八条，《社会保险基金行政监督办法》	（1）虚构劳动关系参保，特别是中介单位（平台）组织虚构劳动关系参保；（2）在互联网开展违规代办补缴社保费宣传；（3）女性灵活就业人员临近退休年龄虚构劳动关系参保；（4）冒用盗用他人缴费记录；（5）工作人员虚增或篡改缴费记录；（6）工作人员盗用用人单位参保账户为他人违规参保；（7）按照最低缴费下限申报缴费；（8）在职人员个人账户金额异常（超高）；（9）退休人员个人账户金额异常（超高）；（10）领取养老金人员继续缴纳养老保险费；（11）在职人员异常变更性别、年龄改大、姓名和身份证同时变更、同一编号有多个参保人，特别是同时修改姓名和身份证，同一个个人编号对应多个参保人；（12）已终止发放的账户被激活；（13）离退休人员退休前后基本信息发生变化；（14）退休后修改过身份证和姓名，变更过银行账号	★★★★★

续表

序号	业务环节	主要法规政策	检查重点或风险点	风险等级
1.2	应参未参的补缴	《社会保险法》第十条、第五十八条，《社会保险基金行政监督办法》，有关地方政策	（1）虚构劳动关系补缴，特别是内外勾结、中介单位组织批量违规补缴；（2）女性灵活就业人员临近退休年龄虚构劳动关系补缴；（3）在互联网开展违规代办补缴社会保险费宣传；（4）超过法定退休年龄通过改小年龄违规补缴；（5）利用虚假劳动监察、劳动仲裁、法院裁判等法律文书办理补缴，特别是工作人员出具虚假监察、仲裁文书内外勾结补缴；（6）经营性人力资源服务机构、劳务派遣公司等单位或个人为单位、个人违规补缴，提供组织、介绍、代理、伪造材料等服务；（7）退休前2年发生一次性补缴超过5年；（8）一次性补缴超过5年且无历史缴费记录和转移记录	★★★★★
1.3	个人一次性缴费——早期离开国企人员	有关地方政策	虚构劳动关系、伪造职工档案补缴，特别是工作人员协助伪造材料	★★★
1.4	个人一次性缴费——未参保集体企业退休人员	人力资源社会保障部、财政部《关于解决未参保集体企业退休人员基本养老保障等遗留问题的意见》（人社部发〔2010〕107号）	虚构劳动关系、伪造职工档案	★★
1.5	个人一次性缴费——宗教人员	国家宗教事务局、人力资源和社会保障部、财政部、民政部、卫生部《关于妥善解决宗教教职人员社会保障问题的意见》（国宗发〔2010〕8号）	虚假宗教人员身份	★
1.6	阶段性减免企业社会保险费	各阶段减免社会保险费的政策文件	（1）企业划型错误，导致错误减免；（2）利用减免政策挂靠参保	★★★
1.7	社会保险费征收	《社会保险法》第九十条	（1）违反规定擅自更改社会保险费基数、费率，或者核销欠缴的社会保险费的；（2）擅自更改社会保险信息系统业务参数等	★★★
2	关联业务			

续表

序号	业务环节	主要法规政策	检查重点或风险点	风险等级
2.1	特殊工种提前退休审批	《国务院关于工人退休、退职的暂行办法》（国发〔1978〕104号）、劳动和社会保障部《关于制止和纠正违反国家规定办理企业职工提前退休有关问题的通知》（劳社部发〔1999〕8号）、人力资源社会保障部《关于进一步加强企业特殊工种提前退休管理工作的通知》（人社部发〔2018〕73号）	（1）通过私刻公章、涂改档案、伪造表格等伪造特殊工种经历档案，对于同一单位多人提前退休的，应作为重点检查，特别是单位人事干部、中介组织办理或工作人员提供帮助的；（2）超越国家规定行业工种目录办理审批；（3）审批机构违反规定程序、条件办理审批；（4）不足年限办理特殊工种提前退休	★★★★★
2.2	政策性提前退休审批	《中共中央办公厅 国务院办公厅印发关于进一步做好资源枯竭矿山关闭破产工作的通知》（中办发〔2000〕11号）对实施政策性破产的有关企业执行提前退休政策	伪造职工档案	★
2.3	因病提前退休审批	《国务院关于工人退休、退职的暂行办法》（国发〔1978〕104号）、劳动和社会保障部《关于制止和纠正违反国家规定办理企业职工提前退休有关问题的通知》（劳社部发〔1999〕8号）	（1）伪造虚假劳动能力鉴定文书，特别是鉴定机构工作人员伪造虚假鉴定信息，违规鉴定，冒名顶替鉴定；（2）以虚假病历办理劳动能力鉴定，对于同一单位多人提前退休的，应作为重点检查，特别是中介组织办理或工作人员提供帮助的；（3）未严格按照程序、条件审批	★★★★★
2.4	养老保险关系转移	《城镇企业职工基本养老保险关系转移接续暂行办法》（国办发〔2009〕66号）	（1）重点关注补缴后短期内转移并领取养老待遇、转移人数集中、单位集中等情况，可能存在中介人员组织违规异地补缴后批量办理转移；（2）养老保险关系转移前2年发生一次性补缴超过5年	★★★

续表

序号	业务环节	主要法规政策	检查重点或风险点	风险等级
2.5	定期待遇资格验证	《人力资源社会保障部办公厅关于印发〈领取社会保险待遇资格确认经办规程（暂行）〉的通知》（人社厅发〔2018〕107号）等规定	（1）超过一年未办理资格验证未停发待遇；（2）死亡人员被冒领待遇，重点关注依托用人单位、社区村居、个人提供就医证明或者社保柜台等非生物识别方式通过资格验证的人群，可能存在死亡冒领；（3）居住境外待遇享受人员虚假资格验证；（4）关注土葬人员导致的数据比对漏洞问题	★★★★★
2.6	视同缴费年限认定	《社会保险法》第十三条及有关视同缴费政策	（1）工作人员违规办理视同缴费年限审核；（2）伪造职工档案增加视同缴费年限	★★★
3	基金支出			
3.1	定期待遇支出	《社会保险法》第十六条及有关养老保险政策	（1）伪造身份证件或职工档案，改大年龄提前申领待遇；（2）工作人员虚增缴费年限或提高待遇标准；（3）向已死亡参保人违规支付或补发定期待遇；（4）工作人员将他人养老待遇划入本人控制的银行账户（如同一银行账号接收多名参保人待遇）；（5）业务或财务人员利用人工报盘等管理漏洞，虚增待遇金额或虚增领取待遇人员，将养老基金占为己有；（6）工作人员虚增参保人冒领待遇；（7）重复领取养老金或跨险种重复领取；（8）服刑未停发养老金，或者服刑未调整待遇的；（9）长期停发定期待遇后再大额补发或者死亡未申领死亡待遇；（10）多人定期待遇发放到同一银行账户；（11）发放养老待遇金额超高、补发额度过大（超5万元）；（12）补发养老待遇金额超高；（13）同一待遇项目发放的时间段重复；（14）在离退休日期或待遇启领时间前发放待遇；（15）领取养老待遇人员信息与户籍人员信息不一致；（16）月养老金调增比例过高；（17）疑似死亡后继续发放养老保险待遇；（18）享受待遇年龄异常离退休人员；（19）套用他人缴费记录虚增本人缴费年限	★★★★★

续表

序号	业务环节	主要法规政策	检查重点或风险点	风险等级
3.2	一次性待遇支出（死亡待遇、个人账户返还）	《社会保险法》第十七条，有关企业职工基本养老保险政策与经办规程，《人力资源社会保障部 财政部关于印发〈企业职工基本养老保险遗属待遇暂行办法〉的通知》（人社部发〔2021〕18号）	（1）向健在参保人支付死亡待遇；（2）伪造亲属关系，贪占参保人死亡待遇；（3）伪造死亡证明材料骗取或贪占基金；（4）参保人个人账户的处理，如无法确定继承人的，个人账户储存额是否转入社会养老保险统筹基金；（5）多人一次性待遇发放到同一银行账户；（6）定期待遇人员已领取死亡待遇，生产库死亡时间晚于人口库死亡时间12个月以上；（7）跨险种重复领取死亡待遇	★★★★★
3.3	病残津贴	《社会保险法》第十七条及有关配套政策	以虚假劳动能力鉴定结论获取病残津贴	★★
3.4	年度调整金	各年度待遇调整政策	工作人员侵占已终结养老保险关系人员的年度调整待遇	★★★★

（四）风险等级

为提高监督效率，需要科学地确定社会保险基金监督全覆盖的步骤和重点。对各类问题风险进行分类，有利于在制订检查计划时区分轻重缓急并实施覆盖。可以将各类问题风险分为5个等级，高风险事项需作为重点优先开展监督检查。分级标准如下：发生过要情且有一定普遍性的为五星；出现过要情，但属于局部风险的为四星及以上；存在较大违法违规可能性的为三星；尚未发生过要情，风险不高的为二星或一星。需根据实际情况动态调整风险等级。

二、实施监督全覆盖计划

社会保险基金监督部门按照管辖，对本级经办管理的社会保险基金开展全覆盖监督，同时可以对下级开展直查监督。每年的监督地区、监督对象、监督内容，根据各地的监督力量配备和工作任务确定。

（一）全覆盖周期

社会保险基金收支管理属于动态管理，时常不间断地更新，因此需要确定全覆盖的周期。理论上，周期越短，覆盖越全面，但是毕竟监督力量有限，各地监督力量差异大，需要量力而行、尽力而为。原则上三年至少完成一轮检查，包含监督地区、监督对象、监督内容等，风险等级高的环节、重点险种原则上需每年检查，如医疗保险、企业职工养老保险基金是案件多发险种，其中提前退休、待遇支付是高风险业务环节，每年都需要开展检查。

（二）全覆盖内涵

社会保险基金监督全覆盖包含监督地区、监督对象、监督内容等方面的全覆盖。

监督地区的全覆盖，是指上级对下一级的直查抽查在一定周期内全覆盖监督检查，如省级对各地级以上市，需要在一定周期内全面抽查。抽查的内容可以根据实际需要确定。

监督对象的全覆盖，是指对本级负责监督的对象在一定周期内全覆盖检查，包含本级人力资源社会保障部门（工伤认定、提前退休等）、社会保险经办机构、劳动能力鉴定机构；与本级社会保险行政部门和社会保险经办机构订立服务协议的社会保险服务机构，包含工伤医疗机构、工伤康复机构、工伤保险辅助器具配置机构、工伤预防项目实施单位、社会保险待遇代发银行、社会保险基金账户开户银行等，以及对参保单位和个人的监督。其中对参保单位和个人的监督，一般是根据举报和其他检查，对涉嫌侵害基金的单位和个人延伸检查。社会保险基金监督机构应当建立监督对象名录库。

监督内容的全覆盖，是指对本级管理的各个险种、各个业务环节的全面监督，具体对照监督目录展现。

（三）全覆盖计划

因基金监督力量和手段有限，社会保险基金监督部门难以在短期内完成全覆盖监督，而且不区分问题风险等级平均用力也不利于提高监督实效，因此，需要根据风险等级制订全覆盖工作中长期规划与年度计划，按照轻重缓急确定优先监督覆盖步骤，优先关注高风险环节，盯住重点对象和重点项目，提高监管针对性和效率。总的原则是结合当地社会保险基金管理实际状况和监督力量等制订全覆盖计划。可以以当地政府名义制订全覆盖计划，这样就能统筹各个监督部门的职能，协同开展监督检查全覆盖。

（四）全覆盖监督方式

为提高监督实效，各地全覆盖监督采取非现场监督、专项检查、订单检查等方式开展。非现场监督方面，除应用已有监管系统疑点实施监督外，需要选择监管系统预警未能覆盖的内容开展数据比对核查。专项检查方面，选定一定区域对同一主题开展专项检查可以较高效率实现区域全覆盖。专项检查一般应制定工作方案，明确检查范围、内容、标准、时间安排、步骤和方式等。上级社会保险基金监督部门对下级落实全覆盖情况实施监督，可以通过督办、直查、约谈、通报等方式加强监督。

（五）全覆盖监督登记

各地需要建立全覆盖监督工作台账，根据全覆盖目录，逐项记录检查时间、检查方式、被检查地区、被查单位以及检查结果等。检查结果一般包括发现基金案件、管理风险等情况。推进全覆盖记录进入监督信息系统，方便查询和督办，随时掌握监督盲区，动态推进全覆盖。

三、加强监督全覆盖组织保障

社会保险基金监督需要覆盖的内容、对象很多，应当加强监督组织保障，发挥各方优势，统筹各方监督力量，才能更好、更快地实现监督全覆盖。

（一）发挥各级社会保险基金监督机构主动性

社会保险基金监督总体上存在上级强、市县弱的现象。推进监督全覆盖，需要各级基金监督部门共同发力。各级社会保险基金监督有优势与不足，如县（市、区）级社会保险基金监督部门的优势是接近被监督对象、了解当地经办情况，不足之处是专业人员不足、容易受不当干扰等。市级社会保险基金监督部门的优势是掌握本市社会保险经办和监督情况，掌握执法程序，不足之处是各地力量配备参差不齐、容易受当地干扰。省级社会保险基金监督部门的优势是熟悉法规政策，掌握了解有关部署及全省社保业务数据，分析能力较强，能够较好地协调省级相关部门，不足之处是监管区域大、监督力量不足、监督触角难以延伸到基层实现全覆盖。为统筹实施全覆盖监督计划，国家、省、市、县（市、区）四级社会保险基金监督部门要发挥各级的优势，主动实施监督。上级监督部门在加强本级经办监管的同时，需加强对下级监督部门的指导。

（二）发挥各相关职能部门作用

社会保险行政、审计、税务、财政等部门和社会监督委员会等都有社会保险基金监督检查权。社会保险行政部门作为社会保险基金监督主管部门，需要加强统筹协调工作，推动政府层面制订社会保险基金监督全覆盖计划，各相关部门分别实施，发挥各监督部门的优势，监督结果共享，监督对象和内容互补。审计机关侧重于社保政策落实、部门职责交叉内容、监管薄弱地区、数据共享落实情况等的监督；税务机关侧重参保缴费的监督；财政部门侧重保值增值的监督；社会监督委员会侧重对社会保险经办机构的监督，既有分工侧重，又相互协作，形成监督合力。比如审计部门已经覆盖的，社会保险行政部门除了跟进整改，原则上当年不再重复检查；社会保险行政部门监督难以到位的，如社会保险基金存放、保值增值、社会保险费征收等方面，由相关部门按照职责开展监督，监督不到位的，社会保险行政部门委托第三方监督，或者由审计部门纳入重点审计范围。涉及欺诈骗保的，审计、社保、公安等部门可建立联合检查机制。

（三）加强全覆盖的统筹实施

各级社会保险基金监督部门独自开展监督检查，受力量配备、能力、重视程度等限制，容易出现检查质量参差不齐、监督覆盖进度不平衡等现象。较为理想的局面是，每年都能对较高风险、新业务风险的内容实现全覆盖的监督。为达成这个目标，除了加强专业监督机构人员保障外，还需要建立全覆盖的统筹机制，制订本地区统一全覆盖计划，统筹发挥各级社会保险行政部门以及审计、税务、财政等各监督部门的职能，实施协同监督。上级社会保险基金监督机构可以统筹调配下级社会保险基金监督机构的力量，通过抽调各地监督骨干成立检查组、组织交叉检查、异地支援协查等方式实施全覆盖计划。

此外，还要统筹好量和质的关系，建立监督全覆盖评价机制，及时客观地评估推进监督全覆盖的效果，既要有量的要求，也要有质的要求。评价全覆盖效果的一项重要指标是每年社会保险基金监督部门主动发现的侵害基金案件和基金管理风险漏洞，如果只是形式上全覆盖检查，并未伴随着主动发现问题、风险的合理增加，很可能是监督检查流于形式或者效果不佳、深度不足、精准度欠缺等。

第三节　强化监督检查结果应用

通过监督检查发现问题与风险后，应强化检查结果应用。对违法违规行为的处理纠正以及对违法单位和个人责任的追究，也是树立监督权威性的重要体现。《社会保险法》规定，社会保险行政部门对社会保险基金的收支、管理和投资运营情况进行监督检查，发现存在问题的，应当提出整改建议，依法作出处理决定或者向有关行政部门提出处理建议。该法还规定了对骗保行为的行政处罚，责令改正；对责任人员的处分，以及发现隐匿、转移、侵占、挪用社会保险基金或者违规投资运营的，责令追回、没收违法所得。在实施社会保险基金监督过程中，发现基金管理风险问题或者违法违规问题后，应当进入处理阶段，针对不同情形，形成不同的监督处理结论。

一、侵害社会保险基金案件的查处

欺诈骗保、贪占社会保险基金以及错发多发等案件的查处属于对监督对象利益有直接影响的监督行为，必须遵循依法行政的原则，其中对参保人、参保单位、服务机构等的处理，要接受行政复议机关和司法机关的监督。社会保险基金监督部门依法查处基金违法案件，总体上应满足“事实清楚、证据确凿、程序合法、适用依据正确”总体要求。具体包括以下几方面。

（一）查清事实

需要通过调查取证，查清案件事实。涉及以下内容。

1.事实

事实分为客观事实与法律事实。在案件办理与司法中的事实指的是“法律事实”，也就是有确凿证据证明的事实。将问题线索变成确定的问题，必须有证据支撑。证据必须查证属实，才能作为认定事实的根据。

2.证据

证据是指证明案件真实情况的一切事实材料。根据《行政诉讼法》，证据包括书证、物证、视听资料、电子数据、证人证言、当事人的陈述、鉴定意见和勘验笔录、现场笔录等。有关证据的收集、采信和应用，需遵循有关法律规定。证据应具备“三性”。一是合法性，包含来源合法、形式合法。以调查笔录为例，对管理对象的调查笔录需满足两人以上、有检查执法资格、询问前表明身份出示证件、调查人和被调查人在笔录中签名等。违法取得的证据不能作为定案依据，如严重违反法定程序收集的证据材料，以偷拍、偷录、窃听等手段获取侵害他人合法权益的证据材料，以利诱、欺诈、胁迫、暴力等不正当的手段获取的证据材料。二是真实性。证据需真实可靠，而且作为定案证据，应当能经得起行政复议和诉讼的检验，比如复印的火化证、结婚证等材料，应有出具单位确认的材料佐证；系统截屏数据应打印并由系统管理使用单位盖章确认，注明截屏日期等。三是关联性。证据要能证明事实，证据与待证事实必须密切相关，案件调查应聚焦关键事实，收集有关联的证据材料，各个证据之间应能相互印证，孤证不能证明事实。

3.证据的证明力

不同类别的证据，具有不同的证明力。认定案件事实的过程实际上是证据证明力比较与综合采信的过程。社会保险基金监督行政案件办理中有关证据证明力参照诉讼证据规则执行，包括：国家机关、社会团体依职权制作的公文书证的证明力一般大于其他书证；物证、档案、鉴定结论、勘验笔录或者经过公证、登记的书证，其证明力一般大于其他书证、视听资料、证人证言；原始证据的证明力一般大于传来证据；直接证据的证明力一般大于间接证据；证人提供的对与其有亲属或者其他密切关系的当事人有利的证言，其证明力一般小于其他证人证言。

4.举证责任

行政案件中，行政机关对作出的行政行为负有举证责任。刑事诉讼案件中，实行“无罪推定”原则，公诉案件一律由检察院负责举证；对证明被告人无罪或者罪轻的证据，辩护人和被告人有举证权。

如需要证明一个参保人是否使用虚假身份证骗取养老待遇，不能仅凭身份证号码不符合校验规则或者当事人的陈述认定。公安机关是身份证件核发机关，应由公安机关出具有关书面证明文书进行认定。例如，根据我国退休年龄政策，如个人身份证记载的出生日期与本人最早档案记载的出生日期不一致，按照本人最早档案记载的出生日期认定其退休年龄。在认定是否构成伪造身份证件骗取社会保险待遇时，还需要证明虚假身份证与其获得养老金待遇资格存在因果关系。如果某人最早档案记载的出生日期与其虚假身份证记载的出生日期相同，除非能证明档案为伪造，否则无法认定骗保事实成立。

（二）准确定性

出现侵害社会保险基金案件，导致社会保险基金“跑冒滴漏”的，需要区分情况定性处理。主要有以下几种情况。

1.错发多发

错发多发是指由于社会保险经办机构错误审核、错误操作或者相关人员未及时报告等导致错误并多支出社会保险基金。比如领取养老金的退休人员死亡后，其家属未及时报告，社会保险经办机构由于不知情，继续支付养老金；领取企业职工养老保险待遇人员，由于同时也参加了居民养老保险，同时领取居民养老保险待遇，属于重复多发养老保险待遇；经办人员由于操作错误，在业务系统操作时，录错待遇补发金额导致多发待遇；经办人员由于审核错误，多算视同缴费年限或者将不符合提前退休条件人员审核批准提前领取养老保险待遇；等等。这类问题的定性重点审核三方面：一是参保人是否有违法获取待遇的故意；二是申请人是否提供了虚假材料或者故意隐瞒关键事实；三是社会保险经办人员是否有违法违规的故意。

2.外部骗保

外部骗保是指单位或者个人以欺诈、伪造证明材料、隐瞒事实真相等手段骗取社保待遇或者社会保险基金支出。

3.贪污基金

贪污基金是指国家工作人员利用职务上的便利，侵吞、窃取、骗取或者以其他手段非法占有社会保险基金。这类问题的定性重点： 是主体是国家工作人员，既包含编制内人员也包含编外人员，如代表国家机关行使职权的政府雇员、借调人员、临时工等群体。二是利用职务之便，比如工作人员利用社会保险信息系统的查询、数据录入或修改的便利，受理或者审核待遇申请的便利，财务管理的便利等非法占有社会保险基金。三是有非法占有社会保险基金的故意与行为，如通过修改待遇领取人银行账户，将社会保险基金拨入其修改后的账户占为己有，或虚增参保人缴费年限等，虚增社保待遇，非法占有等等。需要注意贪污与其他侵害基金行为的差别。如果社保工作人员利用职务之便，协助社会人员非法获得社保待遇，则属于滥用职权，不是贪污。如果社保工作人员利用职务便利，弄虚作假帮助他人骗取社保待遇，则属于诈骗罪共犯。

4.滥用职权导致基金流失

滥用职权是指国家机关工作人员故意逾越职权，不按或违反法律决定、处理其无权决定、处理的事项，或者违反规定处理公务，致使侵吞公共财产、国家和人民遭受财产损失等情况发生，情节严重的，构成滥用职权罪。这类问题定性的重点：一是主体是国家工作人员；二是存在滥用职权的积极作为；三是造成社会保险基金损失。本人是否非法占有社会保险基金，是区分贪污与滥用职权的重要因素。例如，社会保险经办机构工作人员收受好处费后违规为他人办理补缴社会保险费业务，参保人补缴后违规领取养老保险待遇，造成基金重大损失，属于滥用职权。

（三）依法处理

对侵害社会保险基金案件的处理，包括两方面：追回社会保险基金、追究责任人责任。这两个方面在前面已经专章介绍过，这里不再赘述。总的来说，社会保险基金监督部门应当跟踪到社会保险基金并依法全额追回，对责任人员已经进入法定程序追究责任，才基本完成整个社会保险基金案件的监督工作。补充两点：

1.关于基金追回方面

对于个人或者单位骗取社会保险待遇或者支出，拒不退回，或者错发多发的待遇拒不退回的，社会保险行政部门、社会保险经办机构应当制作行政处理决定书或者社会保险基金追回决定书。超过行政复议诉讼时限未申请复议或者起诉的，依法申请人民法院强制执行。

2.关于追责方面

除对骗取贪占基金人员依法追究责任外，对于错发多发问题，应调查分析背后的主观原因，根据《社会保险法》第八十九条有关社会保险经办机构及其工作人员责任追究的规定，进行调查认定。对于存在未履行社会保险法定职责等违法违规行为的，则需依法启动追责程序，按照情节轻重追责，包含故意或者明显过失违反社会保险经办规程、经办管理中严重疏忽大意、对重复出现的错发多发问题未认真落实整改等。

此外，案件查处应当遵守法定程序，行政处罚应遵守《行政处罚法》有关规定，如权利告知、保护申辩权、依法送达、依法听证、合理裁量等；社会保险经办机构对错发多发待遇的追回也应参照行政程序规范，保护相对人的合法权益。

为规范监督处理行为，需规范出具社会保险基金监督法律文书。

二、社会保险基金管理风险的处理

有些危害社会保险基金安全的行为并未直接导致社会保险基金损失，但是存在导致社会保险基金损失的风险，这类行为归类为社会保险基金管理风险行为。与查处侵害社会保险基金案件不完成相同，事实认定、调查取证可参照案件查处相关要求，区别主要在监督结论方面。针对不同的管理问题或风险、不同的对象，出具不同的监督结论。

（一）整改建议（向监督对象）

发现社会保险相关经办和管理机构在社会保险基金收支、管理和投资运行等方面存在违反法律法规和有关管理制度问题的，社会保险基金监督部门应发出整改建议，责令改正。主要包括但不限于以下情形：

（1）未履行法定职责的，如社会保险经办机构未依法开展社保待遇资格认证、未按规定设立多级审批、未依法开展社保稽核等。

（2）制定的社保政策或业务规则违反法律法规，导致存在社会保险基金管理风险的。

相关文书样式见附16-6。

附16-6　社会保险基金监督整改建议书/责令改正通知书

基金监督字〔年度〕第　号

____________（被查单位）：

我厅（局）在对你单位开展________监督检查过程中，发现你单位存在以下问题：

（1）存在__________，违反了__________；

（2）存在__________，违反了__________；

（3）存在__________，违反了__________；

（如事项较多，可列表）

根据《社会保险法》第七十九条、第九十一条……（整改建议、责令改正的依据）等规定，请你单位于____年____月____日前完成整改，并将整改情况报我厅（局）。

逾期不整改或不报送整改情况的，按照《×××××》第××条有关规定处理。

联系人及电话：

（印章）

年　　月　　日

（二）监督建议（向监督对象）

社会保险基金监督部门发现存在社会保险基金管理风险，但未构成违法违规的，应当发出监督建议，包括但不限于以下情况：

（1）法规政策存在漏洞和基金安全风险的。

（2）社会保险服务机构存在基金管理风险漏洞的。

（3）工伤认定、劳动能力监督、退休审批、社会保险经办等业务流程不规范，存在管理风险的。

（4）社会保险信息系统存在管理风险漏洞的。

监督建议可以在社会保险基金监督报告中提出，也可以单独发出监督意见书、建议书。

相关文书样式见附16–7。

附16–7　社会保险基金监督意见（建议）书

基金监督字〔年度〕第　号

____________________（被查单位）：

我厅（局）在对你单位开展监督检查过程中，发现存在______（基金安全风险问题），为保障社会保险基金安全，根据《社会保险法》第七十九条和______等规定，对你单位提出如下监督意见/建议：

____

____。

请于____年____月____日前将落实情况书面报送我厅（局）。

联系人及电话：

（印章）

____年____月____日

（三）处理建议（向外部门）

社会保险基金监督部门发现存在社会保险基金管理违法违规行为或者管理风险，本部门无直接处理权的，可以向有权机关提出处理建议。主要包含以下方面：

（1）发现税务、财政等部门存在社会保险基金管理风险，如社会保险费征收过程中存在虚构劳动关系违规参保或补缴的风险，社会保险基金账户资金保值增值存在风险的。

（2）发现受委托办理社保业务的商业保险公司、年金基金管理机构、社会保险服务机构或者其从业人员等存在违法违规行为，需要有权部门对其有关资质、资格、执业资格等作出处理的。

（3）社会保险工作人员存在违规行为，依法应予处分、处罚，本机关无处分、处罚权，需要提请有权机关处分、处罚的。

相关文书参考样式见附16–8和附16–9。

附16-8　社会保险基金监督处理建议函（处分）

基金监督字〔年度〕第　号

________________（有权处理的机关）：

我厅（局）在对__________（被查单位）开展监督检查过程中，发现被查单位存在__________行为，违反了__________等规定。根据《社会保险法》第七十九条和__________等规定，建议研究是否对直接负责的主管人员和其他直接责任人员依法给予处分。现将有关材料移送你单位。有关处理情况请及时告知我厅（局）。

联系人及电话：

附件：案件有关材料

（印章）

年　月　日

附16-9　社会保险基金监督处理建议函（处罚）

基金监督字〔年度〕第　号

________________（有权处理的机关）：

我厅（局）在对______（被查单位）开展监督检查过程中，发现被查单位存在______行为，涉嫌违反了__________等规定。根据__________规定，建议依法处理处罚。现将有关材料移送你单位。有关处理情况请及时告知我厅（局）。

联系人及电话：

附件：有关材料

（印章）

年　月　日

第十七章　社会保险基金监督事业展望

社会保险基金监督事业需要明确发展的路径，通过一代接一代人的不断努力，才能推动其不断向前发展。只要方向正确，总有一天能实现目标。结合社会保险基金监督实践探索经验，笔者对我国社会保险基金监督事业有以下展望。

第一节　社会保险基金监督事业发展规划

社会保险基金监督事业发展规划是社会保险基金监督事业发展的指南针、路线图和指挥棒。制定并实施目标明确、措施可行的发展规划，能凝聚共识和力量，推动社会保险基金监督事业持续向前发展，避免出现停滞不前甚至倒退的现象。

据有关资料介绍，美国审计总署2007—2012年战略规划中有4个战略目标，4个战略目标分解为21个具体目标，21个具体目标又进一步细化成93个绩效目标，93个绩效目标再具体为300多个关键点[①]。这一做法值得借鉴。结合我国社会保险基金监督制度实施状况和实践经验，未来发展规划设想如下：

一、总体战略规划

社会保险基金监督总体战略规划是，应对社会保险基金安全挑战，实现社会保险基金保值增值，提高社会保险基金使用效益，维护社会保险基金安全完整，建成完善的社会保险基金监管体系，保障和促进社会保险事业健康发展。

二、战略目标

（一）监督全覆盖目标

主要是消除监督盲区，实现对各项社会保险基金的监督内容、对象、区域高频率全覆盖，较好解决监督滞后性问题。

① 易丽丽：《监督大变革：从控制走向治理——当代中国政府审计功能演进》，国家行政学院出版社，2012，第220页。

（二）组织体系建设目标

建立一支与监督任务相适应、政治和法律素质高、专业化能力强的社会保险基金监督队伍，监督机构独立行使职权，各级基金监督机构职责明晰、分工合理、运转高效。

（三）法规体系建设目标

制定完善的社会保险基金监督法律、法规、规章和制度，开展的各项监督工作有法可依，法治支撑有力。

（四）增强监督权威目标

基金监督机构能独立开展监督，不受不当干预；监督职权措施得到必要的授权，履职得到较好保障；监督结果有较强执行力，能有效纠正违法行为，对违法者依法惩戒并产生较好的震慑力。

（五）监督绩效目标

形成健全的社会保险基金追回机制，有效挽回基金损失；推动社会保险基金管理建章立制，健全社会保险基金风险防控体系，有效预防社会保险基金损失风险，推动社会保险基金稳健保值增值，为稳步提高社保待遇水平提供坚实物质保障。

三、具体目标与关键点

为实现战略目标，需要进一步细化为具体目标，每个具体目标设定若干关键点，逐年推进目标落地生效。

（一）监督全覆盖目标方面

制订监督全覆盖实施计划，对社会保险基金实施全方位的监督，对不同风险等级的业务和环节设定不同的监督检查周期，具体见第十六章有关实施监督全覆盖计划的内容。落实全覆盖以及缩小全覆盖周期的关键措施：一是必要的基金监督组织保障，充分发挥各级社会保险基金监督机构职能作用；二是充分运用信息技术手段开展；三是加强各级、各方的力量统筹。

（二）组织体系建设目标方面

国家、省、市、县（市、区）四级社保行政部门普遍成立社会保险基金监督机构，配备的专业监督人员能满足开展有效监督的需要。关键措施：一是需要自上而下推进，国家出台有关社会保险基金监督机构设置和队伍配置的文件，地方出台配套文件，并组织推动落实；二是完善专业社会保险基金监督人员培养机制，不断提升监督人员的专业水平。

（三）法规体系建设目标方面

修订和制定一系列法律、法规、规章和制度文件。关键措施是修订《刑法》《社会保险法》，出台社会保险基金监督条例、年金基金监督条例、基本养老保险基金投资管理条例以及其他配套文件。

（四）增强监督权威目标方面

统一规范社会保险基金监督程序和文书，强化监督职权，落实监督结果公开，社会保险基金监督部门、公安机关和纪检监察机关、司法机关统一社会保险基金违法责任追究尺度，保证行政和司法的追责程序畅通，增强履行监督意见建议的约束性。关键措施：一是监督职权和程序有法可依，立法赋予基金监督部门实施有效监督的必要职权，如银行账户查询权、对违规者必要的惩戒权；二是统一规范监督程序，保障监督独立性；三是社会保险基金监督部门应会同司法机关统一责任追究法律适用标准，强化对违规人员法律责任的追究；四是强化监督结果应用，公开监督检查与整改结果，公布重大违法违规行为。

（五）监督绩效目标方面

充分发挥监督的各项功能，大幅提高社会保险基金追回率，降低社会保险基金流失率，增强监督精准度，完善社会保险基金管理风险防控体系。关键措施：一是完善基金追回制度，开展追欠行动，对欺诈骗保、错发多发基金启动追回措施，畅通法院强制执行渠道，建立无法追回基金的代偿、赔偿机制，实现流失基金的“颗粒归仓”；二是开展风险排查行动，挖掘违规行为和基金管理风险，堵塞基金管理漏洞；三是完善社会保险基金保值增值机制与监管，主要涉及基金优惠利息和投资运营收益；四是建立畅通、高效的基金管理风险收集、识别机制，如问题线索反馈、举报等制度，及时发现基金管理风险；五是发挥监督建议作用，推动相关各方加强社会保险基金管理风险防控；六是建立社会保险基金监督指引库，指导全域社会保险基金监督部门实现高效精准监督。

第二节　社会保险基金监督制度体系建设

在建设法治国家的背景之下，社会保险基金监督事业的发展离不开健全的制度体系的保障。社会保险基金监督制度体系，包括一部社会保险基金监督基础法律和与之配套的一系列行政法规、规章和制度文件。按照制度效力层级，国家社会保险基金监督制度体系大致框架体系如下。

一、法律

制定社会保险基金监管法，在该法出台前，可以将现行《社会保险法》作为社会保险基金监督基础法律，但需要补充完善有关监督主体、监督方式、监督职权、相关法律责任等内容。此外，还需要修订《刑法》，增加侵害社会保险基金犯罪的相关处罚条例。

二、行政法规

社会保险基金监管法的配套法规包括《医疗保障基金使用监督管理条例》（2021年颁布）、社会保险费征缴条例（代替原来的暂行条例）、社会保险基金监督条例、《社会保险经办条例》（2023年发布）、基本养老保险基金投资管理条例、年金基金监督条例。作为过渡方式，可以将年金基金监督的主要制度内容写入社会保险基金监督条例，待时间成熟后再制定单行条例。

三、部门规章

对于涉及行政管理相对人权利义务内容的，制定部门规章，作为社会保险基金监督法律、法规的配套制度。如《社会保险基金行政监督办法》（2022年修订出台）、《社会保险基金监督举报工作管理办法》（2023年修订出台）、《企业年金基金管理办法》（2011年出台）、社会保险领域失信管理办法（尚未以规章形式出台）、社会保险基金监督有奖举报办法（2022年以规范性文件《社会保险基金监督举报奖励暂行办法》出台）、社会保险基金监督追责规定、社会保险基金追回规定等。

四、其他制度文件

已经制定的如《社会保险基金要情报告制度》《社会保障基金现场监督规则》《劳动和社会保障部关于开展社会保险基金非现场监督工作的通知》《人力资源社会保障部、公安部关于加强社会保险欺诈案件查处和移送工作的通知》以及社会保险基金约谈制度等。今后需要制定社会保险监督委员会工作规定、社会保险基金监督人员管理办法、社会保险基金直查规定、社会保险基金监督检查结果公开办法、社会保险基金监督工作指引（系列）等，可根据需要联合最高人民法院、最高人民检察院、公安部出台有关涉及社会保险基金刑事案件立案、移送、裁判标准以及社会保险基金追回的文件。

此外，各省市结合本地实际，在不与国家法律法规相抵触的情况下，也制定了社会保险基金监督地方性法规、政府规章、规范性文件和工作制度文件。

按照制度内容划分，社会保险基金监督制度体系包括监督队伍建设、监督行为规范、监督方式方法和基金违法责任追究等方面的法规制度。法律责任追究制度是提升社会保险基金监督权威和效力的重要保障。

第三节 完善社会保险基金违法责任追究制度

法律责任追究制度的完善对树立社会保险基金监督权威，维护基金安全和公平正义十分重要。前文介绍了社会保险基金违法责任追究相关规定和实务问题。下面主要是探讨如何完善社会保险基金监督制度。

一、完善法律责任设置

完整的法律规范，由行为模式和法律后果构成。法律责任的设置方面也应当适应经济社会发展需要，宽严相济，注重法律实施的社会效果。如果某一种违法行为，具有严重的社会危害性，就应纳入刑罚范畴。法律责任缺失容易导致出现社会保险基金监管漏洞。

（一）弥补行政法律责任缺失

1.完善相关单位、人员的行为规范

对涉及社会保险基金的相关单位、人员设定行为规范和必要的法律义务，能发挥很好的行为引导作用，降低社会保险基金管理风险。比如，退休人员死亡的，其知情亲属应当有向社会保险经办机构报告的义务，未及时报告导致待遇错发多发的，其有责任的亲属有配合将多领待遇退回社会保险基金账户的义务；丧失社会保险待遇资格条件的参保人，有义务及时向待遇支付经办机构报告的义务，如领取失业金的人员重新就业的；单位与个人办理参保或补缴、提前退休审批等业务，有提供真实材料的义务；多领取待遇的参保人，以及实际占有待遇的其他人员，有将多领取待遇退回社会保险基金的义务；各有关单位和个人有配合社会保险基金监督的义务；等等。同时，对应设定违反相关义务的法律后果。

2.完善社会保险服务机构行为规范和法律责任

社会保险服务机构，常见的如医药机构、工伤医疗康复协议机构等，是社会保险基金监督的重点对象，因为其与社会保险基金结算比较频繁，与社会保险基金安全密切相关。《医疗保障基金使用监督管理条例》对医疗保险定点医药机构的规范较多，对其他社会保险服务机构的法律责任规定存在不足，主要靠协议约定权利义务。对工伤医疗、康复协议机构的法律责任，可以参考《医疗保障基金使用监督管理条例》对医疗保险定点医药机构的规范进行完善，明确社会保险待遇代发银行配合追回错发多发待遇的义务、对待遇支付准确性的校验责任，工伤康复器具安装机构、工伤预防宣传项目实施单位有据实列支，规范留存项目实施档案资料被接受监督的义务等。

3.明确中介协助或组织骗保责任

在伪造档案或虚构劳动关系参保补缴、病退等业务中，不法中介机构作案较为突出。欺诈骗保涉案人员多、金额大的案件中，较多存在社会不法中介机构参与作案的情况。有的中介机构以收取高额中介费为目的，协助他人伪造材料，个别社会保险经办人员收受贿赂，与中介机构内外勾结，伪造劳动仲裁、劳动监察、劳动能力鉴定文书甚至司法文书，组织虚假诉讼确认劳动关系，违规办理一次性补缴、提前退休等。有的中介机构还通过招揽人员组织虚假培训、虚假工伤鉴定，骗取失业保险、工伤保险基金。不法中介机构组织的规模性造假骗保，不仅损害了社会保险基金安全，清理过程中还容易引发社会稳定问题。应当专门对中介协助或组织骗保设定法律责任，对于既遂与未遂，均应予以惩罚，而且按照涉及社会保险基金违规金额的总额惩罚。

4.消除骗保处罚情形盲点

《社会保险法》第八十七条规定了社会保险服务机构骗取社会保险基金支出的处罚，第八十八条规定了骗取社会保险待遇的处罚。但对用人单位骗取失业保险基金的稳岗返还资金、有关单位骗取工伤保险专项经费支出缺乏明确的法律责任条款，稳岗返还资金从基金财务角度看不属于社会保险待遇，骗取的主体是用人单位而不是社会保险服务机构，难以适用《社会保险法》第八十七条或第八十八条进行处罚。骗取工伤保险经费专项支出也有类似的问题。

5.细化政务处分情形

《社会保险法》法律责任一章规定了社会保险经办机构、社会保险费征收机构、社会保险行政部门等违法违规的，对直接负责的主管人员和其他直接责任人员依法给予处分，但是并未对应列明何种情形给予何种处分。主要是适用《公职人员政务处分法》《行政机关公务员处分条例》等规定进行追责，但是这些普遍适用的规定并未专门针对社会保险基金经办与管理设定处分标准。追责规定过于笼统模糊，至少容易出现两个问题：一是放弃追责，如因缺乏标准而不予执行，导致法律责任规定虚化成摆设；二是追责不当，因缺乏具体统一的标准，有权机关启动追责时可能出现畸轻或畸重的现象。《公职人员政务处分法》第三十九条规定："有下列行为之一，造成不良后果或者影响的，予以警告、记过或者记大过；情节较重的，予以降级或者撤职；情节严重的，予以开除：（一）滥用职权，危害国家利益、社会公共利益或者侵害公民、法人、其他组织合法权益的；（二）不履行或者不正确履行职责，玩忽职守，贻误工作的；（三）工作中有形式主义、官僚主义行为的……"。

究竟何种情形属于一般的情节，何种情形属于较重、严重情节，由有权机关裁量。为真正发挥行政法律责任对社会保险经办管理人员的引导和制约，需要出台专门的追责规定，按照"给予的政务处分与违法行为的性质、情节、危害程度相当；坚持惩戒与教育相结合，宽严相济"的原则，合理设定各类违法违规行为的处分类型。比如，因未按规定开展数据比对或者待遇资格验证过程中存在过失，导致错误支付社会保险待遇的，或者未依法开展稽核工作，未按规定比例对高风险业务进行抽查，导致对多年存在的欺诈骗保行为未及时发现，等等，应根据过错程度和多发的待遇金额，设定不同的政务处分。明确处分情形，有利于敦促社会保险经办机构和人员认真尽责履职并维护基金安全，也可以防止对工作人员追责的泛化。

（二）弥补刑事法律责任缺失

对骗取、贪占社会保险金的刑事责任规定，是通过全国人大立法解释、司法机关的司法解释来适用《刑法》的。建议适时修订《刑法》，完善侵害社会保险基金的刑事责任制度。

1.修订《刑法》第二百六十六条或第一百九十八条规定与相关司法解释

（1）诈骗公私财物罪扩展至单位犯罪。

现行《刑法》第二百六十六条规定的诈骗公私财物罪只适用于自然人犯罪，而《刑法》第一百九十八条规定的“保险诈骗罪”单位犯罪仅适用于骗取（商业）保险金（对单位判处罚金，并对其直接负责的主管人员和其他直接责任人员判处刑罚）。商业保险诈骗罪的刑罚严于普通诈骗罪，社会保险与商业保险更为相近，而且社会保险涉及公共利益，理应加强刑法保护。实践中存在单位为骗取社会保险基金的责任主体的现象，如公立医疗机构骗取医保基金，无论情节多严重都不构成单位犯罪。需将骗保刑事责任主体从自然人扩展到单位，才能对此类违法现象形成强大震慑力。

（2）提高诈骗罪立案起点。

诈骗罪立案起点当前适用的仍是2011年规定的标准：《最高人民法院 最高人民检察院关于办理诈骗刑事案件具体应用法律若干问题的解释》（法释〔2011〕7号）第一条规定：“诈骗公私财物价值三千元至一万元以上、三万元至十万元以上、五十万元以上的，应当分别认定为刑法第二百六十六条规定的‘数额较大’‘数额巨大’‘数额特别巨大’。各省、自治区、直辖市高级人民法院、人民检察院可以结合本地区经济社会发展状况，在前款规定的数额幅度内，共同研究确定本地区执行的具体数额标准，报最高人民法院、最高人民检察院备案。”该标准已经不适应经济社会发展的需要。一是与行政处罚的改革不适应。例如2021年修订的《行政处罚法》，规定了对于初次违法、无主观过错等情形，不予行政处罚，并引入了对当事人进行教育的规定，增加了行政执法的温度，突出人性化，强调公正文明执法。二是与平均工资增长不匹配。全国城镇非私营单位在岗职工年平均工资，2011年为42452元，2022年为114029元，2022年是2011年的2.7倍，而诈骗罪立案起点并没有相应提高，与该增长情况不匹配。三是与从严惩治公权力腐败的导向不衔接。贪污社会保险基金的刑事立案起点是1万元，诈骗公私财物罪的刑事立案起点是3000元，“数额巨大”“数额特别巨大”的标准差距更大。法治国家应该充分体现平等原则，更加强调对公权力的管控，国家工作人员利用职务之便骗取社会保险基金性质比普通群众骗取社会保险基金性质更加恶劣，应该惩罚得更加严厉。四是与社会实践不适应。司法实践中已经普遍提高了立案标准，骗保不足1万元的，较多被理解为情节显著轻微、不构成犯罪；对于数额10万元以下的，较多适用缓刑。实践做法和明文规定不完全一致，导致社会保险行政部门移送标准低，公安机关立案标准高，不利于涉嫌犯罪案件的顺利移送，也导致社会保险行政部门陷入尴尬境地，因为不移送则面临行政违法风险，移送则可能是“徒劳无功”。

笔者倾向于参考“保险诈骗罪”，完善诈骗社会保险金罪的设定。一是提高保险诈骗罪的立案标准。个人诈骗数额在1万元以上，单位诈骗数额在5万元以上，“数额巨大”“数额特别巨大”的标准也相应提高。二是将骗保刑事责任主体从自然人扩展到单位。单位骗保的，对单位判处罚金，并对其直接负责的主管人员和其他直接责任人员追究刑事责任。

2.修订《刑法》第三百八十四条，完善挪用社会保险基金刑罚

在《刑法》第三百八十四条第二款“挪用用于救灾、抢险、防汛、优抚、扶贫、移民、救济款物归个人使用的，从重处罚”中增加“社会保险基金”。

二、完善行政处罚裁量基准

除需要完善社会保险基金相关法律责任制度规定外，执法部门还需要制定处罚裁量基准，才能更好地落实相关法律规定。《社会保险法》第八十七条、第八十八条规定了对骗保行为的行政处罚标准，需要明确具体处罚裁量标准。《行政处罚法》第三十三条规定的法定不予处罚的情形有三种：一是“违法行为轻微并及时改正，没有造成危害后果的，不予行政处罚”。比如骗保未遂，就是没有造成危害后果的一种情形。二是“初次违法且危害后果轻微并及时改正的，可以不予行政处罚”。三是“当事人有证据足以证明没有主观过错的，不予行政处罚。法律、行政法规另有规定的，从其规定”。实践中需要明确社会保险基金管理领域如何落实这些规定。

《行政处罚法》规定，“设定和实施行政处罚必须以事实为依据，与违法行为的事实、性质、情节以及社会危害程度相当”“行政机关可以依法制定行政处罚裁量基准，规范行使行政处罚裁量权。行政处罚裁量基准应当向社会公布”。《国务院办公厅关于进一步规范行政裁量权基准制定和管理工作的意见》明确了具体要求。《国务院关于进一步规范和监督罚款设定与实施的指导意见》（国发〔2024〕5号）要求，“对违法行为的事实、性质、情节以及社会危害程度基本相似的案件，要确保罚款裁量尺度符合法定要求，避免类案不同罚”“鼓励行政机关制定不予、可以不予、减轻、从轻、从重罚款等处罚清单，依据行政处罚法、相关法律规范定期梳理、发布典型案例，加强指导、培训。制定罚款等处罚清单或者实施罚款时，要统筹考虑法律制度与客观实际、合法性与合理性、具体条款与原则规定，确保过罚相当、法理相融”。

完善社会保险基金违法行为的处罚基准，需要综合考虑几个方面的因素。一是共性的因素，如国家关于社会保险基金安全从严监管的总基调、社保制度实施实际情况、违法情节、涉及金额、消除危害后果等。二是具备社会保险基金监管特色。行政处罚不是目的，目的是维护基金安全完整，通过实施处罚，督促追回基金。因此行为人退回骗取的社会保

险基金情况要作为裁量的重要因素。此外，中介组织骗保是常见现象，而且社会危害性大，需要重点打击。三是体现险种特征。医药机构骗取医疗保险基金社会危害性大、社会关注度高、违法主观恶意比较突出、经济承受能力较强，且有机会重复骗保，应重点打击。个人骗取养老保险待遇，违法主体通常是高龄且主要依靠养老金生存的人员，基本是初犯且没有机会再次违法，处罚过高，难以落实，也没有太多震慑意义。骗取失业保险金的个人，多是低收入群体；骗取工伤待遇的，多是伤残人员，很少有机会重复骗保。

根据实践情况，附上笔者建议的处罚裁量基准（表17–1）。

表17–1　骗保行政处罚裁量基准（基于现行法规的建议）

违法行为	法律依据	法定罚则	裁量情节档次	处罚基准
社会保险经办机构以及医疗机构、药品经营单位等社会保险服务机构以欺诈、伪造证明材料或者其他手段骗取社会保险基金支出的	《社会保险法》第八十七条	责令退回骗取的社会保险金，处骗取金额二倍以上五倍以下的罚款	（1）危害后果轻微并及时改正的。“危害后果轻微”是指基金损失少于3000元；“及时改正”是指在社保行政部门立案前主动全额退回骗取的基金	初次违法可以不予处罚
			（2）应当减轻或从轻，包括：基金损失5000元以下；在有关部门立案前全额退回骗取的基金；主动供述行政机关尚未掌握的骗保行为；配合行政机关查处社会保险基金违法行为有立功表现。至少符合两项情形，才能适用减轻	适合减轻的，处两倍以下罚款；适合从轻的，在以下第3、4、5档中适当减少罚款
			（3）较轻，不具备第1档情节，且基金损失金额在1万元以下	处骗取金额二倍以上三倍以下的罚款
			（4）较重，基金损失金额在1万元以上10万元以下	处骗取金额三倍以上四倍以下的罚款
			（5）严重，基金损失金额大于10万元	处骗取金额四倍以上五倍以下的罚款

续表

违法行为	法律依据	法定罚则	裁量情节档次	处罚基准
以欺诈、伪造证明材料或者其他手段骗取社会保险待遇的	《社会保险法》第八十八条	责令退回骗取的社会保险金，处骗取金额二倍以上五倍以下的罚款	（1）危害后果轻微并及时改正的。“危害后果轻微”是指基金损失金额少于1万元；“及时改正”是指在社保行政部门立案前主动全额退回骗取的基金	初次违法可以不予处罚
			（2）应当减轻或从轻，包括：在有关部门指定的期限内全额或大部分退回骗取的基金；被不法分子诱骗违法；主动供述行政机关尚未掌握的骗保行为；配合查处社会保险基金违法行为有立功表现。至少符合两项情形，才能适用减轻	适合减轻的，处两倍以下罚款；适合从轻的，在以下第3、4、5档中适当减少罚款
			（3）较轻，不具备第1档情节，且基金损失金额在2万元以下	处骗取金额二倍以上三倍以下的罚款
			（4）较重，基金损失金额在2万元以上10万元以下	处骗取金额四倍以上五倍以下的罚款
			（5）严重，基金损失金额大于15万元	
特别说明	（1）组织他人骗保，危害性较大，不适用第1档情节，原则上按照第4档或第5档基准裁量。 （2）未全额退回基金的，不适用减轻处罚。 （3）考虑到社保服务机构作案机会多且熟悉社保法规，危害性和主观过错明显，设定的档次金额比个人骗取待遇的低。 （4）涉案金额达到刑事标准的，应当先移送公安机关，公安机关不予立案的再根据前述处罚基准处罚。 （5）基金退回的情况作为决定具体罚款倍数的重要因素，存在其他特殊、合理情形的，如行为人认识错误、被他人欺骗诱导、主动配合检查且及时退回基金的，经说明情况，行政机关可以根据个案情况适当调整档次			

三、统一骗保罪刑罚裁量标准的建议

法律规定的刑罚是一个区间，人民法院定罪量刑时要综合考虑被告人的犯罪事实、情节、认罪态度和对社会的危害程度等来确定。各地关于欺诈骗保贪占基金犯罪的定罪量刑存在差异。为尽量避免司法实践中类案不同判的情况，维护国家法制统一和司法公正，可参考相关司法解释，统一侵害社会保险基金的刑罚适用标准。例如骗保罪，可以参考《最高人民法院 最高人民检察院关于办理诈骗刑事案件具体应用法律若干问题的解释》（法释〔2011〕7号）对于诈骗罪的金额标准、从严、从宽、不予起诉与免予刑事处罚等作出的具体规定，需要结合骗取社会保险金案件特点，统一明确刑事追责的具体标准（必要时可在有关法律文件的基础上进行修改）。建议如下。

（一）从严惩处情形

以下两种情形之一，可以依照刑法第二百六十六条的规定酌情从严惩处：

（1）医药机构诈骗医疗保险、工伤保险基金的。理由：社会保险基金是参保人的“养老钱”“救命钱”，是社会保险待遇的物质保障，国家要求严格监管。医药机构日常存在大量社会保险基金结算业务，从严惩处有利于增强监督震慑力，减少违法犯罪行为的发生。

（2）中介组织骗保，特别是一次组织多人或者多次组织骗保的。理由：组织犯罪，经常涉及人数多、地区广、金额大，对基金安全危害性大，且组织者以社会保险基金为目标，从中牟利，既骗取参保人钱财又骗取了社会保险基金，社会危害性大，容易引发社会矛盾。中介包含人力资源服务机构（劳务派遣机构）、中介性质的公司、中介人员。通常作案手法是招揽目标对象，通过组织虚构劳动关系参保补缴、伪造病历办理病退、伪造档案办理提前退休等，共同骗取失业、养老保险基金。对通过短信、网络招揽目标对象的，进一步从严惩处。

前述两种情况，诈骗数额接近“数额巨大”“数额特别巨大”的标准，并具有前述情形之一或者属于诈骗集团首要分子的，应当分别认定为刑法第二百六十六条规定的“其他严重情节”“其他特别严重情节”。

（二）不起诉或者免予刑事处罚情形

不存在从严惩处情形，诈骗社会保险基金虽已达到规定的“数额较大”的标准，但同时符合下列情形，可以根据《刑法》《刑事诉讼法》有关规定不起诉或者免予刑事处罚：

（1）个人骗取社会保险金数额较小（如1万元以下），或者共同骗保中，骗取金额较小（如2万元以下），起次要或者辅助作用，且没有参与分赃或者获赃较小（如5000元以下）。

（2）公安机关立案前，行为人已全额退回骗取的基金。

（3）行为人存在自首情形或者认罪、悔罪。

（4）情节较轻、危害不大。

其中情节显著轻微、危害不大，不认为是犯罪的，不追究刑事责任。

（三）从轻或减轻刑罚情形

诈骗社会保险基金，达到规定数额标准，存在以下情形之一的，可以从轻或减轻处罚：

（1）在共同犯罪中起次要或者辅助作用。

（2）犯罪未遂，社会保险基金未支出的。

（3）犯罪以后自首的。

（4）骗取社会保险金数额较小（如5万元以下），且一审宣判前全部退回基金的。

（5）犯罪分子有揭发他人侵害社会保险基金犯罪行为，查证属实的，或者提供重要线索，从而得以侦破其他案件等立功表现的。

（四）未遂的处罚

诈骗社会保险基金未遂，以“数额巨大”为诈骗目标（根据诈骗成功获得的社会保险待遇测算）的，或者具有其他严重情节的，应当定罪处罚，但应酌情从轻或者减轻处罚。对于犯罪未遂，按照《刑法》有关“已经着手实行犯罪，由于犯罪分子意志以外的原因而未得逞的，是犯罪未遂”进行认定。骗取社会保险基金是否既遂，原则上按照社会保险基金是否已经支出并被行为人实际控制为标准认定，而不是社会保险基金是否实际损失为标准。

（五）骗保既遂后退回基金的量刑

所有骗保既遂，不管是否及时退回骗取的社会保险基金，都已经造成危害结果。骗保损害的客体是社会保险基金的安全完整，危害结果即体现为社会保险基金的减少，包括利息减少，也包括监管部门为追查有关案件所付出的成本。退回所骗取的社会保险基金，其实是对危害结果的弥补。《刑法》有关理论也支持这一理解，根据《最高人民法院 最高人民检察院关于办理诈骗刑事案件具体应用法律若干问题的解释》（法释〔2011〕7号），“一审宣判前全部退赃、退赔”，作为可以不予起诉或免除刑事处罚情形，而不是全部退赃一律认定为不构成犯罪。因此，笔者认为，对于骗保既遂，为鼓励责任人积极退回骗取的待遇，可以按照退回基金的情况合理确定其法律责任。例如，涉案金额不大、情节不严重，在社保部门通知退回时就全额退回，或者在公安机关立案前就退回，可以根据《刑法》有关“情节显著轻微，危害不大，不认为是犯罪”的规定，不作为犯罪惩处；如果是在公安机关侦查阶段全额退回的，可以作撤案处理；如果是在检察院起诉前全额退回的，可以免予刑事处罚；如果是在一审宣判前全额退回，可以免予刑事处罚或者减轻处罚。

案例17-1　已全额退回骗取的社会保险基金是否构成犯罪

王某伪造身份证修改年龄并虚构企业职工经历违规补缴养老保险，于2010年开始领取职工养老保险待遇，至2019年终止支付待遇，累计骗取待遇13万元。2021年，社保部门根据审计发现线索并开展调查后发现该骗保行为，2021年1月向王某发出退回基金决定书。2021年2月26日，王某全额退回骗取的养老保险待遇。当地公安机关于2021年7月对犯罪嫌疑人进行立案侦查，2021年8月向县人民检察院提请批准逮捕犯罪嫌疑人。2021年8月，县人民检察院对犯罪嫌疑人作出不批准逮捕决定，不批准逮捕理由为：犯罪嫌疑人通过虚假手段取得社会保险基金事实清楚，证据确实充分，但王某在立案前（2021年2月26日）将取得的社会保险基金13万元退回国家，涉案金额为零，未达追诉标准，故王某的诈骗行为不构成犯罪。于是公安机关对王某涉嫌诈骗案作撤案处理。

点评：骗保既遂，涉案金额应该是已经明确。退回基金不应改变实际的骗取金额。检察机关以立案前退回基金为由认为未达追诉标准，值得商榷，但可以作为不予起诉或免除刑事处罚情形。如果认为不构成犯罪，不予批准逮捕，似乎应该是根据《刑法》“情节显著轻微，危害不大，不认为是犯罪”有关规定，而不是认定“涉案金额为零”。

案例17-2 虚假工伤骗保未遂被判刑罚

被告人唐某，2020年10月，以现金1000元，雇请手指受损的社会人员以其名义就诊治疗，随后伪造因工受伤的证明材料，向当地S市人社部门申请工伤认定。认定部门经审查发现异常，作出暂不认定为工伤的结论。若工伤认定成功，唐某可获得工伤赔偿76300元。S市L区人民法院审理认为，唐某以非法占有为目的，采取虚构事实、隐瞒真相的方法诈骗他人财物，构成诈骗罪。唐某已着手实施犯罪，因意志之外的原因未得逞，系犯罪未遂。被告人归案后如实供述犯罪事实，自愿认罪认罚，依法从轻处罚，判处有期徒刑1年，并处罚金1万元。

案例17-3 组织虚构劳动关系参保，缴费高于领取待遇是否属未遂?

被告人李某与他人合谋通过假冒L市锅厂临时工，为135名社会人员办理了基本养老保险补缴手续，有122人已实际套取了养老保险基金1985876.27元。被告人对本案的促成起到关键作用，且亦参与收集社会人员的资料进行违规申报补缴，事后被告人分得较大额的赃款，是主犯。但由于被告人一伙诈骗的标的是国家公共财产，而被告人等人为该135名社会人员共向L市社会保险基金管理局补缴了基本养老保险费4096668.35元，在案发后该135名人员均已被停发养老保险基金，向社保部门补缴的基本养老保险费超出已经实际支出的养老保险基金，国家公共财产未受到实际损失，被告人李某的行为应属于犯罪未遂。2019年4月18日，L市法院判决书显示：法院认为，被告人李某以非法占有为目的，伙同他人以虚构事实、隐瞒真相的方法骗取基本养老金，数额特别巨大，其行为已构成诈骗罪，依法应予惩处。被告人李某是犯罪未遂，可以比照既遂犯从轻或者减轻处罚。根据被告人李某的犯罪事实、性质、情节、认罪态度和对社会的危害程度，依照《刑法》第二百六十六条、第二十三条、第二十五条第一款、第五十二条、第五十三条、第六十四条、第六十七条第三款之规定，判决如下：一、被告人李某犯诈骗罪，判处有期徒刑5年，并处罚金人民币3万元。二、被告人李某的违法所得人民币32万元，依法予以追缴。

点评：案例17-2认定为未遂，比较好理解，被告的目的是非法获得工伤保险基金，但因为未认定为工伤，也还未申请工伤保险待遇，显然属于未得逞。案例17-3认定为未遂，值得商榷。被告人是骗保的主犯，其犯罪的目的是让不符合条件的人员非法获得养老金，而其帮助的122人已经实际获得了养老保险待遇198万余元，应该属于已经得逞，缴纳的社会保险费实际是作案的成本。实际缴费409万余元，高于已经取得的待遇金额，可冲抵折算出的社会保险基金损失。该案中，行为对社会保险基金已经造成实际损失，有关违规缴费在没有法律依据的情况下，需清退处理，而不是留在社会保险基金中。按照当地立案标准，诈骗6万元以上为“数额巨大”，根据《刑法》第二百六十六条规定，可判处10年以上有期徒刑或者无期徒刑。如果认定为未遂，减轻处罚，可以处10年以下有期徒刑。如果认定为既遂，则判处10年以上有期徒刑或者无期徒刑，差别很大。比较合适的做法是，将基金实际损失金额作为量刑的情节，而不是认定既遂与未遂的标准；如还存在自首或者立功表现，可以酌情从轻或者减轻处罚。

（六）缓刑

《刑法》第七十二条对于被判处拘役、三年以下有期徒刑的犯罪分子，同时符合下列条件的，可以宣告缓刑，对其中不满十八周岁的人、怀孕的妇女和已满七十五周岁的人，应当宣告缓刑：

（1）犯罪情节较轻。

（2）有悔罪表现。

（3）没有再犯罪的危险。

（4）宣告缓刑对所居住社区没有重大不良影响。

各地法院对于被告人是否适用缓刑，裁量空间较大。社保犯罪案件中，如所领取的社保待遇已全部退回，罪犯认知能力较低、存在侥幸的心理、主观恶性不大，特别是个人骗取养老金或失业保险金数额不大，尽可能适用缓刑等。

案例17-4　郑某伪造工伤事故骗取工伤保险待遇案

2017年12月，郑某（某家具公司行政经理）与友人在外地旅游途中发生交通事故受伤。为骗取工伤保险待遇，郑某通过担任S市某公司法定代表人的亲戚关系，虚构12月27日被聘任为S市某公司的经理，并于12月31日在公司办公楼巡查时摔伤的事实，向S市部门申请工伤认定，补办了工伤保险参保手续。2018年3月，经过工伤认定，S市社保部门支付了93311元工伤待遇。2021年1月被举报，社保部门调查期间，郑某主动到S市社保部门承认骗保事实并退回了骗取的工伤待遇，7月到派出所配合调查。S市L区人民法院经审理确认前述事实，认为被告人以非法占有为目的，伪造证明材料骗取工伤保险待遇，数额较大，其行为已构成诈骗罪。被告人经通知后到派出所配合调查，如实供述自己的罪行，可认定为自首，且其自愿认罪认罚，已将涉案金额退回受害单位，依法予以从轻处罚。2022年3月，判处郑某有期徒刑1年，缓刑2年，并处罚金2万元。

点评：同样是骗取工伤保险待遇案件，且涉案金额接近，案例17-2为骗保未遂，判处有期徒刑1年，不适用缓刑；本案例为骗保既遂，判处有期徒刑1年，适用缓刑。骗保未遂比骗保既遂量刑似乎更重，值得研究。当然也不排除是责任人的主观故意和悔罪情况不同，导致适用缓刑方面出现差别。

第四节　社会保险基金监督组织体系建设

完善的社会保险基金监督组织体系是推动社会保险基金监督事业高质量发展的重要保障。未来需结合我国组织法、有关部门职责、社会保险基金统筹层次等，完善社会保险基金监督组织体系。

一、优化社会保险监督委员会制度

《社会保险法》规定，“统筹地区人民政府成立由用人单位代表、参保人员代表，以及工会代表、专家等组成的社会保险监督委员会，掌握、分析社会保险基金的收支、管理和投资运营情况，对社会保险工作提出咨询意见和建议，实施社会监督”。对社会保险监督委员会的定位是社会监督功能。该制度在实施中存在社会代表性不足、运行效果不佳、缺乏专职人员和经费保障、与行政监督作用重叠等问题，需要进一步完善现行社会保险监督委员会制度，如探索将社会监督委员会职能一分为二，由社会组织承接社会化监督工作，有关主管部门联合成立联席会议机制承担行政监督的协调工作。具体思路如下。

（一）社会组织承担社会化监督工作

将现行社会监督委员会的社会监督内容剥离出来，由专业的社会组织负责，保留由社会保险行政监督部门指导。由社会保险行政监督部门制定委员会工作制度并提供经费支持，依托社会组织承接委员会办公室日常事务，包含拟定工作计划、提出委员会代表人选建议、提出会议议题建议、组织会议等工作。委员会成员由社会保险行政部门、财政部门负责人与社会方面代表担任。委员会办公室定期向社会保险行政部门报送运作情况，根据需要向社会公开征集社会保险基金监管建议。

（二）成立联席会议机制承担统筹协调工作

按照现行有关编制管理规定成立社会保险基金监督联席会议机制，由社会保险行政部门、财政部门、公安机关、纪检监察机关、政府数据管理部门、司法机关等组成，同级政府领导或者社会保险行政部门负责牵头组织，主要工作方式是组织会议，解决需要多部门共同推进解决的问题；可委托会计师事务所开展监督检查，公开检查结果。第三方检查的主要内容是有关部门监督不到位或者各部门自我监督效果难以保障的领域。各相关组成部门每年向联席会议报告社会保险基金监管工作情况。

二、优化社会保险基金行政监督组织体系

社会保险行政部门是社会保险基金监督的牵头部门，是中坚力量。鉴于社会保险基金监督机构和人员配备严重不适应监督履职需要的情况，社会保险行政部门需要适应社会保险基金统筹层次提高的情况，保障监督独立性和权威性。发挥社会保险基金监督机构的统筹性是优化监督组织体系的重要内容，主要思路如下。

（一）建立社会保险基金行政监督指挥中心

依托社会保险基金监督机构，建立社会保险基金监督指挥中心，对监督人员、监督检查安排等实行跨区域、跨层级的统筹指挥与调度。可以在国家层面设立总指挥中心，省市设立分中心。监督指挥中心的任务随着社会保险基金统筹层次的提高、信息系统的集中、经办机构体系的改革等进行调整。总体上，统筹层次越高，统筹区的责任越大。

国家中心：主要是协调相关部门明确社会保险基金案件查处涉及的法律适用问题指导，针对全国性普遍问题制订全国的全覆盖监督计划，开展跨省社保数据分析，推动解决全国普遍性社会保险基金管理风险问题，协调跨省监督配合，对重点地区开展直查或者提供技术支持，对全国重大案件实施督办或者直查等。

省级中心：主要是针对全省普遍性问题制订全省的全覆盖计划并监督实施，组织全省专业力量开展疑点数据分析筛查，指导各市制订全覆盖计划，统筹协调跨市监督配合，实施订单检查，对地市检查情况进行验收与抽查，对重点内容或者薄弱地区实施直查，对全省重大案件实施督办或者直查，协调省直有关部门推动解决监督检查中存在的问题，推动解决全省普遍性社会保险基金管理风险问题。

市级中心：主要是制订覆盖市本级和各县（市、区）的全覆盖计划并组织实施，统筹组织全市力量开展疑点数据核查，指导县级开展上级下发疑点数据的核查，指导县级开展专项检查，对重点内容、薄弱地区开展直查，对全市重大案件实施督办或者直查，协调公安、纪检监察等部门协同检查，推动解决全市普遍性社会保险基金管理风险问题。

县级层面：主要是按照省市提供的疑点数据开展核查，按照省市指定的全覆盖计划开展检查，结合本级社会保险经办管理业务情况和风险自主开展监督检查，协调当地有关部门实施协同监督，推动解决本地社会保险基金管理风险问题。

从纵向来看，省级监督指挥中心在上下各级社会保险基金监督组织体系中具有特殊的地位，对充分带动各级监督机构发挥职能作用具有重要意义。省级监督指挥中心要加强对下级监督机构的统筹和指导，同时也要调配下级机构基金监督人员开展监督检查。一是加

强省级基金监督队伍建设。省厅应增加专职基金监督人员配备，按照省级职责需要，设置要情管理、非现场监督、现场监督、数据分析、制度建设与培训等专岗，或者按险种监管设定专岗。二是大力推进省级直查。为增强监督权威，需要落实直查制度，加大购买基金监督检查服务的经费投入，开展常态化的全省基金高风险疑点数据提取规则研究与数据分析，分片区对市县开展直查。三是全面实施订单式检查制度。结合省级掌握全省社会保险基金监管数据、熟悉社保法规政策、积累较多社会保险基金要情等优势，根据社会保险基金要情反映的风险点，提取全省疑点数据进行分析，每月组织各市开展订单检查，加强对检查结果的验收督办。四是加强业务指引。一个省区域范围内，社保政策和经办流程相对比较统一，社会保险基金监督工作要求也比较统一，省级有条件制定全省统一的基金监督工作指引，帮助各市县提高监督效能，指引包含现场监督指引、非现场监督指引、常见基金管理风险和检查指引，以及分险种实施监督的指引等，加强对各地开展基金监督检查的指导。五是建立跨区域交叉检查机制。由省厅指定地市对其他地市的基金违法违规线索实施检查。六是发挥“四位一体”风险防控牵头推动作用。协调推动政策、经办、信息和执法部门发挥各自职责，共同加强社会保险基金管理风险防控。七是发挥上传下达作用。组织各市落实国家有关社会保险基金监管工作部署，向国家提出加强社会保险基金监管意见建议。

从横向来看，社会保险基金监督机构在社会保险基金风险管理中应当具有中枢作用，通过案件或线索移送、监督意见建议、联合检查、定期会商等途径，牵动其他部门参与到社会保险基金监管体系中来，包括各级执法部门、信息部门、经办机构、公安机关、纪检监察机关、法院等。相关关系见图17-1。

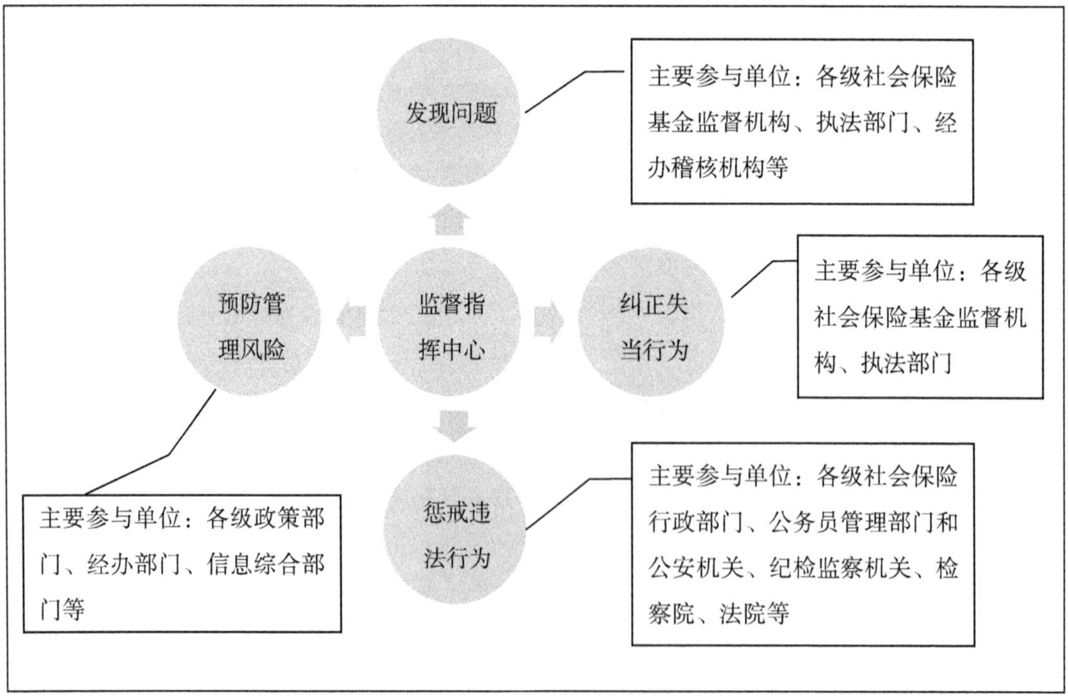

图17-1　相关关系

（二）增加社会保险基金监督机构独立性和权威性

市级以上最好能成立独立的社会保险基金监督局，作为同级社会保险行政部门管理的单位。如果维持在社会保险行政部门内部设立基金监督机构的现状，则基金监督机构也应当具有相对的独立性，组织地位不宜低于主要监督对象。从社会保险行政部门内部领导分工来看，不宜由同一个部门领导分管社会保险经办机构和基金监督机构，分管基金监督的领导行政地位应当高于分管社会保险经办机构的领导，或者由部门主要领导直接分管社会保险基金监督工作。社会保险基金监督机构不承担会影响其公正履职的业务工作，比如不参与具体社会保险管理经办业务审核审批。探索赋予上级社会保险行政部门对下级社会保险基金监督机构主要负责人免责的建议权等，都有利于提升社会保险基金监督机构独立性。在提升监督权威性方面，探索授权监督机构部分行使本行政部门的监督权，监督机构有权直接向纪检监察机关移送违规线索，向组织人事部门提出轮岗、处分等建议，以及实行上级直查、公开检查结果等以提高监督权威性。

（三）建立专业化的社会保险基金监督队伍

专业化社会保险基金监督队伍是发挥社会保险基金监督机构职能的基础保障。

1.按照监督履职需要配备监督机构和人员

国家统一制定社会保险基金监督人员配备方案，在国家、省、市设置专业社会保险基金监督机构；有条件或者承担监督任务较多的县级社会保险行政部门设置专业社会保险基金监督机构，其他地区指定两名以上社会保险基金监督专员。县级社会保险基金监督专员由市级社会保险基金监督机构管理并统筹指挥。省级社会保险基金监督机构专职社会保险基金监督员不少于8人，市级社会保险基金监督机构专职社会保险基金监督员若干名，最低不少于3人，具体配备人数，可以参考当地参保单位和参保人数、领取待遇人数、社会保险基金结余数、社会保险服务机构数、下设行政区划数、行政区划面积，社会保险基金监督各项法定职责以及常态化、规范化、专业化开展监督的要求等因素，科学测算确定（测算参考表17–2）。

2.优化监督人员知识结构

需要引进熟悉法律、社会保险政策、社会保险经办、审计、财务、信息技术、金融等方面的专业人才，以保障基金监督充分履职的需要。

3.加强监督人员选配与培养

相对于审计机关，社会保险行政部门基金监督机构的理论优势在于熟悉社会保险政策和基金运行情况。社会保险基金监督人员既要熟悉社会保险基金相关知识又要娴熟掌握监督方法和技术，才能将理论优势转化为现实优势。应当加强基金监督人员的选配，条件成熟时实行严格的岗前资格考核。

4.建立履职指导、监督和激励机制

需要制定社会保险基金监督工作指引和监督检查规划，为基金监督人员开展监督工作，提升能力提供规范性指导。制定监督责任清单和监督履职评价机制，对不依法履职的情况实施监督。建立监督履职激励机制，将监督效果（如发现基金违法案件数量和影响性，揭示社会保险基金管理问题的深度、广度等）作为评价监督人员的重要正向指标，并将其与评先评优、职务晋升等挂钩，防止出现因查出重大基金违法问题反而被定性为监管失职的现象，消除监督人员认真履职的顾虑。

表17-2　社会保险基金监督人员配备需求测算表（以省级为例）

岗位名称	岗位主要职责	职数需求（个）	岗位条件	备注
A举报受理	（1）接听举报电话。（2）接受网络、邮寄、传真、来访等方式的举报材料。（3）对举报材料进行登记，按照规定立案或者转交相关部门	1	具备法律知识，沟通能力较强	为保证服务质量，可将电话接听委托政府热线统一负责，但需配备一名人员负责登记、受理、转变或处置网上举报等工作，可由其他岗位人员兼任
B非现场监督	（1）每月（周、日）登录非现场监督系统，查看预警信息，抽查挖掘预警信息，下载登记转办、督办。（2）定期汇总分析上报各地监管信息处理情况。（3）指导市、县（市、区）使用系统。（4）收集监管系统问题与维护人员沟通反馈。（5）开展安全评估，需要设计评估指标、评估程序，收集地市数据分析，撰写评估报告。（6）开展疑点数据分析筛查。（7）研究开发优化本省信息监管。（8）维护全省社会保险基金失信信息，收集、管理、公布失信信息等	1～2	熟悉法律、社会保险业务，最好同时具备信息技术知识	
C现场监督（专项检查、订单检查）	（1）制订年度现场监督计划、方案，实现常态化、规范化。（2）组织全省开展专项检查（每年确定不同项目）。（3）每年对省本级或部分市订单检查、直查，成立监督小组实地开展监督活动，撰写监督报告，对违规违法行为依法处理	2	熟悉法律、财务、社会保险等业务，最好有办案经验	现场监督至少两人；需要满足定期全覆盖检查需要，必要时可以调剂其他岗位人员以及聘请第三方协助
D案件督办	（1）要情报告。分析要情，编写典型案例等。（2）大案督办。大案应到现场督办。（3）组织约谈。（4）工作指导。（5）指导案件异地协查工作。（6）每年至少通报一次基金监督检查情况。（7）分析经办管理风险	1～2	熟悉法律和社会保险等业务	根据实际情况单独设置；行政区划多的，需要适当增加人员

续表

岗位名称	岗位主要职责	职数需求（个）	岗位条件	备注
E反欺诈与社会监督	（1）确保反欺诈合作制度机制的正常运行，每年组织研究重大问题。（2）负责省社会保险监督委员会日常工作，每年按照专题组织会议，组织开展检查等。（3）加强与相关部门的协调联动，培育发展社会监督	0～1	熟悉刑事法律和社会保险等业务，有较好的沟通协调能力	也可以根据实际情况由其他岗位人员兼任
F年金监督	（1）企业年金方案备案（跨省企业）和检查。（2）年金基金合同备案（全省）。（3）职业年金备案。（4）对代理人、企业年金和职业年金有关投资范围和比例、信息披露等监督	1～2	熟悉金融投资、财会知识，具备一定法律知识	
G综合	（1）政策制度机制建设。（2）工作计划制订与监督落实。（3）编写修订监督工作指引，包含各项工作的程序和各险种违法违规处理指引。（4）案卷档案管理。（5）编写培训教材，全省监督员培训。（6）宣传，信息公开维护。（7）调研、文书综合、公文流转等	1～2	有较好的文字综合能力和较强的研究总结能力，熟悉社保业务特别是熟悉基金监督业务	
H管理	主要负责人	1		
I辅助	（1）行政事务性工作。（2）档案管理。（3）协助开展数据分析比对等	0～2	掌握一定信息技术	
合计		8～15		

三、建立社会保险基金监督辅助队伍

可以建立四支队伍作为社会保险基金监督的辅助队伍。

（一）兼职监督员队伍

队伍人员从本级或下级社会保险管理机构、经办机构、基金监督机构中聘请，要求每年须提出若干条意见建议，按照安排参加监督检查，可以参加监督员培训。

（二）社会专业力量

社会专业力量包括会计师事务所、律师事务所等专业机构。针对社会上缺乏熟悉社会保险基金监督专业的机构和人员情况，加强对社会机构的培育。培育的方式，可以是建立稳定的长期合作机制，共同培训，共同开展检查等，合作方式可以是常年驻点服务，也可以是按照项目进行。例如，浙江省自2014年起引入会计师事务所，分别对市、县（市、区）各类社会保险经办机构的财务及内部控制实施审计及第三方评价；2017年出台《关于建立健全社会保险基金第三方审计机制的意见》，每年组织第三方开展社会保险基金监督检查，通过编制第三方审计操作指引、召开审前培训会、组织业务专家指导现场审计等举措，帮助第三方提高审计质量。江苏省2020年印发《关于推进社会保险基金第三方审计工作的意见》，鼓励全省各地通过政府购买服务的方式，聘请有资质的会计师事务所等社会中介机构，参加社会保险基金监督和评价的活动。

（三）基金管理风险线索员队伍

从基层社会保险经办机构选定熟悉经办业务的人员为基金管理问题线索收集与提供者，利用基层社会保险工作人员贴近业务并熟悉基金管理运行情况的优势，鼓励其向基金监督部门提供社会保险基金管理风险线索，提出关于重点检查范围、对象的建议等。

（四）基金监督专家（人才）库

建立专家库制度，明确专家入库条件、工作方式、参与工作的补贴方法等。例如，涉及工伤医疗、工伤康复等的，医疗康复专家作为专业顾问；异地基金监督人员、退休的基金监督骨干和审计人员等也可以被聘请为监督检查专家。

四、理顺人社部门系统内职责分工

按照《劳动法》《劳动合同法》《社会保险法》《劳动保障监察条例》等法律法规，人力资源社会保障部门内部一般分别设立社会保险基金监督机构、劳动保障监察机构。对侵害社会保险基金行为的查处是社会保险基金监督的重要内容，包括开展检查、立案、行政处理处罚等环节。对欺诈骗保行为的立案和处理处罚（可概括为社会保险基金监督“行政执法权”）具体是由哪个机构承担，各地规定不完全一致。有的省明确由社会保险基金监督机构承担；有的省明确由劳动保障监察机构承担；有的省未统一明确，容易出现因职责不清导致弱化对侵害社会保险基金行为的打击力度的问题。

从理论上来看，社会保险基金监督行政执法权由劳动保障监察机构承担，容易出现执法被弱化或者专业性不强、衔接不顺畅等问题，因为劳动保障监察机构的主要职责是对用人单位执行劳动保障法律法规、维护劳动者权益的监督，该机构对社会保险基金管法规也不够熟悉。社会保险基金监督检查权和行政执法权都由一个机构承担，有利于提高监督效率和专业化程度，但是面临两方面挑战：一是不符合国家对执法机构设置的改革方向。国家对执法机构设置的改革方向总体上是尽量避免多头执法、分散执法、向基层下放，一个行政部门原则上只设一个执法机构，甚至不同部门的执法权也需归集于一个综合部门行使。二是社会保险基金监督机构承接能力。为保护公民、法人和其他组织的合法权益，国家对行政执法权的行使有严格的制约，制定了一系列保护执法主体资格、执法程序、执法文书等方面的规范。社会保险基金监督机构需要专门配备符合资格条件的行政执法人员，才能承接相关工作。而现状是大多数地区社会保险基金监督机构人员配备严重不足。

因此，人力资源社会保障行政部门内部应当如何划分社会保险基金监督行政执法权的承担主体，需要结合国家机构编制规定和本地现实确定。但是不管如何划分，都应当明确职责分工，明确工作衔接，提高工作效率。在由劳动保障监察综合执法机构承担社会保险基金监督行政执法权的地区，需要明确以下内容：

一是细化职责分工。一般是按照检查对象区分，对内部如社会保险经办机构、劳动能力鉴定机构等的监督检查由基金监督机构承担；对外部的行政管理对象的执法检查、处罚等由劳动保障监察机构承担。

二是设立行政执法专岗。考虑到社会保险违法行为查处工作专业性较强，劳动保障监察机构需要指定专人或者设立专岗承担社会保险基金行政执法工作，确保人员相对稳定。

三是加强工作联动。劳动保障监察机构和社会保险经办稽核机构可以通过聘请兼职基金监督员，与基金监督机构以联合检查、协同办公等方式加强工作联动。

根据《行政处罚法》有关规定，人力资源社会保障部门可以依法委托有资格的机构承担欺诈骗保的行政处理处罚等职责。委托的部门对受委托的组织实施行政处罚的行为应当负责监督，并对该行为的后果承担法律责任。

五、统筹系统内相关监督力量

社会保险基金监督机构作为社会保险基金监督牵头协调的专业机构，要发挥统筹作用。在社会保险基金监督专业力量不足的地区，可探索在社保行政系统内建立基金监督融合执法机制。推行劳动保障监察、基金监督、社保稽核联合调查、融合执法机制，成立社会保险基金监督领导小组，办公室设在基金监督机构，由劳动保障监察机构、社会保险经办稽核和信息管理机构派专人不定期集中办公，也可以以社会保险基金监督专班、工作组等方式实施。上下级社会保险基金监督部门也可以推行统筹融合机制，如在市级成立全市社会保险基金监督工作小组，以市级为主导，各县（市、区）从事基金监督工作人员参加，市级负责组建工作小组，确定监督任务、统筹监督力量、统筹实施监督。

第五节　社会保险基金监督事业发展路径

任何一项事业都是从无到有、从小到大的过程。为确保社会保险基金监督事业稳步传承发展，需要明确其发展路径，避免事业停滞不前，甚至走弯路、错路。实践证明，推动监督的常态化、规范化、专业化（以下统称“三化”）能有效推动社会保险基金监督事业健康持续发展。

一、“三化”的含义

常态化，顾名思义就是在一定周期内经常开展社会保险基金监督工作，就是把法规明确规定的职责和规定当做工作正常开展起来，不履行就会出现失职渎职问题。这个“周期”，可以是每天、每周、每月、每季度，至少是每年。一项工作的重复周期越短，常态化程度越高。监督部门属于公权力机关，应遵循法定职责“必须为”的原则。推进常态化，有利于推动监督部门依法履职，降低履职风险和提升监管实效。

规范化，是指按照规范的程序开展社会保险基金监督工作。有关程序包含启动、实施、结束等环节，每个环节也有具体的程序要求、时限要求、文书格式与归档管理等。规范化有利于提高监督效率和质量，规范通常是考虑了各种因素并总结出最佳的选择，按照规范进行，可以避免出现遗漏、低效的问题。规范化还有利于保障依法行政，减少人为因素的影响，提升监督权威地位，降低监督检查的渎职、违法风险。如果是外部检查，违反程序可能导致作出的行政决定无效。

专业化，是指能熟练运用技术手段和检查经验高效、专业地开展社会保险基金监督工作。专业化有利于提升社会保险基金监督地位和效能。实现专业化后，社会保险基金监督人员熟悉社会保险基金相关法规知识，熟悉各项社会保险基金管理风险及检查方法，可以高效、专业地开展调查，准确适用法律规定查处基金违法行为，形成其他机构、人员不可替代的地位。

“三化”的内涵需要随着社会条件、队伍建设和社会保险基金监督任务形势等的变化而不断充实、优化。更高层次的目标是“职业化”，其能否实现取决于我国社会保险行政管理的科学化与分工的细化程度。例如，中华人民共和国于1983年成立审计署，但直至2014年发布《中共中央关于全面推进依法治国若干重大问题的决定》和《国务院关于加强审计工作的意见》才正式提出推进审计职业化建设的明确要求。

二、“三化”之间的推进步骤

“三化”建设，总体步骤是常态化、规范化、专业化依次推进。但是对于每年的工作安排，应当是三方面一体化统筹推进。社会保险行政部门需要自上而下，统筹推进“三化”建设。不同业务板块可以采用不同步骤，已经基本实现常态化的，要拓展范围，同时部分业务实现规范化，某一方面、某一地区可以先行推进专业化。

三、如何推进常态化建设

较长时间以来，地方社会保险基金监督机构主要是等待上级布置专项检查任务，实施运动式的监督。对于早期监督能力不足、监督重点和任务不清、某领域违法违规较突出的情况，集中时间和精力开展运动式整治有其必要性，但是步入正轨后，需要确保各级监督部门、各项监督工作都常态化开展起来。

（一）常态化的标准

衡量是否实行常态化，主要看监督的频率。例如，在条件不够成熟的情况下，对某一方面的基金管理风险，每年开展一次现场检查，这属于常态化监督。随着技术手段运用、队伍加强，每月开展一次检查，或者利用信息数据分析每周或者每日监控，是更高层次的常态化。

1.现场监督常态化

社会保险基金监督机构至少应每年组织一次现场监督检查，通常以专项检查的方式开展。每年可以确定不同的主题，可以一次覆盖多个险种、多个业务环节，也可以聚焦一个具体问题风险。实行“订单”检查制度，上级通过订单方式指导下级开展现场监督检查，可以大幅缩短现场监督周期至每月甚至每周。

2.非现场监督常态化

运用人社部社会保险基金监管系统的自动预警、疑点、查询功能，可实现每月常态化非现场监督。如果充分利用大数据分析、智慧监管技术措施，可以实现每日的常态化监督。

3.社会保险基金监督举报常态化

关键是公开并广泛宣传举报方法，畅通举报渠道，按照规定的时限处理举报事项。

4.社会保险基金要情报告制度常态化

关键是按照规定及时报告要情，开展案件处理、基金追回、人员追责和风险排查等工作，这类属于被动性开展的工作。进一步的常态化是指定期主动开展要情分析、处置跟踪、举一反三排查检查等。

其他工作，如社会保险监督委员会工作、反欺诈工作机制、警示宣传教育等也需要常态化开展起来。随着条件的具备和能力的提升，可以推进更高质量的常态化监督。一是检查范围更广。省与各市、县（市、区）级三级都动起来，每一个基金监督机构都常态化开展工作，都常态化主动实施监督检查，特别是县（市、区）级。二是检查内容更全。每年覆盖所有险种，覆盖所有高风险业务。三是检查频率更短。例如：每日开展非现场监督；现场监督方面每年至少组织一次大型专项检查，每季度至少组织一次直查，每月至少组织一次订单检查。社会保险基金监督机构常态化开展监督工作的场景是，不是在查找、调查确认问题，就是在处理社会保险基金违法违规问题，推动加强风险防控。

（二）推进常态化建设的主要措施

1.编制监督权责清单

根据《社会保险法》等法律法规和制度文件，按照职责法定原则，编制社会保险行政部门的基金监督履职明细清单，明确权责项目、权责依据和履职基本要求等内容，帮助各级基金监督部门了解其法定职责与履职规范要求。

2.实施通报约谈与经验交流制度

结合工作短板，紧紧盯住需要重点、持续推进的工作，定期通报各地进展情况。对监督工作先进经验组织推广。对基金违法违规问题突出、未依法履行基金监督职责的地区启动约谈，约谈情况抄送当地政府或组织部门。

3.制订监督计划

各地每年制订基金监督工作计划，进而再细化为每一位专职基金监督人员的每月、每季、每周的工作计划，一项一项抓好落实才能真正实现常态化，使每年工作成效有实质性提升。可以优先推进非现场监督常态化。

4.实施监督履职评价制度

在监督权责清单基础上，制定履职评价指标，将依法履行基金监督职责和不作为的情况进行量化评分，定期对社会保险行政部门履行基金监督职责情况进行评价，可以先自评。具备条件的，实行自上而下的履职考核制度，重点对存在监督履职短板与风险的地区进行提醒和督促。

为推动社会保险基金监督机构全面落实各项法定职责，可以建立社会保险基金监督履职年度报告制度和履职量化评价制度。通过量化评价，能帮助社会保险基金监督机构准确发现工作短板与薄弱环节，笔者根据实践情况，拟定了社会保险基金监督履职评价建议标准（表17-3）。

表17-3　人力资源社会保障行政部门社会保险基金监督履职评价标准

序号	监督职责与分值	评价标准与分值	奖扣分标准与分值	备注
1	举报处理（5分）	（1）基金监督举报处理制度健全，内部职责分工明确的，得1分。（2）统一使用12345（12333）作为举报电话的，得1分。（3）举报处理工作规范的，得1分。（4）通过公共网站、部门微信号、社保办事大厅、街镇和乡村社区宣传栏等方式对外公布举报方式，方便社会公众查找，举报渠道畅通的，得2分	扣分（每发现一次扣2分）：（1）公布的举报方式与实际不符，未及时更改的。（2）被投诉未按照规定办理举报案件的。（3）上报的调查结果与事实不符的。（4）未按照要求回复举报人的。（5）违法泄露举报人信息的。（6）其他需要扣分的情形	

续表

序号	监督职责与分值	评价标准与分值	奖扣分标准与分值	备注
2	非现场监督（25分）	（1）每月按照规范应用基金监管系统（15分），其中每月下载自动预警信息并及时转办督办，通报期内转办督办办理率为100%的，得10分（得分根据实际办理情况酌定）；主动通过监管系统查询疑点信息并转办督办的，得5分（得分根据实际办理情况酌定）。（2）每年至少开展一次数据比对监管，发现疑点，督促整改的，得4分。（3）对下发的疑点数据认真组织核查并及时上报核查结果的，得5分。（4）向基金监督机构开通大集中系统查询权限的，得1分	扣分（每发现一次扣5分）：（1）未实现非现场监督常态化被上级通报的。（2）因预警数据畸高，被上级通报的。（3）因未及时完成上级下发的疑点数据核查处理被通报的。（4）未按照上级要求及时报送疑点数据核查报告或者上报结果不实的。（5）未对发现的疑点数据组织或者督促核查处理被上级通报的。（6）全年未开展信息比对检查的。（7）大集中系统为基金监督机构开通权限后未按要求完整上传数据、常态化应用的。（8）其他需要扣分的情形	
			奖分：通过非现场监督发现基金要情的，奖3分	
3	现场监督与专项检查（20分）	（1）每年落实上级安排，认真组织开展专项检查的，得3分。（2）制订实施基金监督内容、对象全覆盖计划的，得2分。（3）严格按照省统一指引要求开展现场监督，及时出具规范的书面监督报告的，得4分，其中发现问题比较深入、整改与风险提示到位的，再得8分（根据监督发现问题情况和整改建议情况评分）。（4）结合本地实际自主开展专项检查或针对特定问题开展现场检查的（不含订单检查），得3分	扣分（每发现一次扣5分）：（1）对本级未检查或者对县（市、区）抽查比例未达到要求比例的。（2）实施专项检查后未能发现被查单位实质性问题或者发现问题未提出整改要求的。（3）未按照要求及时向上级报送检查或整改情况的。（4）检查发现问题未督促整改的。（5）其他需要扣分的情形	
			奖分：通过现场监督发现基金要情的，奖3分	
4	订单检查与直查（10分）	（1）接到上级下发的检查订单或疑点数据后，按照要求认真检查，及时报送检查结果的，得3分。（2）自主向下级或同级业务部门、经办机构等下达检查订单的，得5分。（3）协助省厅开展直查，按照要求积极提供有关材料的，得2分，上级未对地市开展直查的默认得分	扣分（每发现一次扣2分）：（1）未及时报送检查结果，经提醒督办仍未按时报送的。（2）不配合上级直查的。（3）基金监督机构未认真组织检查，对检查结果未履行审核把关职责，被退回重新检查或者检查结果定性错误的。（4）其他需要扣分的情形	
			奖分：（1）通过订单、直查发现基金要情的，奖3分。（2）结合年度重大监督事项，自主开展自查的，奖2分	

续表

序号	监督职责与分值	评价标准与分值	奖扣分标准与分值	备注
5	反欺诈（10分）	（1）已经与当地公安机关建立社会保险基金反欺诈合作机制的，得2分。（2）本部门建立案件移送制度，内部分工明确的，得3分。（3）每年至少与当地公安机关进行一次协调，研究协调反欺诈重点问题，通报有关情况或者办理案件移送的，得3分。（4）对工伤医疗、康复等社会保险服务机构开展常态化检查的，得2分	扣分（每发现一次扣2分）：（1）发现骗保未依法处罚的。（2）发现涉嫌犯罪或者违纪未按规定移送的。（3）对社会保险经办机构移送的欺诈骗保线索，执法机构无正当理由拒绝接受的。（4）移送后不及时跟踪后续情况的。（5）其他需要扣分的情形 奖分：协助公安机关查处基金案件，效果明显的，奖2分	
6	社会监督（7分）	（1）市级成立社会保险监督委员会且及时更新委员会成员的，得1分。（2）社会保险监督委员会每年召开全体会议或者专题会议的，得1分。（3）建立基金监督专家库或者社会监督员队伍的，得1分。（4）组织委员参加检查、宣传等专项活动的，得2分。（5）认真落实监督信息公开制度（包含公开典型案例，依法公开监督检查结果等）的，得2分	扣分：社会监督委员会未开展监督检查的，扣2分 奖分：社会监督委员会委托第三方下年开展监督检查或者创新社会监督方式，效果较好的，奖3分	
7	年金监督（3分）	（1）按照国家和省规定实施年金方案备案制度的，得2分。（2）建立备案工作台账，及时向省报送年金方案备案信息，按照规定开展监督检查的，得1分	扣分：企业年金方案备案服务不符合上级要求，被投诉经查属实的，扣2分	
8	基金要情（10分）	（1）认真落实社会保险基金要情报告制度（包含按照规定时限和格式报送基金要情、监督要情处置情况、开展要情分析，建立要情管理台账和档案，及时报送要情统计和相关材料等）的，得5分。（2）针对本地要情或者上级通报的要情与风险提示，举一反三地开展针对性检查的，得5分	扣分（每发现一次扣2分）：（1）被上级发现故意拖延报送要情的。（2）要情处置不符合要求，被上级书面督办或通报的。（3）发现要情不督促处置的。（4）发生基金要情累计仍有基金未追回且未向人民法院申请强制执行的（每件作为一个扣分项）。（5）其他需要扣分的情形	

续表

序号	监督职责与分值	评价标准与分值	奖扣分标准与分值	备注
9	其他（10分）	（1）常年开展社会保险基金反欺诈宣传的，得1分。（2）社会保险基金监督制度健全的（包含现场监督、非现场监督、要情报告、举报等制度，内部分工清楚、岗位职责明晰）的，得2分。（3）基金监督、社会保险政策、经办、信息化综合管理、劳动保障监察等机构协同工作机制健全（包含共同开展基金要情分析、提取疑点数据、加强外部协同等）的，得2分。（4）基金监督机构队伍比较健全的，得2分。（5）基金监督机构主动发出基金监督整改意见建议，推动基金管理风险防控（不包含专项检查报告）的，得2分。（6）人社部门社会保险政策业务机构定期对相关法规政策执行情况开展检查的，得1分	扣分：（1）被发现不按规定报告或者不及时报送工作信息或材料，或者未及时完成上级交办任务的，每次扣1分。（2）因不依法履行基金监督职责，被约谈、通报或有关人员被追究法律责任的，扣5分。（3）市本级专门从事基金监督工作的人员少于2人（不含兼任审计人员）的，扣3分 奖分：（1）推进社会保险基金监督制度创新，被国家或省表扬或推广的，奖2分。（2）向省厅派出业务骨干跟班学习、参加国家或省基金检查组的，奖1分。（3）通过政府购买服务开展第三方基金审计的，奖1分	
	合计			

评分说明：

（1）满分为100分。90～100分为优，80～89分为良好，60～79分为合格，60分以下为不合格。

（2）“正向得分”根据实际情况和评价指标，逐项评价打分。完全符合要求的，该项得满分；不完全符合要求的，相应扣减，扣分不超过该项正向得分，保留一位小数点。

（3）“奖分、扣分”项根据奖扣分指标和实际情况打分。

（4）最终得分＝正向得分－扣分＋奖分，合计不超过100分。

（5）备注栏填写未得满分、奖扣分原因。

（6）省厅复核时，被评价单位未能提供相应佐证材料且未能说清楚有关情况的，默认得0分

四、如何推进规范化建设

实现规范化至少需要满足两个方面：一是有统一的制度、标准作为工作的依据；二是严格执行制度标准。

（一）规范化的标准

一是规范现场监督。重点是对检查准备、检查实施、现场监督报告、检查结果应用、资料归档、文书格式等进行统一规范。二是规范非现场监督。重点是明确非现场监督方式、系统应用流程、数据比对分析处理方法以及非现场监督报告等内容，对于数据提取、校正、筛查、使用等也需要进行规范，防止出现半途而废、数据精准度不高、遗漏疑点数据等问题。三是规范违规行为整改处理。重点是对发现基金违法行为后的立案处理、整改

处理建议、移交移送、跟踪整改等法律适用情形、文书格式、法律责任分类进行统一明确。四是订单检查与验收。重点是对订单数据筛选、订单送达、督办验收、效果评价等流程进行规范。五是社会保险基金要情管理的规范。重点是形成报告、处置、分析、排查等闭环管理，需要对何种要情启动督办、如何动态跟进基金追回和人员追责、如何审查要情终结报告等明确具体工作规范要求。有条件的，推行精细化管理，一个要情一个档案，实行专人全程跟踪，包含基金追回、人员追责、风险分析排查、警示宣传、监督意见建议等，实现要情管理应用效果最大化。六是规范直查。重点是对哪些内容、哪些地区、哪些机构实施直查，如何遴选第三方机构，直查什么内容，采取什么方法开展直查，如何应用直查结果等进行规范。

（二）推进规范化的措施

一是制定工作规范。规范的基础是有“法”可依，需要以制定法律法规或制度文件的方式，明确各项社会保险基金监督工作的规范化要求。二是编制社会保险基金监督工作指引。工作指引的主要作用是将监督法定程序细化为可操作性较强的制度文件，以致新从事社会保险基金监督的人员能够直接按照规范开展各项工作。可以根据监督的进度和需要，从基本保险的监督到补充保险的监督，制定一系列覆盖各项监督工作的指引。随着不断完善扩充，社会保险基金监督工作指引将成为基金监督的秘籍、新从事监督工作人员的工具书，对传承和发展社会保险基金监督事业将发挥重要作用。三是检查推动。主要是上级对规范化情况开展检查，推动落实到位。

五、如何推进专业化建设

专业化能够高效发现社会保险基金管理问题风险和违法违规案件，能够依法查处违法行为，有效推进社会保险基金管理风险防控。专业化不可能一蹴而就，它是不断循序渐进螺旋上升的过程。

（一）专业化的标准

一是监督人员方面：专业化的监督人员，熟悉社保法规政策和各项社会保险基金监管制度；对基金安全风险漏洞，胸有成竹；查处违规行为，制作法律文书，驾轻就熟。二是监督方法方面：以信息技术手段为主实施监督，开发应用智慧监管系统，充分利用现代信息技术实施监管，针对每个险种、每个业务环节设定监控指标，既能有效拦截违规业务，又能精准锁定检查重点对象，提高监督效能。三是发现处理问题方面：能够高效、精准发现基金管理风险、基金违法线索，并准确适用法律法规，运用各种法律手段依法追究违法责任。四是防控风险方面：保障社会保险基金安全，通过监督检查和分析，查找基金管理风险漏洞，并推动加强风险防控。

（二）推进专业化的措施

在搭建推动专业化制度机制和平台的同时，需要将专业化的任务细分为一个个地区、一个个险种或者一个个风险点，分步推进监督专业化。一是建立社会保险基金监督专业化标准体系。明确专业化需要哪些检查技能、法律适用能力等，引导监督人员学习提升。二是实施信息化监管。开发应用智能监督信息系统，通过监管系统可以自动预警疑点并能对疑点信息下载底层业务办理资料；开展基金管理风险评估；能根据监督需要自主搜索社会保险基金关键数据，如补缴、特殊工种提前退休、病退、关键信息修改等高风险业务数据；开展跨地区、跨部门、跨业务的数据比对。三是完善监督工具。把成熟的工作方法以制度的形式固定下来，编制各险种常见基金违法违规行为检查指引、调查取证指引等。重点是对每个险种主要问题和风险是什么，如何发现疑点，如何监督处理，如何针对不同对象、不同问题高效开展调查询问，如何制作法律文书，如何办理案件处罚和移送等，形成指引文件；建立监督法规库、要情库、风险提示库等。

第六节　社会保险基金监督能力建设

社会保险基金监督事业的发展关键靠专业人才。通过多种方式提高社会保险基金监督人员的专业水平，建立一支高素质、专业化、公正廉洁的社会保险基金监督队伍是社会保险基金监督事业发展强有力的保障。

一、社会保险基金监督能力层级

社会保险基金监督能力建设有个循序渐进的过程。社会保险基金监督人员大致可以分为三个层级，监督入门者为初级，监督中坚骨干为中级，监督专家为高级。各个能力层级能力建设的重点不同。

（一）基金监督入门者（初级）

新从事社会保险基金监督工作一年内的，为社会保险基金监督入门者。能力建设重点如下：

（1）了解社会保险基金监督相关基础法规知识，包括常用社会保险法律法规规章和政策、社会保险基金财务基础知识、社会保险经办相关规章制度、社会保险基金监督法规制度等。

（2）掌握社会保险基金监督主要工作方法，了解现场监督和非现场监督的基本要求、监督检查工作流程，掌握社会保险基金要情报告和处置要求、监督举报受理、社会保险基金监督信息系统功能与基本操作方法、主要监督文书写作规范、监督工作档案管理等。

（3）掌握依法行政基础知识，掌握基本行政程序规范、社会保险基金监督法律适用基本技能、证据规范等。

（4）具备其他相关能力，包括沟通协调能力、突发事件处置能力、信息数据处理基本知识、公文写作能力等。

（二）基金监督中坚骨干（中级）

从事社会保险基金监督工作超过一年的，应逐步往监督中坚骨干培养。需要重点掌握以下知识技能：

（1）熟悉各项社会保险法规政策，熟悉主要政策风险点。

（2）熟悉社会保险基金运行情况、流程、特点。

（3）熟悉社会保险经办机构主要流程和内部控制稽核制度。

（4）掌握常见社会保险基金管理风险点和常见违法的特征、检查方法。

（5）熟悉常见社会保险基金违法行为法律责任追究规定。

（6）掌握社会保险基金管理信息数据比对分析方法，熟练掌握社会保险基金检查技巧。

（7）熟悉社会保险基金要情报告、处置、分析和排查等业务。

（8）熟悉现场检查、调查询问与举报案件查处等工作规范，具备较强的调查取证、案件查办能力。

（9）熟练掌握社会保险基金监督文书制作方法。

（10）熟练应用信息系统开展疑点预警监测、疑点数据分析和查找等知识技能。

（11）掌握社会保险基金风险的识别、评估、排查和防控基本知识。

（12）能较好组织专项检查活动。

（13）其他能力。

（三）基金监督专家（高级）

社会保险基金监督中坚骨干经过若干年的培养与锻炼，部分人能成为社会保险基金监督的行家里手。在这个层级，在掌握前阶段技能的基础上，还需具备以下能力：

（1）完整掌握社会保险基金监督知识体系。

（2）对社会保险基金管理风险具有敏锐的识别和判断能力，熟悉风险防控措施。

（3）娴熟的检查技巧和法律适用能力。

（4）对社会保险基金监督问题具有较强的总结分析能力。

（5）对社会保险基金监督事业发展有前瞻性研究，能创新社会保险基金监督制度。

（6）能承担基金监督教材编写、业务培训和“传帮带”工作。

二、加强能力建设的主要措施

（一）完善监督人员选配制度

对社会保险基金监督岗位设置一定的资格条件，如应具备法律、社会保险、财务审计、财政金融、行政执法、信息技术等相关知识基础或工作经历，以及良好的道德素养和职业操守。一个社会保险基金监督机构内部人员应有合理搭配，如不同的专业知识背景、不同年龄阶段，以实现专业能力的互补。监督岗位应相对稳定，以确保工作的持续性和事业传承。

（二）建立培训锻炼机制

实施分层级培训，新入门者应在半年内接受一次全面基础培训；超过一年的，每年至少接受一次知识更新提升培训，侧重案例教学。培训方式方面，除统一组织集中脱产培训外，对新入门者实行导师制度，一对一帮带，还可以参加跨地区的挂职锻炼、岗前实训、跟班学习等。在锻炼方面，可开展基金监督知识竞赛、监督文书评比、监督项目实施评比，组织跨省、市、县（市、区）的交叉检查，定期组织案例分析和监督检查经验交流等。

（三）开发学习工具与平台

需要编制常用社会保险基金监督法规汇编并每年更新，编制社会保险基金监督应知应会知识提纲；组织开发全国、全省统一培训教材，制作监督业务培训短视频，方便平时自学；组建全国优秀社会保险基金监督师资库；开发社会保险基金监督辅助小程序，可以通过手机小程序查阅社会保险基金监督法规、常见社会保险基金管理问题定性、典型案例库、优秀监督文书与法规依据等。

参考文献

[1]中国社会保险学会，中国社会科学院世界社保研究中心，中国证券投资基金业协会.欧美社会保障法律[M].北京：中国社会科学出版社，2017.

[2]郑功成.社会保障学：理念、制度、实践与思辨[M].北京：商务印书馆，2020.

[3]尤光付.中外监督制度比较[M].2版.北京：商务印书馆，2013.

[4]胡继华.社保基金监管立法调研报告[M].北京：中国政法大学出版社，2011.

[5]金维刚，李珍，等.中国社会保障70年[M].北京：经济科学出版社，2019.

[6]人力资源社会保障部社会保险基金监督司，博时基金管理有限公司.海外养老金管理[M].北京：经济科学出版社，2015.

[7]张云野，刘婉华.职业年金制度研究[M].北京：清华大学出版社，2014.

[8]武萍.中国社会保障基金运营监管研究[M].北京：社会科学文献出版社，2015.

[9]林吕建.权力错位与监控[M].北京：中国方正出版社，1996.

[10]孟昭喜.社会保险经办管理内部控制[M].北京：中国劳动社会保障出版社，2011.

[11]易丽丽.监督大变革：从控制走向治理——当代中国政府审计功能演进[M].北京：国家行政学院出版社，2012.

[12]米歇尔·渥克.灰犀牛[M].王丽云，译.北京：中信出版社，2017.

[13]塞缪尔·P.亨廷顿.变化社会中的政治秩序[M].王冠华等，译.北京：上海人民出版社，2008.

后 记

我从2022年5月开始撰写本书，主要利用节假日和平时休息时间思考和“码字”。从开始着笔到完成初稿，历时近2年。2024年3月23日，我写下最后一个字，浏览一遍全文，终于有一种如释重负的轻松与快乐。

特别要感谢我亲爱的妻子，她是我写作本书的激励者和引导者。没有她的激励，我就不会开始，也不会这么快完成。她清晰的逻辑、开阔的思路和严谨的表达，一直引领着我不断完善书稿。刚开始时，我的写作思路比较混乱，写作提纲的形成与重大调整都得到她的指点，每次她都能一语中的，提出宝贵建议，特别是在篇章结构、思路框架、重要观点表述等方面，给了我很多帮助。

开始萌发写本书的念头时，我还不知道要写成什么样子，但目标和风格是很明确的。我不想把它写成纯理论的书，因为缺乏实践支撑的理论容易陷入虚无，且这方面我并不专长，实践界和理论界也并不急需；也不能写成一本纯实践的书，因为缺乏理论的实践，显得过于浅薄，生命根基不牢，也容易迷失方向；而是要以现行制度为基础，以理论为引导，以实践证明行之有效的经验为重点，需要有丰富的案例和实用文书格式，以期让所有从事社会保险基金监督的工作者既能规范开展监督工作，又能结合相关理论谋划社会保险基金监督事业的发展路径，推动健全社会保险基金监督体系。为达成这个目标，我认真思考社会保险基金监督相关理论，广泛收集侵害社会保险基金案例，整理现行社会保险基金监督制度，梳理近几年来的实践经验，本书中有些本人思考探索的内容已经转化为制度文件，有些内容发表在《中国社会保障》杂志。写成书稿后，经过了几个月的反复修改。期间多次调整篇章结构，斟酌修改有关表述，进行脱敏处理，除公开的案例外，其他案例均隐去真实姓名和地区信息，区别于真实个案；引用的数据基本上为官方公开数据。

由于本人理论功底不够深厚，对社会保险基金监督的认识还不够深入，文字表达还不够精准简练，书中有些观点难免失之偏颇，欢迎读者批评指正！